La décision métaphysique de Hobbes ▪ Yves Charles Zarka

La décision métaphysique de Hobbes
Conditions de la Politique
2e édition augmentée.
© Librairie Philosophique J. Vrin, Paris, 1999.
http://www.vrin.fr

西学

源流

霍布斯的形而上学决断

政治学的条件

〔法〕伊夫-夏尔·扎卡 著

董皓 谢清露 王茜茜 译

Simplified Chinese Copyright © 2020 by SDX Joint Publishing Company.
All Rights Reserved.

本作品简体中文版权由生活・读书・新知三联书店所有。
未经许可，不得翻印。

图书在版编目（CIP）数据

霍布斯的形而上学决断：政治学的条件／（法）伊夫 - 夏尔·扎卡著；董皓，谢清露，王茜茜译. —北京：生活・读书・新知三联书店，2020.10
（西学源流）
ISBN 978-7-108-06934-4

Ⅰ.①霍… Ⅱ.①伊…②董…③谢…④王… Ⅲ.①形而上学－研究 Ⅳ.① B081.1

中国版本图书馆 CIP 数据核字（2020）第 150284 号

责任编辑	钟　韵	
装帧设计	薛　宇	
责任印制	宋　家	

出版发行　生活・讀書・新知三联书店
　　　　　（北京市东城区美术馆东街 22 号 100010）
网　　址　www.sdxjpc.com
图　　字　01-2018-7386
经　　销　新华书店
印　　刷　三河市天润建兴印务有限公司
版　　次　2020 年 10 月北京第 1 版
　　　　　2020 年 10 月北京第 1 次印刷
开　　本　880 毫米 × 1230 毫米　1/32　印张 16
字　　数　370 千字
印　　数　0,001-5,000 册
定　　价　59.00 元
（印装查询：01064002715；邮购查询：01084010542）

总序：重新阅读西方

甘阳　刘小枫

上世纪初，中国学人曾提出中国史是层累地造成的说法，但他们当时似乎没有想过，西方史何尝不是层累地造成的？究其原因，当时的中国人之所以提出这一"层累说"，其实是认为中国史多是迷信、神话、错误，同时又道听途说以为西方史体现了科学、理性、真理。用顾颉刚的话说，由于胡适博士"带了西洋的史学方法回来"，使他们那一代学人顿悟中国的古书多是"伪书"，而中国的古史也就是用"伪书"伪造出来的"伪史"。当时的人好像从来没有想过，这胡博士等带回来的所谓西洋史学是否同样可能是由"西洋伪书"伪造成的"西洋伪史"？

不太夸张地说，近百年来中国人之阅读西方，有一种病态心理，因为这种阅读方式首先把中国当成病灶，而把西方则当成了药铺，阅读西方因此成了到西方去收罗专治中国病的药方药丸，"留学"号称是要到西方去寻找真理来批判中国的错误。以这种病夫心态和病夫头脑去看西方，首先造就的是中国的病态知识分子，其次形成的是中国的种种病态言论和病态学术，其特点是一方面不断把西方学术浅薄化、工具化、万金油化，而另一方面则又不断把中国文明简单化、歪曲化、妖魔化。这种病态阅读西方的习性，方是现代中国种种问题的真正病灶之一。

新世纪的新一代中国学人需要摆脱这种病态心理，开始重新阅读西方。所谓"重新"，不是要到西方再去收罗什么新的偏方秘方，而是要端正心态，首先确立自我，以一个健康人的心态和健康人的头脑去阅读西方。健康阅读西方的方式首先是按西方本身的脉络去阅读西方。健康阅读者知道，西方如有什么药方秘诀，首先医治的是西方本身的病，例如柏拉图哲学要治的是古希腊民主的病，奥古斯丁神学要治的是古罗马公民的病，而马基雅维利史学要治的是基督教的病，罗尔斯的正义论要治的是英美功利主义的病，尼采、海德格尔要治的是欧洲形而上学的病，唯有按照这种西方本身的脉络去阅读西方，方能真正了解西方思想学术所为何事。简言之，健康阅读西方之道不同于以往的病态阅读西方者，在于这种阅读关注的首先是西方本身的问题及其展开，而不是要到西方去找中国问题的现成答案。

健康阅读西方的人因此将根本拒绝泛泛的中西文明比较。健康阅读西方的人更感兴趣的首先是比较西方文明内部的种种差异矛盾冲突，例如西方文明两大源头（希腊与希伯来）的冲突，西方古典思想与西方现代思想的冲突，英国体制与美国体制的差异，美国内部自由主义与保守主义的消长，等等。健康阅读者认为，不先梳理西方文明内部的这些差异矛盾冲突，那么，无论是构架二元对立的中西文明比较，还是鼓吹什么"东海西海，心理攸同"的中西文化调和，都只能是不知所谓。

健康阅读西方的中国人对西方的思想制度首先抱持的是存疑的态度，而对当代西方学院内的种种新潮异说更首先抱持警惕的态度。因为健康阅读西方者有理由怀疑,西方学术现在有一代不如一代的趋势,流行名词翻新越快,时髦异说更替越频,只能越表明这类学术的泡沫化。健康阅读西方的中国人尤其对西方学院内虚张声势的所谓"反西方中心论"抱善意的嘲笑态度,因为健康阅读者知道这类论调虽然原始动机善良,但其结果往往只不过是走向更狭隘的西方中心论,所谓太阳底下没有新东西是也。

希望以健康人的心态和健康人的头脑去重新阅读西方的中国人正在多起来,因此有这套"西学源流"丛书。这套丛书的选题大体比较偏重于以下几个方面:一是西方学界对西方经典著作和经典作家的细读诠释,二是西方学界对西方文明史上某些重要问题之历史演变的辨析梳理,三是所谓"学科史"方面的研究,即对当代各种学科形成过程及其问题的考察和反思。这套丛书没有一本会提供中国问题的现成答案,因为这些作者关注讨论的是西方本身的问题。但我们以为,中国学人之研究西方,需要避免急功近利、浅尝辄止的心态,那种急于用简便方式把西方思想制度"移植"到中国来的做法,都是注定不成功的。事实上西方的种种流行观念例如民主自由等本身都是歧义丛生的概念。新一代中国学人应该力求首先进入西方本身的脉络去阅读西方,深入考察西方内部的种种辩论以及各种相互矛盾的观念和主张,方能知其利弊得失所在,形成自己权衡取舍的广阔视野。

二十年前,我们曾为三联书店主编"现代西方学术文库"和"新知文库"两种,当时我们的工作曾得到诸多学术前辈的鼎力支持。如今这些前辈学者大多都已仙逝,令人不胜感慨。

学术的生长端赖于传承和积累，我们少年时即曾深受朱生豪、罗念生等翻译作品的滋润，青年时代又曾有幸得遇我国西学研究前辈洪谦、宗白华、熊伟、贺麟、王玖兴、杨一之、王太庆等师长，谆谆教导，终生难忘。正是这些前辈学人使我们明白，以健康的心态和健康的头脑去阅读西方，是中国思想和中国学术健康成长的必要条件。我们愿以这套"西学源流"丛书纪念这些师长，以表我们的感激之情，同时亦愿这套丛书与中国新一代的健康阅读者同步成长！

2006年元旦

目 录

第二版序言·i
前言·v
译者说明·vii

导论：形而上学与政治学·1

第一部分
表象与现象

第一章　感知理论的形而上学意涵·23
第二章　世界的毁灭·37
第三章　表象的显现存在·71
第四章　伦理与政治的后果·81

第二部分

词与物

第一章　理性［ratio］与言语［oratio］· 87

第二章　词与意指 · 99

第三章　命题与真 · 129

第四章　对存在论语言的批判 · 173

第五章　方法：自然科学与政治科学 · 195

第三部分

物质与人造物

第一章　镜子的另一面 · 233

第二章　理性的原则 · 247

第三章　生理－心理学 · 279

第四章　从一个世界到另一个世界 · 293

第四部分
奠基与国家

第一章　奠基的问题・309

第二章　表象与情感：个体・329

第三章　语言存在者及他人：关系・349

第四章　语言存在者与对力量的欲望：冲突・377

第五章　语言存在者，权利和法律：单向性与相互性・399

第六章　语言存在者和原初奠基行为：国家・419

结论：思辨结构・461

参考文献・465

人名索引・489

谨此纪念罗伯特·扎卡,我的父亲。

第二版序言

自《霍布斯的形而上学决断》于1987年末出版以来,霍布斯著作的情况已经发生了变化。这些变化首先在于我们与其著作的关系:我们对它们的期望已不同,这包括我们向它所提出的问题,以及我们在它那里所追寻的答案。但在某种意义上,变化也发生于著作本身:随着英国和法国的批评版本的启动[1],手稿学、语文学和历史学领域的发现使得重建大量文本的原貌以及提出关于其产生和写作的新假说成为可能[2]——这对思考的意义并非毫无影响。

在这个影响了对霍布斯思想的历史-哲学理解的转向中,《霍布斯的形而上学决断》到底扮演了一个什么样的角色?显然,这一问题不应由我来回答。在本序言中,我希望对于这本以重新把握霍布斯著作的哲学意义为目的的书做一个回顾。为此,我将参考我在《古典主义时期的哲学与政治》中描述的哲学化的历史书

---

[1] 在法国,这涉及 Vrin 版本的 *Œuvres traduites de Hobbes*(1990年启动,已出版五卷),以及同样是 Vrin 负责的 *Hobbes Latinus*(原始语言的霍布斯拉丁文集;1999年启动,已出版一卷,即《论物体》[*De Corpore*])。在英国,相关的是自1983年开始的 *The Clarendon Edition of the Works of Thomas Hobbes*(Oxford)(已出版四卷)。

[2] 特参 Karl Schuhmann 的杰出著作 *Hobbes, une chronique*, Paris, Vrin, 1998。

写［*historiographie philosophique*］原则。[3]

哲学化的历史书写不能被还原为传统的观念史。后者实际上是把历史中沉积的著作、学说和智识潮流当作其研究的直接对象，而哲学化的历史书写则超越了文本，试图在文本所说的东西中揭示它所指向的对象本身，即它使我们思考的东西。观念史展现了中立眼光下人类思想的复杂进程。相反，哲学化的历史书写则试图重新激活一个思想（单一或多样）的哲学意义，也就是说，它不能满足于揭露观念的论证结构或者系统，而是再现或试图再现、承担或试图承担某些活动，这些活动在本体－认识论和伦理－政治学的双重层面上产生了知识的具体构造。换句话说，哲学化的历史书写需要结合历史学对精确的要求以及哲学对思辨的要求；它应当是一种哲学解释，只不过其特殊性在于，它和它所试图解释其意涵的文本之间的紧密关联。它预设了我们今天可以重新承担起过去的文本所拥有的意义，尽管这种重新激活不是（也不可能是）完整的，而仅仅是部分的：在时间之中——在过去与未来之间——不断地去修改和重建尚未完成的解释。没有这一预设，所有的哲学著作，以及更广泛的、所有人类思考的产物，其原初内容都将会被从我们的理解中排除出去。

哲学化的历史书写因此意味着一种同时考虑了三个既分明又相互关联的层次的进路：阐述活动（重建文本解释所需的历史条件）、阐述内容（文本）和阐述对象（言谈和写作使人思考的东西）。它与观念史共享前两个层次，但第三个层次是其所独有的。这就是《霍布斯的形而上学决断》所属的那种哲学化的历史书写，

---

[3] *Philosophie et Politique à l'âge classique*, Paris, PUE, 1998. 此历史书写的反思会在将来的作品中得到拓展。

只不过阐述活动的维度暂且被我们悬搁了。

那么，由此呈现出的霍布斯思想图景是怎样的？本书对霍布斯解读的独特之处并不在于确证他作品的所有方面的融贯性。实际上，恰恰相反，我并不想证明其所有方面的融贯，而是强调了在其思想中存在着关于物体的存在论学说（分离）和关于作为[faire]的伦理-政治学说（奠基）之间的根本性冲突。本书解读的独特之处在于建立了对霍布斯作品的新视角，我试图证明，如果以其最根本的含义来理解霍布斯的思想，就会发现他的思想建立在一个形而上学立场上。[4] 甚至，如果想澄清霍布斯在政治思想史中的位置的话，就必须将霍布斯重新放回到形而上学史中理解。

在对于主要被还原为政治-历史维度的霍布斯作品的理解中，我们很容易能意识到此种阅读所意味的改变。请不要误会，我的意图绝不是将其政治维度的重要性还原到形而上学上，或是否认英国内战这一历史背景的重要意义。我想要做的是说明，在根本意义上，伦理-政治系统只有在被追溯到一个根本的形而上学立场时才能得到澄清。如果霍布斯应当被重新放回到形而上学的历史中，这是因为他的思想涉及了对于真理概念的重新阐释，或者说，对语言与世界之间的关系的重新定义，这种关系构成了其自然哲学与政治哲学的根本视域。这一进路需要我们认识到逻辑学和第一哲学的一系列文本与伦理学和政治学的一系列文本之间在写作上的同时性。

我在这里将只集中考虑两个在所谓的霍布斯的形而上学时刻中起到了核心作用的要点。第一个要点涉及命题理论，以及

---

[4] 显然，我们不能用霍布斯反对形而上学家们的言辞来彻底否认他思想的形而上学维度。霍布斯阐述了涉及其形而上学立场的逻辑学和第一哲学，这对我们理解他的思想非常重要。

对存在/是［*l'être*］在其逻辑和指涉功能中作为"连接的标记"［*signum connexionis*］的功能分析。通过批判**存在**在谓述中的功能，霍布斯否定了亚里士多德在谓述方式和存在类别之间建立的联系。由此，霍布斯对于存在词汇的重新定义及其唯物存在论的源头正在于对亚里士多德在逻辑学与存在论之间确立的联系[5]的质疑。第二个要点涉及世界的毁灭［*annihilatio mundi*］这一假设，它同时开启了第一哲学以及对伦理和政治的论述（至少在《法律要义》中）。因此，世界毁灭的假设同时奠基了哲学的原则以及伦理学和政治学的原则，即对人性的认知维度以及情感维度的研究的原则。今天我仍然认为它关涉一个能够使我们理解自然概念和人的存在概念之间联系的核心要点。

以上就是主导了《霍布斯的形而上学决断》写作的意图。本书的第二版完整再现了第一版的文本，仅仅修正了几处二手文献。这一无修改的再现并不意味着我在今天也会以同样的方式写作此书。恰恰相反，它意味着如果要重写此书，我毫无疑问会另写一本，因为作品总是尚未完成、尚不完善且需要重新解释的。

伊夫-夏尔·扎卡

巴黎，1999年2月5日

---

[5] 值得留意的是，霍布斯对亚里士多德有非常直接的了解，并且在主要要点上，他直接用后者的思考来进行解释。但我们也不能忘记霍布斯与他同时代的亚里士多德主义者的关系，此方面可参考 Cees Leijenhorst, *Hobbes and the Aristotelians: The Aristotelian Setting of Thomas Hobbes's Natural Philosophy*, Institute of Philosophy, Utrecht, 1998。

前　言

我们在这里所冒险提出的解释有关于霍布斯全部作品的意涵，之所以是冒险的，乃是由于其作品的丰富与多样。在霍布斯自己对于原则的断言之外，他的作品是否内在包含了从始至终的融贯性，即从第一哲学经由光学、数学、物理学和生理学等直到伦理－政治学系统？此问题推动了我们多年以来的反思。为了重新考察霍布斯的作品，我们首先需要努力摆脱一个长久且顽固的传统对霍布斯作品的简化：它使得政治的维度具有优先性，并拒而无视其余各方面。当然，这就是我们内心深处所持的信念。在任何情况下，伦理－政治系统都构成了核心，这就是思想史最深刻的特征。但若与形而上学问题分离，我们恰恰很有可能错过伦理－政治系统的意义，因为前者支撑了后者并同时使得后者成为可能。本书致力于重新聚焦形而上学，其唯一的目的就是试图阐明从内部统摄着政治哲学的展开的思辨结构。

一个作者应独自承担他的解释的缺漏与不足之处，但也应当承认和感谢那些对他工作施以帮助（有时是非常大的帮助）的人，没有他们，这本书就不可能完成。我首先要感谢德洪特［Jacques D'Hondt］先生，他从一开始就指导本书，并每每在遭遇看起来无法逾越的困难时让我重新充满动力；我也要感谢霍比内［André Robinet］先生，既是因为他在研究层面对我的帮助，也是因为他热情地接纳我进入法国国家科学研究院*的 75 号团队；感谢马纳〔Pierre Magnard〕先生，他提出了富有启发性的意见和建议，向我澄清了形而上学问题以及霍布斯著作在 17 世纪的位置；感谢马特洪〔Alexandre Matheron〕先生，他让我发现了霍布斯的作品。

我同样要感谢以下各位。在最近几年中，其中一些人的意见和建议帮助推进了我的研究，另一些则邀请我参加了学术研讨会，这让我的研究得以在公共层面产生一些影响：戈雅-法伯〔Simone Goyard-Fabre〕女士，伯恩哈特〔Jean Bernhardt〕先生，布洛赫〔Olivier Bloch〕先生，马勒伯〔Michel Malherbe〕先生，梅叔兰〔Henry Méchoulan〕先生和蒂科〔François Tricaud〕先生。

我将最后的感谢给予我的朋友 Yves Thierry 和 Serge Waldbaum，他们日复一日地关注着我的工作。

---

* 法国国家科学研究院（CNRS），即 Le Centre national de la recherche scientifique。——译者注

译者说明

目前学界通用的霍布斯作品集是莫斯沃斯［William Molesworth］在1839—1845年间编纂出版的拉丁文全集与英文全集（见参考书目）。这一系列所包含的主要作品包括三卷本拉丁语《哲学原理》［*Elementa Philosophiae*］——《论物体》［*De Corpore*］、《论人》［*De Homine*］和《论公民》［*De Cive*］；《论物体》的英文译本（被霍布斯本人审阅过）、《论公民》的一个早期英语译本、《利维坦》英文版以及之后出版的拉丁语译本；霍布斯分散发表在梅森与笛卡尔作品中的片段等。其中也包含霍布斯晚年与沃利斯［John Wallis］等人在几何学与数学上、与布拉霍［John Bramhall］主教在自由意志问题上的大量论战作品，以及霍布斯对《伯罗奔尼撒战争史》和《荷马史诗》等作品的英语翻译。

但之后的一个世纪有很多霍布斯未出版作品的手稿被陆续发现。其中重要的包括，出版在滕尼斯编辑的《法律要义》附录中的《短论》［*Short Tract*］、在大英博物馆哈雷家族手稿中发现的《光论Ⅱ》［*Tractatus Opticus II*］以及《光学初稿》［*A Minute or First Draught of the Optiques*］、在法国国家图书馆发现的《托马斯·怀特〈论世界〉批判》（*Critique du "De Mundo" de Thomas White*，此名称为发现者雅科［Jean Jacquot］所起）以及《论物体》的早期手稿及笔记。其中《短论》的作者是否为霍布斯至今仍有争议。

本书将霍布斯作品以及同时代重要作品的标题都尽量转译为了中文。

书中的部分引文翻译参考了现有的中译本，并将页码替换为了中文版页码，以供读者参考。它们包括：

1. 霍布斯，《利维坦》，黎思复、黎廷弼译，商务印书馆1985年。
2. 亚里士多德，《尼各马可伦理学》，廖申白译，商务印书馆2003年。
3. 亚里士多德，《政治学》，吴寿鹏译，商务印书馆1965年。
4. 洛克，《人类理解论》，关文运译，商务印书馆1959年。
5. 洛克，《政府论（下篇）》，叶启芳、瞿菊农译，商务印书馆2012年。
6. 康德，《纯粹理性批判》，李秋零译，中国人民大学出版社2004年。
7. 帕斯卡尔，《思想录》，何兆武译，商务印书馆1985年。
8. 卢梭，《社会契约论》，何兆武译，商务印书馆2008年。
9. 列奥·施特劳斯，《霍布斯的政治哲学》，申彤译，译林出版社2001年。

译者的分工如下：导论及前三部分由董皓翻译，第四部分由谢清露翻译，两版前言的翻译和校对由王茜茜完成。

导论：形而上学与政治学

重新聚焦形而上学

霍布斯著作所构建的概念开创了现代政治哲学得以确立的空间。这并不是因为他的著作使一致的意见得以形成，恰恰相反，是因为那些构成他学说的根本环节，包括从个人出发的讨论、被视作努力[conatus]的欲望、自然状态理论、对主体权利的理性建构、国家的制度理论以及对《圣经》的神学-政治学解释，建立起了任何政治哲学都无法忽视的一个理论阵营。

然而，如果逐个考察这些概念，我们总能将其追溯到古代、中世纪或者文艺复兴时期的哲学。由此，我们可以刻画出一个关系网络，其中包含霍布斯的欲望理论与柏拉图借卡利克勒斯之口所讲述的欲望理论的关系，霍布斯的激情理论与亚里士多德的《修辞学》中的激情理论的关系，或者我们可以在奥康的威廉[Guillaume d'Ockham]处找到现代主体权利的先驱，在苏亚雷斯[Suarez]处找到自然状态概念的来源，以及在博丹[Jean Bodin]处找到绝对主权的现代理论的奠基。最后我们可以说明，霍布斯远非国家契约理论的首创者，他也不是第一个梳理出《圣经》的政治意义的人。

但是，这些分析尽管不乏优点，在我们看来却错过了关键之处。关键之处在于，霍布斯将其归功于自己的政治科学奠基方案——这个方案让他得以将自己的工作与其他人所完成的工作相提并论，包括天文学中哥白尼的工作，物理学中伽利略的工作，医学中哈维的工作，自然哲学中开普勒、伽森狄［Gassendi］和梅森［Mersenne］的工作，而且这种奠基只有在一种形而上学的基础上才是可能的；如果没有这种形而上学条件，它就永远无法从根本上被理解。这一形而上学并不需要在他的作品之外寻找。霍布斯实际上在他不直接关注政治学的作品中——例如《托马斯·怀特〈论世界〉批判》（1643，后或简作《〈论世界〉的批判》）、《论物体》（1655），以及包含了《论物体》写作的各阶段的手稿（其初稿可以追溯到1638—1639年）——阐释了他的形而上学。这些作品涉及人和世界关系的一个新定义，它是从对真理概念的重新阐释和对知识地位的重新评估出发建构起来的，并且对亚里士多德认识论和存在论的批判在其中起了重要作用。正是借由对亚里士多德形而上学的这一批判，霍布斯对作为存在理论的传统形而上学的原则进行了质疑，并建立了他自己政治学的形而上学视野。因此，在本书中，我们不想给出对霍布斯的伦理学和政治学系统的完整解说，这一解说可以作为未来另一本书的目标。而在这里，我们将重新聚焦于霍布斯的形而上学，以充分衡量他的政治哲学的意义。通过重新聚焦于他作品中的形而上学讨论，分离的形而上学［métaphysique de la séparation］和政治的奠基［fondation du politique］似乎可以被视作同一问题的两个方面。

分离的形而上学

霍布斯思想的形而上学意涵只能在其与亚里士多德形而上学

的参考与反对的双重关系中得到理解。

参考是因为，在反对托马斯·怀特对哲学的定义时，霍布斯明确参照了亚里士多德。霍布斯解释说，那些想要正确地做哲学的人，需要从形而上学这门关于最普遍事物的科学开始，然后再研究关于不那么普遍的事物的知识。[1]不过，霍布斯补充到，存在 [Ens] 的概念是最普遍的，与其相关的科学被亚里士多德称为智慧，因为它总括了其余所有科学，就如同其主题（存在）总括了其余所有主题。由此，我们在《托马斯·怀特〈论世界〉批判》中可以读到：

> 哲学的第一个部分，以及其他部分的基础，是展示了关于普遍存在属性的原理的学科，我们通常称之为第一哲学。[2]

我们不要误解这段陈述，它绝不仅仅是权宜之说。实际上，一方面，作为关于事物的最普遍属性的科学的第一哲学 [Philosophia prima] 方案，贯穿了霍布斯的著作，并将在《论物体》的第二部分中实现其最终形态；另一方面，第一哲学的概念完全等同于形而上学的概念。[3]根据霍布斯，这一对应在亚里士多德处已经成立了。亚里士多德关于事物的最普遍属性的作品在后来才被命名为形而上学，因为这些作品被置于物理学之后。*由此，霍布斯给出了他对于亚里士多德第一哲学和形而上学之间

---

〔1〕 参考《托马斯·怀特〈论世界〉批判》，第9章第16节，170页。
〔2〕 同上书，第1章第1节，105页。
〔3〕 参考《给数学教授的六堂课》，英文全集第7卷，226页。
 * 古希腊语中形而上学 [τὰ μετὰ τὰ φυσικά] 的字面含义是"自然事物之后"，即"物理学之后"。——译者注

关系的解释问题的判断。通过重新把前者的内容还原到后者，霍布斯拒绝将亚里士多德所说的"第一哲学"视作一种神学，并批评了《形而上学》中看起来支持此种解释的段落。这样一种将形而上学变成神学的异位主要来自经院哲学家的工作，他们把"形而上学"[*métaphysique*]一词中原本仅指"后"[*post*]的"上"[*méta-*]转换为了"超越"[*trans*]，由此把形而上学变成了关于超越自然的对象的科学。[4]尽管此意涵的改变导致了哲学（专属于理性）和神学（主要属于启示）的混淆，霍布斯哲学的原则仍然是一种形而上学。

霍布斯保留了第一哲学而非模糊的形而上学的概念，他用前者的名称所指的即是后者的内容。确定第一哲学这一标题的额外好处是，形而上学重新在知识的序列中找到了自己真正的位置，因为它必须先于具体的科学以触及存在的最普遍属性。全部的问题当然在于弄清楚它的内容是什么，即霍布斯的形而上学的意涵是什么。

目前我们只需要说，通过诉诸亚里士多德，霍布斯使得关于相互分离的诸存在的各门科学在知识的序列中后于形而上学。首先是物理学，它证明了单个自然物体得以产生某自然现象的原因。然后是伦理学或者说道德哲学，其对象是情感、风俗[*mœurs*]以及人的目的和意图。最后是有关人类社会的政治学，它所讨论的是公民法、正义和其他德性。

让我们记住，《〈论世界〉批判》第1章中哲学的普遍方案与《论物体》题为《论方法》的第6章中两次提到的方案基本是相同的，区别在于前者中数学占据了一个独立的位置。因此，全部的

---

[4] 参考《〈论世界〉批判》，第9章第16节，170页。

知识结构都依赖于形而上学,其意涵将根本性地关涉伦理学和政治学的意涵。有两个问题应当被提出:1. 霍布斯的形而上学概念是否恢复了一个存在论的方案? 2. 它与亚里士多德的形而上学的关系是什么?

当我们从霍布斯对亚里士多德的明确参照和知识形式上的结构转向它们所恢复的内容时,我们也就从霍布斯对于亚里士多德的参考转向了对他的反对。因为,当霍布斯要确定作为形而上学对象的普遍存在的属性时,他写道:

> 因此,这一科学[第一哲学]所讨论的是存在、本质、质料、形式、量、有限、无限、质、原因、结果、运动、空间、时间、位置、真空、一和数……[5]

对此处关于普遍存在的属性的列举,我们有四个评论:1. 霍布斯明确宣称它并不是穷尽性的。2. 它的不完整性导致下列事实:霍布斯每次提及它时,都提供了一个不同的版本。[6] 3.《论物体》以范畴演绎的形式给出了一个演绎版本。[7] 4. 其中出现了一些完全不能出现在亚里士多德的范畴表中的概念。我们已经可以察觉到,对于霍布斯来说,形而上学的内容是如何不仅区别于,而且更是彻底与亚里士多德赋予形而上学的内容相反(尽管霍布斯在各处文本都会征引亚里士多德)。我们只需注意到,亚里士多德的十个范畴——它们各自表述了存在的一些东西,并构成了事

---

[5] 《〈论世界〉批判》,第 1 章第 1 节,105 页。
[6] 参考,例如,同上书,第 9 章第 16 节,170 页;《利维坦》,第 46 章,683 页;《给数学教授的六堂课》,英文全集第 7 卷,226 页。
[7] 参考《论物体》,拉丁文全集第 1 卷,第 2 章第 15—16 节,22—25 页。

物的原初属性——是不可还原的,且被认为(至少很可能)是完整的。不可还原是因为,作为存在的最普遍的类别,它们并不被还原到一个诸如一[Un]或存在[Etre]的最高类。这种不可还原性一方面意味着不可通约性——这一点的结果是,它们不能被从同一个类别中演绎出来,另一方面确保了"它们作为属所拥有的现实性,因为我们不再需要担心它们像柏拉图的唯一最高类那样被一种无止境的抽象抽空了所有内容"[8]。另外,范畴的列举被认为是完整的,这个列举的经验性特征并不来自于范畴的不完善性,而来自于它们的不可演绎性。

然而,由于霍布斯取消了亚里士多德范畴的这两个核心规定性,他也就完全改变了其意义。从此它们不再是存在的范畴,或者是事物的物性的最普遍规定;它们完全丧失了其存在论的意义。由此,在《〈论世界〉批判》中考察了它们每一个的意义后,霍布斯宣称,在被称为《范畴篇》的书中,亚里士多德把事物的名字或名称区分为十个类。[9]为了使这一点不再有疑问,这里我们只需要注意,霍布斯在《论物体》中论及范畴的地方表达了如下观点,即当亚里士多德发现自己不能完成对于事物的穷举的时候,他就凭借自己的权威转而穷尽它们的名称。[10]

因此涉及的问题不再是存在的类,而是名称的分类。在亚里士多德那里,实体这一基本范畴表达事物之所是,即"第一存在物",而"其他事物被称为存在仅仅是因为它们或者是确切意义上的存在物的数量,或者是其质量,或者是这个存在的性质,或者

---

[8] O. Hamelin, *Le système d'Aristote*, quatrième édition, Paris, Vrin, 1985, p.100.
[9] 参考《〈论世界〉批判》,第5章第2节,129页。
[10] 参考《论物体》,拉丁文全集第1卷,第2章第16节,25页。

是这一类事物的其他规定性"[11]。而在霍布斯的阐释中，这一实体的基本范畴变成了名字的种类，即由于事物在我们心灵中唤起的外观 [species] 或者图像而被我们给予事物的这一类名字。[12] 如果说后者仍认为实体或本质的范畴表达了事物之所是的话，它彻底不再摒弃其中亚里士多德式的意涵。实体被归约为了基底，其现实本质也将不再可知。

亚里士多德的形而上学，把"仍然悬而未决的问题：存在是什么？"作为其对象，这一问题"实际上就是在问，实体是什么？",[13] 在其中，实体是本质和存在的统一，并且这里的本质——它既构成了事物之所是同时又使得事物存在——在描述了实体之所是 [quiddité] 的定义中得到表达。这种形而上学使得知识得以直接把握现实，并且具有一种逻辑学与形而上学、知识理论与存在理论在其中合而为一的存在论内容。它的范围包括从范畴到证明三段论的理论。因此，范畴从形而上学的角度看是存在的类，从逻辑学的角度看是简单不可分的概念，它们先于所有复合物，在一个先于所有语言的理智直观中被把握——因此也先于真理或错误——并且它是不可错的，因为在其中不存在科学和无知的中间状态。[14] 而且，在命题中被组合或复合的正是这些简单自然的概念，而真理或错误仅仅存在于命题之中：

---

〔11〕 亚里士多德，《形而上学》，第 7 卷第 1 章，1028a15-20（trad., J. Tricot, T.I, Paris, Vrin, 1970, p.347）。
〔12〕 参考《〈论世界〉批判》，第 5 章第 2 节，129 页。
〔13〕《形而上学》，第 7 卷第 1 章，1028b3-4（trad., J. Tricot, T.I, p.349）。
〔14〕 参考亚里士多德，《论灵魂》，第 3 卷第 6 章，430a26-430b7（trad., J. Tricot, Paris, Vrin, 1969, pp. 184-185）；《形而上学》，第 6 卷第 4 章，1027b25-30（trad., T. I, p. 344）；G. Rodier, Aristote, *traité de l'âme*, Commentaire, Paris, Vrin-reprise, 1985, pp. 473-477。

> 如同在灵魂中有时存在一个独立于真或假的概念，有时则存在一个二者之一必然属于它的概念，在语言中也同样如此；因为真和假正在于复合和分离。[15]

但是，《解释篇》和《形而上学》第 4、6 卷中把真理定义为一种思想的性质 [affection]，其后果就是存在之为真被排除在了形而上学之外：

> 实际上，假和真不在事物之中——否则，就好像善是真的、坏本身是假的——而是在思想中；至于简单自然和本质，其真和假甚至不在思想之中。……但是，因为联结和分离是在思想中而不是在事物中，而在此意义上的存在不同于严格意义上的存在（因为对一个给定的对象，思想有时联结和分离它的本质，有时则是它的某个质、它的某个量或者其他样态），我们需要撇开偶然的存在，以及作为真的存在。[16]

与之相对，我们知道在《形而上学》第 10 卷中，亚里士多德使思想中的复合对应于存在论上的联结：

> 在对象的层面上，真或假取决于它们的联结或分离。因此，当我们认为分离的东西是分离的，联结着的东西是联结的，我们就处于真之中；反之，当我们的思想与对象的自然

---

[15] 亚里士多德，《解释篇》，第 1 卷，16a9-13（trad., J. Tricot, Paris, Vrin, 1970, p. 8）。
[16]《形而上学》，第 6 卷第 4 章，1027b25-33（trad., T. I, pp. 344-345）。

相反时，我们就处于假之中。[17]

总之，《后分析篇》中全部的认识理论都建立在认识秩序和存在秩序相符的观念之上。实际上，所有的证明都预设了一个先在的认识，"证明科学必然也来自于真的、原初的、直接的前提，它们先于结论并比其更可知，而且也是结论的原因"[18]。不过，因为证明的原初原则本身不能作为证明的对象，它们就预设了一种非推论性的知识模式，即"把握了这些原则的直观"[19]。原则并不只是在逻辑上先于结论，它们在存在论上同样也先于结论：

> 它们［原初和不可证明的前提］应当是结论的原因，比结论更可知，并先于结论：之所以是其原因，因为我们只有在知道其原因的时候才有关于一个事物的科学；之所以是先在的，既是因为它们是原因，也是指从知识角度来看的先在性。[20]

原则的这种本性意味着认识秩序［ratio cognoscendi］和存在秩序［ratio essendi］的一致；没有这种一致，认识就是不可能的。拥有关于一个事物的科学意味着知道其原因或者"为什么"，三段论的第一格的优先性恰恰是由于其指示了原因，并因此以充分的方式再现了其存在论内容。此外，"为什么"位于本质中，我们可

---

[17]《形而上学》，第 9 卷第 10 章，1051b2-5（trad., T. II, p. 522）。
[18] 亚里士多德，《后分析篇》，第 1 卷第 2 章，71b20-22（trad., J. Tricot, Paris, Vrin, 1970, p. 8）。
[19] 同上书，第 2 卷第 19 章，100b12（trad., p. 247）。
[20] 同上书，第 1 卷第 2 章，71b29-32（trad., p. 9）。

以在《形而上学》里读到：

> 由此可以得出结论，就像在三段论中一样，所有产生的原则都是形式实体；因为三段论从本质开始，而产生同样从它开始。并且，由自然产生的事物与技艺制造的产物是同样的情况。[21]

因此在亚里士多德这里，本质既是认识的原则也是存在的原则，它奠基了对象和思想、存在和认识之间的一种对应关系，由此自然的发展和思想的法则能够完全相互一致："知识的观念意味着……其秩序也正是存在的秩序，存在论上原初的也是认识论上先在的。如果说自然好似在进行三段论，这是因为三段论只是反映了事物产生的方式：《分析篇》中全部的证明和科学理论都预设了知识进展和事物产生的运动之间的一致。"[22]即使这里只涉及理想中的知识秩序，并不必然与实际研究的秩序相一致。

然而，尽管霍布斯也采用了亚里士多德的词汇，霍布斯的形而上学在根本上质疑的恰恰是认识秩序和存在秩序的一致，并且不仅是事实上的（理想知识的准则与实际研究的准则不一致），同样也是理论上的（即使知识秩序是理想的，它也与存在秩序不同）。在分离了认识和存在的同时，霍布斯的形而上学也将语言的逻辑与存在论分离了。语言的内在要求的系统化不再系于事物。认识和存在之间的这一断裂将会贯穿认识的所有环节，并且这些环节与我们在亚里士多德处检验过的认识环节形成了一种惊人的

---

[21]《形而上学》，第 7 卷第 9 章，1034a30-33（trad., T. I, pp. 396-398）。
[22] Pierre Aubenque, *Le problème de l'être chez Aristote*, troisième édition, Paris, PUF, 1972, p. 55.

对称。第一，就如我们已经看到的，范畴不再是存在的类而是名称的分类，在其中更不普遍的名称从属于更普遍的名称。此外，其数量是根据认识和论证的需要、通过约定而规定的。第二，通过属加种差得到的定义无法向我们揭示事物的本质，而只是通过语言解释了一个名称，即将其分解至最普遍的部分。[23] 它是思想的工具，并解释了思想，但并不解释事物。第三，命题是真（和假）的所在，但真似乎失去了所有的存在论内容，因为霍布斯不断地重申：真在思想中，更准确地说是在词语序列中，而不在事物中。[24] 真的概念因此只包含了一种逻辑内容。第四，全部三段论理论这一次都建立在认识中的因果关系和事物中的秩序的区分上[25]，前者来自于词语序列，在其中前提是结论的原因。因此，在认识的顺序和自然的发展之间不再有直接的一致。自然不再同心灵一起进行三段论演绎。此外，因果关系不再位于形式或本质中，而是在效力因中。但效力因在现实上的应用远不是直接就能有效的，这首先是一个应当探究的问题。

同样，尽管霍布斯也采纳了关于为什么的知识与关于事实的知识、自然上更可知的与对我们来说更可知的，以及分析的顺序与生成的顺序之间的亚里士多德式的区分，但他却给予了它们极端反亚里士多德的意涵。比如，在方法上：如果说对于霍布斯来说，分析方法让我们重新回到第一哲学的最普遍的原初原则，那么后者也只是语词的定义，因此将不再有确保其能被理解的、作为存在论上先在的认识之表达的直观。由此，从综合或生成的方法来重建事物生成的真实秩序就变得成问题了。此外，语言与存

---

[23] 参考《论物体》，拉丁文全集第 1 卷，第 6 章第 14 节，73 页。
[24] 参考同上书，第 3 章第 8 节，32 页。
[25] 参考同上书，第 3 章第 20 节，38—39 页。

在之间以及词与物之间的这一距离变成了知识有效性的一个标准,因为它阻止了所有语言表达的物化。

最后,霍布斯反对亚里士多德对矛盾律的存在论表述。对于亚里士多德来说,矛盾律既是一个语言法则也是一个对事物有效的原则,它指出同一个东西不能在同一时间、在同一关系中既存在又不存在。相反,在《论物体》中,霍布斯反对了这一原则的存在论表述,并将其还原为一个语言法则。由此,霍布斯在(并非无关紧要的)题为《论错误、虚假和欺骗》[*De erratione, falsitate et captionibus*]的《论物体》第5章中,用他自己的词汇几乎重述了《形而上学》的如下段落:

> 那些对于存在之为存在有所认识的人,必须能够建立全部存在的最确定的原则,这就是哲学家。而所有存在最确定的原则就是那种关于它我们不可能出错的原则:实际上,这一原则必然是所有原则中最可知的(因为错误总是发生于一个人所不知道的事物上),同时又是最无条件的,因为对所有存在的理解都有赖于此原则,它不能再依赖于另外一个原则……这个原则就是:同一个属性不能在同一时间、在同一关系中既属于又不属于同一对象……[26]

但是需要注意,由于"原则"一词含义模糊,此时便有可能产生一个错误。因为亚里士多德有时将这个词理解为事物之原因,有时则是知识之原因,或者说来自于对语词的理解的某个原初命

---

[26]《形而上学》,第4卷第3章,1005b10-20(trad., T. I, pp. 194-195)。

题[27]。对知识原则和现实原则的这一混淆的拒斥，并不意味着矛盾的事物就因此可以存在，相反，它意味着只有命题可以是矛盾的，同时，矛盾律因此作为原则统摄了我们的命题，即我们关于事物的陈述的可理解性。我们由此可以看出，在认识与存在之关系的问题上，霍布斯是在哪个地方反对亚里士多德的，以及在什么意义上我们可以谈论一种分离的形而上学。之所以说是分离的形而上学，是因为它开启了语言和事物之间很可能无法克服的断裂。但同时，霍布斯持续地通过与亚里士多德形而上学的关系——具体来说是通过阐述其否定面向——来确定自身的位置。作为对亚里士多德存在论的回应，霍布斯否定了这一存在论，也就是说，我们对事物的知识不可能如事物在其现实本质中那样。由此，他就一下子建立了与亚里士多德形而上学的既参考又反对的关系。但是这样一种立场就其本身而言却并不令人满意，因为有三个与霍布斯的全部哲学相关的问题将从此变得无法回避：1. 难道知识就要从此变得自我封闭且远离自然，从而注定成为一种空洞的语言吗？2. 一个不再与存在相联系的语言如何能够保证其演绎的确定性和内在必然性有任何存在论的效力？3. 要如何解释《论物体》所给出的对于世界的唯物构想？

我们会再次回到这些问题。在这里我们只需注意到，霍布斯并不满足于反对亚里士多德的存在论，他同样也发展了一套完全基于他的唯名论的批判手段。《〈论世界〉批判》非常清楚地揭示了这一点。在第 1 章中，霍布斯肯定了哲学需要以逻辑的方式进行，因为它的目的是确定的知识，即从必然的演绎出发所得到的

---

[27] 参考《论物体》，拉丁文全集第 1 卷，第 5 章第 12 节，56 页。

对于结论之为真的认识,并且这个真只与普遍命题相关。[28] 不过,为了成功证明普遍断言之为真,我们首先需要通过对语词的定义,从语言中排除所有的模糊与歧义,然后从这些定义演绎出必然的结论,就像数学家所做的那样。[29] 对语言的这种使用属于逻辑学,并且与历史学、修辞学和诗学中对语言的使用不同;语言的功能在历史学中是叙述,在修辞学中是刺激我们听众的心灵以达到演讲者的某种目的,在诗学中是把光辉行为传给后代的记忆。[30] 因此,哲学的逻辑学式处理将给予自身一种类似数学的(霍布斯进一步解释为在学习的意义上的*)地位:

> 如果作者们不去断言超出他们能够证明的内容,所有的科学都会是数学的。实际上,正是因为物理学和伦理学作者的轻率与无知,几何与算数才成了今天唯一的数学科学。[31]

我们之前已经说明了《〈论世界〉批判》第 1 章给予数学的特殊地位,现在我们看到这个地位来自于霍布斯建立的普遍数学 [mathesis universalis] 计划;它以几何为样板,并且统率了自然科学与政治科学。这个普遍数学的观念与哲学的逻辑化相关,它在根本上不同于笛卡尔的普遍数学:后者的可能性在于理智直观而非一种关于推理的形式过程的逻辑学。逻辑学对于霍布斯来说是关于语词、命题、推理与方法的,它提供了科学的工具以及对哲学语言的

---

[28] 参考《〈论世界〉批判》,第 1 章第 3 节,107 页。
[29] 参考同上书,第 1 章第 2 节,106 页。
[30] 参考同上书,第 1 章第 2 节,106—107 页。
[31] 同上书,第 1 章第 1 节,106 页。
 * 古希腊语中的数学 [mathesis, manthanein] 一词有"学习"的含义。——译者注

批判手段，而正是这一批判被运用于托马斯·怀特的《论世界》与亚里士多德的形而上学。科学依赖于语词的定义、表达的意指、命题的有效性以及证明的必然性，其语言的明晰在于对这些过程的尊重；而哲学语言也必须满足这些要求。对亚里士多德形而上学的批判在形式上是一种对于存在论语言的逻辑分析，这种存在论语言的可能性在于对动词"存在"[être]的模糊和错误的使用。唯名论的批判在于在话语中找到对语言的滥用，在霍布斯看来，亚里士多德的理论中充满了这种滥用，并且这种滥用是其关于本质的理论中的错误的根源。由此我们看到，唯名论传统是霍布斯与亚里士多德的关系的中介。不过，如果说霍布斯在此传统中，这并不意味着他只是单纯地重复了中世纪唯名论特别是奥康的威廉的学说。他所发展的唯名论概念，就像莱布尼茨所评论的那样[32]，通过给予语言功能（严格意义上的口头语言）主导性的地位，把奥康的唯名论激进化了。最后这一点同样把他的学说与同时代的伽森狄的唯名论区分开来，尽管他们的概念不无重要的一致之处。

诚然，霍布斯从未把他的理论与14世纪的唯名论相联系，也未将其与15、16世纪流行的受唯名论启发的逻辑学相联系。他甚至完全没有引用过它们的主要代表人物。不过，对于他逻辑学的含义与影响的评估，以及相应的其形而上学的历史位置的确定，都无法绕开他对经院逻辑学与形而上学的根本概念的改写。需要澄清的是，我们并不是要着手研究其来源，恰恰相反，我们是要通过联系诸系统来找到既防止了过分同化也揭示了特殊特征的改变与断裂。在这方面，奥康的逻辑学，就其在《逻辑大全》

---

[32] 莱布尼茨，格哈特版《哲学作品集》（*Die Philosophischen Schriften*, Gerhardt 编，第4卷，158页），此书131—162页有许多关于《论物体》的唯名论的引用。

[*Summa Logicae*]中完成的形式而言，提供了重要参考。因为尽管《论物体》和《〈论世界〉批判》讨论了诸如对共相与关系实在论的批判、语言区分的纯语义学有效性、命题的真假的定义等主要论题，霍布斯对奥康理论的再现所处的语境却深刻改变了奥康理论的意涵。目前简单来说，如果说霍布斯继承了对标记的秩序和事物的秩序的奥康式的区分（这一区分取代了亚里士多德-波埃修传统中逻辑学-存在论之间的平行），那么在另一方面，他通过在根本上质疑意指的指称特征从而完全改变了奥康的语义学。而这一质疑又是基于在奥康处构成了其余所有知识的出发点的直观认识[*cognitio intuitiva*]学说的崩溃，这种直观认识是对于个别事物之存在的前谓述把握，它既是感觉的，又是理智的。语词、思想和事物之间的关系被改变的程度是如此之大，以至于看起来如果说奥康唯名论的核心功能在于使我们拥有对世界的充分认识，霍布斯的唯名论则确立了语言与世界之间无法克服的分离。

以下几个问题是我们继续反思的方向：1. 霍布斯的普遍数学对于语言的内在自洽性要求的满足是否以现实性的丧失为代价？ 2. 在语言中并且通过语言展开的理性知识能够之于世界重新找回些什么？ 3. 此外，既然这种普遍数学（在这一点上再次与笛卡尔的普遍数学相对立）应当被优先应用在政治哲学中，那么它是否在政治层面上回答了一个首先在形而上学层面上提出的问题？ 4. 分离的形而上学是否为政治的奠基提供了最根本的条件？

政治的奠基

我们之前尚未详细阐述政治奠基的概念具有两重含义。首先，它所奠基的那门科学从霍布斯第一部伦理和政治作品《法律要义》（1640）的一开始就被提出了：

> 为了把这一学说还原到理性的规则和可靠性，首先应当将如此一些原则确立为其**基础**，即并非过于倾向于怀疑的激情并不会去试图替换这些原则。然后，再逐步建立起（到目前为止还是空中楼阁的）自然法中个别条例的真，直到全体都不再能被驳倒。现在，适于作为这样一种**基础**的原则……已被我在此依照方法阐明了。我谨呈于您的就是这门科学的唯一的真的**基础**。[33]

在这处文本短短几行中出现了三次的**基础**因此便是对于一门科学的奠基。赋予政治学以科学的地位，意味着使政治学超越它至今为止都难以摆脱的意见的冲突，不过这一任务需要"一个清楚和正确的方法"[34]。对于政治科学的奠基在这里构成了分离的形而上学的另一面，因为前者的前提条件就包括对于真理概念的形而上学含义的改变，以及对从其中得出的知识的地位的重新阐释。事实上，霍布斯的普遍数学被优先运用到了政治哲学中，因为其建立的秩序不是像在笛卡尔处那样的直观序列的秩序（在其中真理被给予在理智直观中），而是以几何为样板的一种生成性知识的秩序，因为在其中，命题证明与对象的建构实现了一致。由此，普遍数学提供了政治科学的奠基的认识论条件。

不过这并非全部，因为政治科学也被这一奠基规定为关

---

[33]《法律要义》，"致辞"，xv—xvi 页，强调部分为作者添加。
[34] 参考《论物体》，拉丁文全集第 1 卷，第 1 章第 7 节，7 页。

于政治之奠基的科学。奠基在这里不再描述知识（政治学，*la politique*），而是描述知识的对象（政治，*le politique*）。由此霍布斯写道：

> 因为在对法律和信约的奠基之前，在人类中存在的正义或非正义以及善或恶的公共本性并不比在野兽那里存在的更多。[35]

因此，奠基在这里指国家的创立或建立，若无国家便没有可以分辨正义与非正义、公共善与公共恶的尺度或规范。它是对正当性的特定规则与尺度的奠基，只有它才能为"在所有事务中做符合正义的事"这一类律令提供意义。而奠基概念的两个意涵之间的关系并不单纯是偶然的，因为只有当对政治 [*le politique*] 的奠基存在时，对政治学 [*la politique*] 的奠基才是可能的：

> 此外，政治学与伦理学，即有关正义与非正义、平等与不平等的科学，可以被先天地证明；因为那些作为正义与平等，以及与之相反的非正义与不平等的原因的原则，我们知道它们是什么，这也就是说我们自己产生了正义的原因：法律与信约。[36]

当然，我们必须要确定两个奠基的相互蕴含可以达到什么程度。让我们暂时先记住，政治科学对于普遍数学的从属同样规定

---

[35]《论人》，拉丁文全集第 2 卷，第 5 章，94 页。
[36] 同上。

了政治的本质。由此霍布斯把存在论秩序与自然价值论秩序的缺失同对国家法典的奠基的必要性关联了起来：

> 任何人的欲求或欲望的对象就他本人来说，他都称为善，而憎恶或躲避的对象则称为恶；轻视的对象则称为无价值和无足轻重。因为善、恶和可轻视状况等语词的用法从来就是和使用者相关的，任何事物都不可能单纯地、绝对地是这样。也不可能从对象本身的本性之中得出任何善恶的共同准则，这种准则，在没有国家的地方，只能从各人自己身上得出，有国家存在的地方，则是从代表国家的人身上得出的；也可能是从正义双方同意选定，并以其裁决作为有关事物的准则的仲裁人身上得出的。[37]

在此意义上，对国家法典的政治奠基取代了缺失的存在论秩序。因此，我们应当在政治层面上寻找对语言与存在的分离所导致的形而上学问题的回应。或者说，霍布斯的著作让我们得以观察这一颠倒，通过这一颠倒，对于存在论的批判开启了对政治学-法学问题的革新的空间，这种革新最终表现为对国家的原初与非历史性的奠基。一个从人的作为［faire］和言说［dire］中产生的世界替代了一个有层级的、有意义的事物的世界；后者自然地确保了每个人的位置、功能、善好、命运及其言语的内容，而在前者中，这种作为和言说的规则是由人们自己建立的权威提供的，而这就是国家的人造世界。我们即将尝试完成的任务通过重新聚焦霍布斯的形而上学，修正了霍布斯的政治学在传统中被赋予的

---

［37］《利维坦》，第6章，中译本37页，译文有调整。

意涵。我们接下来要逐次讨论四点:

第一部分:表象[*repraesentatio*]和事物[*res, ens*]的前谓述的分离。

第二部分:对于一种意指与命题理论的构想,这种理论重新阐述了真理的概念并且重新评估了知识的地位。

第三部分:事物作为物质以及作为人造物的双重规定性的意涵。

第四部分:国家的法学奠基的必要性(国家在此之后便统治了被人的作为和言说制造出来的世界)。

第一部分

表象与现象

LA REPRÉSENTATION ET LE PHÉNOMÈNE

第一章　感知理论的形而上学意涵

感知理论对于澄清霍布斯式的分离的形而上学的含义而言至关重要，这有两个原因。

首先，由于感觉是所有知识的来源，因此，感知就提供了知识理论的心理学基础，这也是为什么我们能在《〈论世界〉批判》中读到如下非常亚里士多德主义的表达："在人的理智中，没有什么东西是不先在感觉中的。"[1]同样的观念也出现在《利维坦》中：

> 所有这些[现象]的根源是我们所谓的感觉（因为人类心里的观念没有一种不是首先全部或部分地由感觉器官所产生的），其余部分则都是从这根源中派生出来的。[2]

因此，感觉是知识的根源性的、直接的、无条件的原则。根源性指的是，感觉是一种基本的表象，是经验的更复杂形式中的最小和最初的成分。更确切地讲，是感觉的多样，而不是瞬间的单一感觉，给予了某个对象的表象。多样意味着杂多与变化。为了理解这种被给予给我们感官的杂多的必要性，让我们假设某人

---

[1]《〈论世界〉批判》，第30章第3节，349页。
[2]《利维坦》，第1章，中译本4页。

只拥有一种感官，比如视觉；此外，让我们假设他只看见了某个颜色和形状都没有发生任何变化的物体。此时，这种感觉并不会向他提供任何事物的表象，因此我们也就能够说："一直拥有对于同一事物的感觉，相当于没有任何感觉。"[3]与之对应，变化，或感觉的承接，同样也是必要的，因为它正是此杂多的条件：只有在相互承接的感觉中才能产生杂多。因此，某一对象的在空间中的表象也就预设了时间；表象意味着我们的感官中已然存在着某种多样。

此外，某个孤立的感觉与某个惯性物体被另一个物体撞击时的反应没有什么不同。莱布尼茨后来对于物质作为"瞬间的心灵"的定义延续了霍布斯的说法（但颠倒了它）。*在这个意义上，感觉与记忆不可分离，因为后者储存了之前的感觉，并因此使得我们能够比较它们并将它们与当下的感觉区分开来。如果我们没有这种储存的能力，感觉的承接就无从谈起，我们也就没有什么可以用来比较与区分的东西，因此就不存在任何感觉的多样，最终也就无法产生对某个对象的表象。所以感觉的产生不仅仅需要感觉官能，还需要记忆。[4]如果说我们只能对一个单独对象拥有分明的感知，那么这种分明性却又只能基于不分明：我们一下子就

---

[3] 《论物体》，拉丁文全集第1卷，第25章第5节，321页。
[4] 参考同上书，320页。
　* 莱布尼茨认为："每个物体都是一个瞬间的心灵［mens momentanea］，没有意识、感觉与记忆。因为，如果在一个物体中两个相对的努力［conatus］可以存留不止一个瞬间的话，每个物体就都会是真正意义上的心灵了。每当后面这种情况发生时，［真正意义上的］心灵就产生了。"（致奥登堡，1671年4月）因此，莱布尼茨同霍布斯一样认为一个孤立的感觉并不能产生真正意义上的感觉，后者依赖于多个感觉的延续、对比等，在这个意义上莱布尼茨延续了霍布斯的想法。但莱布尼茨认为物体可以还原为心灵，这与霍布斯恰好相反。——译者注

看到了整张书页，但只能逐次分辨书页上的字与词。在我们的感觉中始终存在着多样性，它是分明性的条件，并且使得对于对象的表象成为可能。此外，这种多样性同样也是我们得以从感觉的杂多与变化中推断出世界的存在的条件。这也就是说世界的存在并非是被直接给予意识的结论，而是来自于某种理性的推理。感知性的意识本身并不包含对于世界的存在的意识，尽管它是其条件之一。最后，感觉同样也是自我意识的条件。这也就是说，感知与我们在快乐或痛苦中所经验到的自我感觉之间并不存在任何分离，我们只能通过感觉到的作用察觉与分辨发生在我们之中的事情。因此，对于霍布斯而言，自我表象并不存在，存在的仅仅是对于自己所处状态的多少有些模糊的感觉，而后者是我们的感官受到的作用的结果。自我感觉与感知之间的这种联系在根本上排除了某种心灵得以把握自身，并且承认自己存在的笛卡尔式的我思［cogito］的可能性。所有关于自我的断言都预设了某种感觉的把握。因此，感觉在这个意义上是根源性的：它同时是对于世界的意识与对于自我的意识的条件。

　　感觉的这种根源性的特征意味着它的直接性；这与想象不同，想象是间接的，它不过是某种随着时间的流逝以及我们其他感觉的来临而逐渐衰退的感觉。当然，想象可以产生某些我们从未感知过的对象的幻象，比如人头马或金山的幻象，但这种观念依赖于曾在感觉中被单独表象过的对象的联结。此外，虽然这种想象的联结看起来似乎是偶然的，但其中却存在着某种融贯性，它建立在感觉的承接关系的融贯性之上：

　　　　某个观念与另一个观念之间的融贯性或承接关系来自于当它们第一次被感觉所产生时的融贯性或承接关系。比如说，思维从圣安德鲁跳跃到圣彼得,因为它们的名字常被一同谈到;由相同的原因,可从圣彼得到石头[*]、从石头到基石,因为我们经常看到它们在一起;由同样的原因,又可从基石到教堂、从教堂到人民、从人民到暴乱。[5]

想象的序列 [discursus imaginationis] 或思维序列即在于这种思想或表象的联结,而后者又被两个关于联结的原则所统摄:相邻性与相似性。而当思想的联结被有意识的意图所指导时,对我们的表象起到统摄作用的又是另外两个关于顺序的原则:首先,对于我们所寻求的目的或目标的表象驱使我们想到之前所经验过的、能够实现这一目的的手段;其次,对于某个原因的表象使得我们想到其可能的结果。第一种思维序列的形式为人与动物所共有,但第二种却为人所独有,因为它预设了语言的使用。由这些内在于我们的想象的联结原则出发,一方面,经验,即对于曾经被感知过的事物的承接的回忆得以形成;另一方面,明智,或依据过去的经验对未来的假设也得以产生。从感觉所产生的知识就止于此,因此这种经验性的知识是由表象、印象或观念组成的(所有这些词语都来自于同一个所指),而人的所有其他能力则都是由其努力获得:人发明各种语词,并且有次序地安排它们。因

---

[5]《法律要义》,第 1 部分第 4 章第 2 节,13 页。参考《〈论世界〉批判》,第 30 章第 8—9 节,352 页;《利维坦》,第 3 章;《论物体》,拉丁文全集第 1 卷,第 25 章第 8 节,324—325 页。

[*] "彼得"之名来自于希腊语的"石头"[petra],因此耶稣在为彼得赐名时说:"你是彼得,我要把我的教会建造在这磐石上。"(《马太福音》,16:18)霍布斯此处的意思应该是由于《马太福音》的这段文本经常被人提起,因而对于哪怕不知道圣彼得名字来源的人,也能在"彼得"与"石头"之间建立联系。
　　——译者注

此，由感觉产生的知识不过是通过表象的知识，而非需要预设语词的使用的理性知识：

> 据我所能想到的情形说来，除开以上所述各项之外，人类便再也没有出自天赋、只需生而为人、活而用其五官、更无需他物就可以进行的心理活动了。往下马上就要讨论的，而且看来是人类所专有的其他官能，都是后天获得并通过勤勉与学习得到增进的。在大多数人身上，这些都是通过教导与训练得来的，而且全都是由于发明了语言和文字才产生的。原因是人类的心灵除了感觉、思维和思维序列之外便没有其他运动了，虽然这三种官能可以通过语言和后天的方法而提高到一种高度，使人类有别于一切其他生物。[6]

最后，与我们的理性认识不同，感觉知识是无条件的：

> 知识共分两种，一种是关于事实的知识，另一种是关于断言间推理的知识。前一种知识就是感觉和记忆，是绝对的知识。例如当我们看到某一事物正在进行时所得到的知识，或是回想已完成的事物所得到的知识就是这类知识。要求于证人的也就是这类知识。后一种知识被称为科学，是有条件的知识。例如当我们知道"如果所示图形为一圆形，那么通过它的中心点所作的任何直线都会将其分成两等份"时所具有的知识就是这种知识。[7]

---

[6] 《利维坦》，第3章，中译本 16—17 页。
[7] 同上书，第9章，中译本 61—62 页。

当然，感觉的这种无条件性或绝对性并不意味着它没有任何真实的原因（尽管对于感觉的原因的知识依赖于理性而不是感觉自身），它的意思是感觉向我们提供了某种不依赖于任何理性假设的被给予物。相反，虽然理性的演绎是真的、必然的，但理性却永远不能展示任何被给予物或事实，不管它是什么：

> 任何思维序列都不可能以对过去或未来事实的绝对知识为其终结。因为有关事实的知识在根源上是感觉，而此后则都是记忆。至于我在前面所说的有关序列的知识则称为科学，这也不是绝对的，而是有条件的。任何人都不可能通过思维序列得知这一事物或那一事物已经存在或将要存在，而这就是绝对地知道。他所能知道的只是：如果这一事物存在，那一事物便也会存在；如果这一事物已经存在，那一事物便也已经存在；如果这一事物将要存在，那一事物便也将存在等，而这就是有条件地知道。他知道的不是一种事物与另一事物相连所形成的序列，而只是同一事物的一个名词与另一个名词所形成的序列。[8]

只有感觉与记忆能够赋予我们关于事实的知识。当然，理性确实能够推演某个事实的原因（首先是某个被感知到的事实本身的原因），但只有感觉才包含事实本身。因此，我们已经知道，霍布斯将感觉知识看作是无条件的、绝对的，但这是否意味着它是真的，并且感觉所给予我们的所有有关事物的信息都是可靠的？从这个疑问开始，我们所要探究的问题就发生了转变：我们已经

---

[8]《利维坦》，第 7 章，中译本 46—47 页。

知道感觉是知识的来源,而现在我们要检验感觉与在我们之外、作用于我们的事物的关系。换句话说,事物是否如其在自身之中那样与其所有属性与性质一起被呈现在了感知之中?感知与事物的关系这一问题将我们从有关知识的理论带到了一个形而上学疑难,而这个形而上学疑难正是感知理论在霍布斯理论中占据了重要位置的第二个原因。为了揭示其重要性,让我们回忆一下:对于亚里士多德而言,只有感知允许我们按照其个别性与特殊性来把握事物;感觉即是事物本身的在场,而理性的语言仅对其原因与本质有所言说,因此只普遍地把握事物。而事物在感知中的这种在场被定义为是可感物与感官的接触:

> 感知对象的活动与感官的活动是同一个实现活动,尽管它们的所是并不相同。比如说,实现中的声音与实现中的听:我们可能拥有听的能力但不听见,能够发出声音的东西也有可能不在发声;但当听的能力处于实现活动中,并且那能够发出声音的东西正在发声时,实现了的听便与实现了的声音一同出现,同时我们可以将其一称作听,另一个称作声音。〔9〕

因此,可感物与感官之间同时存在着分离与统一:当它们处于潜能之中时它们互相分离,而当可感物进入感官,从而互相实现时,它们又是统一的。正是这一点让德尔贝〔G. Romeyer Dherbey〕写到,在亚里士多德那里"事物与感觉遵循着……同一

---

〔9〕 亚里士多德,《论灵魂》,第 3 卷第 2 章,425b26-426a1。

种韵律"[10]。因此，感官的活动实际上一方面预设了某个实现它的事物的活动，另一方面也预设了在这种活动中事物向感官揭示了其真实的属性。在这种意义上，感知是接触发生的地方，而感觉也不仅仅是一种作用的结果，同时也是一种揭示："感知是与事物的原初接触发生的地方，在这种接触中产生的感知并不来自对关于事物的印象的把握，而是来自于对于事物本身的把握。"[11]从这种感官与可感物的一致中产生了德尔贝所说的某种"感知的绝对"，它排除了感知结构的所有相对性与主观性：一方面，人不缺少任何感官，因而人不会因感官的缺乏而无法把握某种可感物或使得感知变得相对化，这也就是说我们感知到了所有可能感知的东西；另一方面，可感性质并非是内在于把握事物的"我"的某些主观性质，而是事物本身就带有的性质。因此感知给予我们的是事物就其个别性而言并且就其在感官中自在而言的样子。在我与事物、内在与外在之间并不存在任何由表象的概念所带来的割裂。感知并不会欺骗我们，相反：

> 感知包含了某种与理性言说的真理完全不同的真理，一种更加原初的真理，莫鲁[J. Moreau]将其称为"前谓述的真理"。这种真理……是关于"感觉性的感知"的真理，它构成了某种"对于事物的揭示""关于事物的真理"。[12]

正是从这种前谓述的真理出发，理性言说得以展开关于事

---

[10] Gilbert Romeyer Dherbey, *Les choses mêmes, la pensée du réel chez Aristote*, Lausanne, L'Age d'Homme, 1983, p.164.
[11] *Ibid.*, p.163.
[12] *Ibid.*, p.157.

物的本质的真理。而与亚里士多德的"感知的绝对"(事物在我们与之的关系中被给予)完全相反,在霍布斯这里,感知结构是相对的,可感性质是主观的。这一点使得感知的定义得以经由其与事物的关系被完成:感知是"对某个外在于我们的物体的某种性质或其他偶性的表象[representation, repraesentatio]、显现[appearance, apparatio]"[13]。外在于我们的事物同时也是感觉的原因:"感觉的原因就是对每一专司感觉的器官施加压力的外界物体或对象。其方式有些是直接的,比如在味觉和触觉等方面;要不然便是间接的,比如在视觉、听觉和触觉等方面。"[14] 此外,我们的感觉也不完全是被动的,感觉同时也包含了某种努力,它是心脏在受到外物的压力时的反作用。但这种反作用不再是感知主体与事物相契合的反应,而是某种产生了想象的、对于压力的反抗:

> 感觉产生于感觉器官的某种向外的努力,这种努力由对象向内的努力所导致,它持续一段时间,并且由于这种反作用,想象[*phantasma*]*就出现了。[15]

这种反作用不再是单纯的反应,这是因为,在感觉活动中,

---

[13]《利维坦》,第1章,中译本4页。
[14] 同上。参考《法律要义》,第1部分第2章第8—9节,5—7页;《〈论世界〉批判》,第30章第3节,349—350页;《论物体》,拉丁文全集第1卷,第25章第2节,317—319页。
[15]《论物体》,拉丁文全集第1卷,第25章第2节,319页。
  * *phantasma* 以及其英文 fancy 一般被译为"幻象"或"假象",但霍布斯对其的使用并无任何贬义,这是因为对于霍布斯而言并没有与"幻象"相对的对事物的"真实"的呈现。因此 *phantasma* 与感觉、想象等并没有很大区别,都是感知主体在受到外物刺激时产生的心灵图像,故将其译为想象。——译者注

感知者不再单纯地顺应外物，作用－反作用、压力－反压力等关系都被还原为了外在的物理刺激与生理的反作用之间的关系。因此，表象的概念就将感觉与外物割裂为完全异质的两种东西：表象非但不会向我们揭示事物就其自身而言的性质，相反它仅仅是某种纯粹主观的、不与任何外物相对应的想象：

> 对象……是一个东西，而映象或想象则是另一个东西。因此，在一切情形下，感觉都只是原初的想象；正如我在前面所说的，它们是由压力造成的，也就是外界物体对我们的眼、耳以及其他专属于这方面的器官施加的运动所造成的。[16]

表象不再是外物与感官接触的地方，而是外物在此停止的分水岭。虽然感觉肇始于外物活动的激发，但由生理的反作用产生的可感性质却完全起源于感知主体的结构，而不再是事物本身就带有的特征。这是否意味着表象的世界仅仅由错误与虚假构成？这个问题的回答既是且否。之所以回答否，是因为表象就其自身作为某种显现而言并不是欺骗性的。让我们以一个例子来说明这一点：当某个动物在一面镜子中看到某人的倒影时，它或许会害怕这个倒影或向其示好；此时，我们并不能说它犯了错误，因为它并没有将这个倒影理解为是真的或假的，而仅仅将其当成一种显现。换句话说，当我们仅仅局限于表象或显现时，并不存在任何错误。真或假只存在于判断之中，即它们只针对有能力使用语词并形成命题的人类。[17]因此感觉的欺骗实际上是一种理性的

---

[16]《利维坦》，第1章，中译本5页。
[17] 参考《论物体》，拉丁文全集第1卷，第3章第8节，32页。

欺骗，即当理性判断事物所显现的样子就是它们真实的样子的情况。[18] 但我们也能做出肯定的回答，因为理性正是在感觉的指引下才将主观的可感性质通过某种客观表象投射到我们之外。[19] 所以霍布斯能够说感觉既是错误的原因也是纠正错误的手段：

> 这就是感觉的大欺骗，而只有感觉才能纠正它。因为，正如感觉告诉我，当我直接看到某物时，此物的颜色看起来存在于这个对象自身之中；感觉同时也告诫我，当我通过倒影看到某物时，颜色并不存在于对象之中。[20]

因此，我们看到感觉完全不再是某种前谓述的真理，事物——从现在起内在于感觉之中——也不再能借由感觉向感觉者揭示世界的融贯与深度，事物也不再通过激发感觉主体的某种能够直接接纳、把握其本质的实现活动而向感觉主体揭示自身；恰恰相反，表象不过是某种感觉主体制造的想象或虚构 [*figmentum*; *fictum*]，它就其本身而言与事物 [*res*] 和存在 [*ens*] 相对。当霍布斯说在所有现象中显现 [*to phainesthai*] 最让人惊叹时[21]，这种显现正与存在相对，并且在事物与我们之间竖起了一道屏障。我们需要注意的是，尽管在此处现象或显现的东西 [*to phainomenon*]* 被阐述为一种对事物的模板 [*exemplaria*] 的占有，

---

[18]《论物体》，拉丁文全集第1卷，第5章第1节，49—51页。
[19] 关于经验主义的模糊性，见拙文 "Empirisme, nominalisme, et matérialisme chez Hobbes", in *Archives de Philosophie*, 48: 2, Paris, Beauchesne, Avril-Juin 1985, pp. 184-192。
[20]《法律要义》，第1部分第2章第10节，7页。
[21]《论物体》，拉丁文全集第1卷，第30章第1节，316页。
  * 现象 [phenomenon] 一词即来自于希腊语"显现的东西"。——译者注

这一说法的意思并非是亚里士多德式的理智对已经潜在于可感物中的、被理智通过将其与其质料分离进而实现了的形式的占有。在亚里士多德那里，这意味着：

> 灵魂在某种意义上即是存在物本身，因为所有存在物要么是可感的，要么是可知的，而［灵魂中的］知识在某种意义上即与其对象同一，正如［灵魂中的］感觉与可感物同一。[22]

因此我们可以说，对于亚里士多德而言：

> 现象［phainomenon］即是对于感觉或理智而言清楚、明见的东西。物理学的研究对象即是仅仅显现在感觉之中的东西。因此，如果我们希望能够解释这些现象的话，我们就不能扭曲这些显现的东西，因为理性与现象似乎是互相支撑的。显现之物在自然科学中即是真理的标准。仅仅希求通过理性认识到不变的东西而轻视感觉，这是心智软弱的表现；只有对于显现之物的经验才是值得信赖的。亚里士多德对于这一点是如此确信，以至于他借助对于术语的极端延伸将想象［phantasia］描述为经验本身。[23]

霍布斯将亚里士多德主义中显现与存在之间的关系完全颠覆

---

[22] 亚里士多德，《论灵魂》，第 3 卷第 8 章，431b21-23。
[23] André de Muralt, "Epoché - Malin Génie - Théologie de la tout-puissance. Le concept objectif sans object. Recherche d'une structure de pensée", in *Studia philosophica*, Bâle, 1966, vol. 26, p. 169; repris in *La métaphysique du phénomène*, Paris, Vrin, 1985, p. 115.

了。尽管霍布斯仍然将现象当作知识的原则，并且感觉是这一原则的原则，但他并不将现象看作存在物的显现。诚然，显现之物是由事物对于感官的作用所激发的，但它不再是事物就其自身而言的显现。现象不再是存在的揭示，相反，它是某种将我们与事物割裂开来的主观表象。与之相对，想象在亚里士多德那里是使得被感知到的事物显现为这样或那样的事物的能力，而在霍布斯这里就变成了保存、再造心灵图像的官能；由此我们也就知道这些图像成为了某种不再与事物有任何相似的主观表象。同时，感知以及想象难以再被看成存在于世界之中的方式，而更接近于某种不存在于世界之中，或者更精确地说，与世界相分离的方式。相对于亚里士多德那里的作为前谓述真理的可感感知，其在霍布斯那里则是某种表象和事物之间的前谓述的分离；这也是为什么我们需要使用语词序列将世界的存在从感觉的杂多中推断出来，并且我们能够具有的对于世界的知识，以及我们关于事物的本性能够确定的东西都属于语词的范畴。换句话说，正是由于这种与存在的前谓述的分离，作为想象的表象理论以及与之相对的理性的语言才得以被引入。而现在的问题是，霍布斯是否会为了仍然能够谈论此时已经不存在于表象之中的事物的存在或本质而放弃这一理论。对此我们仅需指出，表象与事物的分离在霍布斯在《论物体》中处理"第一哲学"*的部分的开头便提出的"世界的毁灭"这个假设中展现了其所有形而上学意涵，而这一假设的功能之一便是引出哲学的两个首要原则，即时间与空间，而正如我们将要看到的，它们是表象的形式上的结构。

---

* 即《论物体》第二部分。——译者注

第二章　世界的毁灭

霍布斯的形而上学是从如下表述开始的：

> 我认为，教授自然哲学的最佳出发点（像我已经论述过的那样）莫过于缺乏，这就是说假设世界被毁灭了。[1]

在澄清这一毁灭假设的意义之前，我们需要注意，它能够在《论物体》"第一哲学"部分的处于不同创作时期的所有手稿[2]中被找到，其中最早的大约写于1638—1639年，即《〈论世界〉批判》[3]，而且这一假设的每次表述几乎完全相同。因此，它并不是霍布斯仅仅在《论物体》第7章才提出的，因此也并不是一个对

---

[1] 《论物体》，拉丁文全集第1卷，第7章第1节，81页。
[2] 比如标题为"Logica ex T. H."的出自霍布斯之手的手稿（《〈论世界〉批判》，附录3，474页），以及由其他人记录的笔记，特别是由 Herbert de Cherbury 在1638—1639年记录的、现位于威尔士国家图书馆的手稿（《〈论世界〉批判》，附录2，449页）以及 Charles Cavendish 在1645—1646年记录的、现储存于不列颠博物馆的手稿（关于这个手稿与"Logica ex T. H."的不同，参见《〈论世界〉批判》，附录3，474页）。有关这些问题以及霍布斯的这个假设对笛卡尔怀疑的影响，见拙文"Espace et représentation dans le *De Corpore de Hobbes*", in *Recherches sur le XVIIème siècle*, vol. 7, Paris, CNRS, 1984, pp. 159-180。
[3] 这一假设可以在《〈论世界〉批判》中处理表象的部分找到（第3章第1节，117页）。

其哲学的其他方面毫无影响的概念；特别是我们也能够在《法律要义》的开篇找到它，因而我们同样也需要找出其在伦理与政治层面的后果：

> 为了理解我所说的认识能力，我们必须回忆起并且意识到在我们的心灵之中始终存在着某些外物的映象或观念，就算除了某人之外的整个世界都被毁灭了，他仍然会保有这些事物的映象，以及所有他在其中所看到与感知到的东西；每个人都能够由其经验得知，他曾经想象过的事物的消失或毁灭并不能够导致想象本身的消失或毁灭。这种对于外在事物的性质的映象与表象，我们便称之为我们对于它们的认识、想象、观念、注意、概念或知识。[4]

这一假设的形而上学意义是什么？《法律要义》的文本已经说明，其目的是在不考虑事物的现实因果关系的情况下研究表象。因为，尽管外物是产生表象的压力的原因，但表象，就其作为心灵的偶性或某种表象性的存在而言，都不依赖于外物：

> 但如果我们假设所有事物都被毁灭了，有人可能会问，此时对于某人（我仅仅让他免于事物的普遍毁灭）而言，还有什么东西可以作为哲学或思维的对象呢？或者说，还有什么是他可以命名以便对其进行推理的呢？我对此的回答是，对于这个人而言仍然还存在着关于毁灭之前的世界以及其眼所曾见过的、其感官所曾感知过的世界和所有物体的观念，

---

[4]《法律要义》，第1部分第1章第8节，2页。

这也就是说，关于它们的大小、运动、声音、颜色以及其产生次序和部分等的记忆与想象；尽管这些东西只不过是观念与想象，即正想象着的那个人的内在偶性，但它们仍旧会显现为是外在的，并且似乎独立于任何心灵的能力。[5]

关于这段文本我们可以做出四点评论：

1. 这个关于毁灭的虚构是纲领性的，因为它是"第一哲学"的开端。它首先引出了关于表象的地位的讨论，其次，它也统摄了后续对于事物［res］作为物体或物质［corpus sive materia］的规定以及自然法则的确定。后两点似乎与笛卡尔在《论世界》中的虚构形成了某种对照[6]："因此，让我们暂时将思绪带离这个世界，而思考另外一个全新的、我使之诞生于想象空间中的世界。"[7]而关于感觉表象的地位，笛卡尔在《论世界》的开篇就确立了表象与外物之间的本质区别：

我所意图在此处理的是光，而首先我希望读者能够意识到，在我们关于光所具有的感觉，即通过我们的眼睛的中介而在我们的想象中形成的观念，与那个使我们产生了这一感觉的对象，即那处于火焰或太阳之中的我们称之为光的东西

---

[5] 《论物体》，拉丁文全集第 1 卷，第 7 章第 1 节，81—82 页。
[6] 这一比较在葛鬯［Martial Gueroult］在其身后出版的文章中曾被非常匆忙地提到过，见 "Le Spinoza de Martial Gueroult"，*Revue philosophique de la France et de l'étranger*，vol. 3, p.297，PUF, 1997, n.16。需要澄清的是，《论世界》出版于 1664 年，因此霍布斯不可能曾经受其启发，参考 A. Pacchi, *Convenzione e ipotesi nella formazione della filosofia naturale di Thomas Hobbes*, Florence, 1965。
[7] 《笛卡尔全集》，第 11 卷第 6 章，31 页。

之间，可能存在着某种差别。[8]

光学文本在霍布斯和笛卡尔处都在表象概念的构成中扮演了至关重要的角色，尽管他们关于光的物理机制以及视觉生理过程的阐述常常在细节上有所分歧。[9] 同样，对于经院哲学中的意向类*[10]理论的批判以及表象概念与［事物与表象的］相似概念的分离也在笛卡尔的光学文本以及霍布斯从《光论Ⅰ》(*Tractatus Opticus I*, 1640) [11]以来的文本中始终占有一席之地。对于他们而

---

[8] 《笛卡尔全集》，第11卷第1章，3页。

[9] 参考霍布斯与笛卡尔关于《折光学》[*La Dioptrique*]的论争（拉丁文全集第5卷，277—307页）。

[10] 我们可以比较笛卡尔与霍布斯的以下文本："除此之外，我们必须注意不像我们的哲学家们所做的那样做出如下假设，即为了获得感觉我们的心灵需要观察到某些由对象发射到大脑中的图像；或者至少我们需要以不同于这些哲学家的方式理解这些图像的本性。"(《折光学》，第4论，《笛卡尔全集》第6卷，112页）以及："一道光，或一片成某种形状的颜色，这便被称作一个图像。根据自然本性，所有有生命的物体一开始都会将这种图像判断为是事物本身的像，或者至少是某个通过完全一致的结构复制了事物本身的某个物体。即使人类（除了那些能够通过推理矫正感觉的错误的少数人）也将图像混同为对象本身；而如果他们没有认识到这一点，他们也就无法理解太阳以及群星比它们所显现出的样子更大或者距离更远。"(《论人》，拉丁文全集第2卷，第2章第1节，7页）而对于可感类的否定可以追溯到奥康："对于感知而言，除了理智以及被感知物之外我们并不需要设定任何其他东西，尤其是可感类。"转引自 Ruprecht Paqué, *Le statut parisien des nominalistes*, traduction Emmanuel Martineau, Paris, PUF, 1985, p. 170。

[11] 诸光学文本，不管是独立的论文还是其他作品中的某些章节，都产生于霍布斯发展其表象理论的几个关键节点上。几个主要文本包括：1.《第一原理短论》[*A Short Tract on First Principles*, 1630]; 2.《光论Ⅰ》; 3. 与笛卡尔关于其《折光学》的通信（1640—1641）; 4.《〈论世界〉批判》的第8、第9章（1643）; 5.《光论Ⅱ》[*Tractatus Opticus II*, 1644-1645]; 6.《关于光学的一部简略或初步的草稿》（1646），其中的第二部分之后被译成了拉丁语并且被放在了《论人》(1658）的第2—9章；7.《论物体》的第27章（1655）。对这些文本的详细梳理以及它们在霍布斯作品中的意义，参见拙文 "Vision et désir chez Hobbes", in *Recherches sur le XVIIe siècle*, 8, Paris, CNRS, 1986, pp. 125-140。

* 传统的亚里士多德主义一般认为感觉的产生是由于感官接收到了（转下页）

言，感觉表象不再以（事物与表象间的）相似性为原则，而是几何式的，即感觉空间经由光学-几何关系的再造而建立在现实空间之上。这一思路催生了他们的许多理论，比如笛卡尔在《折光学》中为了计算某对象的距离而假设的自然几何学，以及霍布斯在题为《关于光学的一部简略或初步的草稿》（*A Minute or First Draught of the Optiques*，这一手稿最终以拉丁文出现在了《论人》之中，后文或简作《草稿》）的手稿中阐明的表象的光学构成理论等。[12] 他们之间的对照一直可以延续到笛卡尔为阐明其表象概念而提出的有关铜版画的美学比喻：

> 我们必须至少注意到，所有图像［*image*］都不必在所有方面相似于其所表象的对象，因为这样一来对象与其图像便没有任何区别了；正相反，它们不必在任何方面与事物相似，甚至，它们的完善性取决于它们能在多大程度上不与事物相似。比如，正如我们经常看到的那样，在一幅铜版画上，存在的不过是分散在这里或那里的墨水罢了，但这些画却能向我们表象森林、村庄、人甚至战役、暴风雨，尽管在它们使我们构想的无限种不同性质中，它们仅仅与［事物的］形状相似；而且这种相似也是十分不完善的：比如，仅仅通过一

（接上页）从事物那里发散出来的没有质料的形式，这种事物与感觉者之间的感觉载体一般被称作"类"［*species*］，或是可感类［*species sensibilis*］或意向类［*species intentionalis*］。早期近代的哲学家一般都认为这一理论是站不住脚的。——译者注

[12] 在《第一原理短论》与《草稿》之间我们可以发现霍布斯的光学理论发生了一个重要的转变：《第一原理短论》中的激进的客观主义，在其中对象被看作唯一的施动者而表象仅仅是其映象，逐渐变成了一种同样激进的主观主义，在其中表象不过是视觉的若干点的主观综合。

个平面它们就向我们表象了高低起伏的崎岖丘陵,以及,在遵循透视法则的情况下,它们常常通过椭圆或菱形更好地表象了圆或矩形,而不是其他圆或矩形;这一情况在所有其他形状那里都存在。因此,为了成为更完善的图像并更好地表象对象,它们常常需要不与对象相似。[13]

我们可以在《论人》中题为"论对处于透视中的对象的表象"[*De repraesentatione objecti in perspectiva*] 的、重要的第 4 章中发现一个类似的美学比喻,它是被作为一种绘画模仿理论提出的,但这种模仿却并非对对象的被动誊抄,而是某种由光学法则规定的差异:

> 处于透视中的某形状的表象不过是对象的轮廓在眼睛与对象之间的某个面上的投影。因此,透视法即是画出视锥的某个切面的技艺,不管这个切面是否是平的。……由于已经出现了某些运用透视法的画作,它们使得观者将非平行线看成是平行线、下斜的线看成是上倾的线、椭圆看成圆、圆看成椭圆以及将很多其他在画中以不同方式被表象的性质看成是对象中的性质,我接下来将要解释为何画仍然是对于对象的最佳表象。[14]

因此,笛卡尔与霍布斯的感觉表象理论有着相当大的重合;而由此出发,他们分别在《论世界》中与《论物体》的"第一哲

---

[13]《折光学》,第 4 论,《笛卡尔全集》第 6 卷,113 页。
[14]《论人》,拉丁文全集第 2 卷,第 4 章第 1 节,29—31 页。

学"部分中借助想象世界与世界毁灭的虚构得到了纯粹物质化的自然概念以及对自然法则的演绎。对于二者而言，他们所运用的虚构的功能都使我们从日常经验中脱离出来以便展开物理学的论域。不过，尽管《论世界》与《论物体》进路之间的对照有着十分重要的意义，但这种对照却并不充分，因为《论物体》所处的层面与《论世界》并不相同。在《论世界》中，笛卡尔仅仅提出了一些形而上学论题，却并未澄清它们。因此，世界毁灭的虚构与笛卡尔关于想象世界的虚构之间的对比需要某种更深层次的澄清，即某种形而上学的、处于第一哲学层面的澄清，它所处理的是霍布斯的虚构与另外一个虚构的关系，即《形而上学沉思》中有关欺骗性的魔鬼的论证。

2. 毁灭世界的虚构世界是一个过激的*假设，其功能是使我们触及哲学的原初原则，正如欺骗性魔鬼的论证通过对怀疑的统一与普遍化让我们得以达到原初的形而上学真理。但它们之间却存在着两点重要的不同：第一，在《论物体》中，其虚构在一开始即被完整地给出与承认了，与之相比，在《形而上学沉思》的论证次序中，欺骗性魔鬼的虚构［作为某种暂时性的假设与论证机制］仅仅在全能并因此必然不欺骗的上帝的存在被证明了之后其地位才被完全阐明，但此时它也就被完全消解掉了。第二，对于霍布斯而言，我思［cogito］并非原初的形而上学原则。

让我们从第一点开始，因为它与霍布斯的虚构的意涵有关。如果我们说毁灭世界的假设是过激的，那么这种过激性并不在于

---

* *Hyperbolique*，这一词一般被用于描述笛卡尔式的普遍怀疑，因其怀疑了一般对于感觉的不信任所触及不到的命题，比如数学真理的确定性、世界的存在等；它也被称为"形而上学怀疑"。——译者注

将可怀疑的通通看作是错误的,而在于从现实的到可能的的过渡。这一点至关重要,因为从中我们可以看出,毁灭世界的假设与笛卡尔式的怀疑的结构并不相同:笛卡尔从我们关于真假、现实与想象的认识的不确定性出发,借助过激怀疑达到了思想之我的存在与现实的不容置疑的确定性。与之相对,霍布斯预设了外物对我们的感觉的作用,并将这些现实的作用作为其出发点:"我对此的回答是,对于这个人而言仍然还存在着关于毁灭之前的世界以及其眼所曾见过的、其感官所曾感知过的事物的观念。"但为了达到可能之物或可设想之物的结构——这些结构即我们的表象的结构——这一现实立即就被悬搁了;这是因为,霍布斯一方面意图说明心灵在分解、组合、命名、提出命题以及推理时的所有活动都首先依赖于我们的表象以及想象,而非事物自身,另一方面他也意图展示是我们表象中的什么东西使得这些活动得以可能。不过,心灵可以把握的所有东西却并不必然是现实的。这一点不光在各种类型的虚构中——特别是在天文学(比如在地球外部被假设的各种球面)以及诗学(比如某个诗人想象的发生在史前的故事)中——是如此,而且在数学证明以及哲学推理中也是如此,因为我们经常会在进行前者时构造、分解以及组合各种被简单表象的线及面,而在后者那里我们也能够设想很多在现实世界中并无效力的运动法则。[15] 因此,被提出为哲学的原初法则的是使得这些活动成为可能的条件,即表象的形式或结构:空间与时间。

　　由可设想物的这些形式出发,哲学将尝试找出我们关于外物

---

[15] 参考《〈论世界〉批判》,第 28 章第 1 节,331 页。

的存在[16]与本性所能确实认识到的东西。因此，毁灭世界的虚构的目的即是说明知识并不是直接关于外部世界，而是首先关于我们的表象；所有关于外物的断定最终不过是由表象出发的某个理性推理的产物。这也是为什么哲学的两个原初原则与外物的存在与本性均无关系。

同时，这两个原则也并不确立"我"的存在与本性：思想的主体的存在远非某种被发现的原初真理，而同样是被预设了的前提——"但如果我们假设所有事物都被毁灭了，有人可能会问，此时对于某人（我仅仅让他免于事物的普遍毁灭）而言，还有什么东西"。《论物体》的思路在某种程度上确实与《形而上学沉思》相似，即它们都是从表象过渡到事物——尽管我们必须指出对于霍布斯而言这种过渡仍然是某种假设性的理性推理，而不是一种在神学上被保证的清楚分明的知识，但另一方面这种过渡却不是由思想对自身的直接的、理智的、存在性的直观把握所做出的，这也是为什么空间与时间代替我思成为了哲学的原初原则。而如果我们仍然需要定义我们关于自身的存在能够拥有的知识的话，霍布斯在其对《形而上学沉思》的反驳中指出，这种知识是某个理性的语词推理的结果："从我思可以推出我在，因为那个在思的东西不能什么都不是。"[17]其中"推出"这一说法必须从字面来理解，因为：

---

[16] 不过，我们需要注意的是，虽然"第一哲学"试图对事物的本性进行规定，但在其中我们却并不能找到严格意义上的对世界存在的证明：世界的存在仅仅是被理性所设定的，而非是由感觉在表象之下或之后找出的。在《论物体》第25章霍布斯由我们的表象的变化出发设定了世界的存在。
[17]《对〈形而上学沉思〉的第三组反驳》（后或简作《第三组反驳》），拉丁文全集第5卷，252页；《笛卡尔全集》，第9卷（上），134页。

> 尽管某人能够想到他曾经思想过（这一思想不过一种回忆），但他却绝不可能想到他正在思想，或知道他正在知道，因为这就会是某个永远不会终结的诘问：他又是如何知道他正在知道他正在知道他正在知道等等的呢？[18]

此外，如果有人问关于"我"的本性我们能够获得何种知识，霍布斯的回答是，这种知识并不会通过某个观念或表象而被给予给我们。事实上，关于灵魂：

> 我们无法拥有任何观念；相反，正是理性让我们推出人的身体之中存在着某种隐秘的东西，它赋予了身体借以感觉与移动的动物运动；不管这种东西是什么，我们将其称为灵魂却并不拥有关于它的任何观念。[19]

因此，对于"我"的本性的知识同样也是某个理性推理的产物，并且这一推理所遵循的模式是关于物体的知识（这对于笛卡尔而言是莫大的悖谬）；而这毫无疑问即是霍布斯从蜡块本性的知识出发解释"我"的知识的模式的这段文本的意思：

> 从中我们似乎可以推出，思想之物实际上是某个物质性的物体，因为所有活动的主体似乎只能被理解为是某种物体或物质，正如作者［即笛卡尔］自己之后通过蜡的例子所展示的那样：不管这块蜡的颜色、软硬、形状以及所有其他活

---

[18]《第三组反驳》，拉丁文全集第5卷，253页；《笛卡尔全集》，第9卷（上），135页。
[19] 同上，拉丁文全集第5卷，263页；《笛卡尔全集》，第9卷（上），143页。

动发生怎样的改变，它始终都被看成是同一个东西，即某块发生了所有这些变化的物质。而我们推断出我思的推理与以上的推理没有任何不同。[20]

因此，我们可以得知，霍布斯的第一哲学与笛卡尔的第一哲学之间的第二点区别即是"我"的存在与本性的知识相比于世界的存在与本性的知识没有了任何优先性；我们非但没有使得"我"[ego]成为原初真理，反而让我思[cogito]完全失去了它的地位。因此，我们的表象的形式才是建立了世界毁灭这一假设的原初原则，从它们出发我们可以推断出关于世界本性的知识，而关于思想本性的知识则被推迟到了有关心理学的《论物体》第25章。所以，毁灭的假设并没有单方面将事物替换为作为主体[subjectum]的"我"[ego]；这么做了的是笛卡尔的形而上学，而这也使得海德格尔写道：

> 在笛卡尔之前，所有独立持存的事物都是"主体"；但现在"我"成为了独一无二的主体，其他事物只有在与它发生关系时才得以被规定。这是因为，事物首先是通过其与最高原则及"主体"（"我"）的奠基性关系而——数学地——成为某物的，它们根本而言是某些作为他者而与主体发生某种关系的东西，某种作为对象而与主体相对的东西。[21]

---

[20]《第三组反驳》，拉丁文全集第5卷，253页；《笛卡尔全集》，第9卷（上），135页。

[21] Martin Heidegger, *Qu'est-ce qu'une chose?* trad. J. Reboul et J. Taminiaux, Paris, Gallimard, 1971, p. 115.

"主体"对于霍布斯而言始终意味着某种被毁灭世界的假设悬搁起来的独立持存物 [*subsistens per se*]、存在物 [*existens*]、基底或定项 [*suppositum*]。[22] 在这一意义上主体不同于传统上被理解为"被呈现给纯粹的自我表象之物的东西"[23] 的对象 [*objectum*]：对象在表象中被给予，而事物本身却未被把握。在霍布斯那里并不存在任何在表象中重现 [事物与表象] 之间的相似性并且使得我们在被表象的对象中把握到外物本质的清楚、分明的观念。因此，我们绝对不能说，正如笛卡尔所做的那样，在霍布斯那里事物也是作为某个对象而被"我"规定的；这就意味着，事物并不是在与某个基础性的"我"的关系中成为某物或某种存在的。

尽管霍布斯有时会用"对象"指代事物、用"事物"[*res*] 指代表象的内容，但这一术语上的歧义用法并不意味着事物就被还原为了对象，后者始终指的是最初在感觉中产生、在想象中被保存的心理图像。不过，这一歧义的可能性本身却很有启发性，因为，如果我们严格区分了对象与事物，我们就会发现理性只能仅仅从表象出发**假设性地**对某物的本性进行某些规定，因为此物并不按其真实的本质而在表象中被给予。因此，只有对于理性的言语活动的研究——因为这些活动并不局限于由表象产生的认识——才能揭示我们关于事物究竟能够断言些什么。因此在霍布斯的理论中，存在论问题是通过语言功能在语言之中提出的。

不过先让我们继续讨论表象理论。我们已经知道对于霍布斯而言表象始终是某个来自于感觉的图像或想象；而我们可以说，对于笛卡尔而言"任何一个存在者 [*étant*] 只有经由思

---

[22] 参考《论物体》，拉丁文全集第 1 卷，第 8 章第 1 节，91 页。
[23] Martin Heidegger, *Qu'est-ce qu'une chose?* p. 115.

想［*cogitatio*］，即成为一个思想［*cogitatum*］，才可触及存在［l'Etre］"，而由此观之，"'我'对于被表象的存在者的存在论而言也就成为了最高的存在者"[24]。对于霍布斯而言则恰恰相反，所有经由思想而产生的东西都与存在相分离；因此，"我思－我在"不再是所有认识的基本公理，因而也不再是对存在的所有规定的指导原则。所以，"我"作为一个经由感觉产生的模糊知识的对象不再被囊括在被霍布斯的"第一哲学"所确定的真理之中，它也永远不会成为原初真理。而正如我们之后要说的那样，政治的基础也不应被在"我"中寻求，甚至，正是由于物与"我"均不再是其政治的基础，政治的某种基础才成为可设想的。

尽管霍布斯在《论物体》中将感觉者描述为感觉的主体（"感觉的主体本身即是感觉者"[25]），但他仅仅是想说，表象是某个作为基底的主体的偶性，而这个主体则不再在事物面前充当某个向自身呈现其存在的原初明见性并通过将事物还原为其被表象了的存在而对其存在下判断的"我"。此外，"主体"的概念依旧保持了其传统的含义，而并不暗示某种像"我思"那样被规定的主体的主体性，因为像"主体"这样的感觉者本身也是与其他任何事物同等的东西。我们认识主体的存在与本性并不比认识外物的存在与本性更直接或更轻松。因此，在"我"对于自身的把握之中不存在任何透明性，其存在与本性都是通过语词推理才得以被认识的。当然，表象确实是主体的，但这种主体性并不奠基在某个像"我"那样首先在其反思中把握自身并将思想认作其本质的主体之上；在其《对〈形而上学沉思〉的第三组反驳》中，霍布斯

---

［24］ Jean-Luc Marion, *Sur l'ontologie grise de Descartes*, seconde édition revue et augmentée, Paris, Vrin, 1981, pp. 204-205.
［25］《论物体》，拉丁文全集第 1 卷，第 25 章第 3 节，319 页。

那令笛卡尔大为震惊的论断所表达的就是这个意思:"因此可能那个在思想的东西便是心灵、理性或理智的主体,从而是某种物质性的东西。"[26]这句话中的"可能"[potest]这一限定显示出将主体或在思想之物规定为物体或物质的这一做法完全是假设性的。因此,表象的主体性并不意味着某种作为奠基者的主体,而由此我们也可以理解,霍布斯那肇始于毁灭世界的假设的"第一哲学"既不开端于世界,也不开端于自我,而是开端于表象。

3. 尽管霍布斯并没有在《论物体》的文本中明确提到,但似乎毁灭世界的假设依赖于关于神的全能的神学论证。《法律要义》已经指出,关于神我们只能自然地获得其存在与其不可理解的全能的知识:

> 由于大能之神是不可理解的,因此关于神我们无法拥有任何概念或图像;所以他的所有属性所指的不过是我们在设想任何有关其本性的东西时的无力与无能,除了以下这一事实,即上帝存在。因为,一般我们都会承认,某些结果的产生意味着在它们产生之前存在着某种使得它们产生的能力,而某能力的存在则预设了拥有这一能力的某物的存在;而拥有这一能力的某物,如果它不是永恒的话,必须产生于某个先于它的东西;而后者又产生于某个更早的东西:直到我们来到某个永恒之物,这即是说,所有力之中的最在先者,所有原因中的第一因;而这即是人们称之为上帝的东西,其名

---

[26]《第三组反驳》,拉丁文全集第5卷,253页;《笛卡尔全集》,第9卷(上),134页。

即意味着永恒、不可理解、全能。[27]

不过，似乎我们从这段文本（以及其他文本）中有关神的全能既作为某个不可理解的本性的不可理解的属性又作为自然中所有结果（即所有现象）的第一因的论述中无法得出什么重要结论。但是，在《〈论世界〉批判》之中出现了三条论题，尽管它们并不直接相关，但若将它们互相比较的话，就会发现它们与我们关于毁灭世界的假设的研究非常相关。事实上，我们可以通过这三条论题的互相比较重建出所谓的"全能的神学论证"。以下即是这三条论题：

首先，任何存在物都不能被自然地创造或毁灭，所有自然所产生的变化影响的不过是事物的样式或偶性。换句话说，自然变化不过是某种变形。相反，如果我们将自己放到全能上帝的视角的话，某个存在物的创造与毁灭就变得可以设想了，虽然我们仍然无法认识到这是如何做到的，因为这仍然是一件超自然的事情。[28]

第二，尽管人的意志永远被其原因所决定，因而人的自由即必然，但神的永恒意志不能拥有任何决定其做出某个特定决断的原因，这是因为原因必须先于结果，因此不能有任何东西先于永恒。所以，神的意志与人的意志并不处于同一层面：

> 永远不会有什么东西能够把某种必然强加给神圣意志，更不会有什么东西可以限制或蒙蔽它。上帝的行动是最自由

---

[27]《法律要义》，第 1 部分第 11 章第 2 节，53—54 页。
[28] 参考《〈论世界〉批判》，第 12 章第 5 节，191 页；第 27 章第 1 节，314 页。

的[*liberrime*],不管自由是与必然相对还是与阻碍相对。但上帝的这种自由确切地说并不是选择,因为选择是对于先前未定之事的规定(而对永恒意志而言并没有先前未定之事),是事物与上帝的永恒意志之间的符合[*consensio*]。[29]

46 　　霍布斯对这一原则进行了一个具体的应用:任何证明世界曾被创造的尝试都与上帝的全能相矛盾,因为证明者必须先证明创造是必然的,因而不可能未曾发生,哪怕上帝的意愿是世界与其永远一同存在(而这与上帝的全能相矛盾)。[30]因此,一个更普遍的结论是,由于上帝的自由以及全能,世界并非必然地是其所是,并且它完全有可能是另一个样子。

　　第三,正如人的意志不与神的意志处于一个层面,人的理智也不与神的理智处于同一层面。[31]

　　从这三条论题中可以得出,当从神的自由与全能的视角看时,世界是极度偶然的,而如此重构起来的关于全能的论证看起来也是毁灭世界的假设所隐含的神学基础。如果事实确实如此的话,那么霍布斯这一假设的历史渊源以及更深层次的意涵就必须从奥康的威廉关于神的绝对权力[*potentia absoluta*]的相似论证中探寻;而特别是在我们注意到《〈论世界〉批判》借用了奥康的若干其他论题之后,霍布斯与奥康神学之间的这种联系就显得更加可能了。[32]我们可将这些论题总结为三:首先是上帝的不可理

---

〔29〕《〈论世界〉批判》,第33章第5节,378页。
〔30〕参考同上书,第26章第3节,309页。
〔31〕参考同上书,第30章第33节,364页;第27章第15节,324页。
〔32〕关于奥康的唯名论与神学,参考Paul Vignaux, "Nominalisme", in *Dictionnaire de Théologie catholique*, Tome XI, première partie, Paris, 1931, col. 733-784; *Nominalisme au XIVème siècle*, Paris, Vrin-Reprise, 1981; Robert(转下页)

解性，它拒斥对于神圣存在者的任何分析，因而关于上帝的属性与行动，我们既无法得知其为何如此，也无法得知其如何如此。[33] 其次，并不存在任何先于神圣意志的秩序，神圣意志不像人的意志那样受到理智或理性的规定与约束。但这并不意味着神的行动与理性相悖或没有适当的理由，因为神的行动原则就处于神的意志之中。[34] 神在世界之中建立的秩序是偶然的秩序。最后，从中我们可以得出，上帝在创世之前并不在其理智之中考量有限或无限种可能世界的观念。在奥康之后，霍布斯同样也否认了在神圣理智之中存在着任何可能物；因此，在霍布斯看来，我们不能说某个事物在其开始存在前就是可能的，因为可能物就其自身而言不过是属于上帝的创造的能力。因此，上帝创世并不是因为这个世界是完美的；恰恰相反，正是由于上帝创造了这个世界，我们才必须说这个世界是完美的，意即它符合上帝的意志。[35]

在这几个问题上霍布斯完全跟随了奥康在考察世界时所运用的双重神学视角，即神的绝对权力与神的既定权力 [potentia ordinata]。在奥康那里，根据神的绝对权力这一假设，由世界的极端偶然性可以得出两个原则[36]：首先，由其绝对的因果效力，

（接上页）Guelluy, *Philosophie et Théologie chez Guillaume d'Ockham*, Louvain-Paris, Nauwelaerts-Vrin, 1947; Léon Baudry, *Guillaume d'Ockham, sa vie, ses œuvres, ses idées sociales et politiques*, Paris, Vrin, 1950; Gordon Leff, *William of Ockham, the Metamorphosis of Scholastic Discourse*, Manchester University Press, 1975.

[33] 参考《〈论世界〉批判》，第 26 章第 1—7 节，308—311 页；第 27 章第 4、8、14 节，317、319、323 页；第 28 章第 3 节，333 页；第 29 章第 1—2 节，338—340 页；第 31 章第 2 节，367—368 页。
[34] 参考同上书，第 31 章第 3 节，368—369 页；第 33 章第 5 节，378 页。
[35] 参考同上书，第 31 章第 1、2、4 节，367—369 页；第 33 章第 6 节，378 页。
[36] 参考 Guillaume d'Ockham, *Quodlibeta Septem*, *Opera Theologica*, vol. IX, édité par J. C. Wey, The Franciscan Institute, St. Bonaventure, 1980, Quodlibet sextum, qu. 1, pp. 585-589, qu. 6, pp. 604-607。

神作为第一因能够替代他经由第二因*所完成的活动，这即是说神自己就可以实现其通过外物的中介完成的东西。其次，神能够使得有着实在区分[distinctio realis]的两物独立存在。不过，以上只不过是某种不能被看成是现实的假设，因为从神的既定权力看，神在世界中建立的秩序依赖于其意志的恒常性。虽然《论物体》中的"第一哲学"部分并未明显使用这些神学原则以便建立毁灭世界的假设，但我们仍然需要研究的是，霍布斯这一假设在认识上的后果在何种意义上有别于奥康论证的认识论后果。

首先，为了正确评估奥康论证在认知上的意义，让我们先回顾一下他关于知识[notitia]与概念[conceptus]的理论。[37] 人类理智能够拥有关于同一对象的两种不同知识。首先是直观知识。直观知识既是感觉的也是理智的，它使我们得以认识某物是否存在，以及它可能偶然地具有什么性质。这种知识是偶然命题为真的基础，并且它始终由处于事物的既定秩序中的对象造成。而直观知识进一步产生了另一种抽象的知识，后者的抽象性在于它既不考虑其对象是否存在，也不考虑它可能拥有的偶然性质。在这种知识理论中，关于神的全能性的神学论证是这样发挥其作用的：

> 由于上帝可以以相同的方式完全产生两种知识[直观的

---

[37] 参考 Léon Baudry, *Lexique philosophique de Guillaume d'Ockham*, Paris, Lethielleux, 1958, pp. 172-178。

* 经院哲学一般认为全能的、作为万物创造者的上帝是所有事情的第一因[prima causa]，但上帝并不直接参与到其被造物之间的因果作用中，而是通过创造物作为第二因[secunda causa]的互动间接地参与其中，而第一因即上帝以何种方式以及程度参与到第二因的互动中是经院哲学经常讨论的问题。第一因与第二因的这一用法也常见于早期近代哲学家（比如笛卡尔、马勒伯朗士、霍布斯等）。——译者注与抽象的〕，并且，在心灵中的直观知识不必由事物就其自身而言的运动产生，因此这一点就被证明了……

从中我们可以得出，直观知识，不管是感觉的还是理智的，可以是关于某个不存在之物的〔知识〕。这个结论也可以用和上文不同的方式予以证明。首先，所有绝对的事物与其他绝对事物的区别在于它们的地点以及主体，因此，上帝可以使得它们相互独立存在，因为如果上帝想毁灭某个天空中的绝对存在物的话，看起来他并不因此就不得不毁灭地上的另外某个〔绝对〕存在物。

而直观所见，不管其是感觉的还是理智的，即是一个绝对之物，其与〔其他绝对存在物〕在地点以及主体上有所区别；比如，当我直观地看到天空中存在着一个星星时，这直观所见，不管是感觉的还是理智的，即是一个绝对之物，其与所见对象在地点与主体上不同。因此，即使这颗星星被毁灭了，我们的所见仍可以存留。[38]

上帝由其全能可以实现所有不蕴含矛盾的事情，比如使得两个现实不同*的事物或两个知识相互独立地存在。因此，他就能够

---

〔38〕 Guillaume d'Ockham, *Scriptum in Librium Primum Sententiarum*(*Oridnatio*), *Opera Theologica*, vol. I, édité par G. Gal et S. F. Brown, The Franciscan Institute, St. Bonaventure, 1967, Prologus, qu. 1, pp. 37-39.
   * 中世纪形而上学理论中有专门探讨事物之间区别的理论。一般中世纪以及早期近代哲学家会区分三种事物间区分程度递减的区别：现实的区别〔*distinctio realis*〕、样态/形式的区别〔*distinctio modalis/formalis*〕、理性的区别〔*distinctio rationis*〕。——译者注

在独立于直观知识的情况下产生抽象知识,尽管在既定秩序中前者是后者的来源;更普遍地说,他能够直接产生所有他在既定秩序中需要借助第二因的中介来产生的事物,比如说,独立地产生两个既不在同一地点也不拥有同一主体的东西:没有被见之物的所见,这即是说,给予某人关于一个不在场甚至不存在的对象的直观知识。那么,这一关于上帝的绝对权力的论证是否意味着知识与其现实对象之间的分离呢?缪哈[André de Muralt]对这一问题的回答是肯定的,并由此试图论述其对于现代认识哲学的重要影响。[39]根据这一解释,奥康的神学论证在认识论上的后果即是某种无对象的客观概念,它是这一论证在认识秩序与事物秩序之间所产生的断裂的直接产物。而一旦主体与对象之间的意向关联被打破,关于知识的客观性的疑问也就随之产生了。

由此,关于某个可能并不存在的事物的真的、可信的、合法的知识便成为了可能。奥康在这条路上无疑走得最远,因为他肯定了关于不存在事物的直观知识的可能性。当然,这只是基于上帝的绝对权力这一假设而非现实,但这一神学假设足以产生对诸多事物强烈的怀疑,比如主体与对象的统一、在认知活动中事物施加于主体的、形式的或效力的客观因果关系,一言以蔽之,认识的客观性;它之所以是足够的,乃是因为它支持了某种不管事物是否存在[*sive res sit sive res non sit*]都

---

[39] André de Muralt, "La structure de la philosophie politique moderne", in *Cahiers de la Revue de Théologie et de Philosophie*, IIème, Genève-Lausanne-Neuchâtel, Université de Genève II, 1978, pp. 3-83; "Kant, le dernier occamien. Une nouvelle interprétation de la philosophie moderne", in *Revue de Métaphysique et de morale*, 1, Paris, 1975, repris in *La métaphysique du phénomène*, pp. 138-159.

为真的知识的可能性,而这则肯定了[主体与]对象之间的意向关系,对于认识活动而言并非是本质性的,这即是说[主体与]对象的关系并不能从本质上定义认识活动。奥康的这一观点中潜藏着令人惊叹的可能性,因为它引入了某种先天的经验性知识的概念;并且它立即就在奥康的同时代人中间引发了众多神学与哲学反思,它们试图在主体-对象关系之上或之下找出所有真知识的可能性条件与合法性基础。[40]

根据缪哈的说法,关于上帝的绝对权力的论证对于现代哲学有着结构性的影响:它在笛卡尔那里变成了欺骗性的魔鬼这一过激虚构,并由此引导了笛卡尔的全部认识理论。实际上,对于笛卡尔而言,观念作为思想的样态拥有形式现实,并且作为某个事物就其被这一观念表象而言的存在样态拥有对象现实。曾被奥康运用的有关概念的对象性存在[*esse objectivum*]的学说也就转变为了观念所具有的、独立于事物的形式性现实的对象性现实[*realitas objectiva*]的学说。因此,清楚、分明的观念所遵循的秩序便是理性的内在秩序,与事物的秩序截然不同;而由于观念与事物之间的对应此时不再是自明的,其便需要被奠基。在这一背景下,对知识的客观性这一问题的探究便成为了可能且必要的。这种客观性是被有关上帝的观念的特殊地位所确立的,这一观念的对象性现实首先奠定了其自身的客观性,之后回过头来确立了我们所有清楚分明的知识的客观性。这就是说,观念序列与事物序列的平行需要某种神学的奠基。除笛卡尔之外,这种平行论也可见于斯宾诺莎,后者将思想与广延这两种属性之间的对应奠基

---

[40] Muralt, "La structure de la philosophie politique moderne", p. 12.

在了它们均是神圣实体的统一性的各种表达这一点上。此时，由于正是神的无限权力（这与奥康的唯意志论判然有别）产生了平行论的必然性，由神的绝对权力出发的论证便显得不合时宜了，不过其后果却仍然存在。绝大多数试图处理表象理论的认识论哲学都将需要面对［观念与事物的序列的］分离问题，并且为观念与事物的伴生找到一个神学基础，比如马勒伯朗士的机缘论、莱布尼茨的前定和谐等。因此，对于缪哈而言，以上每一次尝试所试图找到的都是对奥康论证的神学回应，以便能够逃脱这一论证产生的怀疑论后果，不管这一回应的神学基础在于神的全能还是神圣理智或自在圣言对于意志以及权力的约束。

17世纪就这样摇摆于起源自奥康那里的问题与若干时常（但并不永远如此）借助了占统治地位的奥古斯丁传统对其的回应之间。这一解释对我们而言是十分有启发性的，特别是当我们考虑到毁灭世界的假设再一次直接利用了由神的绝对权力出发的论证，并且霍布斯禁止我们借助理性神学来回应被施加在知识客观性上的不确定性：在重新处理这一论证的认识论后果并建立观念与事物之间的符合时，霍布斯拒斥了任何借助某种非奥康神学的可能回应。

不过，在展开霍布斯的观点之前，我们首先应该检验一下，在17世纪由奥康式的论证所产生的［事物与观念的］序列或秩序的分离，在何种程度上已经在奥康本人那里得到了实现。因为，虽然在奥康那里神的全能性确实奠定了关于某个不在场甚至不存在的对象的直观知识的可能性，但这并不意味着上帝就能够将某个不在场或不存在的对象以在场或存在的形式赋予给我们：

> 不管其原因在于其对象还是上帝自己，直观知识永远都

是真的。在对象存在时，直观知识使我们判断对象是存在的，当对象不存在时，它使我们判断对象是不存在的；直观知识永远都不会欺骗我们：即便是上帝权力也不能使得某个不在场的对象直观地显现为在场。……某种欺骗性的明见是自相矛盾的，这对于上帝本身而言也不可能。其理由在于，明见性的定义本身即是事物自身即如其展现的那样：某个明见的判断言明存在之物的存在。……明见性以理解为中介，建立在判断与事物的联系之中。奥康从一开始便持有一种**根本的实在论**[*un réalisme essentiel*]：判断言明存在之物的存在，并且依赖于直观知识，其条件是某个存在并展现在感官中的对象；唯一的问题仅仅是，同样的真知识是否能够在其他条件下，即通过神的全能得以实现。[41]

这种"根本的实在论"，即所有知识都首先预设了与个体事物的直接而无中介的接触，可以在奥康对"概念"论述的演变中得到确证。首先，奥康的概念理论曾经将其界定为虚构物[*fictum*]："当理智在灵魂之外见到什么事物时，它就在心灵中构造[*fingit*]一个与之相似的东西。"[42]这一理论为所有被思之物赋予了某种在思想中的存在，即某种对象性存在[*esse objectivum*]：它向心灵所展现的对象不拥有像实体或偶性那样的现实存在，而是事物的某种图像或在思想中的存在方式。这种同时适用于个别对象与普遍概念的知识的对象性存在理论在之后被

---

[41] P. Vignaux, "Nominalisme", *art. cit.*, col. 768-769.
[42] Guillaume d'Ockham, *Scriptum in Librium Primum Sententiarum* (*Ordinatio*), *Opera Theologica*, vol. II, édité par S. F. Brown et G. Gal, The Franciscan Institute, St. Bonaventure, dist. 2, qu. 8, p. 272.

奥康看作是若干种可能的概念理论中的一种，另外两种则赋予概念以"主体性存在"［*esse subjectivum*］，即存在于灵魂中的主体的某种性质，其一认为这种性质独立于理解活动，另一种则将其等同为理解活动。在《逻辑大全》中，奥康总结了这三种理论，并且最终选择了最后一种。这一选择的理由之一在于经济性原则。根据这一原则，既然通过在理解活动之外设定某物所能保存的东西同样也能够在不设定这一额外之物时得到保存，"那么，在认识活动之外设定什么东西就不是必要的了"[43]。另一个理由则是，相较于某种表象，概念更多的是事物的标记［signum］。[44]实际上，思想与现实之间的关系更常被定义为标记与其所指之间的关系，而非图像与其再现之物的关系：概念是某个指向心外之物的标记，即"心灵之中的某物，它作为标记自然地指向其所能意指的另外某物"[45]。因此，认识活动始终都直接关乎事物的现实，这与在17世纪诸种表象理论的框架中所发生的恰恰相反。因此，我们应该对缪哈从神的绝对权力这一论证出发所引申出的在奥康认识论中的后果持保留态度，因为概念作为灵魂的意向首先并且主要指向的都是事物本身，这一点使得在与事物的意向关系上的所谓断裂变得可疑。全能论证并未在根本上质疑概念与事物的根本性的指向关系，而只是使得其条件有所改变。

与之相对，霍布斯毁灭世界的假设中隐含的奥康论证这一

---

[43]《逻辑大全》，第1卷第12章，39页。对于对象性存在理论的批判则在于，这种理论设定了某种无用的中介物，而这种中介物很可能成为认识活动与事物之间的障碍。

[44] 参考 Joël Biard, *L'émergence du signe au XIIIe et au XIVe siècles*, Thèse de Doctorat d'Etat, soutenue à l'Université Paris I – Sorbonne en 1985, pp. 425-439。感谢 Joël Biard 在这篇论文出版前就允许笔者阅读它。

[45]《逻辑大全》，第1卷第12章，39页。

次则恰恰割裂了认知的秩序与事物的秩序,因为知识不再是标记,而是表象;表象能够被[与事物]分离地考察,甚至必须被如此考察,因为现在所有与心外之物的联系都变成了间接的,即必须通过表象的中介,而表象才是我们认知的原初且首要对象。当然,一个合理的反驳是,表象这一概念在17世纪或许并不与标记相矛盾;但是,在17世纪中标记恰恰失去了在事物中的自然基础,而这种基础在奥康那里正是标记概念的决定性特征。在独立于事物的情况下研究表象的可能性在霍布斯处可以由当产生表象的原因不在场时——或者,根据毁灭世界的假设,当其被毁灭时——表象在心灵中的延续所确证。在这种意义上,毁灭世界的假设将某个我们能够设想其图像的某物之不在场推向了极端,即世界的毁灭(这必然是过激的或超自然的)。[46]这样,霍布斯也就彻底昭示了在《论物体》文本中给出的表象的两个基本规定:

> 我对此的回答是,对于这个人而言仍然还存在着关于毁灭之前的世界以及其眼所曾见过的、其感官所曾感知过的事物的观念,即关于它们的大小、运动、声音、颜色以及它们的次序与部分等的记忆与想象;**尽管这些东西只不过是观念与想象,即正想象着的那个人的内在偶性,但它们仍旧会显现为外在的,并且独立于任何心灵的能力。**[47]

因此,表象包含了两种视角:首先,它是心灵(霍布斯一贯

---

[46] 参考《〈论世界〉批判》,第3章第1节,117页。
[47]《论物体》,拉丁文全集第1卷,第7章第1节,81—82页。

用 animus 的概念取代 anima)*的内在偶性；其次，它作为图像展现了与实存某物不同的显现的存在 [esse apparens]。即，一方面表象是心灵的某个样态，这种样态仍旧指向的是思想的主体；另一方面，表象拥有某个使它得以表象某物的对象性内容：

> 我们可以通过两种方式考虑或解释它们[观念与想象]：如果我们要考察的是心灵的官能，那么我们就将它们作为心灵的内在偶性；或者，我们可以将它们看作是外在事物的显现 [species]，即，并不将它们看作是存在的，而只是看起来存在或外在于我们。[48]

作为心灵的偶性，表象在心灵之中实存。[49]这一点类似笛卡尔那里的观念的形式性现实。但在霍布斯这里，表象的这个方面仅仅属于认识的心理过程，而不属于"第一哲学"，因此也仅仅在《论物体》第 25 章才被提出。换句话说，表象并非是从思想主体的视角出发而被处理的，因为这必然意味着"我"会被放到首要原则以及原初确定性的位置上；相反，正是表象作为某种显现的存在才在表象与事物的关系这方面引导了第一哲学的进程。这种事物在表象中的显现的存在与在笛卡尔那里提供了事物的某种画

---

[48]《论物体》，拉丁文全集第 1 卷，第 7 章第 1 节，82 页。
[49] 参考《〈论世界〉批判》，第 3 章第 2 节，118 页；第 28 章第 2 节，332 页。
* 在传统的拉丁语语境中，anima 指的是某生命体维生之原则，具体一些可以指赋予某物体以生命的气，animus 则仅指人的思想与理性官能。而霍布斯强烈反对生物除了血液、肉体等的运动之外有其他的生命原则（参考《利维坦》，第 6 章），因而他只用 animus 来指代人的心灵或思想；当然这种"心灵"并非传统意义上的灵魂，而是以物体为主体的性质（参见《第三组反驳》）。——译者注

面或图像的观念的对象性现实类似。不过，与霍布斯不同，笛卡尔在这个问题上有所保留。对于笛卡尔而言，观念的对象性现实包含了多种等级与差别，这与它们的形式性现实不同，后者就其似乎完全来自于我而言并不蕴含任何不同：

> 因为，这些向我表象了实体［的观念］毫无疑问是更多东西并且在其中蕴含了更多的对象性现实，这即是说，它们相比于仅仅向我表象了某些样态或偶性［的观念］，通过表象分有了更高级的存在或完善。[50]

我们知道，观念的对象性现实之间的区别在上帝存在的证明中发挥了非常重要的作用：关于上帝的观念的无限对象性现实实际上让我们得以走出表象、确立其对象的存在，并且保证观念与其对象之间的一致性。但霍布斯完全否定了观念的对象性现实之间存在等级差别这一论题：

> 如果真是这样，我们何以能够说向我们表象了实体的那些观念比向我们表象偶性的观念是更多东西并且蕴含更多对象性现实呢？更进一步地，笛卡尔先生在说"拥有更多现实"时，他觉得他的意思究竟是什么呢？现实性是否能够用更多或更少来界定呢？或者，如果他认为某物比另外一物是更多东西时，他觉得怎样才可能用证明所需的全部清晰与明见——他在其他问题上多次做到了这一点——来阐明这一事

---

[50]《第三沉思》，《笛卡尔全集》第9卷（上），31—32页。

实呢？[51]

即使我们可以谈论观念的某种表象性内容，我们却并不能因此断定它包含了现实性的不同等级；这也是为什么霍布斯将显现的存在看作幻象［*phantasma*］、臆想物［*figmentum*］、虚构物［*fictum*］甚至是幻影［*apparitio*］，它们的存在不过在于被认识。在这个意义上，表象所拥有的不过是想象或虚构的存在，并与事物或存在物相对。[52]因此，关于图像我们更应谈论它们的非现实性而不是现实性。此外，当霍布斯试图刻画表象的表象性时，他使用了镜子的类比（在奥康那里我们也能遇到这一比喻，但是在不同的意义上）：某物的图像，在某种程度上类似于其倒影。[53]这一镜子的类比对于霍布斯而言仅仅意味着，事物与其图像是对立的；换句话说，我们绝不能从这一类比中引出表象与事物的相似性。与笛卡尔相反，在霍布斯那里并不存在任何能够与事物本身相似的清楚、分明的观念。图像并不与事物处于同一现实性的秩序中。不过，这也不意味着图像什么也不是，相反，它有某种内容：

> 虽然显现之物与所有心外之物相对立，但它在同等程度上也预设了某种内在的现实性；因为，如果什么都没有的话，那么显现也就无从谈起了。[54]

---

[51]《第三组反驳》，拉丁文全集第 5 卷，264 页；《笛卡尔全集》，第 9 卷（上），144 页。
[52] 参考《〈论世界〉批判》，第 3 章第 2 节，117—118 页；第 27 章第 1—2 节，331—332 页。
[53] 同上书，第 28 章第 2 节，332 页。
[54] 同上。

因此，这种现实性并非是实体性的，而是被还原到了图像的表象性上：图像的"显现的存在"最终便是［实体的］某种表象性的样态。因而，毁灭世界的假设试图阐明的便是某个不复存在之物在表象中的显现的存在。因此，我们的想象或表象往往向我们显现为好似是来自于某外物的，且并不依赖于心灵的能力。这一点是至关重要的，因为它说明毁灭世界的假设并不会改变心灵图像的结构，这些图像永远都是作为对某外物的表象而出现的。实际上，如果不考虑世界毁灭这一虚构，而仅仅考察心灵的运作方式，就会发现我们的思考都是进行于我们的想象与观念之上。因此，当我们计算天空与大地的大小和运动时，并不会上升到我们正在切割并丈量其运动的天空之中。[55] 所以，毁灭世界的假设的根本意图在于说明，不管世界是否存在，表象都不会因此而改变。表象与事物的分离也就是霍布斯形而上学的根本立场；并且，这种分离来自于霍布斯对于奥康论证的重新使用，而这一后果却并未被奥康这个 14 世纪的唯名论者所引入。

4. 尽管这一点或许会令人惊讶，但对于世界毁灭以及神学意涵的不同看法分别使得霍布斯和贝克莱走向了唯物主义与反唯物主义。对于霍布斯而言，世界的毁灭不过是一个假设；同时，在其第一哲学中，表象被独立于事物地看作是心灵的偶性，并因此仅仅拥有显现的存在，这将第一哲学引向了对表象与事物之间关系的反思。因此，霍布斯并没有选择贝克莱的主观唯心论，而是大体走向了一种实在论——此处这一术语的意思仅仅是那种十分宽泛的、承认心外之物存在并对思考与感知主体施加了某种

---

[55]《论物体》，拉丁文全集第 1 卷，第 7 章第 1 节，82 页。

因果效力的理论立场[56]，并且通过将事物规定为"物体或物质"[*corpus sive materia*]而走向了唯物论。没有什么是比"存在就是被感知"[*esse est percipi*]更与霍布斯的立场南辕北辙的了，因为，即使说我们的思想或观念并不在理智之外存在，这也并不意味着"存在"，当其被用于刻画事物的时候，能够被仅仅还原为被感知；后一立场对于霍布斯而言不啻是对于被表象的对象与心外之物的混淆，后者仅仅在独立于思想而自在的意义上被称作是存在的。如果不是这样，那么世界就将不过是想象的主观谵妄；换句话说，事物必须被设定为是某种不可感的实体。与霍布斯相对，贝克莱则认为"物质存在"这一命题中包含了若干难以克服的认识论难题：首先，某物质性实体的存在是不可设想且自相矛盾的（因为这意味着外在于心灵的可感对象的存在），而这就将物质归约为某种彻底的无；此外，即使我们承认物质的存在，这一判断也不会带来任何好处：

> 即使有与我们关于物体的观念相对应的坚实、有形状且能运动的实体存在于理智之外，我们又何以能够得知这一点呢？我们只能通过感觉或理性得知。而感觉仅仅给予我们对于我们的所感、观念以及直接被感觉所把握到的事物的认

---

[56] 在这里实在论并不是指承认灵魂之外存在某些普遍本质的、与唯名论相对的理论立场。恰恰相反，正如我们将要看到的那样，霍布斯甚至超出了奥康唯名论的要求。因为，霍布斯不仅认为在自然中存在的只有个体，而且还认为在思想中也没有任何独立于语词的使用的普遍物。与之相对，奥康区分了作为自然标记的普遍概念项，或灵魂的意向，与作为习俗标记的被说出或写下的普遍项（参考《逻辑大全》，第1卷第1章，8—10页）；而这对于霍布斯是不可接受的，因为对于霍布斯而言独立于严格意义上的语言中的语词职能的普遍概念并不存在。

识。不管我们如何称呼这些东西，它们均无法使我们得以断定理智之外的、未被感知到且与被感知之物相似的事物的存在。这一点唯物论者们自己也承认。因此，另一个选项是，如果我们拥有对于外物的某种知识的话，我们是从感觉的直接感知出发通过推理判断它们存在的。但是，我并不能看出何种推理能够使我们在感知的基础上相信外在于理智之物的存在——唯物论的拥护者们不也认为物体与我们的观念之间没有任何联系吗？所有人都会同意（梦境、疯癫以及其他类似情况也确认了这一点），即使不存在与我们的观念相似的物体，我们也可以拥有与我们目前所拥有的观念完全相同的观念；同时，我们似乎也并不需要承认某物体的存在方可使得我们的观念得以产生，因为，这些观念有时——而且可以一直如此——并不需要外物的协助就能够以现在我们所看到的次序产生。[57]

以上这段文本，以及其他一些类似文本，使得我们可以合理地认为贝克莱提出的那些意图将"唯物论者"的论题推向反唯物论的论证都直接或间接地（后者最有可能是通过洛克的中介）针对着《论物体》中的论述。这样一来，它们就都能从反面帮助我们澄清霍布斯唯物论的意涵。在这里，我们需要指出的是，对于贝克莱而言，不管外物存在与否，观念或表象都在内容与次序上保持不变，而这正是霍布斯的毁灭世界的假设的主要结果。即使贝克莱从来都没有直接引用这一假设，甚至我们有理由怀疑他是否曾读过《论物体》，并且当时最时兴的是马勒伯朗士的哲学，不

---

[57] 贝克莱，《人类知识原理》，第 1 部分第 18 节。

过,这些都不能影响在此处贝克莱所触及的正是这一假设这个事实:由于世界的毁灭丝毫不会改变我们的表象,并且物体的存在与否不会影响我们的观念的内容与次序,贝克莱便由此得出了与霍布斯所得出的恰好相反的结论,即对于物质性实体的确认在最好的情况下也不过是一个无根据的假设:

> 简而言之,如果外物存在的话,我们永远不能确知这一点;而如果外物不存在,我们也有与当下所具有的相同的理由相信它们的存在。[58]

换句话说,贝克莱完全颠倒了霍布斯的现实与假设的概念。对于霍布斯而言,世界的存在是现实的,而我们能够为了考察作为知识的直接对象的表象而假设其毁灭。与之相对,对于贝克莱而言物质世界的存在是一个虚构性的假设,而现实的是,对于我们的感觉当下所把握到的观念的存在、次序、规律性,以及相对于意志的独立性的阐释预设了我们所依赖的、在我们心中唤起了这些观念的圣灵或神圣理智的存在。霍布斯毁灭世界的假设中对于奥康的从神的绝对权力出发的论证的重新运用在贝克莱这里被转换为了某种神学-形而上学的教条。贝克莱首先严格论述了奥康论证在表象哲学框架下的主要认识论后果,并且对它给出了一个非奥康式的神学回应。实在的东西不过是造物主在我们心中印下的观念,自然法则不过是某个智慧、良善的神圣理智在观念之间形成的承接关系。因此,所有人类知识不过是经由自然的中介解读上帝圣言的符号学。即使没有任何心外之物与我们的观念所

---

[58]《人类知识原理》,第1部分第20节。

表象的东西对应，我们的知识仍然在绝对意义上是真的，因为上帝就是它绝对的基础。没有第二因的存在的真知识不仅仅是可能的，它还是现实的。如果说"这一如此明晰地昭示了其意志奠定了自然法则的圣灵的善与智慧之间的融洽与稳定的自然体系并没有将我们的思想引向上帝，而只是使得它们游荡于对第二因的竞逐之中"〔59〕，这并不意味着上帝是一个以欺骗我们为乐的骗子，恰恰相反，正是由于自然体系本身是如此完善，我们方能在不牵涉其神圣起源的情况下探究它。〔60〕

这样，表象与事物的分离以及对于知识的客观性的怀疑这两个问题在贝克莱那里就没有了意义，从而得到了解决：事物就是观念，观念也就是事物；因此，知识的真并不在于观念与心外之物的符合，而在于观念与其原初的第一因的关联。完全放弃事物，或者换句话说，将事物化归为观念——这样一来观念本身就成为了唯一的事物——并由此将一个假设转变为形而上学教条，这即是在原则上将理性形而上学为了保证知识的为真性而进行的数次尝试变得毫无意义，比如通过上帝的保真性（笛卡尔）、实体的不可通约的属性之间的平行关系（斯宾诺莎）、机缘论（马勒伯朗士）以及前定和谐（莱布尼茨）等途径为观念序列与事物序列之间的对应在神学上奠基的努力。与之相对，虽然在霍布斯那里毁灭世界的假设的可能性或许依赖于神的全能性，但在《〈论世界〉批判》以及《论物体》中我们找不到任何为知识的确定性以及为真性在神学上奠基的尝试。因为，即使对于理性以及信仰而言上帝的全能性是确定无疑的，同样确定无疑的是上帝也是无法理解

---

〔59〕《人类知识原理》，第 1 部分第 32 节。
〔60〕 参考 G. Brykman, *Berkeley, Philosophie et Apologétique*, Paris, Vrin, 1984。

的，并且其属性以及意图是无法确证的。因此，即使我们能够从上帝的全能性出发做出某个假设，我们也完全无法从这种全能中得出任何能够确保我们的理性推理成立的论证；而且，上帝也不必遵守我们的演绎的任何内在要求，因为或许对于我们而言无法理解的事情对上帝而言并不是如此。这一点的后果是，如果我们不能永远认为上帝在世界中确立的秩序即是我们的理性的要求使我们认识到的那样的话，我们也就完全无法在上帝处找到任何对于我们认识的存在论价值的保证。因此，对于理性知识的考察也就将一个选择摆在了我们面前：要么理性能够通过其言语功能在没有任何外在帮助的情况下保证其所产生的知识的存在论上的有效性，要么我们的理性知识的内在必然性就仅仅囿于认识论层面。霍布斯唯物论的意涵正是在这一选择中得到了昭示：其所包含的任何判断都将取决于理性能够在这个先前被假设取消了的世界中重新找回什么。这样，正如我们将要论述的，毁灭世界的假设构成了分离的形而上学的一个奠基性环节。

第三章 表象的显现存在

毁灭世界的假设使我们得以将表象从事物中分离出来，而这也便是从表象中抽离出其所具有的时空结构的抽象的过程。实际上，如果我们考察从假设性的毁灭中存留下的图像——并不是考察其个别的内容，即某个拥有某些特殊性质的个别事物，而是考察其一般的表象性结构——我们就会发现它永远都是在表象某个存在的事物，或更恰当地说，显现为在我们之外存在的事物。这种考察并不需要我们在心灵中将图像的个别的量或质的特征完全剔除，以便提炼出另一个完全不同的图像；因为，图像或想象的结构并不能独立于某个内容而被设想，同样，每一个个别的图像或想象都只能向我们显现为某外物的图画。因此，这种抽象并不会分割表象，而只是使得我们可以在独立于显现之物的个别内容的情况下考察其显现的存在的结构：

> 同样的一些图像，就它们表象了具有特定界限的有限物体而言，是拥有某些形状的空间，即想象性的形状；而就它们向我们表象了某些有颜色的物体而言，这些颜色也是想象性的。[1]

---

[1] 《〈论世界〉批判》，第27章第1节，331页；参考第3章第1节，117页。

不过，不管表象的内容是某种形状、大小还是颜色，表象的结构都必然使得这一内容显现为某外在之物。所有可能被个别性质——属于某些个别事物的观念的可感性质——所填充的图像的内在结构都要求它显现为对于某个外在事物的表象。此处的外在性并非是某个实在之物的外在性（我们已经假设它被毁灭了），而是显现于表象之物的外在性。对于某物仅仅就其显现为存在于心灵之外而言的表象，这即是空间［spatium］，或更精确地说，想象空间［spatium imaginarium］的定义：

> 空间是对于某存在之物就其存在而言的想象，这即是说我们并不考虑此物所具有的其他偶性，而仅仅考虑它显现为外在于想象者这一性质。[2]

如果说对显现为外在于我们的某物的表象即是空间的定义，那么我们同样也可以反过来说所有表象都蕴含着空间性，即其表象内容显现为外在的，且具有若干维度。因此，表象的内在结构与空间性的定义所依赖的都是同一种抽象。所有想象都是对于某外物的表象，这即是说所有图像都蕴含了对于具有若干维度的某物的表象。《〈论世界〉批判》与《论物体》所谈论的都是想象空间，因为这种空间并不属于物体本身，而"不过是物体的图像或想象"[3]；它是心灵的偶性，因此它依赖于我们的思想："由此可知，空间的存在并不取决于物体的存在，而是依赖于想象官能的

---

[2] "*Spatium est phantasma rei existentis, quatenus existentis, id est, nullo alio eius rei accidente considerato praeterquam quod apparet extra imaginantem.*"《论物体》，拉丁文全集第 1 卷，第 7 章第 2 节，83 页。
[3] 《〈论世界〉批判》，第 3 章第 1 节，117 页。

存在。"[4]因此，我们完全可以说，在霍布斯这里，空间是观念性的，并且霍布斯正是借助空间的观念性解决了将空间归给事物本身的诸理论（特别是怀特与笛卡尔的理论）所招致的问题。空间的观念性使得我们可以解释位置与处于某位置的某物之间的不同，即，被移动了的某物并不将其先前所处的位置一并带走，相反，同一个位置能够被不同的物体所先后占据；同样，它也使我们避免将我们对空间进行的操作投射于世界本身中去：空间的无限性仅仅意味着我们永远可以在给定的空间上添加某空间，而并不意味着世界就是无限的。

由空间的观念性出发，霍布斯推出了它的五种性质：1. 空间不因其内容而改变，即，不管何种对象占据了某空间，它永远都是同一的；2. 在这个意义上，我们之前进行的抽象使得我们得以将空间规定为可以被占据的，而非已经被占据的，因此想象空间，就其是表象的结构而言，是真空的；3. 由于空间使对于某对象从一个位置到另一个位置的移动得以可能，因此空间本身是固定的；4. 虽然所有被表象的对象都是有限的，空间却是一个无限的连续体［continuum］；5. 空间可以被无限制地切割下去，或者说对空间的切割永远都无法产生一个不可分的最小单元。由此我们看到，想象空间只能经由几何性质得到刻画。

然而，勃兰特［F. Brandt］认为霍布斯混淆了两种空间理论，其一是心理的、质的理论，另一种则是将空间看作一个固定坐标系的认识论理论。[5]勃兰特在这里发现了两条后续的发展路径，

---

［4］《〈论世界〉批判》，第 3 章第 1 节，117 页；参考《论物体》，拉丁文全集第 1 卷，第 7 章第 4 节，93 页。
［5］ F. Brandt, *Thomas Hobbes' Mechanical Conception of Nature*, Londres, 1928, pp. 250-260.

其一指向了贝克莱，另一条则最终导向了康德。不过，相比于认为霍布斯混淆了关于空间的心理理论与数学理论的看法，我们更应当说霍布斯理论处于这组对立之外；因为，如果我们再次考察表象的空间结构与其个别的质的内容之间的区别的话（这两者其实是不可分离的），我们就会发现空间能够同时显现为一个可以在其中定位、切割、计算与测量某对象的固定坐标系以及一个由某些构成了表象内容的特定可感性质所分化的质的空间。当然，虽然这可看作是康德理论的先导，但在霍布斯那里空间的观念性却并非是先验的，因为想象空间是在外物的作用下产生的，并且外物也被设想为拥有某个大小或现实空间。

不过，这里确实存在着毫无疑问要更加根本的第二个困难。这个困难可以这样表述：这一有关想象空间的理论是否会将第一哲学重新带向我们先前已经认为被抛弃了的唯心论？但实际上，它与这里所发生的恰好相反，这一点可以从霍布斯从其表象的空间性理论中引出的可设想物与不可设想物之间的区分中看出：由于所有图像都是空间性的，因此我们仅仅能够想象或设想那些具有某种形状和维度的事物，比如人、动物、石头等；霍布斯将这种事物称为可想象物 [*ens imaginabile*] 或可设想物 [*ens conceptibile*]。而相反，如果有些事物我们既无法想象也无法设想，这是因为我们不可能拥有对这些事物的空间性的、具有某种形状和维度的表象，由此上帝便是一个不可设想之物。因此：

> 由于哲学并不能判断或讨论超出人类能力的事物，并且我们放弃了对不可想象之物进行定义——我们将这些东西称作非物体性实体——我们所要定义的便仅仅是可想象之物。所以，在这个意义上，存在物便不过是所有那些占据了某空

间或某个我们可以依照长度、大小、深浅等来估量的东西。从这个定义出发，存在物〔ens〕便与物体〔corpus〕是同一个东西，因为所有人都承认这一定义。由此，我们便永远用"物体"来称呼我们所谈论的存在物。[6]

这便是霍布斯理论中空间的观念性的悖谬之处：由于我们只能设想有维度的事物，我们便只能向自己表象物体；换句话说，由表象理论出发，我们可以推论出其本性被规定为物质性的物体的存在，因此霍布斯在事物之中设定了与表象的想象空间相对应的、作为事物的广延的现实空间。

某物体的广延，或有些人所说的现实空间，与该物体的大小是同一个东西；不过，这个大小并不像想象空间那样依赖于我们的思想，因为后者不过是我们的想象的产物，而大小却是其原因；想象空间是心灵的偶性，而大小则是存在于心灵之外的某物体的偶性。[7]

霍布斯与康德不同，后者将知识的条件等同为对象的条件，而前者则仅仅是从知识的条件中推论出了对象的条件；因此，这一关于两种空间性的理论便是完全必要的。在霍布斯的第一哲学中，空间的观念性并没有导向唯心论；相反，它引向了霍布斯意义上的特殊的唯物论，而这种唯物论的意涵仍亟待澄清。

---

[6]《〈论世界〉批判》，第27章第1节，312页。
[7]《论物体》，拉丁文全集第1卷，第8章第4节，93页；参考《〈论世界〉批判》，第3章第1—2节，116—118页。

空间因而便是表象的结构与限度[8]，因此我们也不再能够拥有对于自我的表象。我们的"内在"（这即是说我们的感受与激情）不再能够通过观念或图像而被认识，因为这种内在仅仅构成了观念或图像的感受性维度，即我们可能通过这些感受发现表象的对象是否有益于我们的生命运动，或者说是否能够延续我们的生命的标记罢了。内在因此不再属于通过表象性的观念或图像而获得的知识，而仅仅属于经由标记而获得的感受性认识。因此在霍布斯这里存在着一个也能够在马勒伯朗士和贝克莱那里发现的根本区分，尽管在后两者那里这一区分的含义有所改变：对于马勒伯朗士而言，由于我们并不拥有关于灵魂的可理解的观念，因此关于灵魂我们只能通过意识获得某种模糊的认识；而对于贝克莱而言，我们无法通过观念认识灵魂的原因乃是灵魂是主动的，而观念则是被动的。与他们不同，由于观念的表象性特征，霍布斯否定了任何通过观念认识灵魂的可能性。这样，我们也就理解了，为何关于自我我们仅能通过理性的推理而认识到其存在，却不能了解其本质，因为我们并不拥有关于它的任何观念。

对于时间概念的考察与对于空间概念的考察在结构上是完全平行的：时间是对于一个从一个位置移动到另一个位置的某物体的表象的条件；换句话说，如果没有时间，那么在我们的表象中将无法存在任何变化。在这种意义上，时间是一种想象中的承继关系，而这种承继关系在我们从中抽离了承继之物时是可设想的[9]。正如想象空间一样，时间同样也是观念性的：

---

[8] 关于对空间理论作为表象的结构与限度的后果的分析，见拙文"Espace et représentation dans le *De Corpore* de Hobbes", *art. cit.*, pp. 159-180。
[9] 参考《〈论世界〉批判》，第28章第1节，332页。

如果时间的本性在于任何现实的承继关系，那么时间也就不存在了。[10]

事实上，一个在现实中发生在过去的承继关系不再存在，因为它已经完成；同样，一个在现实中即将发生的承继关系也尚未存在，因为它还未开始。因此，只有当下这一瞬间才可以作为现实的时间，但是，这一瞬间却因定义无法承载任何承继关系，而无法承载任何时间："所以，我们只能说时间并不存在于外在于我们心灵的事物本身之中，而存在于纯粹想象之中。"[11]时间因此依赖于思想，或者更确切地说，依赖于保存了过去并且使我们可以猜测未来的记忆。如果我们还需要额外的例子的话，那么以下事实就足够了：我们将一年看作一段时间，即使在事物自身之中没有东西与之对应；此外，天、月、年如果不是指示着在我们心灵中所进行的计算的称谓的话，又能是什么呢？时间作为对运动的想象蕴含着对于在前与在后之物的考量，但我们不能像亚里士多德一样认为时间是运动的数量，因为恰恰相反，我们是通过诸如太阳的或者钟表的等任一运动来衡量时间。[12]

从时间的这种观念性出发可以得出时间性的三种性质：1. 时间只与自身同一而与在其中相互承继的内容无关；2. 时间是一个无限的连续体，因为我们永远都可以在任意一个给定的时间上添加某段时间，我们就将时间流的无限性称为永恒；3. 时间是无限可分的。不过，时间的观念性并不比空间的观念性更加先验，因

---

[10]《〈论世界〉批判》，第 28 章第 2 节，332 页。
[11] 同上。
[12] 参考《论物体》，拉丁文全集第 1 卷，第 7 章第 3 节，83—84 页。

为时间在事物之中有其现实的对应物,即运动。

空间与时间的这些性质构成了将加、减等操作施加在我们的表象上的可能性的条件。因而诸如部分、数量、组合、整体、相邻、连续、首要、端点、中点、有限、无限等概念,就它们是某个别内容的独立的、形式的概念而言,只有以时间与空间为前提才得以成为可能。

在伽森狄那里,空间与时间的现实性直接导向了一种物理学,与之相对,在霍布斯这里空间与时间的观念性则揭示了一种纯粹几何学与算术的先天条件,由这些条件出发,所有在空间中的对于图形的建构与解析以及所有对数量进行的运算都得以成为可能。这样一来我们也就看到了普遍被忽视的霍布斯关于空间与时间的理论的创新性与可观的理论意涵:不仅仅是数学本身,将数学应用在物理学上的可能性都同时依赖于表象的形式性结构。此外,努力[conatus]与冲动[impetus]的概念、惯性与匀加速运动的法则都将在完全不依靠感官经验的情况下被演绎出来;与之相反,关于运动着的力的动力学在处理物质的结构时则需要引入假设。在这种意义上,霍布斯不仅仅为莱布尼茨的早期作品,特别是《新物理学假设》[*Hypothesis physica nova*](抽象物理学与具体物理学之间的区分正是依赖于对《论物体》的批判性阅读)开启了道路,同时,我们刚刚探究了的霍布斯文本几乎不可避免地指向了数学知识的基础问题以及对于一种作为自然科学的最普遍概念的理论的"自然形而上学"的设想,而这也正是康德所要处理的。当然,康德与霍布斯之间存在着巨大的差异,即在霍布斯那里自然科学概念在解释上的有效性都应有关于事物自身,尽管这永远都是假设性的。另外,我们也可以注意到,尽管空间与时间对于伽森狄来说都是现实的[13]，而对霍布斯而言属于思想的形式，但抛却这一点不谈，1640年左右两人都住在巴黎时，他们均详细阐释了对于想象的空间的设想以及空间与时间的诸种性质之间的平行，即它们都是无限的连续体，都无限可分并且与其具体内容无关等。

因此，由毁灭世界的假设出发所阐明的空间与时间作为表象的结构这一理论为第一哲学（即分离的形而上学）提供了其最主要的两个原则。此时知识的出发点不再是世界或者存在，而是表象；而这样一来，所有问题就能够归结为，在知识不再从存在出发时，它是否还能重新触及存在：理性认识所做出的推理能够允许我们知道关于世界的什么知识？表象与事物之间的断裂是否能够由对语言的理性使用所弥合？如果存在并未被在表象中直接给予，那么它又是否能够被表达在语词之中？对于这些问题的回答需要我们首先澄清理性认识的本性与功能。

---

[13] Olivier René Bloch, *La philosophie de Gassendi, nominalisme, matérialisme et métaphyique*, La Haye, Martinus Nijhoff, 1971, pp. 172-201.

第四章 伦理与政治的后果

现在,我们将从毁灭世界的假设以及这一假设所导致的表象与事物的分离(这种分离即是两个世界,即表象的世界与事物的世界的分离)得出两个伦理以及政治上的后果。

一、从伦理的角度看,表象与事物之间的分离一方面在人类学层面上对考察人类认识能力发挥了作用,另一方面也在价值理论的层面上有其作用。为了理解这一点,我们只需回想,霍布斯将毁灭世界的假设放到了《法律要义》的第1章。此时,这一假设同时奠定了对人类本性中的认识能力与运动能力(即情感理论)的研究。

在伦理学中,研究表象的首要目的并不是确立知识的首要原则,而是探究其在感觉中的生成、其在记忆中的持存以及其在想象中联结的规则。虽然毁灭世界的假设并没有出现,但《利维坦》的探究正是以这样的次序进行的。因此伦理学,正如形而上学一样,是从研究作为想象的表象开始的;不过,在形而上学中表象被看作是某种显现的存在,而在伦理学中表象则被看作是心灵的性质或偶性。表象从某个个体的心灵活动中产生,并且经由心灵活动持存及组织,而这一个体所有关于外在事物的世界的经验都可以归结为外物对其感觉的作用。接下来,事物与表象的分离被转移到了价值理论的层面上。正如同表象独立于某个其毁灭完全不会影响表象的结构与内容的事物一样,道德或者审美的价值也不再依赖于事物的本性:

> 任何人的欲求或欲望的对象就他本人来说,他都称为善,而憎恶或躲避的对象则称为恶;轻视的对象则称为无价值和无足轻重。因为善、恶和可轻视状况等语词的用法从来就是和使用者相关的,任何事物都不可能单纯地、绝对地是这样。也不可能从对象本身的本性之中得出任何善恶的共同准则。[1]

欲望不再是某种由就其自身而言是好的事物所激发的自然倾向,憎恶也不再由某个坏的对象所产生。正如主体的感知结构导致了可感性质的主观性与相对性,欲望也导致了价值的主观性与相对性:

> 我们通过感觉所直接获得的所有观念即快乐、痛苦、欲求或恐惧,而这在跟随感觉产生的想象那里也是这样的。但正如后者是更加微弱的想象,它们所产生的也就是更加微弱的快乐或者痛苦。[2]

因此,在这里一方面价值被还原为感情,通过它,个体得以感受到自己的存在状态,另一方面在情感与表象或观念之间存在着明显的联系。事物的内在价值不再像在亚里士多德那里那样能

---

[1] 《利维坦》,第6章,中译本37页,译文有调整;参考《法律要义》,第7章第3节,29页。
[2] 《法律要义》,第7章第3节,29页。

够激发欲望的消长，相反，在这里正是欲望的内在消长将纯粹主观、相对的价值投射到了对象之上。某个人认为是好的东西可以对另一个人而言是坏的，这并不是由于任何认识上的缺陷，而是因为并不存在任何就其自身而言好的或坏的东西，并且好与坏最终都可以被还原为对欲望的助长或阻碍。与感觉或想象的图像相联系的情感的差异最终都来自于表象的空间，这些情感的差异正是主体所由之而体验到自己存在的东西。而由于价值的相对性，自然不再能够作为某个普遍的道德律的基础，而对于一个首先由其自我保存的欲望所定义的个体而言，世界也就由此变得陌生与中立。又由于价值的主观性，不同个体的欲望也不再能够在自身之中找到任何能够确保这些欲望之间的融洽与和谐的原则。当个体被从世界中分离出来时，他们也就同样地被彼此分离，并且被置于其欲望的独一性之中，而这种欲望的原初趋向只有其自我保存。分离的形而上学也就这样被转换为了伦理个体主义：正如在感知中不再存在与事物的接触，欲望的目的论也不复存在了。

二、毁灭世界的假设在政治上的后果是以一个新的假设的形式显现的，即国家解体的假设：

> 因此在我们研究国家的权利［*jus*］以及公民的义务［*officium*］时，我们需要将国家置于解体的状态下考察——这并不是为了使城邦真的解体，而是为了使我们得以正确理解人的本性是怎样的、哪些特质让人适宜或者不宜建立国家以及希望结合的人应当以何种方式组织自己。[3]

---

[3]《论公民》，拉丁文全集第2卷，前言，146页。

这两个假设之间的类比是惊人的：在这两处我们都遇到了某个过激的虚构，在第一处它使得我们得以找到形而上学的首要原则，而在另一处它则将我们引向政治的首要原则。自然状态理论作为对缺乏政治权力时人类行为的模拟，是国家解体假设的一个后果。但此处我们所遇到的不仅仅是一个简单的类比，因为这次我们实际上在政治的层面上再次遇到了毁灭世界的假设。首先，如果说我们可以设想国家的解体，这是因为我们先前能够设想世界的毁灭：由于支撑起价值或目的层级的存在论秩序不复存在了，社会或国家的自然模式也就不复存在了——因此自然正当同样也不复存在了。霍布斯明确将价值的存在论基础的缺失与建立某个政治体——只有它才能建立起一个秩序，且只有从它出发道德与法律的关系才会有意义——的必要性联系了起来。[4]第二，"自然状态"这一表达中的"状态"这一概念的含义是某种时空中的状态，但是，这种作为建立国家的必要性根源的自然状态的时空，既不是世界中的现实空间（自然状态既不是也不能处于某个真实的地理位置），也不是历史中的现实时间（自然状态并不对应着某种人类的原始状态）。因此，我们只能从表象的时空出发来理解自然状态，在这种表象的时空中，从个体到联系、从联系到冲突、从冲突到共同体的过程得以被理解。第三，此时一种原初的、非历史的政治奠基理论（它能够重建和联合在先前被解体的东西）已经具有其所需要的理论基础。这种政治完全不是一个乌托邦，因此其原初奠基便需要为其法典的确立提供解释，特别是当此时已经变得喑哑、中立的自然再也无法由存在论秩序出发为我们提供道德与政治的原则，同时时间也不再能够承载人类历史所沉积下来的习俗。

---

〔4〕 参考《利维坦》，第6章。

第二部分

词与物

LE MOT ET LA CHOSE

第一章　理性［ratio］与言语［oratio］

理性［ratio］即是计算，这即是说对于加与减这两种其他所有运算都可以还原到的基本运算的运用。这些运算定义了理性的作用范围及其界限；这一范围并不仅仅限于数字，而是能够拓展到所有可以应用计算的领域：

> 这些运算并不局限于数字方面，而是所有可以相加减的事物全都适用，因为正像算术家在数字方面讲加减一样，几何学家在线、形（立体与平面）、角、比例、倍数、速度、力与力量等方面也讲加减，逻辑学家在语词序列、两个名词相加成为一个断言、两个断言相加成为一个三段论、许多三段论形成一个证明以及从一个三段论的总结或结论中减去一个命题以求出另一个命题等方面，也同样讲加减运算。政治学著作家把契约加起来以便找出人们的义务，法律学家则把法律和事实加起来以便找出私人行为中的正确和错误。总而言之，不论在什么事物里，用得着加减法的地方就用得着推理，用不着加减法的地方就与推论完全无缘。[1]

---

[1]《利维坦》，第5章，中译本27—28页，译文有调整；参考《论物体》，拉丁文全集第1卷，第1章第3节，4—5页。

理性向知识的不同对象的拓展是通过计算的普遍化实现的。因此，我们也就在霍布斯这里发现了将"普遍数学"[mathesis universalis]*作为科学方法的设想——哲学从诸数学中提炼出普遍数学的规则，并试图将其运用到认识的所有分支上。而对于霍布斯而言，方法的统一性并不像笛卡尔那样预设心灵的统一性与自我同一性。对霍布斯来说，是运算而非主体的统一性使得知识的统一以及总合得以可能。而理性能够从世界中重新找到什么以及政治哲学的地位都同时依赖于这种普遍数学。这种理性使之成为可能的科学认识拥有两种规定性——普遍性与必然性：

> 我们认为科学[scientia]关乎的是定理即普遍命题的真，或命题序列的真。而当关乎的是某个事实的真时，确切来讲我们就不将其称为科学，而称为认识[cognitio]了。这也是为什么我们由之而知道某个特定定理为真的那种科学实际上是由原因（或者说通过正确推理得出的对象之生成过程）推出的认识。[2]

命题的普遍性以及证明的必然性是科学知识的必要条件，因为科学知识并不能被还原为对事实的认识，而是蕴含着对原因或为何如此的认识。对于事实以及事实之间的关联的认识，正如我们所看到的那样，属于感觉与想象；相反，科学则必须解释事

---

[2]《论人》，拉丁文全集第 2 卷，第 10 章第 4 节，92 页；参考《〈论世界〉批判》，第 1 章第 3 节，107 页；《利维坦》，第 5 章；《论物体》，拉丁文全集第 1 卷，第 6 章第 16 节，76—77 页。

* 关于"普遍数学"，见笛卡尔《指导心灵的规则》规则四以及十三至十八及本书导论末尾处的解说。——译者注

实缘何如此,而这是理性的工作。[3]因此哲学作为对于生成的认识这一定义本身就包含了因果性的概念。实际上,哲学作为对于所有事物的原因的认识必须首先触及最为普遍的原因,然后再从中演绎出对个别事物的原因的认识。[4]在这一过程中,哲学运用了理性的加和减这两重运算,加减此时即是综合或组合以及分析或分解。分析使得我们得以由事物的个别性质上升到最为普遍的性质以及原初原因上去,而综合则让我们得以由原初原因出发产生对于自然中个别的结果的生成性认识。因此,一旦我们试图从对于事实的经验性认识上升到对于原因的理性认识,我们就必须超越感觉的个别性以及想象中的关联关系的偶然性,从而达到普遍的断言以及必然的演绎。因此我们必须从两个层面来检验理性认识,即认识论的层面和存在论的层面。认识论层面所关乎的是理性的内在运作,特别是使得普遍知识以及必然演绎得以可能的条件。这里我们处理的是理性过程的内在逻辑。而存在论层面所关乎的是理性把握事物的真实秩序的能力。这里我们处理的则是知识的存在论有效性。

在关于理性的内在运作的知识论层面上,我们首先需要注意,如果理性仅仅满足于事实的经验性联结,这即是说通过想象中的表象以及表象的关联得来的认识的话,那么理性便永远也不可能以任何方式使我们上升到普遍、必然的认识。事实上,从一方面来讲,我们已经看到,表象或者观念即是一种其生动性随着时间流逝以及其他感觉作用开始占据我们的注意而逐渐降低的感觉。而观念从其感觉的源头继承了它的一个内在规定性,即个别性;

---

[3] 《论物体》,拉丁文全集第1卷,第6章第1节,59页。
[4] 同上书,第6章第4节,60页。

因此霍布斯将可以断定：

> 那些说"关于某物的观念是普遍的"的人犯错了，这就好像在心灵中存在着一个并不是关于某人，而是关于一般的人的图像一样，而这是不可能的；因为任何观念都只是一个观念，并且是关于某一个物体的观念。[5]

这一点是至关重要的，因为如果想象性的表象永远是个别的话，理性认识的普遍性就永远无法仅仅从此处得出。而从另一个方面来讲，观念或者表象在想象中的关联永远只能产生猜想。但这些其可能性依赖于经验的猜想永远都不能是完全确定的，因为我们不可能将决定了某一个经验的所有因素都纳入考量，或者预见所有可能对其产生影响的因素。这样一来，经验性的认识就既不能是必然的，也不能是普遍的：

> 因为尽管我们目前为止都发现昼夜相继，但我们却不能从中得出结论说以前一直都是这样的，或者以后也一直会这样。任何经验的推论都不是普遍的。[6]

由于因果性的概念中蕴含着一种普遍、必然的关系，因此它完全不能建立在经验的重复之上。所以当霍布斯仅仅局限于谈论经验的承继时，他所说的往往都是在先者与在后者——它们之间的关系指向了自然标记及其所指之间的关系——而不是原因与结

---

[5]《论物体》，拉丁文全集第 1 卷，第 5 章第 8 节，53—54 页。
[6]《法律要义》，第 4 章第 10 节，16 页。

果。因果关系确实是承继关系的一个特例，而承继关系即包含在意指或自然标记关系中，但承继关系却不一定就是因果关系：

> 标记 [sign] 就是在某个后起事件之前发生的事件；倒过来说，如果相似的承继关系先前也被观察到过的话，在后者也是在先者的标记；而这承继关系越经常被观察到，这一标记就越确定。[7]

举例来讲，云即是将到之雨的自然标记，雨也是已过之云的自然标记；而对过去与未来的猜测即是对自然标记的解读："但这种[对于过去的]猜测几乎和关于未来的猜测同样不确定，因为两者都是根据经验做出的。"[8] 这种自然标记的概念在某种意义上再现了亚里士多德在《前分析篇》中给出的标记理论。但在亚里士多德那里，自然标记属于其推理理论的一部分，因为标记

> 意味着一个要么必然、要么可能的可证命题：某物的存在与生成意味着另外某物的存在与生成，不管后者是在先还是在后；而前者即是另一物的生成或存在的标记。[9]

与之不同的是，在霍布斯这里自然标记的概念并不依赖于推理中的理性作用，而仅仅依赖于想象中的承继关系，因此自然标

---

[7]《利维坦》，第3章，中译本16页，译文经过较大修改。参考《法律要义》，第4章第9节；《〈论世界〉批判》，第30章第13节；《论物体》，拉丁文全集第1卷，第2章第2节。
[8]《利维坦》，第3章，中译本16页。
[9] 亚里士多德，《前分析篇》，第2卷第27章。我们可以再次发现霍布斯与亚里士多德在约定语言标记理论方面的联系。

记永远都不属于推理的范畴。而这种自然标记概念也在另一种意义上重现了奥康在其《逻辑大全》中[10]所提出的理论。对于奥康而言，自然标记与其所指之间的指示关系同样也是建立在习惯与记忆上的。此外，霍布斯所举的例子也与奥康的例子非常相似。不过有两点不同值得我们注意：一方面，他们对同一个例子给出的阐释有时是相反的。比如，对于奥康而言门外挂着的圆圈是小酒馆的自然标记，而对于霍布斯来说它则是一个依赖于人的意愿的任意的标记。另一方面，奥康认为心灵中的概念与外在于心灵的事物之间的联系属于自然意指，但对于霍布斯来说自然标记与其所指这两者都是在心灵中经常互相承继的表象。霍布斯从来不会将概念描述为外在事物的自然标记，因此，霍布斯在表象的联系的层面上转变了奥康的自然标记理论，并且，在这一层面上，自然标记并不能被等同于原因。

因此，我们发现霍布斯在休谟之前就对因果的经验性概念进行了批判；但与休谟不同的是，对于霍布斯而言因果性并不能因此就被还原为我们观察到的事物经常前后相继出现的习惯，相反，理性必须能够提供一个满足必然性与普遍性标准的因果性概念。但如果我们说理性不能从经验中得出这一概念的话，它自身又是否拥有有别于想象性表象的观念呢？这个问题的答案是否定的，因为，一方面，所有表象都来自于感觉这一点意味着理性并不能够拥有任何天赋观念；另一方面，理性也不能够通过作用在感觉的直接被给予物的抽象过程形成任何一般观念。因此，在霍布斯这里，观念这一概念永远都指的是某个心灵图像，而非知性的一般或抽象概念。那么既然理性既不拥有天赋观念，也没有能力通过抽象形成某个一般观

---

[10]《逻辑大全》，第1卷第1章。

念或者表象，理性又是如何产生普遍、必然的认识，并且建立因果性概念的呢？这种可能性蕴含在语言之中：

> **理性**不过是对于我们所同意用来**标示**或**表明**我们的思想的一般名称的序列的**计算**或加减。我所谓的**标示**是我们自己进行计算时的说法，而所谓**表明**则是向别人说明或证明我们的计算时的说法。[11]

我们之后将会再次论及以上所述的语词的双重功能以及它们的运用所蕴含的新一类标记。现在，我们仅仅需要注意到，理性完全是由它与语言的关系所定义的。事实上，对于语词的使用使得我们得以"将我们的心灵序列转换为词语序列，或把思维的联结转化为词语的联结"。[12] 不过，这种转换并不能被等同于心灵与词语的简单对应，因为它同时也使得理性推理的普遍性与必然性成为可能，而这种普遍性与必然性并不存在于想象性表象的联结之中。因此，语言的功能并不仅仅是观念交流的工具，这也是为什么霍布斯断定"现在，理性 [ratio]，不过是言语 [oratio]"。[13] 这一说法的意思并不是说"不存在没有理性支撑的言语，而是没有言语的话理性本身也就不复存在了"[14]。对于语词的使用是我们

---

[11]《利维坦》，第 5 章，中译本 28 页。
[12]《利维坦》，第 4 章，中译本 19 页。参考《法律要义》，第 1 部分第 5 章第 14 节；《〈论世界〉批判》，第 30 章第 19 节。关于心灵序列到词语序列的转换，参见 André Robinet, "Pensée et langage chez Hobbes: physique de la parole et translatio", in *Revue Internationale de philosophie*, 33: 129, Bruxelles, 1979, pp.452-483。
[13]《法律要义》，第 1 部分第 5 章第 14 节，23 页。
[14]《利维坦》，第 4 章，中译本 24 页。

得以超越经验性的联结从而达到科学的唯一手段。这样一来，理性也就和有效的推理没有区别了，这也就是说没有推理就没有理性，没有命题就没有推论，而最终没有名词也就没有命题。因此理性也就不过是对于名称的计算：

> 此外，理性不过是推理的能力，因为对理性的运用不过是将命题没有断裂地组合为一个整体，或者更简单地说，对名词的计算。[15]

所以，一方面，语词是理性认识的基本组成部分，就像感觉是经验性认识的基本组成部分一样。事实上，在想象性表象以及天赋观念中无迹可寻的普遍性只有在语词中才是可能的："在世界上除了名称之外没有任何普遍的东西，因为被命名的事物都是个别的、独一的。"[16]这就是霍布斯唯名论中最为根本的命题。另一方面，在某个命题中，判断联结了两个名称，其中一个是主词，另一个是谓词。因此，判断力也依赖于语言存在：

> 此外，在没有言语以及名词时也不存在肯定与否定，这也是为什么野兽既不能肯定也不能否定，并且从而也不能进行任何判断。[17]

并且由于真与假仅仅存在于肯定与否定中，因此它们也就仅

---

[15]《〈论世界〉批判》，第30章第22节，358页。
[16]《利维坦》，第4章，中译本20页。参考《法律要义》，第5章第6节；《〈论世界〉批判》，第2章第6节。
[17]《第三组反驳》，拉丁文全集第5卷，262页。

仅存在于语言序列中。[18] 最后，认识通过证明而被以必然的方式互相联结起来，而证明则需要我们将命题组合为推理，其中前提在一个认识产生另一个认识的意义上是结论的原因。[19] 因此，正确理性是由名词定义、真命题和得出结论的推理中所蕴含的语言功能所规定的。

对理性的正确使用即是由对名词的确切阐释出发、经由推论或真命题的不被打断的联结所进行的推理。[20]

推理的可靠性正蕴含在这种正确理性即联结命题的能力或官能之中。霍布斯在思想与语言这一问题上的立场既与奥康的唯名论所确立的立场不同，也与在现代哲学，特别是笛卡尔与斯宾诺莎的哲学中被发展的观点大相径庭。

第一，虽然霍布斯区分了心灵序列 [mental discourse] 与词语序列 [verbal discourse]，这一区分与奥康在心灵语言与口头或书面语言确立的意义并不相同。事实上，先于且独立于对于词的使用的心灵序列并不拥有任何确切意义上的语言结构。正如我们所看到的，心灵序列是由通过联结的原则所联系起来的个别表象所构成的。换句话说，心灵序列并不带有任何所谓心灵词项、命题或推理——它并不是一个先于口头或书面语言存在的某种心灵语言。名词、命题以及推理只有通过对词的使用才能存在，这即是说它们只能以现实的话语的形式存在。因此对于霍布斯而言，语言功能也就能够直接参与到不仅仅局限于表象的想象性联

---

[18] 参考《论物体》，拉丁文全集第 1 卷，第 3 章，32 页。
[19] 同上书，第 3 章第 20 节，38—39 页。
[20] 《〈论世界〉批判》，第 30 章第 22 节，359 页。

结、而带有一定普遍性的思想的形成当中去。与之相对，仍然处于波埃修［Boèce］传统中的奥康区分了心灵词项和口头或书面词项，以及由理知组成的心灵命题和由口头或书面词语组成的语词命题。[21]这里，思想本身就已经是一种语言了，并且它作为原则统摄着口头语言。因此口头或书面标记也就被心灵标记，这即是说被灵魂的概念或意向所统摄。[22]彼尔德［J. Biard］已经阐明了在奥康那里确切意义上的语言与心灵语言之间的双重关系。在一种意义上，心灵语言的结构是由与口头语言的类比引申出来的；但在另一种意义上，心灵语言构成了唯一一种能够使世界为我们所认识的理想语言，因为它仅具有那些构成了意指与真理的语义与句法成分。我们可以说心灵语言是逻辑学的确切意义上的对象。与之相对，霍布斯的逻辑学最确切意义上的直接对象则是口头语言，这即是说在话语的生成中被直接运用的语言功能。因此，在奥康那里共相在语词产生之前已经在灵魂中以概念或意向的形式存在，而在霍布斯那里共相则永远依赖于对词的使用。此外，语言功能直接属于口头语言这一事实也说明了意指理论的实用层面在霍布斯那里的重要性：话语的产生永远都与一个对话空间的存在有关。所以逻辑学绝不能忽略这一空间，因为言语永远都是由交流所引导的。

　　第二，霍布斯赋予语言的在整个科学中的地位与笛卡尔和斯宾诺莎形成了鲜明的对比。但霍布斯这么做的理由却与那个将他与奥康区分开来的理由正好相反。对于笛卡尔与斯宾诺莎而言，语言仅仅拥有一个在根本上区别于思想的物质性存在，而理性的

---

[21] 参考《逻辑大全》，第1章第3节。
[22] 同上书，第1章第1节。

观念及其之间的联结并不拥有任何语言的特征。并且，出于某种认识论和存在论上的双重考虑，他们认为我们必须将语言从对于真的认识中剔除出去——真理是其自身的标志，同时只有对于真理的直接把握才能使我们不至于犯错，并且保证我们的知识的全部有效性。这种理性的自足性使得语言这一物质工具变得完全无关紧要。此外，观念拥有某种不依赖于我们自己的实在性，这种实在性的内在必然性必须保证认识在对象上的以及在存在论上的有效性。因而对于笛卡尔来说，思想是直接被呈现给其自身的，直观和演绎都不需要任何语词的基础；恰恰相反，对于语词定义的依赖正是与其自身的内容有所隔阂的不清晰的思想的特征。这样一来，由于思想自己完全可以在理智的明见性的纯粹澄明中把握清楚分明的观念，语言的唯一功能也就不过是思想的外在载体罢了。这种对于语言的工具性设想意味着词不再在认识中发挥任何实质作用，因而意指与普遍性也就仅仅属于思想而不属于语言，后者仅仅在人们所规定的意义上拥有这些功能。另外，对于斯宾诺莎而言，语言是通向知识的道路上的一大障碍，因为语言属于想象，因此它便是造成错误以及理智的观念或本质与想象性表象或一般观念的混淆的主要原因。词语，由于其本性劣于理智本身的观念，因此便可能将错误与非存在引入理智中。这也是为什么我们能在《理智改进论》中读到如下段落：

> 其次，由于词语是想象的一部分，这即是说，我们常常根据词语出于身体的某种倾向而在记忆中的模糊组合虚构很多观念，因此我们不应怀疑，词语以及想象都能够成为很多离谱错误的原因，除非我们费心注意避免它们。此外词语也是由大众的意愿与理解力所建立的，因此词语不过是事物

就其在想象之中而言的标记,而非就其在理智之中而言的标记。……我们肯定或者否定很多东西并不是因为事物的本性是这样,而是因为词语的本性使得我们如此肯定或否定。而如果我们不知道这一点的话,我们就会轻易地将某些假的东西默认为真的。[23]

与之形成对比的是,对于霍布斯而言,理性内在地与语言这一物质工具有关。因此理性既不是先在于口头语言的某种心灵语言,也不是某种能够明见地把握其自身内容并且将语言仅仅降低为某种载体的思想;这样一来,理性便不是能够使我们直接认识到事物的本质的天赋观念之所在,同时它也不再为真理所充盈,以至于在其中不存在任何错误并且知识能够在其自身之中找到其存在论有效性的保证。于是,在存在论层面上,此时出现的问题便是理性认识能够给我们提供多少关于存在本身的知识;具体而言,关于事物的本性、因果性的本性以及统领世界的法则,物质的概念能够确定些什么?如果我们理性认识的首要原则不过在于对词的定义,并且所有的认知过程都依赖于语言功能的话,我们又是否能够触及事物的本质并且重新弥合表象与世界之间的断裂呢?为了回答这些问题,我们接下来对理性 [ratio] 之为言语 [oratio] 的探究需要从两个方向进行,即语言的内在运作方式以及语言和存在之间的关系。

---

[23] 斯宾诺莎,《理智改进论》,拉丁文全集第 2 卷,第 88—89 节,33 页。

第二章　词与意指

词［*vox*, word］首先是一种语音，这即是说一种可以被听觉所感知的物理对象。作为物理对象，语音取决于舌头的运动、声音在介质中的传播以及听觉对其的接收等。在这一意义上，我们对于词的研究首先属于一种言语的物理学。[1]

词的首要功能是作为能够辅助记忆回想起某个思想的标志［*nota*, mark］。心灵序列中的表象联结是稍纵即逝的，因为回忆会随着时间的流逝和其他表象从感觉不断涌入而逐渐消失。因此语词标志便可以充当辅助记忆的工具之一，就像我们想要在一本书中标示出我们希望回忆起的段落时，便会在页边写下星号或者其他符号一样。但与其他的感觉标志不同，人的语音能够将人从对于世界的当下的、直接的感知中解放出来；通过这些语音，人能够在任何情况下回想起他很久以前的思想。因而词的第一个功能便是拓展记忆的范围并且使得个体可以熟记其表象的联结顺序。像标记一样，词完全取决于每个人自己的用法，因而每个人都可以为自己保存他自己的发现并且拓展他自己的认识。所以语言的起源并不依赖于任何人际的习俗；恰恰相反，种种人际的或社会

---

[1]　参考《法律要义》，第5章第14节；《〈论世界〉批判》，第30章第14节；《利维坦》，第4章；《论物体》，拉丁文全集第1卷，第2章第1节；《论人》，拉丁文全集第2卷，第10章第1节。

的习俗正是通过语言才得以成为可能。

当语词**标志**从仅仅个体的辅助变为交流的工具时,它就成为了一个**标记**。语词标记首先是由其在一个对话空间中的实际用处定义的。语音的声音层面在这里找到了其首要应用。此时语言交流也蕴含了某种习俗,但这种习俗并非是由所有人一次性约定的,而是一点点地、由一个人到另一个根据"需要(一切发明之母)所教给他们的"而逐渐形成的,并且"随着时间的流逝,这些语汇在各地变得越来越丰富"。[2] 作为标记,词也使得人们能够互相交流他们的思想与情感,这也使得对于促进人类福祉十分必要的那些科学的传授与积累成为可能。因此,语言构成了交互主体的空间,而这是科学得以展开的必要条件;发明不会再随着发现者的逝去而不复存在了。

然而,词并非是一个个地成为标记的,这一转变是在话语的秩序与联系中发生的。正如我们无法用一个词说话,思想的交流也只能由词的连缀、句法规定所确保。[3] 此时标记是通过句法所定义的:一个词只有在作为一个陈述的部分时才是标记。并且,标记的句法定义也是其实用层面定义的基础:仅仅依靠没有联系的单一的词是无法建立交流的。

此外,虽然理性即言语,并且没有不依赖于语词序列的理性思想,但这并不意味着所有言语都承载着意指。一旦一套言语被建立起来,它能够在没有实际内涵的情况下运作:

> 正像我们常常在乞丐那里看到的那样,当他们说"我们

---

[2] 《利维坦》,第4章,中译本19页。
[3] 参考《论物体》,拉丁文全集第1卷,第2章第3节。

的父"时，他们实际上只不过是按照他们在他们的乳母、同伴或老师那里所接受的教育的方式拼接起了一些词，而并没有在他们的心灵中形成任何与他们所说的词相对应的图像或观念。[4]

在这里语言标记的语义层面也就从词与思想之间的关系中产生了。而心灵序列到词语序列的转换也使得我们的个体的以及群体的理智发生了某种转变，这种转变是科学的必要条件。因此词的使用对于我们思想的构成有着内在影响，而现在我们需要研究这种影响的范围究竟有多大。虽然语言一方面使得科学成为可能，另一方面它也在其意指方面有着诸多不确定性。不过，词意指的不确定性之所以成为一个问题，也只是因为有一种与自然标记完全不同的、仅仅为人类所拥有的、新的标记随着语言的产生而出现，这即是由意愿决定的标记：

> 语言或言语即是由人的意愿所规定的词语的序列 [*sermo sive oratio est vocabulorum contextus arbitrio hominum constitutorum*]，其目的是意指我们所思的那些事物的概念的序列。因此语言与心灵序列之间的关系就像词语与单个事物的概念或观念之间的关系一样。并且它看起来为人类所独有。[5]

语言标记这种为意愿所规定的特征导致并非所有对声音的使用都构成了某种语言：

---

[4]《法律要义》，第 1 部分第 5 章第 14 节，23 页。
[5]《论人》，拉丁文全集第 2 卷，第 10 章第 1 节，88 页。

但在同一种动物中通过一者的声音向另一者传递的意指并非是语言,因为这些意指了希望、恐惧、快乐等的声音是由自然的必然性(而非这些动物的意愿)而被激情的力所表达的。[6]

声音只有在与其所指没有任何自然联系时才能成为一个语言标记,而非某个激情的自然标记。人类不同个体之间的声音完全不同,而自然却让同一种动物的声音十分相似,这一点更昭示了人类声音之为标记完全是由意愿决定的。因此,舌头的运动仅仅是语言在物理上得以可能的必要条件,而非其在理智上的充分条件,因为一个声音得以成为一个语言标记的根据是给出这一声音以便他人能够理解的意愿。不过,语言标记的这种由意愿所决定的特征似乎在霍布斯所持有的完全拒斥自由意志论的哲学体系中很成问题——如果我们认为由意愿决定就等同于没有任何现实原因的话。但只要我们像霍比内那样注意区分语言形成过程中的现实原因与理智上的原因,这些问题也就自然而然地消失了:"词语与名称之类的标记可以依据我们的意愿[arbitrio nostro]产生任意一种反应,不过这并不意味着这一意愿没有任何确切的动力因,而是说它没有在理智上可以解释的原因。"[7]因此对于词的意指的研究与言语的物理学并不在同一层面上。

语言标记在霍布斯这里的意愿性重现了亚里士多德那里口头或书面记号的特征,即它们与自然标记不同,因为它们与灵魂状态之间的联系完全是由习俗形成的:

---

[6] 《论人》,拉丁文全集第2卷,第10章第1节,88页。
[7] A.Robinet, *art.cit*, p.482.

> 名词是一种拥有习俗性的并不因时而变的意指的声音,并且它的每个部分被单独拿出来的时候并不拥有任何意指……[我们说]习俗性的意指,这即是说没有什么在自然上是一个名词,而只有在它成为一个记号时才能是一个名词;因为即使比如在野兽那里存在的一些含混的声音意指了某些事情,这些声音也并不构成名词。[8]

语言标记对于霍布斯而言并不等同于某个声音与某个心灵表象之间简单的自然联结,正如它在亚里士多德那里也不蕴含任何词语与心灵状态之间的相似。而从词到言语,霍布斯同样也重现了亚里士多德的观点:"言语即是[拥有某种习俗性意指的]声音,并且它的每个部分单独拿出来都拥有某种意指。"[9]词并不在自然上拥有任何意指,因此试图在现存的语言中寻找某种被遗忘的"自然语言"的痕迹是完全没有意义的。不过,霍布斯与亚里士多德之间仍旧存在着巨大的差异,因为在后者那里灵魂状态与事物仍然是相似的,以至于灵魂的状态能够直接表达存在,而我们知道霍布斯则没有预设任何表象与事物之间的相似,甚至作为想象的表象与事物是完全对立的。

自然标记与(口头或书面的)习俗性语言标记之间的对立在奥康那里也同样存在。但这种对立在他那里实际上存在于灵魂的概念[conceptus]或意向与(口头或书面的)词之间;前者是一种自然记号,它确切地以及首要地意指了事物,而后者拥有的则是服从于概念的习俗性意指:

---

[8]《解释篇》,16a18-30。
[9] 同上书,16b26-27。

我说词是服从于概念或灵魂的意向的标记，这并不是因为当我们思考"标记"这一术语的本来含义时，词本身的直接意指永远都是灵魂的概念，而是因为词被我们提出的目的是用来意指灵魂的概念所意指的那些事物，但首要地且自然地意指了这些事物的仍旧是概念，而词仅仅在次级的意义上意指了它们。[10]

因此，如果说对于奥康而言语言标记的习俗性意指的前提条件是灵魂意向与事物之间的自然意指关系，那么在这两种意指中的所指仍是同一个东西："我们构建词语是为了能够意指被灵魂的概念所意指的某事物，如果这个概念的意指有所变化，同时假设我们没有进行新的构建，那么仅仅这一事实就能够使得词的意指发生同样的改变。"[11] 就它们所意指的东西而言，词与概念并没有区别。换句话说，词的意指并不是概念，两者的意指都是事物本身。而词之所以服从于概念并且其意指的变化与概念的意指的变化完全平行，是因为词是由某种习俗性的构建产生的，并且它与它的所指的关系要经由概念与同一个所指的自然关系才能建立起来。[12] 与奥康不同的是，对于霍布斯而言意指的关系仅仅存在于词与思想之间，而词或思想与事物之间完全不存在意指的关系；换句话说，霍布斯完全拒斥了奥康在灵魂的意向与事物之间所建立的自然意指关系。对于霍布斯来说，词与物之间的关系是指称 [dénotation] 而非意指 [signification]，因此如果我们仅仅考虑严格意义上的意指的话，外在事物与我们之间的关系可以被完全悬搁。

---

[10]《逻辑大全》，第1章第1节。
[11] 同上。
[12] 关于这几点，参见 J. Biard, *op.cit*, 360—411 页与 571—658 页。

霍布斯区分了三个层次：词、思想与事物。首先，词是由意愿决定的：意愿不仅仅决定了它指称哪个事物，也同样决定了它意指哪一种思想。一方面，物与词之间 [inter res et verba] 没有任何相似性与可比性能让我们认为事物的本性在词中被给予或呈现。[13] 语言并不是存在的显现，即使我们认为原初的语言是由上帝教给我们的，这也并不意味着这种语言就是自然的。恰恰相反，即使在这种情况中，我们也必须承认词与物的对应必须是由上帝的意愿决定的。因此这种语言神授论所做的不过是用上帝的意愿取代了人的意愿而已。此外，我们也可以补充说在这种神学视角下，巴别塔之后我们应该也已经完全丧失与遗忘了这种语言。词的这种意愿性意味着词与物之间的断裂，这一点也可以从某种语言的演化史（旧的词语消失、新的词语诞生）以及语言的多样性中看出。因此，词并不昭示事物，而是远离事物；不过，正是这种远离才使得我们得以确立我们能够通过词来言说事物的方式。另一方面，词与思想之间的关系也同样是由意愿决定的。因此不管语词当下的用法是什么，哲学家与数学家永远都能够找到那些能够合意地意指他们的思想或发明的词。词的意指并不固定，正如其所指称的事物并不固定一样。其次，在我们确定了语言标记的这种双重意愿性之后，我们就必须解释既然我们能够理解词语并且言说事物，那么词语是以何种方式仍然能够指向思想与事物的。在这里霍布斯借助了意指与指称之间的根本区分[14]：

> 而由于被整理到言语中的名词，正如我们所定义的那

---

[13] 参考《论物体》，拉丁文全集第 1 卷，第 2 章第 4 节，14 页。
[14] Michel Malherbe 在他的著作 *Hobbes, ou l'œuvre de la raison*（Paris, Vrin, 1984, pp. 43-44）中注意到了这一点。

样,是概念的标记,所以它们显然不是事物本身的标记,因为,我们应当理解"石头[*lapis*]这个词是石头的标记"这一命题的方式除了某个听到"石头"这一声音的人推断出说出这个词的人正在想着石头之外又能有什么呢?[15]

词与思想的关系和词与事物的关系在本性上是不同的。词是思想的标记,并且它通过其对于思想的意指命名、指称、指示或者指向了事物。因此在上述例子中石头这个词指称了一块石头,因为听到这个词的人理解了这个词对于说出它的人所具有的含义。在这里词的语义层面直接与意指的实践层面相连。当然,这个例子并非是由霍布斯发明的,奥康已经尝试处理过它了。[16]但霍布斯对这一例子的特殊阐释使得他走到了奥康的现实意指理论的对立面:词所意指的并非是物而是概念,因而此时我们就必须区分被意指的概念与经由意指之中介而被指称的事物。这一做法使得意指完全摆脱了其存在论含义:某词的意指既不依赖于事物的存在,也不能让我们认识其本质。

霍布斯重新启用了定词[*catégorème*]与合定词[*syncatégorème*]*的区分,并以此发展了他的意指理论。定词与合定词均是标记,但定词自身就拥有一个确定的意指,而合定词则只能在与定词相连时才有意义。因此诸如"所有""不论哪个""某个"等标记自

---

[15]《论物体》,拉丁文全集第1卷,第2章第5节,15页。
[16] 奥康对这个例子的回应是:虽然当我们听到某词时心灵中出现的是概念,但词的意指仍然是事物。
　* 中世纪逻辑学家对于定词与合定词的区分来自于亚里士多德的范畴[*katēgoria*]理论。定词即范畴,或者说能够独立充当主词或者谓词的项,而合定词不能独立充当这样的成分,只能与另外一个词共同[*syn-*]充当主词或谓词。——译者注

身并不拥有意指，并且因此不能指称任何事物，而只有它们与定词相连之后才会获得修饰定词的指称的功能。因此它们并不是名词，而只是名词的部分。[17]我们能够从两个角度来考察合定词：首先，我们可以考察其在某陈述中发挥的功能；其次，我们也可以考察它们在陈述所在的对话空间中的功能。这两种功能是有联系的，因为对于普遍性或者个别性的指称实际上就在于使得听者以正确的方式理解讲话者所说的名词。合定词的功能使得它们只能处于现实语言的层面，因此霍布斯在此处也背离了奥康的理论，因为对于后者而言定词与合定词的区分在心灵语言与现实语言中都存在。[18]

因此彼此相连成言语的词是我们思想的标记，并且言语的每一个部分都是一个名词。而如果我们考虑到定词与合定词之间的区分的话，更确切的说法是言语的每一个有自己的意指的部分都是名词。因此声音［vox］是通过意指变成名词［nomen］的。[19]名词的功能即是命名、指称、指示［nominare、denotare、designare］某物，因此，诸如人、树、石头之类的名词都是事物本身的名字，这即是说它们指称了某些存在的东西。但问题比这要更复杂，因为确切来说所有名词都并不必然指称某个存在的事物。[20]为了说明这一点，霍布斯首先以当我们做梦时梦到的某人、某树或者某块石头的图像为例，此时这些图像被冠以了那些指示了它们的名字，但它们却并不是真实存在的事物而只是事物的幻象。第二个例子是关于"未来"一词的。虽然未来之物尚未

---

〔17〕 参考《论物体》，拉丁文全集第 1 卷，第 2 章第 11 节，19—20 页。
〔18〕 参考《逻辑大全》，第 1 章第 4 节。
〔19〕 《论物体》，拉丁文全集第 1 卷，第 2 章第 3 节，13 页。
〔20〕 同上书，第 2 章第 5 节，15—16 页。

存在，并且我们也不知道这个我们将之命名为未来之物的东西会不会存在，但"未来"仍然是一个名词。尽管霍布斯并未明确讨论到"过去"，但除了关于过去之物我们知道它已经存在过这一点之外此时情况应该是一样的。如果我们承认这些的话，那么我们就必须承认指称的范围并不仅仅包括现存之物，也同样包括过去之物以及未来之物。

但霍布斯走得更远：有些事物现在不存在、以前没存在过、将来也不会存在，这些事情同样也有一个名字——不可能物。那么"不可能物"这个名字又指的是什么东西呢？是否存在不可能的事物呢？同样"无"也是一个名字，但由定义出发它不能指示任何事物（霍布斯并未区分他在此处给予"无"一词的定词含义以及他在下面的一系列表达中要赋予这一词的合定词功能）。不过，当我们从数字5中减去数字2和3，并且说"余下的是无"或者"余下的比没有还少"时，我们便在我们的论证中虚构了如此这般的余下之物。尽管这些表达都不指称任何现实或者可能的事物，但它们仍然指向了某种能够在我们的心灵中持存的虚构之物。因此指称的范围必须从可能之物扩大到某些纯粹虚构的事物上，哪怕这些事物并不拥有任何现实性——这是由我们探究的需要所要求的。这也就说明了霍布斯何以能够认为虽然被命名之物 [*nominatum*] 并不永远是在自然中存在的某物，但既然所有名词 [*nomen*] 都与其所命名的某物 [*ad aliquod nominatum*] 有某种关系，那么我们就可以将被命名之物称为事物 [*res, chose*]，不管这个事物是真实存在的，还是仅仅虚构的。因此所有名词都有与其对应的某事物，并且这事物并不一定是现实的或可能的，因为某些名词尽管拥有指称，但它们却并不指示任何当下、过去或未来的事物。在这一点上霍布斯看起来是与奥康和布里丹 [Buridan]

相对立的。虽然后两者允许(在命题之中)指称能够由当下、过去和未来之物扩展到可能之物,但却否认了不可能词项比如"幻象"拥有任何自己的指称。[21]

由于指称依赖于意指,指称的结构也就依赖于意指的不同形态,这样一来我们就得到了四种不同的命名关系:对事物的命名、对偶性的命名、对表象与想象的命名以及对于名称的元语言命名。[22]首先,我们以特定的词命名了我们所构想的事物,而词对于事物的命名是通过意指我们拥有的关于事物的观念实现的,因此"有生命的""有感觉的""有理性的"都是关于物体的语词:"通过这些名称而被理解的是'物质'或'物体'等词。这些都是物质的名称。"[23]其次,当我们考量在某种我们所构想的事物之中的某个性质时,那个意指了这一考量的词并不命名事物本身而仅仅命名这一事物的一个偶性或者属性:"在这种情形下,事物本身的名称只要稍加改动或使之稍微偏离原意,就可以成为我们所考量的偶性的一个名词。比方对于'有生命的'我们可以将之变为'生命';将'运动的'变为'运动';将'热的'变为'热度';将'长的'变为'长度',等等。"[24]再次,某些词既不命名我们所构想的事物,也不命名我们对其进行考量时的性质,而是命名我们关于它们所拥有的观念本身:"例如当我们看见任何事物时,我们所考量的不是这事物本身,而是它在想象中的视觉显现、颜色

---

[21] 关于14世纪对想象对象的指称问题,参考 J. Biard,"La signification d'objets imaginaires dans quelques textes anglais du XIVe siècle", in *The Rise of British Logic*, Toronto, 1985, pp. 265-283。
[22] 参考《利维坦》,第4、46章;《论物体》,拉丁文全集第1卷,第5章第2节。
[23]《利维坦》,第4章,中译本24页,译文有调整。
[24] 同上。

或观念。当任何东西的声音被我们听见时,我们所考量的也不是它本身,而只是其听觉显现,或者声音,即耳朵提供给我们的想象和观念。这些即是想象的名称。"[25]最后,我们也能生成一些元语言的名称,即当我们"考量名称本身以及言说方式并且为它们命名时:因为一般、普遍、特殊、同名异义都是名称的名称。而肯定、询问、命令、叙说、推理、说教、讲演,以及许多其他这种名称,都是命名言说方式的名称"。[26]

在这一对指称的场域的结构细分过程中,以上各种区分的出现都依赖于语言功能;而如果我们仅仅局限于简单的心灵序列的话,那么以上这些区分所试图解释的活动就并未完全显现。首先,让我们考虑肯定性名称,即那些我们用来意指我们所构想的事物之间的相似、相等或同一的名称,以及否定性名称,即那些我们用来意指多样、差异与不等的名称之间的差别。根据这个标准"苏格拉底"是一个肯定性名称,因为它永远指的是同一个人;同样,"哲学家"也是一个肯定性名称,因为它指的是若干哲学家中的任意一个。而为了得到一个否定性名称,我们仅仅需要将一个否定前缀加到肯定性名称前面:比如"非人"或者"非哲学家"。因此,肯定性名称必须先在于否定性名称,因为后者并不像前者那样是事物的名称,而仅仅是缺乏性的、表示了某种不同的名称,或者如亚里士多德所说是"不定名"[27]。借由这些否定性名称,我们得以使自己回想起,并且向他人指示那些我们不在想的东西。

肯定性名称与否定性名称之间的这一区分非常重要,因为它使得我们的思想中出现了一种仅仅取决于对语词的使用、取决于

---

[25]《利维坦》,第4章,中译本25页,译文有调整。
[26] 同上。
[27] 参考《解释篇》,16a30。

认识的新东西，即矛盾："另外，肯定性名称 [nomen positivum] 与否定性 [negativum] 名称是互相矛盾的，因此它们不能同时命名同一个事物。"[28] 因此，当我们从语词来到命题时，我们便能够认识到，真理与错误或谬误都能够存在于后者之中。命题从根本上来说就在于用系词将两个名称连接起来，其中一者为主词，另一者为谓词。只有当在陈述某一命题的人的构想中谓词与主词意指了同一个事物时，或者换句话说，只有当主词被包含在了谓词之中时，这一命题才为真。[29] 如果我们连接的两个词是互相矛盾的，比如以下表达："非物体性的物体，或者换句话说，非物体性的实体。"[30] 那么所产生的命题也就是荒谬的。霍布斯立场的新颖之处在于，他阐明了语言功能是矛盾的一个必要条件，因为实际上矛盾并不来源于事物本身或者我们原初的心灵语言。这也是为什么霍布斯认为矛盾律的存在论形式，即"同一物不能同时存在且不存在"[31]，是没有意义的，并且用一个仅仅局限于语言层面的形式取代了它，即"如果两个名词互相矛盾，并且其中一者命名了某一事物，那么另一者不能命名同一事物"[32]。这一公理即是所有推理的原则与基础。因此，语言也就开启了使得推理成为可能的思维活动，并且我们应当注意，不能赋予这一语言层面的思维活动以存在论含义并将其延伸到事物的层面上去。

至此我们已经阐明了语言功能在理性思维活动中的决定性作

---

[28]《论物体》，拉丁文全集第1卷，第2章第8节，17页。
[29] 参考《论物体》，拉丁文全集第1卷，第3章第2—3节，27—28页。
[30]《利维坦》，第4章，中译本25页，译文有调整。并且对于霍布斯而言，系词对于命题而言完全不是必需的，因此，"非物体性的物体"这一表达本身就是一个命题了。
[31]《论物体》，拉丁文全集第1卷，第2章第8节，17页。
[32] 同上。

用,以及霍布斯对于将语词层面的性质转移到事物层面的批评。这两点的意涵,以及霍布斯唯名论的原创性,在他处理共相这一经典问题时才完全显现出来。实际上,语言所引入的第二点区分(事物与偶性的区分)即是专名与共名之间的区分:

> 名词中有些是专有的,只为某一事物所特有,如彼得、约翰、这个人、这棵树等。还有一些则是许多东西所共有的,如人、马、树等。其中每一个虽然都只是一个名词,但却是许多不同的具体事物的名称。这一切的总和便是普遍。世界上除了名词之外便没有普遍,因为被命名的对象每一个都是一个个体与单一体。[33]

语词使得我们能从具体事物上升到对普遍的考量。但我们需要从两个层面考察语词:作为语音或者单纯的声音的释放,它永远都是一个具体的物理实体;而只有当它作为名字,即能够通过意指来指称很多不同事物的时候,它才是普遍的。

> "动物"这个语词 [vox] 仅仅只是一个语音 [vox],但它却不仅仅是某一个别动物的名字 [nomen],而是每一个动物的名字。[34]

这一区分可以上溯到阿伯拉尔 [Abélard]。阿伯拉尔区分了作为被说出的声音的词语与作为名字或论述 [sermo] 的词语,前

---

[33]《利维坦》,第4章,中译本20页。
[34]《〈论世界〉批判》,第2章第6节,112页。

者是自然形成的，而后者则依赖于人为约定俗成的意指，因而并不是言语的物理性质。[35] 同样，奥康也有类似的区分：

> 因此，被说出的语词，虽然它实际上仅仅只是一个独一的性质，却可以是一个共相，因为它同时也是为了意指多个事物而出于人类的意愿所订立的标记 [signum]。因此，我们既可以说一个语词是共同的，也可以说它是普遍的。但这一点并不取决于自然，而是仅仅取决于那些订立这一语词的意义的人的意愿。[36]

不过，如果我们说在霍布斯那里语词仅仅由其意指才成为普遍，这反而会导致更棘手的问题。我们已经知道，语词指称事物的方式是通过意指其对应的思想。这对于仅仅属于某一个别事物的特殊名称而言并不成问题，因为此时语词的意指即是我们对于事物的构想或在想象中的表象。但与之相反，普遍名称看起来却并不拥有任何意指。这一困难的根源可以追溯到霍布斯唯名论的两个基本论题上去。第一个论题是共相并不存在于事物之中，并且所有事物 [res] 都在本质上是个别物。这一点对于整个唯名论的认识论是至关重要的。奥康对于这一问题的论述如下：

---

[35] 关于阿伯拉尔的唯名论，参考 Paul Vignaux, "Nominalisme", in *Dictionnaire de Théologie catholique*, Tome XI, première partie, Paris, 1931, col. 713-733; Jean Jolivet, *Arts du langage et théologie chez Abélard*, Paris, Vrin, 1982; Jean Jolivet, *Abélard*, Paris, Seghers, 1969 以及 "Abélard et Guillaume d'Ockham, lecteurs de Porphyre", in *Cahiers del la Revue de Théologie et de Philosophie*, no. 6, Genève-Lausanne-Neuchâtel, 1981, pp. 31-57（这是一期关于阿伯拉尔的专刊）；Jean Largeault, *Enquête sur le nominalisme*, Paris-Louvain, Nauwelaerts, 1971.

[36]《逻辑大全》，第 1 章第 14 节。

> 任何可想象的存在物，如果我们不向其添加任何东西的话，就其自身而言都是个别的、独一的；因此任何可想象之物的个别性都并非来自于某个被添加于其上的东西，恰恰相反，它直接来自于事物自身，因为，任何事物就其自身而言，要么与另一者同为一物，要么与其不为一物。[37]

第二个论题则为霍布斯所独有，并且是其唯名论的激进性的源头。虽然霍布斯并不是第一个提出这一论题的人，但他却将这一论题及其所有理论后果都严格地接受了。这一论题即是，所有观念或者想象性的表象同样也永远是个别的。以上两个论题的结果是，共相既不存在于事物之中，也不存在于表象之中，而是存在于名词之中。现在让我们分别考察这两个论题。首先，关于现实存在的仅仅是个别物这一论题反复出现在所有霍布斯讨论共相的地位的文本之中：

> 此外，显然每个事物都是独一的、个别的。因此，由于每一个人都像彼得和约翰那样是个别的，并且并不存在任何不是独一的个别物的人，所以并不存在普遍的人。同样，我们也可以证明并不存在普遍的石头、树或者其他什么事物。那么，如果说并不存在普遍的事物的话，普遍的又是什么呢？[38]

---

[37] 奥康，《对波斐利〈论可谓述之物〉一书的阐释》，序言，第 2 节（*Expositio in Librum Porphyrii de Praedicabilibus*, Prooemium, 2, *Opera Philosophica*, vol. Ⅱ, p. 11；法语翻译 Roland Galibois, *Commentaire sur le livre des prédicables de Porphyre*, Centre d'Études de la Renaissance de l'Université de Sherbrooke, Quebec, 1978, p. 61）。
[38] 《〈论世界〉批判》，第 2 章第 6 节，112 页。

因此，普遍物并不存在于事物之中，不管其存在于事物之中的方式是某种本质或（自身同一的并被构成个体的偶性所分殊的）种属实体，还是某种能够使得比如所有人都被归纳进一种人类本性的总和性的普遍物（它被阿伯拉尔批评为是某种没有差异的共相）。但唯名论并不仅仅满足于拒斥将普遍物物化为某种真实存在的实体的做法，它还对这一做法的根源进行了诊断。我们之所以会误认为普遍物是真实存在的，乃是由于对语言的误用，因为语言使得我们将语词看作是事物本身。这也是为什么霍布斯会这样说：

> 某个同时命名了若干事物的名词的普遍性即是人们认为事物本身可以是普遍物的原因。这些人真诚地以为，在彼得或者约翰以及世界上存在着的、已经存在过或者即将存在的所有其他人之外，还存在着另外某个我们简单地称之为"人"的事物，即普遍的人。他们之所以会犯这样的错误，乃是因为他们将某个一般或普遍的名称误认为它所意指的东西。[39]

人们之所以会将名词的普遍性转换为事物的普遍性是因为他们将对语词的理解当成了对事物的理解："因此理解 [intellectio] 并不是对于事物本身的理解，而是对于我们用来意指我们关于事物的判断的论述和语词的理解。"[40] 或者说，"普遍的只是一个名词，这也是为什么理解并不关乎事物本身，而是关乎名词或者由名词组成的论述"[41]。因此，霍布斯的唯名论并不仅仅具有批判的

---

[39]《法律要义》，第1部分第5章第6节，20页。
[40]《〈论世界〉批判》，第4章第1节，126页。
[41] 同上书，第30章第21节，358页。

功能，还具有治疗的功能：当我们拒斥实在论的幻象，并且揭示其根源在于对语言的误用以及对意指的无知时，我们也就将理智从阻碍它获取知识的障碍中解救了出来，并且使理智意识到了它在拓展人类知识中真正的方法与活动。接下来，所有的问题就都在于霍布斯自己是如何解释普遍名词的意指的。这个问题是不可忽视的，因为霍布斯在批判对于普遍物的实体化的同时也认为所有观念或表象本身都是个别的。因此，正如在自然之中不可能存在某个普遍物，在心灵之中形成某个普遍的观念或表象同样也是不可能的：

> 那些认为我们对于任何一个事物的观念都是普遍的人也是错误的，仿佛在心灵中存在着某个并不表象某个单独的人，而是表象某个一般的人的图像一样——这显然是不可能的，因为所有观念都是独一的，并且都仅仅是关于一个独一的事物的。这些人错误的原因在于他们将事物的名称当成了它的观念。[42]

正如我们误认为存在某种普遍的事物是由于将语词的普遍性转移到了事物之上，普遍观念也是由于词语的普遍性被错误地归给了心灵表象。当然，霍布斯与奥康仍然认为普遍性仅仅来自于意指：

> 因此，每个普遍物都是一个个别的事物，因而其普遍性

---

[42]《论物体》，拉丁文全集第1卷，第5章第8节，53—54页。

仅仅来自于意指,因为它是若干事物的共同标记。[43]

当我们确认了所有普遍物都不存在于现实之中,并且本质上也并不是外在事物,而仅仅是存在于灵魂之中的指向外在事物的标记,我们接下来就应该讨论普遍物的数量及其充足性。[44]

但是,霍布斯却不认为观念的普遍性是能够自然产生的,这就导致了两个后果。首先,对于奥康而言普遍观念并不主要由心灵的活动产生,而更多是由自然在人的心灵中的隐秘作用所形成的;而在霍布斯那里,所有普遍物的来源都变成了习俗,这即是说普遍物是心灵在语言中并且通过语言意愿活动的产物。这种意愿活动是与自然截然分离的,因此自然也就不再是我们思想之中的普遍物的原因。其次,对奥康来说对于口头或书面语言的探究是我们分析心灵语言的指引,但对霍布斯来说,我们不可能将口头或者书面语言的结构与功能完全类比到心灵语言上,因为后者先在于口头或书面语言。心灵语言并不具有某种逻辑-语言的结构,并且普遍名称、命题以及推理的形成所需要的各种活动都仅仅是口头或书面语言的功能。这即是霍布斯唯名论之激进性的来源之一:

因此这种普遍名称并不命名任何现实存在的事物,或任何在心灵中形成的观念或想象,而永远是某个语词或名称的

---

[43]《逻辑大全》,第 1 章第 14 节。
[44]《对波斐利〈论可谓述之物〉一书的阐释》,序言,第 2 节。

名称［*vocis sive nominis nomen*］。[45]

但霍布斯唯名论的这种激进性本身[46]以同样激进的方式将意指的问题凸显了出来：如果所有表象性的观念都是个别的，并且心灵同样也不具备任何能够使得它通过抽象形成普遍表象的理解功能的话，普遍名称所能够具有的是哪种意指呢？我们在此是不是只能被迫接受笛卡尔在回应霍布斯的反驳时的论断，即："当这位哲学家谈论我们在我们想象之中对于词语的意指所做的习俗约定时，他不是在谴责自己吗？因为既然他已经承认了某个事物被这些词语所意指，那么为什么不愿意承认我们的语言与推理都是有关于被意指的事物，而非语词本身呢？"[47]为了回应这些问题，我们需要重新回到普遍名称所蕴含的两个层面。首先，在指称的层面上：

> 某个共同名称［*nomen commune*］是很多事物被分别单独考量时的名称，而非这些事物作为一个整体的名称（比如说"人"并不是作为类的人的名称，而是每一人像诸如彼得、约翰以及其他人分别考量时的名称）。[48]

普遍名称并不指称某一个集合或者某一由个体组成的类，而是分别地指称诸个体的杂多。由此霍布斯得以推进到意指的层面：

---

[45]《论物体》，拉丁文全集第1卷，第2章第9节，17—18页。
[46] 关于这一点，见拙文 "Empirisme, nominalisme, et matérialisme chez Hobbes", in *Archives de Philosophie*, 48: 2, Paris, Beauchesne, 1985, pp. 177-233.
[47]《第三组反驳》，对于第四个反驳的答辩。
[48]《论物体》，拉丁文全集第1卷，第2章第9节，17页。

那些在心灵中与它们［普遍词语］相对应的观念即是个别动物或者别的事物的图像或者想象。[49]

因此，霍布斯实际上接受了他的立场所导致的后果，即为了理解普遍名称的意义，我们并不需要除了想象之外的别的官能，因为通过想象我们能够回忆起普遍词语在我们心灵中时而引起某个事物的图像，时而引起另一个事物的图像。因此，普遍名称的意指既不需要心灵形成某种普遍表象，也不需要心灵因此具有某种独立的抽象能力。某个普遍名称之所以能够命名若干事物，仅仅是由于这些事物之间的相似性：

对许多东西加上一个普遍名词是由于它们在某种性质或其他偶性方面类似。专有名词只能在我们心灵中唤起某一个事物，普遍名词则使我们想起许多事物中的任一个。[50]

因此普遍名称并不意指某一个个别的图像，而是一种关系——相似。现在问题也就转变为了，对于这种相似的把握是否蕴含了某种我们能够由之从对于个体对象的表象出发形成一个普遍表象的理解能力呢（比如说在不牵涉个体的情况下对于人类本性的把握）？换句话说，虽然霍布斯不断试图否定这一点，但普遍名词的意指是否恰恰意味着它们是简单名词，即对于普遍物的单纯表象呢？

正是这种内在于意指概念的要求才使得阿伯拉尔在将普遍物

---

［49］《论物体》，拉丁文全集第 1 卷，第 2 章第 9 节，18 页。
［50］《利维坦》第 4 章，中译本 20 页，译文有调整。

还原为词语或词项之后，仍然设想了某种对于普遍物的理解力，这种理解力能够直接对事物进行抽象。虽然在人类的心灵中由抽象所产生的一般图像或普遍表象仅仅属于模糊的、不完善的认识，但上帝却能清晰地构想它们。由此约里维［Jean Jolivet］才能说：

> 我们由此可以在阿伯拉尔的理论中观察到某种张力，即，一方面他拒斥了实在论并且将共相的问题完全限制在了语言层面中，因而共相只能是语词或者语言；另一方面，对命题的真以及名词的意义的分析也使得他不得不接受某些本质性的结构的存在并最终走向柏拉图主义。[51]

虽然霍布斯显然并没有走到柏拉图主义，但意指概念的这一内在要求是否在霍布斯那里也重新导致了独立于语言的普遍表象的需求呢？首先我们注意到在伽森狄那里确实如此：

> 因此，共相即是某种表象或思想，它们能够使得所有个别的、独一的事物根据其与其他事物的相似程度而被冠以不同的名字，以便它们能够与和它们相似的事物被分为一类，并且与和它们不相似的事物区分开。[52]

对于伽森狄来说理智是能够形成普遍表象的。这也使得布洛赫认为伽森狄的唯名论

---

［51］ "Abélard et Guillaume d'Ockham lecteurs de Porphyre", p. 49.
［52］ 伽森狄，《反亚里士多德主义者的悖论操演》［*Exercitationes Paradoxicae Adversus Aristoteleos*］，Ⅱ，Ⅱ，4，160 a，p.284。为行文方便，下文多简称为《操演》［*Exercitationes*］。

是一种关于概念的唯名论而不是关于语言的唯名论：与霍布斯不同，伽森狄既未将普遍性仅仅局限在名词中，也没有为语言赋予一个确定的地位。《操演》中关于唯名论的论述明确地说明了理智以相同的方式构想相似之物，并且因此为它们赋予了相同的名称……并且，不管是在《操演》还是后来的文本中，我们也看不到伽森狄对于语言问题有任何特殊的兴趣；诚然，在《哲学总论》[Syntagma Philosophicum]中他讨论了语言与思想的关系，但这仅仅是为了接下来作出的对于"外在语言"与"内在语言"的区分；后者即思想本身，而前者的可理解性以后者为前提。这即是说，在语词背后存在着某种为语词赋予意义的思想，因此观念并非以语言为基础，而是语言以观念为基础。[53]

霍布斯唯名论的独特之处正在于此：他拒斥了所有普遍表象，但同时他也并没有因此剥夺普遍词项的意指。普遍词项的意指之所以可能，乃是由于语言功能并不以心灵的抽象和普遍化能力为基础，而是反过来构成了后者的前提。如果说霍布斯否定了独立心灵的普遍化能力的话，这是因为它恰恰以语言为先在条件。让我们假设某个完全不使用语言的人，比如说一个天生的聋哑人，这个人永远也不能认识到诸如以下这样的命题：所有三角形的内角和等于两个直角之和。当然，他或许可以通过反思发现某一个个别的三角形的内角和等于两个直角之和，但这一认识仅仅关乎他此地此刻观察到的个别形状，因此每当他看到一个不同的三角形，他就必须重新进行反思。与之相对，能够运用语言的人可以记住个别表象之间的

---

[53] *La philosophie de Gassendi*, p. 115.

关系，在这个意义上语言就使得普遍性成为可能。比如说，在我们对一个个别的三角形的构想中，上述命题关注的并不是边的长度或者别的什么特殊的性质，而仅仅是：

> 边是直的，角是三个——这正是他把这图形称为三角形的全部条件；这时他就会大胆地做出一个普遍的结论，说这种角的相等关系在所有三角形中都存在。[54]

语言使我们的心灵得以拥有分析与综合的能力，而这对单独的想象而言是不可能实现的。我们一开始所拥有的表象都是关于边长如此这般的这个或那个个别的三角形的表象，在这种表象之中我们无法分辨出我们想要的那个性质；但借助对语词的使用，我们可以将它分离出来，因为我们所使用的语词的意指（定义）仅仅关于我们构成此个别三角形的复合表象的某些方面，并且这一性质在任何其他三角形中也能够被找到。这样一来：

> 于是从一个特殊中发现的结论便会作为一个普遍法则而被记录和记忆下来，使我们不必在心中计算时间和地点，并且除开第一次以外，也可以使我们免除一切的心理劳动，使我们在当时当地发现为真的事物对一切时间和地点来说都为真。[55]

因此，是语言使得我们观察到的个别三角形对所有其他三角

---

[54]《利维坦》，第4章，中译本21页。
[55] 同上。

形都有效。作为对比，虽然贝克莱以同样的论证重现了三角形的例子，但他却为这一例子赋予了完全不同的含义。对于贝克莱而言，使得知识普遍化的并非是语言，而是使得个别观念通过表象同一种类的所有其他观念而变得普遍的心灵运作。[56] 对于霍布斯而言语言并不仅仅是思想的辅助工具，而是我们产生普遍的、必要的知识的前提条件。"人类在几何学中便是从确定语词的意指开始的。这种活动我们称之为定义，是人类进行计算的开端。"[57] 我们应该将这一确定视作无法通过其他方式为我们所拥有的意指的产生。

因此我们应该在霍布斯的理论中将意指与表象区分开。如果说所有表象都是个别的，那么语言就能够赋予我们通过语词的定义对在我们的表象中混杂的性质进行分析与综合的能力，进而产生普遍的意指。如果霍布斯的理论中隐含着一种概念论的话，那么这种概念也是依赖于语词并且不可被还原为表象。语言功能使产生普遍概念的心灵活动得以可能，这种普遍概念本身并不是表象，并且如果我们不再使用语词的话它也会随之消失。因此，概念的关系性意味着它不是一种表象，因为所有表象都是某一个别事物的图像。概念则是一种意指，是语言所催生的心灵活动的产物。语言因而也就使得人类心灵发生了某种程度的变化。动物之所以没有理智 [intellectus, understanding] 乃是由于它们不能使用语言。而如果我们仅仅考虑心理序列的话，那么动物显然是能

---

[56] 参考贝克莱《人类知识原理》，第 16 节。同样，在《原理》的导言中我们也可以读到如下论述："如果我们希望为词语赋予意义并且仅仅谈论那些我们有能力思考的东西的话，我相信我们就会认识到，虽然观念就其自身而言是个别的，但在我们用它表象或者意指同一种类的所有其他观念时，它也就成为了普遍的。"（第 12 节）

[57] 《利维坦》，第 4 章，中译本 22 页。

够比较图像的,但它们却无法上升到以对思想的理解为基础的活动:

> 当一个人听到任何一句话而具有这句话的语词以及其连接所规定表达的思想时,就谓之理解了这句话。理解只是语言所造成的概念。这样说来,如果语言是人类所特有的(据我所知是这样),那么理解便也是人类所特有的。[58]

因此,霍布斯的唯名论远不能被归为一种笛卡尔所理解的那种没有任何意指的空话。理智并非语言的条件,而是其产物。这也是为什么霍布斯将理性[ratio]与言语[oratio]视为同义词,因为语言所催生的那些心灵活动恰恰同时也是在科学推理中起作用的那些活动。在《论物体》中霍布斯将三段论推理的每一步都还原到了思想上:

> 在心灵中与直接的三段论对应的思想是这样的:首先,我们构想了作为被命名之物被如此命名的原因的偶性或性质,并以此构想了被命名之物的图像;这一名词即是小前提的主词。然后,同一个事物的图像连同作为其被冠以另一个名称——小前提的谓词——的原因的偶性或性质也出现在我们的心灵中。第三,通过作为这个事物被冠以大前提的谓词的原因的性质,思想再次回到了这一被命名之物上。最后,当思想回忆起这些所有性质都是同一个事物的名称时,它就下

---

[58]《利维坦》,第4章,中译本26页。参考《法律要义》,第1部分第5章第1节;《〈论世界〉批判》,第4章第1节,第30章第14—15节。

结论说所有这三个名词都是关于同一个事物的，这即是说这个结论是正确的。[59]

语言在思想中引入的另外四个区分是其所催生的理智的变化的延续与结果。这些区分即第一意向与第二意向名称的区分*、有确定的意指的名称与没有确定意指的名称的区分、同名同义的名称与同名异义的名称的区分，以及相对名词与绝对名词之间的区分。从历史的角度看，这些区分都直接与奥康有关。但我们必须注意到它们并不是单纯的挪用，因为霍布斯改变了这些区分所在的层面：在奥康的理论中，这些区分处于灵魂的意向的层面上，而对霍布斯而言它们严格地属于语言的层面。不过暂且不论从心灵到语言的转变，霍布斯与奥康都坚持了标记与事物之间的对立，而这足以使得标记之间的区分不被投射到事物之间的区分上去。换句话说，名称的区分并不依赖于任何存在论的内容。

现在让我们考虑这些区分中的三个。当然我们也不会忽略第一意向名称与第二意向名称之间的区分，我们之后在谈到霍布斯唯名论的存在论后果时会论及这一区分。

第一，有确定的意指的名称与没有确定意指的名称的区分。这一区分并不同于定词与合定词的区分，因为合定词并不是词而仅仅是词的一部分。虽然霍布斯将这两个区分放在了同一节里讨论[60]，但这仅仅是因为霍布斯在那里所选定的合定词是确定了定词

---

[59]《论物体》，拉丁文全集第1卷，第4章第8节，44页。
[60] 参考《论物体》，拉丁文全集第1卷，第2章第11节，19—20页。
* "第一意向名称[nomina primae intentionis]即是事物的名称，比如人、石头；第二意向名称即是名称或言语的名称，比如普遍、具体、属、种、推论等。"《论物体》，拉丁文全集第1卷，第2章第10节，18页。——译者注

所指的量的标记。个体的名称，比如荷马、这个动物，以及普遍名称，比如每个动物，才属于有确定的意指的名称。而不定的普遍名词，比如人、石头，以及特称名词，比如某些人，则属于没有确定意指的名称。这两类名称的区分强调了语言在实际对话与交谈中的用处，即听者在听到有确定的意指的名称时所构想的事物即是说者希望他构想的事物，而听者在听到没有确定意指的名称时则不知道说者希望他构想具体哪个事物。

第二，同名同义的名称与同名异义的名称的区分。同名同义即在于，在语词连接中同一个名称所意指的永远是同一个事物。所有比喻在定义上即是同名异义的。[61] 同名同义与同名异义来自于词语的意指是统一的还是多样的。因此它们之间的区分与其说有关于词语本身，不如说有关于我们对于词语的使用。[62] 所以，同名异义在哲学讨论中所造成的危害只能通过对词语的定义的确立来消除；如果没有定义的话，心灵就会"发现自己像一只鸟站在了有粘鸟胶的树枝上一样，纠缠在语词里，愈挣扎就粘得愈紧"[63]。目标在于追求真理、获取知识的形而上学之所以会产生诸如"实体形式"、"分离本质"或"抽象本质"这一类荒谬的说法

---

[61] 霍布斯在同一原则下囊括了奥康所区分的两种同名异义：偶然或无意的同名异义与有意的同名异义（参考《逻辑大全》，第1章第13节）。第一种同名异义的原因是某个词语同时被归在了若干概念之下，尽管它可以只被归在其中一个概念之下。第二种同名异义则是比喻中的同名异义，这种同名异义出现于当我们先将一个名称赋予某个或某些被归在某一个概念之下的事物上，但之后却将这个名称赋予其他与先前这些被意指的事物在某些方面相似的事物时。比如，人这个名称首先意指了现实的人，但之后又意指了那些表象了人的图像。我们应当区分同名异义的这两种形式，即由对词项的含糊使用所导致的同名异义和来自于词义本身的多样性的同名异义。
[62] 霍布斯与奥康的不同就在于，前者对于语词与对于语词的使用所做的区分对后者而言存在于概念与语词之间。
[63]《利维坦》，第4章，中译本22页。

并且使得人类堕入无知的深渊，恰恰是由于它不愿或者不能从定义开始它的讨论。[64]我们即将看到，所有这些表达都依赖于动词**存在**［être, esse, to be］的同名异义。同样，既然同名异义来自于词的意指的多样，那么它在原则上都是可以避免的。这也是为什么所有哲学学生都应当将他们老师的模糊命题还原到其最原初的形式上，这样既能看清这些命题是否真的有意义，也能知道他们是否正确理解了这些命题。[65]但在另一种意义上，同名异义却不仅仅是偶然的。由于对于语言的使用既可以发现真理又可以导向错误与荒谬，这种危险便永远潜藏于语言之中：

> 人类的心灵之光就是清晰的语词，但首先要用严格的定义去检验，清楚它的含混意义；推理就是步伐，学识的增长就是道路，而人类的利益就是目标。反之，隐喻、无意义和含混不清的语词则像是鬼火，根据这种语词推理就等于在无数的谬论中迷走，其结局是争斗、叛乱或屈辱。[66]

对语言的误用带来的这种可能导致谬论的永恒危险在我们将语言论述的结构物化为事物本身的结构时最为显著，并且在对关系的地位的探究中也有可能出现。

第三，相对名词与绝对名词的区分同样也不过是名称之间的区分，这即是说意指方式的区分。相对名称实际上意指的是一种对比关系，比如父亲与儿子、原因与结果、相似与不相似、相等与不等、主人与奴隶等，而绝对名称则意指的是关系中的每一

---

[64] 参考《利维坦》，第46章。
[65] 参考《论物体》，拉丁文全集第1卷，第3章第12节，35页。
[66] 《利维坦》，第5章，中译本34页。

个单独的项。[67] 我们在这里易出现的错误即是将这种语词中的区分转移到事物之中去，并且认为现实中也存在着绝对物与相对物的区分。但实际上这种区分并没有任何存在论上的意义，因为世界上的所有事物就其自身而言都是绝对地存在着的：父亲身份［paternité］这个名称将两个不同的事物联系了起来，但它却并不是除了这两个个体之外的第三个东西。因此关系并不属于事物，而是属于标记，它永远都以一种确定的方式意指了处于这种关系中的项。霍布斯对于关系实在论的拒斥与其对于共相实在论的拒斥如出一辙。

对为词语赋予意指的活动的理解同时也是对于词语与事物的必然区别的承认，因而也是对于将语义问题转变为存在论问题的做法的拒斥。某个词语拥有意指这一点并不意味着某个事物就一定在自然中与之对应。

但如果说词语的意指问题并不蕴含任何存在论关涉的话，这却并不意味着语言完全无法就事物谈论任何东西。言说既是对我们思想的意指，但同时也是对事物的谈论。更进一步地说，存在论问题恰恰存在于语言之中，并且是被语言所提出的。只不过我们必须认识到，这种存在论问题并不存在于词语，而是存在于命题之中，语言正是经由命题才开始尝试超越自身并且对事物下某种断言的。同样，真理的问题也只是在命题的层次才会出现。截至目前，我们已经看到了语言是如何为思想赋予结构的，接下来，问题便是探究关于事物本身语言究竟能够把握些什么。

---

［67］ 参考《论物体》，拉丁文全集第 1 卷，第 2 章第 13 节，20—21 页。

第三章　命题与真

对意指的研究揭示了言说是由意指思想的词语所组合或联结而成的词语复合物。因此，当某一词语序列并不对应任何思想或构想的序列时，这一词语序列就是荒谬的。这样一种不自洽的词语序列仍然是一个词语复合物，但却没能完成言说的目的，即意指。因此，具有意指的言说即是心灵状态的迹象［*affectuum indicia*］或标记。而由于心灵可能具有各种不同的状态，因此也就存在着不同种类的言说。受亚里士多德分析的启发[1]，霍布斯区分了各种不同的言说，比如意指求知欲的疑问句，意指了占有欲的祈使句，以及承诺、威胁、愿望、命令和抱怨等。[2] 这些不同类别言说的共同特点是，它们既不肯定也不否定任何东西，因而我们就没法说它们为真或者为假。唯一一种不仅仅满足于此，而是意图肯定或者否定的言说类型，就是命题。因此命题也就是言说之中唯一能够为真或者为假的。对于命题的研究一方面需要处理构成了命题的各项之间的逻辑联结的方式，另一方面则需要处

---

[1] 参考亚里士多德，《解释篇》，第 4 章，17a1-7。海德格尔在《现象学的基本问题》[*Les problèmes fondamentaux de la phenomenology*] 中同样也注意到了霍布斯与亚里士多德的这种关联（法译本 223—233 页）。海德格尔在那里研究了霍布斯的命题理论，我们马上会回到海德格尔对于系词在霍布斯理论中的功能的解释。

[2] 《论物体》，拉丁文全集第 1 卷，第 3 章第 1 节，26—27 页。

理真与假这两种性质的地位。霍布斯首先给出了对于命题的定义：

> 命题即是由两个经由系词连接起来的名词构成的言说，借助它言说者意指了如下事实，即在言说者自己的构想中，在后的名词与在前的名词是同一个事物的名称；或者（这其实是一个意思），在前的名词被包含 [*contineri*] 在了在后的名词之中。[3]

命题即是包含着两个名称的连接的陈述。根据霍布斯的描述我们可以在命题中区分出三种成分：在前的名称或者主词 [*subjectum*]，在后的名称或者谓词 [*praedicatum*]，将谓词与主词连接起来的动词"是/存在"或者说系动词。因此在命题"人是动物"中，"人"与"动物"两者都是名称，而"是"则将两者连接了起来。我们之所以需要区分命题的不同部分，乃是因为它的三个组成部分的地位并不相同。系动词仅仅起到了连接的功能，并且除此之外并无别的含义，因此它仅仅是"连接的标记" [*signum connexionis*]，而完全不是某个与主词和谓词所指称的事物不同的事物的名字。它的作用仅仅是连接主词与谓词，并且是这种连接的标记。这样看来，动词**存在** [verbe être]*的意指不过是：

> 用来表示一个名词和另一个名词之间的承继或者矛盾。比如当人们说"人是一种物体"时，他的意思是说"物体"

---

[3] 《论物体》，拉丁文全集第1卷，第3章第2节，27页。

* 欧洲语言中系动词多带有谓述（"A是B"）、存在（"A存在"）以及同一（"A=B"）等多重含义。本章及下文中一般将单独出现的系动词统一译为"存在"、"存在/是"或者"存在/为"，并以粗体字标示。——译者注这一名称只是同一个东西,即"人",所具有的若干名称中的一个,它必然继人这一名称之后出现。[4]

这里潜在的危险即是将连接的标记当作事物本身的名称,进而否定言说的不同部分之间地位的不同:

> 所以这些词便不是事物的名称,而只是我们意指自己对于一个名称或属性与另一个名称或属性之间的承继关系的认识的标记。比如当我们说"人是一个活的物体"时,意思并不是说"人"是某个事物,"活的物体"是另一个事物,而"是"又是第三个事物;我们的意思仅仅是"人"和"活的物体"是同一个事物,因为"如果这是一个人,那么这也就是一个活的物体"这一承继关系为真,而这正是"是"所表达的。[5]

亚里士多德早在霍布斯之前就指出系动词 [copule] 的功能之一即是思想的综合,并且此时**存在** [être] 所指的并不是某个现实事物,而是思想的性质或状态:

> "是(存在)"或者"不是(不存在)"都不是现实事物的标记,"存在者"也不是。因为就其自身而言它们什么都不是,而仅仅额外地意指了某种结合,并且这种结合也并不能在脱离被结合之物的情况下被构想。[6]

---

[4] 《利维坦》,第 46 章,中译本 545 页,译文有调整。
[5] 同上。
[6] 《解释篇》,第 3 章,16b22-25。

106　　亚里士多德认为这种综合并不是思想的简单接续，而是其结合与统一："当我说统一或者分离的时候，我所说的是在思想中将事物统一，而不是事物的简单接续。"[7] 不过，对于亚里士多德来说这种思想的综合并非**存在**的主要含义，而只是其衍生义。因此，虽然作为命题中的系词的"**是 / 存在**"[être] 表达了由理智进行的对于主词和谓词所指示的思想的综合，而这种综合最终却依赖于事物的存在方式。但霍布斯对于动词**存在**作为一种连接标记的逻辑功能的考察却并未使他将其追溯到思想的综合统一，而仅仅是主词与谓词所指的事物的同一。这样一来，霍布斯也就与亚里士多德在命题的解释上彻底决裂了，因为他由此质疑了亚里士多德理论的一个基本观点，即**存在**除了有指示个别事物的逻辑功能之外，还有另外一个根本的意指，即一种描述了存在的基本类别的存在论意指。

　　那么，命题所断言的究竟是什么？霍布斯给出了两种他认为等价的说法。第一种：在一个比如"人是动物"这样的命题中，人们构想谓词与主词指称了同一个事物，因此"是"这一连接的标记所表达的就是主词与谓词都指的是同一物。"是"仅仅是这种同一的标记，"动物"所指称的事物也与"人"所指的并无区别。第二种：在命题中，我们构想主词被包含在了谓词中。在名词中，有些更加普遍，有些则相比之下更不普遍，这是根据它们所指的事物的多少而定的。"动物"就是一个比"人"、"马"或者"狮子"更加普遍的名词，因为后面这些词所指的东西也都被包括进了"动物"之中。[8] 因此，一个名词是否被包含在另一个名词中

---

[7]　亚里士多德,《形而上学》, 第 6 卷（E）第 4 章, 1027b23-25。
[8]　参考《论物体》, 拉丁文全集第 1 卷, 第 2 章第 9 节。

是由两者的外延决定的,这即是说其中一个词的外延是否包括了另一个词的外延。所以,构成命题的两个词实际上将同一个事物指称了两次,只不过这两次指称将这一事物包括进了不同的外延之中,而动词**存在**则通过连接这两个相邻的名词确立了这由两个不同名词所指称的事物的同一性。我们也可以用伽森狄在《操演》中的这句话来理解霍布斯的理论:"除了某物自身以及在其之中的东西,我们不应将任何别的东西归给它。"[9]

不过,在我们继续探究作为连接标记的系动词的属性之前,我们需要首先看看霍布斯的命名[*nominatio*]理论是否在根本上仅仅是对指代[*suppositio*]理论尤其是经院唯名论学者对人称指代理论的重复。*另有两个理由要求我们进行这种比较:首先,在奥康的理论中,诸如"苏格拉底是人"或者"苏格拉底是动物"这类命题所肯定的不过是主词与谓词的指代的同一,或者说这两个词语指的是同一个事物即苏格拉底。[10]因此命题所试图表达的不过是事物的同一,并且真与假也被还原为主词所指代的事物与谓词所指代的事物之间的包含或相异关系。[11]粗看起来这种同时也被布里丹所分享的观点也能够在霍布斯的命名概念中找到。第二,在一些文本中霍布斯区分了不同种类的命名关系,而这些种类似乎与奥康那里的不同种类的指代关系对应。比如在《〈论世界〉批判》中,霍布斯认为在"彼得是动物"这个命题中"动物"

---

[9]《操演》,Ⅱ,Ⅱ,4, 160 b, p.286。
[10] 参考《逻辑大全》,第2章第2节。
[11] 参考 Ruprecht Paqué, *op. cit.*, pp. 158-311, et J. Biard, *op. cit.*, pp. 469-478, 638-658。这两种解释的总体方向分歧很大。
* 指代是中世纪经院逻辑学的常用术语,其意义大体相当于外延意义上的指称。指代又被分为若干种,比如单纯指代、质料指代、人称指代等,具体的解释参见下文。——译者注

一词即是事物的名称,即彼得的名称;而与之相对,在命题"动物是一个属"这个命题中,"动物"一词则是词语的名称。[12]此外,霍布斯引入这一区分也是为了避免对词语不同意义的使用使得我们产生某种普遍现实的幻觉。

那么奥康指代理论的具体含义是什么呢?奥康认为,指代[supponere pro]*的能力,或者说替代或表征另一事物的能力,属于具体的命题语境中的词项:"指代即是代替另一者出现。"[13]词项或者标记的这种替代功能正是逻辑-语言空间得以展开的基础。奥康区分了三种指代。首先,也是最为根本的,是人称指代[suppositio personalis]。当词项所替代的是确立此词项意义的那些人的意愿或者命题语境所确切赋予其的所指物时,这种指代就是人称指代,比如"人是动物"。从这种词项对事物的替代出发,词项也就具备了自我反指而非简单的指示事物的可能性。因此,指代的第二种类别,单纯指代[suppositio simplex],即是当词项在命题语境中所替代的并不是它本身指示的那个事物,而是其所归属的概念时的指代,比如"人是一个种"或者"动物是一个属"。最后,第三种指代,质料指代[suppositio materialis],即是当词项所替代的是口头或者书面标记时的指代,比如"动物是一个词"。人称指代是这三种指代中最重要的,因为词项最原初的功能即是指示事物,而只有在次要的意义上词项才能通过命题语境替代其所归属的概念或者构成这一词项的声音。与奥康的这一套指代理论相对比,霍布斯的命名理论刻意省略了单纯指代的对应物,在我们刚才讨论过的《〈论世界〉批判》的文本中仅仅讨论了对事

---

[12] 参考《〈论世界〉批判》,第2章第6节,112页。
[13] Dicitur (autem) suppositio quasi pro alio positio.《逻辑大全》,第1章第63节。
 * Suppositio 的词源即是 sup-ponere,"置于其下"。——译者注

物的命名和对名称的命名。这种对指代学说的简化已经由布里丹完成，他将奥康的后两种指代都归到了质料指代之中。因此霍布斯似乎也对指代学说进行了类似的简化，这种简化背后的理由或许是，在霍布斯的理论中并不存在独立于语词使用的普遍概念；这或许也是上述文本中并未讨论概念的名称而仅仅讨论了名称的名称的原因。

然而我们还未触及一个基本的问题：霍布斯为什么谈论的是命名，而非指代？难道说霍布斯不仅不了解奥康和布里丹的文本，而且还对盛行于16和17世纪，并且十分强调指代理论的经院逻辑学——唯名论逻辑学是其中一支——一无所知吗？这样一种假设并不可信，并且，这一问题的真正意涵只有通过对于理论的内在分析方能显现出来。从这种观点看，命名理论对于指代理论的取代并不仅仅是术语问题。这也能够由在奥康理论中命名的基础是指代这一点所确证和凸显。因此，现在问题也就变成了：没有以指代的逻辑为支撑的命名理论会变成什么样子？我们已经知道，在一种由指代的逻辑所支撑的语言理论中，词项即是事物的替代。这种替代的前提是，事物本身就具有某种思想能够以之为基础来表征它们的秩序。具体来说，在人称指代中，词项是对于某个被前谓述地给定在某种既属感觉又属理智的直观认识中的事物的直接替代。语言的秩序永远都预设了先在的事物秩序，并且不断地以其为所指。但语言对这样一个永远被前谓述地给定的世界的直接把握从根本上为霍布斯所质疑了。诚然，名词命名了事物，但命名关系却并不是简单地用语言秩序替代某个被先在地给定在感知认识中的事物秩序；恰恰相反，在命名之中，正是通过语词的使用以及由语词所引入的新活动，我们才逐渐重新发现了事物的世界。后者的存在和秩序都没有被直接给定在前谓述的认识之中。

这就是为什么虽然霍布斯的命题理论看起来照搬了奥康的不少观点（有时甚至是逐字照搬），但它们所预设的逻辑背景却是完全不同的。这种不同在我们在本章最后探究真理的概念时会变得非常明显。因此虽然霍布斯与奥康使用了不少相似的说法，但他们理论的结果却大相径庭。我们可以说奥康唯名论所关联的存在论在霍布斯的理论中完全消失了。虽然二人都认为现实存在的只有个体，但存在论却不仅仅在于对于存在的断言。当我们试图对事物本身进行规定时，我们就会发现在霍布斯的唯名论中我们不可能对于实在自身及其本质进行任何断论。不过我们尚未到达这个阶段，现在让我们继续探究**存在**［être］作为连接标记的意涵。

我们首先需要注意，对于霍布斯来说并不是只有动词**存在**［verbe être］才能起到逻辑连接的功能：一个屈折或者词尾的变化也同样能作为连接的标记。"人在行走"［homo ambulat］和"人是在行走的"［homo est ambulans］这两个命题是等价的。因此动词可以在其本身的意指之外同时起到标记连接的功能。霍布斯几次都提到完全不使用动词**存在**也是可能的，因为用词语的顺序已经足以表示它们之间的连接关系了。[14] 比如，我们可以不说"人是一种动物"，而说"人，一种动物"：

> 这一承继关系用"是"一词把它们连接起来加以表示。正像我们用动词"是"［is］一样，拉丁人同样用他们的动词 est……及其各种变位。世界上其他各国在其本国的语言中是不是有对应于这个词的词语，我不敢说，但我相信他们并不需要它。因为把两个名词按顺序放在一起，只要习惯如此

---

[14] 参考《论物体》，拉丁文全集第1卷，第3章第2节，27—28页。

（因此正是习惯赋予了词语力量），就可以和 is、be 和 are 等词一样表示其承继关系。[15]

拉丁文版的《利维坦》接下来给出了犹太人作为例子："他们并不使用系动词，而是两个名词的并列；比如这句话就是这样，《创世记》第 1 章第 2 节：'地无形之物'。而我们则必须用下面这种方式翻译它：'地是空虚'等。"[16] 不管这个例子是否理想，霍布斯的意思是明确的：命题所需要的并不是动词**存在**，而是一个连接的标记。这就是为什么动词**存在**的缺失并不会使得命题、推理或者哲学消失。因此，动词**存在**如果能被完全还原为其作为连接标记的逻辑功能，那么这一点并不仅仅意味着它并不像其他动词那样拥有某种自身的意指，同时也意味着它本身也不具有任何特殊的价值，因为这一逻辑功能完全可以由两个名词的单纯并列来实现。

关于动词**存在**的逻辑功能，阿尔诺与兰斯洛*在《普遍理性语法》[*Grammaire générale et raisonnée*] 第二部分的第 13 章（这一章被阿尔诺与尼可抄录在了《逻辑学或思维的艺术》[*La logique ou l'art de penser*] 第二部分的第 2 章中）中得出了看起来与霍布斯完全相反的结论。由于他们将动词看作是"其主要功能是意指肯定的词语"，而这也是我们思维的主要方式（但不是唯一方式），

---

[15]《利维坦》，第 46 章，中译本 545 页，译文有调整。
[16]《利维坦》，拉丁文版第 46 章，拉丁文全集第 3 卷，497—498 页。
　*　兰斯洛 [Claude Lancelot, 1615—1695]，法国冉森派教士、语法家，与阿尔诺 [Arnauld] 合著了《普遍理性语法》，此书是阿尔诺与尼可的《逻辑学或思维的艺术》（一般因阿尔诺与其合作者所在的冉森派修道院田野里的皇家港 [Port-Royal-des-Champs] 修道院而被简称为《皇家港逻辑》）的语言学部分。
　　——译者注

即指出一个命题的两项之间的连接,而名词则指示的是事物以及事物的性质(名词和形容词),因此他们在《普遍理性语法》以及之后的《逻辑学或思维的艺术》中认为"只有我们称之为名词的动词**存在**才完全是肯定的标记,并且系动词也仅仅是在第三人称现在时 est* 的某些情况下才仅仅作为肯定的标记而存在。这是因为人们自然地倾向于简化他们的表达,他们几乎永远都会将对某些意指的肯定总结在一个词当中"[17]。这就是说,如果一个命题,比如"彼得活着",仅仅由两个词语构成,并且动词("活着")同时包含了肯定以及某种性质("活着的"),那么它即是由其动词仅仅表示肯定而并不包含属性的更原初形式("彼得是活着的")衍生而来的:"由此可见,肯定即是对所谓主词与谓词的结合与统一,因为这就是语词 est 所意指的。"[18]不过,这却并不意味着意指肯定的功能原初地或排他地属于动词**存在**,因为对于阿尔诺、兰斯洛和尼可而言,并不只有动词**存在**才能够承担我们思维的这一主要方式,另外某个动词,只要它发挥了同样的功能,也能够起到这样的作用:

> 因此,我们应当承认以下内容:如果我们仅仅考虑动词的本质的话,那么动词唯一真实的定义就是意指肯定的词语[*vox significans affirmationem*]。因为如果一个词语意指了肯定的话,那么它就是一个动词;并且如果它是一个动词,那么它就能够用来意指肯定,至少在陈述语气中是这样。而且

---

[17]《逻辑学或思维的艺术》,第2部分第2章,109页;《普遍理性语法》,第2部分第13章,67页。
[18]《逻辑学或思维的艺术》,第2部分第17章,168页。
  * 在法语中, est 是动词 être 的直陈式现在时的第三人称单数变位。——译者注

毋庸置疑的是，哪怕我们发明了一个像 est 一样没有任何差别地、不分人称与时态地永远表示肯定的词语，以至于人称和时态的不同只能用名词、代词和副词来表示，这个词也不会不是一个真的动词。[19]

因此，我们应当将思想的逻辑与语言的偶然性区分开来。此处阿尔诺等人与霍布斯不同，对于后者而言，动词并不是唯一能够意指肯定的东西，因为名词的简单并列也同样能够完成这一任务。

不过，这种将**存在**［être］还原为其逻辑功能的做法也对应着霍布斯思想中始终存在的一种努力，这种努力的目的在于拒斥所有对于谓述模式的存在论解释，并且纠正对于动词**存在**［verbe être］的使用所几乎不可避免地催生的错误倾向，即我们始终倾向于将动词**存在**当作命题所言说的对象而非仅仅是命题中词项的连接标记。在我们说出一个命题时，我们所做的不过是将从我们对于同一个事物的不同考量方式中产生的不同构想连接起来，并且这种连接（或者分离）并不对应任何对于存在本身的阐释。换句话说，动词**存在**作为系动词的使用并不意味着存在就是言语的对象或者视域。这种错误倾向使得我们将一个逻辑标记当作讨论的对象，即命题所试图断言的东西；对于霍布斯而言，这种错误倾向即是催生诸如"本质"［essentia］、"存在"［entitas］等毫无意指的空洞概念的根源：

假定有一种语言没有任何相应于 est、is 或 be 的动词，运用这种语言的人在作推论、结论和进行各种推理的能力上比之希腊人与拉丁人也会一点也不差。那么，在这种情况

---

〔19〕《逻辑学或思维的艺术》，第 2 部分第 2 章，112 页。

下，从这一词中衍生出来的被我们所广泛使用的"存在""本质""本质的""本质性"等语词以及很多其他依赖于它们的语词又会怎么样呢？[20]

在这段文本中，霍布斯并不想真的构造出某种没有动词**存在**的新语言，而仅仅是在强调这种让人误以为是语言对象的语言标记所持续造成的危险。霍布斯的理论到了这一步，在不放弃命题的情况下去掉**存在**也就是可能的了。其关键就在于命题表达的内容仅仅是主词与谓词所指的事物的同一，而非其存在或者本质。

然而，即使是在霍布斯命题理论的内部，**存在**也并不能被如此轻易地取消掉。就在它似乎已经要被抹去的时候，它却看起来又再次获得了某种独有的价值甚至是必要性。在论述完命题所真正描述的内容，即主词与谓词的连接在心灵中激发了关于同一个事物的思想，霍布斯继续说道：

> 但系词却同时也引入了关于这些词语（主词与谓词）何以能够被赋予这同一个事物的原因的思考。比如，当我们说"物体是可动的"时，虽然我们所想的是同一个事物被两个词语所指，但心灵却并不满足于此，而是继续探究使得物体得以为物体 [esse corpus] 或者为可动 [esse mobile] 的究竟是什么，这就是说在这个事物之中究竟有些什么特质使得它与其他事物有别，并且被我们用这种方式而不是别的方式称呼。当人们开始探究某物之为某 [esse aliquid]，比如为可动、为热 [esse calidum]，究竟是什么时，我们就是在事物中探究

---

[20]《利维坦》，第46章，中译本545页，译文有调整。

它们被如此命名的原因。[21]

因此系词此时又重新引入了我们一度认为已经被取消的东西：经由主词与谓词的连接，我们并不仅仅是将同一个事物想了两遍，而同时也得以触及使得这个事物与其他事物不同的原因，即奠基了这种连接与命名的原因或理由。但这不就恰恰意味着关于事物的同一性的思想正是由此得以暗指了事物的存在吗？同时，这不也就是说**存在**并不仅仅是一种简单的逻辑标记，而是整个命题所试图触及的更为根本的东西吗？更进一步地，作为系动词的**存在**［être comme copule］本身不就构成了事物之**存在**［être de la chose］的标记吗？

此时，霍布斯截至目前对于命题的属性所下的论断似乎是被完全倒转了。这一点也可以由霍布斯进行的由作为动词的**存在**到作为名词的**存在**的转向所确认，这一转向经由从**存在**之陈述语气的使用到其不定式的使用的转变而实现。在《〈论世界〉批判》中霍布斯认为，虽然语法学家们将 esse（不定式）看作动词、将 ens（现在分词）看作名词，但当 esse 与命题的谓词相结合时，它才真正地成为了一个名词。因此，以比如"人是动物"［homo est animal］这个命题为例，那些探究这个命题所蕴含的真理的人并不应当仅仅探究"人"和"动物"这两个词项所指称的那个事物，而是应当同时也探究"是动物"这一表达所指称的东西，以使得我们能够知道，通过 est 将这两个名词连接之后的产物所意指的是什么。[22]

---

[21]《论物体》，第 3 章第 3 节，28 页。
[22]《〈论世界〉批判》，第 27 章第 1 节，312—313 页；第 28 章第 4 节，334 页。

这种从作为动词的**存在**到作为名词的**存在**的转向似乎明确地昭示出，虽然之前霍布斯刚刚批判了将连接标记当作语句的对象，但此时他又重新引入了这一点。因此海德格尔能够在评论我们刚刚引用过的《论物体》中的文本时这么说：

> 霍布斯将系词的指示功能还原为对于在被连接的名词中被我们所针对的东西的指示；换句话说，他将其还原为对以下这一问题的回答，即在被命名的事物之中，究竟是什么构成了被命名之物，而非其他事物得以被如此命名的差异。当我们追问"为某"[esse aliquid]究竟是什么时，我们所追问的就是事物的所是[quidditas]，即存在的究竟是什么。霍布斯赋予系词的功能性含义由此就清晰地显现了出来：系词，就其指示了关于名词能够被如此连接之原因的观念而言，指示的就是在命题之中我们所想的事物的所是究竟是什么。命题也是对于这个问题的回答，即如此这般的事物是什么？这个问题从唯名论视角来看就是：将两个不同的名字赋予同一个事物的原因是什么？将系词 est 置于命题之中，并且对它进行思考，这即是思考主词与谓词对于同一个事物的共同指称的原因，不管这种共同指称是必然的还是可能的。在系词中被我们所思考的这种原因，就是事物之所是或者所是。因此系词所表达的就是命题所探讨的事物的本质或所是。[23]

如果真的是这样，如果系词的功能是指示主词与谓词所指的事物的同一，并且如果系词能够通过它的这一逻辑功能重新引入

---

[23]《现象学基本问题》，227 页。

事物的本质或者所是,那么霍布斯一直进行的、对于本质认识的批判也就不成立了,甚至其唯名论的原则也将要被置于怀疑之中。海德格尔从中得出的清晰且严格的结论似乎是难以逾越的:

> 因此一般意义上的命题的很多特点都超越了单纯且简单的名词序列:不同名词对同一事物的共同指称、对于在这种共同关系中的事物之所是的把握以及关于这种共同指称的理由的观念。在这些现象的强迫之下,霍布斯也就不得不在其对命题作为名词序列的解释之中逐渐完全放弃他一开始的理论进路。这也是所有唯名论的特点。[24]

那么霍布斯的唯名论是放弃了它最初的理论进路,也就是说最终放弃了自身吗?对于命题的诠释又是否真的不可辩驳地重新引入了对于本质的把握呢?但如果这样的话我们又如何解释,即使是在《论物体》中讨论命题的意义或者更确切地说命题所引入的对于"为某"[*esse aliquid*]的性质的文本中,霍布斯还是一再批判了由以 *est* 作为系词的逻辑用法所衍生出来的本质和所是等概念呢?我们是否必须承认,在我们即将阅读的文本中,哪怕霍布斯自己已经明确阐明了命题所表达的内容,但他还是对这一理论的内在要求视而不见呢?

从同一个源头之中也诞生了以下这些没有意指的词语,抽象实体[*substantiae abstractae*]、独立本质[*essentia separata*]以及其他一些类似的词语。同样,从动词**存在**

---

[24]《现象学基本问题》,233 页。

[*est*]中也衍生出如下这些含混的语词：本质[*essentia*]、存在[*entitas*]、存在的[*entitativum*]，以及实在[*realitas*]、某性[*aliquidditas*]、所是[*quidditas*]。这些词在那些名词之间不是由动词**存在**[*est*]连接，而是由形容词化的动词，比如"在跑""在读"等，或者名词之间的简单罗列所实现的国家中是听不到的。这些国家像任何其他国家一样都存在哲学，只不过对它们来说本质、存在等所有这些离奇的术语都不是哲学的必需品。[25]

霍布斯是何以能够既认为在命题中包含着对于在事物中奠基了主词与谓词的连接原因或理由的指涉，但却不将这种原因或理由看作是本质呢？事物的这种不是本质或所是的"为某"究竟是什么？通过连接系词的不定式以及谓词所形成的名称（比如"为物体""为可动"）的属性又是什么？

为了回答这些问题，我们首先应当注意到，这些名称只有在具备以下三个条件之一时才能具有存在论的含义：1. 它们指涉了事物本身；2. 如果它们不命名事物本身的话，它们描述了事物的本质；3. 如果它们没有描述事物的本质，它们至少指涉了不同于事物的某个实在领域。

让我们首先考虑第一种可能：比如"为物体""为可动"之类的名称是否指涉了事物自身？这个问题的回答是否定的。霍布斯区分了具体名词与抽象名词。这一区分来自于奥康，不过在霍布斯这里它只具有它在奥康理论中的若干含义中的一种。具体名词即是我们假定其存在的某物之名，因此这个事物时常也

---

[25]《论物体》，第3章第4节，30—31页。

被称为是定项［*suppositum*］或者主体［*subjectum*］。这种具体名词包括物体［*corpus*］、可动［*mobile*］、在运动［*motum*］、有形状［*figuratum*］等。[26] 这些名词都指的是某事物，因此它们既可以作为主词也可以作为谓词，比如如下命题：物体为可动［*corpus est mobile*］。具体名词仅仅只能指称事物，但并不描述使得我们将两个名词赋予同一个事物的原因；与之相对，抽象名词则在被假定为定项的事物中指涉了这种原因："抽象名词指称的是具体名词的原因而非事物本身。"[27] 属于这一类别的词包括"为物体"［*esse corpus*］、"为可动"［*esse mobile*］、"为处于运动中"［*esse motum*］、"为具有形状"［*esse figuratum*］，以及与这些等价的其他一些更经常性被我们称为抽象词语的比如"物体性"［*corporeitas*］、"可动性"［*mobilitas*］、"运动"［*motus*］、"量"［*quantitas*］等表达。这些表达既不指某一事物本身也不指另一个与之不同的事物，否则就是将语词**存在**/**为**当成了某个个别存在物的名称。因此当霍布斯在《利维坦》中写到"因此，为物体、行走、说话、活着、看见以及其他不定式（以及物体性、行走、言讲、生命、视觉等前面这些等价的表达）都不是任何事物的名称，我在另外的地方已经作了更充分的说明"的时候，他的意思就是说这些表达并不命名任何事物的存在样态。

如果抽象名词并不指涉事物自身，那么它们又是否表达了事物的本质呢？这个问题的答案同样是否定的。事实上我们已经看到，经由抽象名词我们已经从主词与谓词的连接过渡到了对于这一连接的原因的指称：

---

［26］参考《论物体》，第 3 章第 3 节，28 页。
［27］同上书，29 页。

比如说当我们看到或者在心灵中构想某可见物时，这个事物并不是仅仅在一点上被我们看到或者构想的，而是仿佛拥有一些彼此在空间上有一定距离的部分，或者说仿佛在空间中延展开来。而由于我们决定将如此这般构想的事物称为物体，这一名称的原因就是这个物体是有广延的，或者说广延，或者说物体性。[28]

因此我们赋予某物一个具体名词的原因同时也是我们赋予它一个抽象名词的原因。但这一原因对于霍布斯来说却并不是本质而是偶性 [*accidens*]，这即是说被构想事物的一种性状、样态或者性质。霍布斯并未将偶性与必然对应，而是将其与定项、基底或者实体相对应。[29] 因此偶性并非是偶然之物，而是某种不同于事物自身或者其一部分的伴生物，并且这种伴生物即使被毁灭（广延除外）也不能被从事物中抽离。这也就是说抽象名词所指称的性质或者偶性不能被从基底中抽离。因此，抽象名词的产生是一个完全符号化的过程。与先在于命题并构成了命题的词项的具体名词不同，抽象名词由命题产生，因为它们是从系词得出的。如果没有命题的话，也就不会有抽象名词。这一点不仅对那些明确地包含着动词**存在**的表达如此（比如 *esse corpus* 和 *esse mobile*），对于"物体性" [*corporeitas*] 和"可动性" [*mobilitas*] 这类表达也同样如此；事实上，后者与前者完全等价，因为它们作为性质的名称只有以前者为基础才能够形成。

如果说偶性是奠基了主词与谓词之连接的原因或理由的话，

---

[28]《论物体》，第 3 章第 3 节，29 页。
[29] 参考同上；《〈论世界〉批判》，第 27 章第 1 节，313 页。

这是否意味着事物不再拥有本质而仅仅是一些偶性或者性质的聚合呢？如果真的是这样，那么我们就会发现事物也就由此失去了对自身来说最为根本的规定性，即它的个体性；而这种规定性恰恰是唯名论所赋予它的。换句话说，如果这样的话霍布斯就通过另一种方式，即对于"在根本上仅仅存在个体事物"这一唯名论基本论题的拒斥，背离了自身。因此，难道说霍布斯的这种唯名论只能在两种拒斥其基本理论要求的方式中做出选择吗？

这种致命的理论后果是可以避免的，如果我们考虑到偶性的抽象名称其实是言语活动的产物的话。换句话说，霍布斯并没有为了使偶性成为实在而将本质从实在中抹去，而是将事物的个体性（在其本质与存在的不可分割的统一中）变成了完全无法由概念或者言语所把握的东西。因此，我们不应将霍布斯对于本质的批判理解成是对于事物拥有某种现实的个体本质这一事实的否认，而是应当将其看作是对于言语把握并且阐明这种本质的能力的批判。

这一假设使得我们将对关于本质的言说的反复批判和对事物而言至关重要的个体性调和起来。同时，它看起来也被语言的各种与事物性质背道而驰的运作方式所确证。一方面，主词与谓词连接的基础是事物的同一性，但语言却将我们考虑命题的第一项与第二项的不同方式分离开来，这也就是说虽然系词的功能是连接，但它的连接功能却以其对于同一物的分离为前提。因此，一个悖谬的事实是，对于同一的描述只能在引入了差异的情况下才能进行。另一方面，语言在试图指涉存在于事物之中并且奠基了这两个被分离的词项之同一的理由或原因时，又产生了一种新的名称：抽象名称。此时，同样悖谬的是，某物被赋予某具体名称的原因只有通过语言经由命题所产生的抽象名词才得以被指涉。

换句话说，我们越试图把握住某物的实在，我们也就离它越远，因为我们的目标只有借助语言并且在语言之中才能完成。因此，在霍布斯理论中语言所具有的功能就如布洛赫所认为的理智在伽森狄理论中的功能一样：

> 理智只有在与实在分离的情况下方能把握实在，同样它也只能在先将存在的主体分割、打碎之后方能触及其同一。因此我们说，概念以及认识本身所具有的属性之一即是否定性；同时，虽然像阿维洛伊一样，伽森狄的文本中并未处理语词的问题，但他所持有的观点看起来却与奥康的解释并不相似。理智的功能是将实在所统一的东西重新割裂开来，同时伽森狄也在《操演》第二卷的第四篇谈到，系词在命题中所扮演的角色不是统一而是分离与区分。在命题"A是B"中，系词"是"在概念中分离了在现实中其实是一体的两项。[30]

伽森狄自己的文本如下：

> 现在来看如下这样的肯定命题——"人是动物"。根据学者们对共相所进行的讨论，虽然理智并未思考这一点，但人和被称作人的动物其实是同一个事物，或者说它们之间没有任何区别，这一点难道不是显然的吗？而当理智试图从这一事实中形成一个命题时则根据这个事物构建了两个概念，其中之一是由这个事物较为具体的特点得出的概念，另一个则

---

[30] 布洛赫，《伽森狄的哲学》，118页。

是考虑到它较为普遍的性质所得到的概念，这一点不也是肯定的吗？因此，理智实际上对于某个就其自身而言并无区分的事物进行了某种割裂或者分离，这也是为什么语词**存在**更多地是在分裂而非结合。而且，理智也并没有通过这一语词**存在**将两个先在的概念结合起来，因为理智并没有使得本来就存在着的两个事物变成一个，而是通过肯定这两个概念适用于同一个事物反而将这两个概念的区别保留了下来，并且，如果我们将事物与概念或者语词的层次混淆的话，这个命题就是错误的了。[31]

正如我们已经讨论过的，霍布斯与伽森狄的分歧在于概念与语言的关系，因此，伽森狄的唯名论将这种否定性归给了理智，而霍布斯则将其转移到了语言层面。两者所具有的共同后果是，语言或理智与对于它们而言完全无法触及的事物的现实、个体的存在或本质之间的分离。在霍布斯的理论中，偶性的概念恰恰就是这种断裂的产物。偶性的概念所包含的所有悖谬——它既被定义为对于事物的构想，也被定义为在我们之中产生了这种构想的事物样态或者性质，这一点使得它的地位十分模糊，因为它既处于认识的秩序中，又同时处于客观性质的秩序中[32]——都会在我们认识到偶性实际上就是语言关于事物所能够把握到的所有东西时消失。偶性作为具体名词之原因而被抽象名词所指，或者说它作为在我们心中产生我们因之而为某物赋予某具体名词的构想的原因而被命题假定为事物所具有的某种性质。

---

[31]《操演》，II. IV. 3, 177b, p. 364。
[32] 参考《论物体》，第3章第3节，29页；第8章第2节，91页。

119   我们之所以无法把握事物的本质而仅仅能够把握其偶性，乃是因为我们对于在事物中奠基了主词与谓词之连接的原因的确定仅仅是语言的产物。换句话说，诸如"为物体""为可动""物体性""可动性"等抽象名称并不表达事物的本质，因为它们仅仅作为一种语义之指向而产生于语言内部的需求。虽然在试图为具体名词提供一个基础的过程中，语言产生了用来指称事物的特殊性质的抽象名称，但显然我们不能将它们当成是实体形式或者抽象实体。因此与对普遍共相的物化的批判相连的还有对将抽象物化的做法的批判。这两种批判之所以紧密相连，是因为抽象名称同样也是普遍的。一个内在于语言实践的危险是将抽象名词当成了它们所指的东西，这即是说将"物体性"或"可动性"当成是事物的实在形式或本质而不是性质的名称。我们不应将一种语言内部的要求当成是某种现实存在的东西，这即是说我们不应相信在语词层面发生的同样也在事物中发生了。霍布斯并非没有意识到，表示了被主词与谓词指涉之物的同一性的系词之指向中同时也蕴含了对于本质的指向，但是抽象名词之地位本身就包含了对将它们物化为本质的批判。因此，如果我们将抽象名称当成了事物的本质的话，我们跟那些在言语实践中没有对符号活动进行限制并且为单纯的语义指向赋予存在论地位的人一样滥用了语言。

  当形而上学以为自己在抽象名词中把握到了事物的现实本质时，它其实忽略了言语的功能，并且在假装语言操作不存在的情况下将符号或者抽象物当成了实在物，从而落入了无法摆脱的陷阱。从这种物化抽象词的错误中，形而上学家臆想了很多完全没有意指的词语，比如抽象实体 [*substantia abstracta*]、独立本质 [*essentia separata*] 以及所有那些从 *esse* 衍生出来的本质 [*essentia*]、本质性 [*essentialitas*]、存在 [*entitas*]、所是

[*quidditas*]等。因此形而上学的这种物化实际上就是对言语之作用的忽视。形而上学家们没有看到，或者不愿看到言语与存在之间不可避免的割裂，而是将仅仅在言语之中并通过言语存在的抽象置于事物之中。对于本质的把握远非是命题之意指的必然结果，而只是它所产生的一种幻象。这就是霍布斯对于亚里士多德做出的主要批评：

> 亚里士多德从对于语词而非事物的考虑出发，并不满足于理解比如说两个名称（比如"人"和"动物"）意指了什么事物。作为一个勤奋的人，他进一步探究了系词 *est*，或者至少是其不定式 *esse* 究竟应当意指什么事物。他全然相信 *esse* 一定是某个事物的名称，就好像在自然中存在着其名称是存在 [*esse*] 或者本质 [*essentia*] 的某种事物一样。[33]

我们应当注意，此处霍布斯的批判的关键并不在于亚里士多德将**存在**当作某个个别存在物这一做法，而在于在亚里士多德的理论为仅仅具有逻辑功能的作为系词的动词**存在**和仅仅产生于语言内部的要求的抽象名词统统赋予了存在论意涵。由此，在亚里士多德的理论中，**存在**这一概念也就昭示了存在的某种客观本性，而这也使得某种关于"存在之为存在"的科学成为可能。这一批判对于亚里士多德为可谓述物以及范畴所赋予的存在论意涵的批判中会得到进一步的发展。

命题并不描述事物的本质。在言语与存在之间并不存在亚里士多德假设的那种一致。这样我们也就能够理解在霍布斯对亚里

---

[33]《利维坦》，拉丁文版第46章，拉丁文全集第3卷，498页。

士多德所进行的持续批评中似乎不太站得住脚的一点：霍布斯的批判常常涉及独立本质，但我们知道，与柏拉图不同的是，亚里士多德否认了独立本质的存在；然而，不管这种本质是否独立于事物，只要我们将本质看作是形式、实现或者所是，我们就用某种被物化了的抽象替代了事物现实的个体本质。我们为这种抽象赋予了某种它并不具有的存在，并且将这种存在从质料中分离了出来，尽管亚里士多德时常否认这一点。这实际上即是将某种人性的产物当成了事物的本性："本质并非是某种被造物或者永恒物，而是人为制造出来的名称。"[34]

一个对于以上的可能反驳是，在《〈论世界〉批判》中霍布斯自己就为抽象名称赋予了本质的地位：

> 当物体自身是被命名的对象时，存在[esse]也就常常被叫作本质[essentia]。比如说，当某一物体因为它是一个"理性的动物"而被称作"人"时，这种"为理性动物"[esse animal rationale]就被称作"人的本质"[essentia hominis]，"为人"[esse hominem]或者"人性"[humanitas]同样也是人的本质；"为物体"[esse corpus]或者"物体性"[corporeitas]就是"物体的本质"[essentia corporis]，"为白"或者"白"就是白色的本质。而这种本质自身，就其被产生或者生成而言，一般被称为"形式"[forma]。因此如果我们仅仅考虑某个存在自身，那么它就被称作本质；但就我们将其看作被引入到质料中或生成在质料中而言就将其称作形式。同样，就我们将某个物体看作拥有某种存在或者

---

[34]《利维坦》，拉丁文版第46章，拉丁文全集第3卷，498—499页。

偶性而言，这个一般就称作物体的事物也就被称作"主体"[*subjectum*]。[35]

在这里，一个十分棘手的事实是，先前已经被拒斥的以客观本质为基础的存在论似乎又回归了，特别是当我们发现一个类似的文本也出现在了《论物体》中时。[36]但事实上，霍布斯并没有再次质疑他自己对言语的存在论上的有效性的批判；同样，在霍布斯这里也并不存在两种不自洽的倾向，因为他在这里使用的本质概念已经不再具有其传统内涵了：这里的本质并不是实在本质，而是名义本质，或者说一种外在的命名和指称；它不过是我们经由其为物体命名的偶性罢了。换句话说，本质并不描述事物的存在，而仅仅是某种人造的名称。

就其自身而言不可知的事物的现实本质与其名义本质之间的区分，以及对于物化名义本质这一做法的批判，都被洛克所继承，只是在洛克那里抽象名称变成了抽象观念："在名义本质与名字之间存在着一种如此紧密的联系，以至于我们只能将某一类事物的名字归给那个拥有对应于这一抽象观念的本质的存在物；而它的名字正是这种本质的标记。"[37]

如果说抽象名称并不描述事物现实的个体本质，并且如果说与事物大相径庭的语言仅仅指向实体的偶性，那么我们是否应当将这些偶性或者性质看作是与事物不同的另一个实在范畴呢？首先，在其命题理论以及从中得出的对于抽象名词地位的探究中，霍布斯似乎是重新引入了阿伯拉尔在其谓词理论以及命题内

---

[35]《〈论世界〉批判》，第27章第1节，314页；参考第28章第4节，333—335页。
[36] 参考《论物体》，拉丁文全集第1卷，第8章第23节，104页。
[37] 洛克，《人类理解论》，第3卷第3章第16节，417页。

容 [*dictum propositionis*] 理论中阐述的论题，后者曾经在 14 世纪被里米尼的格里高利 [Grégoire de Rimini] 在其复合谓述物 [*complexe significabile*] 理论中复兴。[38] 在谓词理论中阿伯拉尔处理的主要问题在于，既然每一个单独的人都是一个与其他人不同的事物，那么不同的人是何以能够共同分有作为人这一性质的呢？对于阿伯拉尔来说，这种共同分有并不是对于本质的共同分有，而是对"为人"的分有：

> 正如我们先前在探究从物理学的视角看事物究竟是什么的时候所指出的那样，每一个相互有别的个别的人之所以相互有别乃是由于他们本身的本质和形式；不过他们却在他们都是人这一点上没有区别。我并不是说他们在都是某个现实的人上没有区别，因为人只能是个别事物而不是其他；我是说他们在"作为人"这一点上没有区别……我们将人之为人称作"作为人"：它并不是某个事物，而是正如我们已经说过的那样，它是某个名词被给予个别的人的共同理由，正是出于这一理由这些人才没有区别。[39]

同样，在命题内容理论中，阿伯拉尔认为命题所描述的内容

---

[38] 复合谓述物，即命题的整个所指，被格里高利认为是与命题和事物都不同的、由一个复合表达所意指的"某种事物"。这一理论使得格里高利得以区分"某物" [*aliquid*]、"事物" [*res*] 以及"存在" [*ens*] 等词的三种含义。相反，在《论诡辩》(*Sophismata*, pp. 23-24) 中，布里丹拒绝为命题赋予一个与组成这个命题的词项的意指所不同的意指。关于与复合谓述物理论有关的问题在中世纪后期的发展，参考 Ashworth, *Language and Logic in the Post-Medieval Period*, pp. 55-56。

[39] 阿伯拉尔，《对波斐利的解释》；引自 Jean Jolivet, *Abélard*, pp. 121-122。

并不是某个事物而是"事物运作的方式"。对于这一点约里维的评论如下：

> 命题内容[*dictum propositionis*]并不是事物，正如作为我们将某个谓词归给某物的基础的事态[*statut*]不是事物一样；阿伯拉尔将这种事态通过一个不定式短语，即"为人"[*esse hominem*]刻画了出来。在这两处我们都必须构想某种完全外于事物范畴的实在领域，它是真理之基础和所在。[40]

对于阿伯拉尔唯名论的存在论后果的深入探讨并不是我们此处的目标，我们只需注意到，霍布斯拒绝了将偶性看作与事物不同的另一个存在范畴。在《论物体》中，把偶性当成与事物不同的某种实在是对于抽象名词的误用，这种误用也与对于名义本质的物化有关。我们应当区分对抽象名词的正确使用和误用：当我们从论证和言语的视角出发，并且独立于在现实中与事物性质不可分的实体而对我们考虑的事物的性质进行推理或计算时，我们就是在正确地使用抽象名词。这即是说，当我们希望对性质进行乘、除、加、减等操作时，我们应当是对运动、热或者光（这些都是性质的抽象名称）进行运算，而非对运动物、热物或者发光物（这些都是事物的具体名称）进行运算。语言使得偶性看起来好像能够被从事物中分离出来，因而它仅仅产生某种抽象的符号化认识。与之相对，当我们将抽象名词看作指称了在现实中与物体分离的偶性时，我们就是在误用抽象名词。因此，将偶性当成与事物相分离的某种现实实体，即是没有认识到抽象对于思想活

---

[40] Jean Jolivet, *Abélard*, p. 64.

动的依赖，同时也是将考虑事物性质方式的不同当成了在现实之中存在的某种区分。这种误解另外也是对名义本质的物化之根源。对于名义本质的物化实际上就是将由语言所分离出来的偶性之一当成了事物的"实体形式"或者"抽象实体"。[41] 对于霍布斯来说，抽象名称并不指代与个体事物不同的某种现实事物，因为尽管从意指来说抽象名词并不命名事物本身，但它们指向的仍然是现实事物的样态，因而这个事物仍旧是抽象名词的唯一所指。

因此，我们必须从根本上区分什么属于事物、什么属于语言。任何现实事物都是个体的、与其他事物不同的、自我同一的自在之物，因而事物［res］或者存在物［ens］都是本质和个别存在的统一。关于这一点霍布斯如是说：

> 因为就其本身而言的"存在物"［ens］与"持存物"［existens］都意指了同一个事物，因此它们拥有同一个本质；而后者的本质就是存在，前者的本质与之相同。因而两者的本质是相同的，不管存在物由其自身就能存在还是需要另一个存在物才能存在。[42]

所有个体的本质与存在都是统一的，不管这个个体是上帝还是受造物，并且这种统一最终再次肯定了其存在的个体性。不过，我们却对于这一自我同一的事物拥有不同的构想，并且我们也能说出关于它的不同的命题。由其内在的必然性，语言引入了我们构想事物的不同方式的区分，但事物却并不决定其被构想的方式，

---

[41] 参考《论物体》，第3章第4节，29—30页。
[42] 《〈论世界〉批判》，第29章第9节，346页。

并且后者对于现实存在的事物本身也毫无影响。首先是主词与谓词之间的区分。主词和谓词都指涉了事物，只不过依据的是事物被我们考虑的不同方面。系词既分离又结合了命题的各项，因而只能在引入差异之后才指示其同一性。因此命题也就引入了某种与事物的存在本身无关的差异性：我们用具体名称将同一个事物以两种方式指称了两次，并且此时它们指向的是就我们将其看作存在而言的事物，这即是说定项［suppositum］。另一方面，主词与谓词（具体名称）的连接则需要一个基础；出于为语言提供一个基础的必要，语言本身作为回应产生了抽象名称，它是符号化活动的结果。此时，这种语言功能不再指向就我们将其看作存在而言的事物，而是指向就我们考虑其性质或者偶性而言的事物。因此，事物之中所谓定项或主体与偶性的区分实际上是语言内部需要的产物。最终，出于把握自身的尝试，语言自反性地产生了名称的元语言名称。

此处的谬误即是将这些语言自身的区分物化，并由此认为偶性与基底在事物之中的区分是现实的，以及抽象名称即是事物的本质，甚至将普遍名称看作普遍事物。这种物化实际上来自于对于语言功能的无知，即对于在语言之中存在、借助语言完成的心灵活动的无知。因此，我们不应将名词的各种范畴看作事物本身的范畴，也不应认为谓述方式即是对于存在方式的阐明。霍布斯对这种谬误一直保持着警惕，即将来自于我们构想之组合的名词的组合看作事物之中的某种现实组合：比如说，由于"人"这个词与"理性的、有灵魂的物体"这一合成词等价，那么人本身就是由一个属与一个种差结合而成的。由于这一点不可避免地使我们相信在自然中存在着这样一个物体，它一开始没有任何大小，而在它被赋予了一个大小之后它就有了大小；同样，在其被赋予一个形式之后就有了形式，在被赋予光或者颜色之后就成了发光体或者有色体。[43]此处霍布斯的论题是非常清楚的，即我们不应将词语的组合当作事物的组合、语言的结构当作存在的结构。并且，只有在我们遵循词与物之间的这种距离时，认识才成为可能。

　　这一主张的首要后果即是我们必须放弃语言能够描述事物的现实本质这一立场。语言从始至终就与存在割裂，故认识事物的个别本质的尝试注定是要失败的，因为语言的要求本身蕴含着差异、抽象与普遍。

　　从语言与存在的这种分离出发，我们能够得到对真的本质规定："真在于所说，而不在于事物 [Veritas enim in dicto, non in re consistit]。"[44]由于语言的功能就在于其否定性，并且由于语言首先分离了我们考虑事物的不同方式以使得我们之后对于它们之间的连接的肯定与否定得以可能，因此真就存在于命题之中。事物本身与这些语言活动并无关联，因此事物就其本身而言无所谓真假。在这里，霍布斯又一次既追随又远离了亚里士多德。霍布斯对于亚里士多德的追随就在于后者也认为真假并不存在于事物之中："实际上假与真并不在事物之中……而是在思想之中。"而霍布斯对亚里士多德的远离则在于，对于霍布斯来说真与假并不在简单的思想中，而是在确切而言的言语本身之中。正是由于真属于语言而非事物，霍布斯才能够说："所有真理中的最原初者都是由那些首先将这些名词赋予事物，或者从他人那里接受了具有如此意义的名词的人的意志所形成的。"[45]我们不应由此认为真理都是武断形成的（这是荒谬的），而应当认为真理只有在它的名词经

---

[43] 参考《论物体》，第2章第14节，21—22页。
[44] 同上书，第3章第7节，31页。
[45] 同上书，第3章第8节，32页。

由定义而被赋予了一个准确的、能够依据某种关系指称某个事物的意指时才是可能的。在那些并不使用语言的动物那里并不存在真与假这一事实也能够证明真理仅仅属于语言而不属于简单的心灵序列。

现在我们应当研究命题的真究竟是什么。当谓词将主词包含在自己之中时，或者说当主词所指的所有事物也都为谓词所指时，命题就为真。比如说，"人是动物"这个命题为真，因为所有被称为"人"的东西也都同时被称为"动物"。与之相对，当谓词并不包含主词时，命题就为假，比如"人是石头"。[46] 由于命题即是名词之间的关系，并且名词外在地指称了某种个体事物的类别，因此此处的包含即是谓词的外延对于主词的外延的包含。

从真命题中谓词对于主词的必然包含出发，伽森狄得出的结论是所有真理都是同一的，同时这也并不意味着所有真理都能被还原为简单的重言式：

> 我回答，若任意命题为真，那么它就必须是同一的，因为除了这同一个事物以及在这个事物之中的东西之外，没有什么能够被归给它。但那种我们认为是空洞的重言式的同一命题仅仅是那种谓词之所指与主词完全一致的命题，比如"柏拉图是柏拉图"或者"白色是白的"；而如果谓词的外延比主词的更大一些的话，这一命题就不应被看作是空洞的。当我们说"柏拉图是人"时，我由第一项即"柏拉图"所理解的仅仅是这一个别的现实，而我由第二项即"人"所理解

---

[46]《论物体》，第3章第7节，31页；参考《法律要义》，第1部分第5章第10节，21—22页；《论世界》批判》，第26章第2节，308—309页；《利维坦》，第4章。

的则是就其与苏格拉底以及其他人拥有某种共性而言的这同一个事物。[47]

    霍布斯在此处比伽森狄更精确。真命题对霍布斯而言并不是简单同一的,而是综合统一的,因为主词的意指与谓词的意指并不相同,这是由于主词与谓词来自于考虑事物的不同视角,尽管我们用它们指称的是同一个事物。因此,事物而非命题才是同一的,从而在霍布斯这里我们也能够更好地理解命题能够依据我们考虑同一事物的不同视角来发展我们对其的认识这一事实。然而,伽森狄式的同一或者霍布斯式的综合统一都尚未达到莱布尼茨那里的分析性的真命题。* 为了达到后者,我们就需要从外延的视角转变为内涵的视角,并且从谓词对于主词的包含转变为主词对于谓词的包含,这也就是说从考虑外在指称转变为考虑包含着其本质所蕴含的结果的个体概念。从这一视角看,霍布斯与莱布尼茨之间隔着一道鸿沟,因为在霍布斯那里语言指称了事物但却永远不能使我们展开事物的本质。

    由于只有命题才能为真,因此"真"[verum]、"真理"[veritas]、"真命题"[vera propositio] 等概念都是等价的:"既然真在于断言中名词的正确排列,所以寻求严格真理的人就必须记住他所用的每一个名词所代表的是什么,并根据这一点来对其加以排列。"[48]

---

[47]《操演》,Ⅱ.Ⅱ.5, 160b, p. 286。
[48]《利维坦》,第4章,中译本22页。
  * 莱布尼茨认为所有真命题都能被还原(分析)为以同一律为基础的先天命题,并且命题之所以为真乃是由于谓词被包含在了主词之中。参考《首要真理》[*Primae Veritates*], Ariew & Garber ed., *Leibniz: Philosophical Essays*, Hackett, pp. 30-34。——译者注

为了支撑真的概念依赖于命题的真这一断言，霍布斯还提出了如下观点，即哪怕我们有时认为真的对立面在于欺骗性的显像或者虚构，此时真的概念仍旧来自于命题的真。[49]与欺骗性的显像相对立的真即是事物之实际所是。在这个意义上，我们所对立的就是某个真实的人和这个人在镜子中的镜像。但对霍布斯来说这种意义上的真仅仅是衍生性的，因为我们之所以否定人在镜子中的镜像是一个真实的人乃是由于"镜像是一个人"这个命题不是真的。因此，事物的真或者真的事物这些说法仅仅来自于某种语言的错位。我们注意到，霍布斯并不在某个人是一个真实的人的意义上将这个人称作是真的，因为描述这一事实的命题也是真的，而这其中就蕴含着一个循环；对于霍布斯来说被应用到事物之上的真的概念都是由原本属于命题的真的概念衍生而来的："因此，真并不是事物的性质，而是命题的性质。"[50]

但更根本的是，如果我们将真还原为命题的真，那么命题的真与实际的或存在的事物之间的关系是什么呢？虽然我们时常使用动词**存在**的逻辑功能作为命题中的系词，但我们也同样用动词**存在**来肯定某事物的存在，比如当我们说"苏格拉底在或存在"[Socrates est vel existit]时，或者在笛卡尔的"我思"所蕴含的"我在"[Ego sum, ego existo]这一肯定中。那么，动词**存在**的逻辑意义与其存在意义是否都来自于同一个语言活动呢？

霍布斯非常一贯地否认了我们对于作为系词的动词**存在**的运用必然蕴含着对于某物存在的肯定。比如说命题"人是动物"并没有肯定人的存在，而仅仅是说，如果人存在的话，那么动物也

---

[49] 参考《论物体》，第 3 章第 7 节，31—32 页。
[50] 同上书，32 页。

同样存在。因此，在重申了命题的真在于谓词对于主词的包含之后，霍布斯说：

> 因此可证明的真仅仅在于推理的真，并且在所有证明中被证明的结论的主词都不被当作是某个存在之物的名称，而仅仅是某个被假定之物的名称。结论的有效性并不是定言的，而仅仅是假言的。比如说，当我们证明三角形具有某个性质时，三角形的存在并不是必然的，并且这一证明仅仅是假言地为真：如果存在三角形的话，那么它就有如此的性质。[51]

因此霍布斯将证明的真还原为了逻辑推理的有效性，这也是为什么霍布斯将定言必然命题都转化为假言命题，同时他还认为假言命题更为适于哲学。[52] 此外，霍布斯还将一些假言命题看作是永恒真理，但这些命题的有效性并不以事物的永恒存在为前提：因此命题"如果有人，那么就有动物"就是一个永恒真理，但它却并不蕴含着某种永恒存在的人或者动物。[53] 在同一意义上，霍布斯在其对笛卡尔的反驳中说：

> 同样，如果我们已经用思想想到了三角形的所有角合到一起等于两个直角之和，并且我们已经为三角形赋予了另一个名字，即"拥有与两个直角之和相等的三个角的事物"，那么即使在世界上并不存在任何三角形，这个名字也不会停止存在。同时，"三角形是一个有与两个直角之和相等的三个角

---

[51] 《〈论世界〉批判》，第 26 章第 2 节，308—309 页。
[52] 《论物体》，第 3 章第 11 节，35 页。
[53] 同上书，第 3 章第 10 节，34 页。

的事物"这一命题也会是永恒的。不过三角形的本性并不会由此也成为永恒的,因为如果所有三角形都碰巧消失了的话,三角形的本性也就停止存在了。同理,"人是动物"这一命题也是永恒为真的,因为其中的名字都是永恒的;但如果我们假设人类都被毁灭了的话,人的本性也就不复存在了。[54]

因此在其逻辑功能中,动词**存在**并不揭示某物的存在,而仅仅意味着主词与谓词都可用于同一个事物,不管这个事物是否存在。主词与谓词连接的前提仅仅是我们能够以不同的方式构想同一个事物,而不是这个被构想的事物存在。我们不应将语言连接的必然要求转化为事物本身的必然性,命题的必然性也并不蕴含存在的必然性。[55]必然命题的永恒为真性对于霍布斯而言也确证了如下事实,即"真并不内在于事物而是内在于语言。有些真理是永恒的,因为'如果有人,那么就有动物'这个命题永远都是真的,但这并不意味着人或者动物的永恒存在"。[56]而如果说必然命题并不蕴含事物的永恒存在的话,那么它同样也不蕴含与存在之偶然性相对的本质之永恒性,因为这实际上是将事物的名义本质的属性当成了其现实本质的属性。形而上学家们对于存在和本质所做的区分也正是基于这一混淆。霍布斯在《〈论世界〉批判》中对于怀特的批评就在于,如果我们认为本质是永恒的,那么就意味着我们能将本质从存在中分离出来。霍布斯也曾对笛卡尔做出这一批评:

---

[54]《第三组反驳》,拉丁文全集第 5 卷,272 页。
[55] 参考《〈论世界〉批判》,第 28 章第 7—8 节,337—338 页。
[56]《论物体》,第 3 章第 10 节,34 页。

129

由此可见，本质，就其与存在有别而言，不过是由动词 *est* 连接的词语组合罢了；因此，没有存在的本质不过是我们心灵的虚构。并且，本质与存在之间的关系看起来就像心灵中的人的像与现实中的人的关系一样；或者更确切地说，苏格拉底的本质与苏格拉底的存在之间的关系就像"苏格拉底是人"这一命题与"苏格拉底在或存在"[*Socrates est vel existit*]这一命题之间的关系一样。而苏格拉底不存在时"苏格拉底是人"这一命题所指的不过是某种词语的组合罢了，并且"是"这个系动词即是对于命题中的两个词所指的事物的单一性的反映。[57]

当本质被与存在分离时，它并不能向我们提供关于某种本性的真理，而仅仅是没有存在论意义的语言表达；它不过是一种名义本质，这种名义本质的存在并不意味着现实本质也能够与存在相分离。

属于语言的名义本质与和存在不可分离的现实本质之间的区分在霍布斯那里是一直存在的，尽管常常是隐含的。而这一点之后被洛克所发展，虽然在后者那里抽象名词都被转化为了抽象观念：

> 本质是不生不灭的——人们说，本质是不能生，不能灭的，因此，我们更能看到，那些由名称所指的抽象观念正是本质无疑（如前所说）。如果事物的现实构成是事物的本质，那么它便不能是不生不灭的，因为那种现实的构成是和事物同始同终的。除了造物主以外，一切存在的事物都是要变化

---

[57]《第三组反驳》，拉丁文全集第 5 卷，272 页。

的。至于我们所熟悉的、所归类的、所命名的那些事物，则更是易于变化的。因此，今天的草明天或许就成了羊身上的肉，而且在几日以后，或许就成了人身上的部分。在这些变化中，我们分明看到，它们的本质——就是各种事物的属性所依赖的那种构成——是同它们一同毁坏、一同消灭了的。特殊的事物虽然极易变化，可是我们如果把人心中所确立的观念连同和它们相连接的名称作为事物的本质，则它们通常被人假设为恒久不变的。因为亚历山大和布塞法勒斯*不论变成什么，那些我们将"人"和"马"这些名称与其相连接的观念都是同样的。由此，那些种类的本质就可以不需要同种中任何个体的存在，而能安全完整、毫无变化。[58]

由此，对于霍布斯来说在"人是动物"[homo est animal]和"人是"[homo est]这两个命题中动词**存在**[verbe être]所具有的功能是不同的：在前者中仅仅具有连接两个名称的逻辑功能，并且它既不蕴含事物的存在，也不蕴含事物的必然性；而在后者中"我们说它存在，因为这就是'人是'这个命题所蕴含的东西，并且这种说法也等同于说：在那些构成了宇宙的物体中至少有一个是人"。[59]

然而，霍布斯有时也将存在命题看作动词**存在**在其中既充当系词又充当谓词的命题；因此，当我们简单地说"某物是"[aliquid est]时，谓词实际上是被包含在了系词之中，从而这个命题也就等同于"某物是在的"[aliquid est ens]或者"某物是存

---

[58]《人类理解论》，第3卷第3章第19节，中译本401页，译文有调整。
[59]《〈论世界〉批判》，第28章第5节，335页。
　*　亚历山大大帝的马。——译者注

在的"[aliquid est existens]。[60]但动词**存在**的模糊之处正在于此。对于霍布斯来说，存在与其他谓词并不一样，因为存在并不给事物的概念添加某种新的属性或者规定，换句话说我们不能够由其构想事物的新的关系。存在是（借用康德的说法）某种"绝对肯定"[position absolue]*，这也是为什么关于存在的论断并不仅仅依赖于语言，而是以某种非语言的东西为前提："如果我们想证明某物存在，那么我们就需要感觉或者经验。"[61]但感觉本身并不包含事物的存在，后者需要语言从感觉的被给予物中推断得出。因此在《第三组反驳》中霍布斯进行了如下澄清："在想象——这即是说拥有某个观念，和用理智把握——这即是说通过推理来得出某物在或存在的结论——之间存在着很大的不同；但笛卡尔先生却没有向我们阐明它们之间的区别在于何。古代的逍遥派学者已经足够清晰地告诫我们，实体并不能由感觉所把握，而只能由理性推断得出。"[62]世界的存在以及我的存在和神的存在都是由语言推断得出的。世界的存在是从我们感觉的多样和变化中推断得出的；我的存在则是由于"我们不能构想一个没有主体的活动，比如一个没有正在思想的事物的思想"[63]；神的存在是由于"对于原因的认识从对于结果的考虑转向对于原因的寻求，并继续寻求后者的原因，直到最后必然地来到这样一个想法，即存在着某种没有先在原因的原因，并且它也是永恒的：这种原因我们就将

---

[60] 参考《〈论世界〉批判》，第 29 章第 9 节，346 页。
[61] 《〈论世界〉批判》，第 26 章第 2 节，309 页。
[62] 《第三组反驳》，拉丁文全集第 5 卷，257 页。
[63] 同上书，253 页。
* 康德区分了"相对肯定"和"绝对肯定"，前者即是对于某种关系的肯定，这也是一般谓词的功能，而后者则是对于事物本身的存在或者规定的肯定。——译者注

其称为神"。[64]

但存在不可被还原为事物的单纯属性这一点被拉丁语对于语词**存在/是**［*est*］的使用所掩盖了，因为它在存在判断中既包含了系词又包含了谓词："当我们说神是［*Deus est*］时，*est* 这个词即是存在动词，它既包含了系词也包含了谓词（在希腊语和拉丁语中都是如此）。因此'神是'与'神存在'的意思是相同的，这即是说（通过对存在动词的展开）'神是存在物'［*Deus est ens*］。"[65]这一点使我们几乎不可避免地认为存在不过是被添加到事物上的新属性；但实际上，这一事实只不过源自于语言的历史偶然，而后者并不一定就是合乎逻辑的。我们完全可以设想某种动词**存在**在其中仅仅意指存在、永远不被用作系词的语言；有趣的是，霍布斯就曾经寻找过这种语言并且相信在希伯来语中找到了范例：

> *Est* 这个动词，当我们以第一种方式即两个名称之间的连接使用它时就被称作是系词；而当我们以第二种方式使用时，它就被称作存在动词。犹太人在不止一个场合使用了存在动词，比如当神说他的名字就是"我是"［*Sum*］时。但他们却并没有将它当作系词使用，因为系词的功能被两个名称的并列所替代了。这种情况包括《创世记》第 1 章第 2 节"地无形之物"，在这里我们就不得不将其转化为如下形式："地是无形的"，等等。[66]

---

[64]《利维坦》，第 11 章，中译本 77—78 页。
[65]《利维坦》，拉丁文版附录第 1 章，拉丁文全集第 3 卷，512 页。
[66]《利维坦》，拉丁文版第 46 章，拉丁文全集第 3 卷，497—498 页。参考《答布拉姆霍尔主教〈捕捉利维坦〉》，英文全集第 4 卷，304 页；《生理学十谈》，英文全集第 7 卷，第 1 章，81 页。

霍布斯在希伯来语中找到的这个范例并不完全可靠，因为希伯来语中动词**存在**的对应物仅仅在直陈式现在时中才不被用作系词，这使得霍布斯不得不对那些动词**存在**看起来起到了连接功能的希伯来语表达进行重新解释。[67]但这些困难也仅仅来自于由历史偶然性所塑造的希伯来语，而并不意味着即使在霍布斯所设想的动词**存在**在其中仅仅意指存在而不充当系词的理想语言中也存在类似问题。相反，动词**存在**的逻辑含义与其存在含义之间并无任何蕴含关系，并且它们必须被看作是互相独立的，这一点毋庸置疑。

因此，语词**存在**之中蕴含着某种根本的模糊性。不过，这种模糊性也仅仅是事实上的，因为它完全产生自语言的偶然结构；而在理论上，**存在**的含义的这种模糊性永远是可以被还原处理掉的。由此，任何对于动词**存在**的逻辑功能与其存在功能的共同基础的探究都注定会失败；更进一步地说，正是由于深陷这种模糊性的形而上学试图寻找这样一种基础，它才会通过将**存在**也当作思想和语言的对象进而引入动词**存在**的存在论意涵。而正是由于形而上学在这种偏离的意义上使用动词**存在**，它才会相信它能够在语言中把握到事物的本质。因而，对于真理的探求者来说：

> 他既拥有了哲学的荣光，但同时荒谬学说的耻辱也是留给他的。语言就像蛛网（梭伦所立的法也曾被如此描述），虚弱无力的心灵会被语词绞缠无法挣脱，而有勇气的人则会斩断蛛网并为自己找到出路。[68]

---

[67] 参考《利维坦》，拉丁文版附录第1章，拉丁文全集第3卷，513页。
[68]《论物体》，第3章第8节，32页。

编织这一能够捕获虚弱心灵的网的蜘蛛就是动词**存在**。如果我们不小心使用它的话，它就会使我们产生那些我们误认为是事物本身的虚构。这一蜘蛛的比喻也见于培根的《新工具》，在其中培根用它来描述那种仅仅以理智及其语言为基础产生虚假知识的对象——心灵的假象 [idols] ——的独断论哲学：

> 那些探究科学的哲学家可以被分为两类，经验论的和独断论的。经验论哲学家就像蚂蚁一样满足于收集并消耗他的藏品，独断论哲学家则像蜘蛛一样仅仅从自身之中吐出蛛网。而蜜蜂则处于它们之间：它从田野和花园中的花里收集原料，并由某种属于它自身的技艺处理并转化了这些原料。真哲学所做的事就和它有些类似：真哲学并不仅仅依赖于人类心灵的能力，并且，它也不将它从自然史中收集到的原料不加处理地就储藏到记忆之中，而是首先对其进行加工和转化。因此，我们能够从经验和理性这两个官能的紧密结合中受益很多，但这一结合至今仍未形成。[69]

尽管在方法的理论和语言在科学中的位置等问题上霍布斯都与培根有着明显的对立，但这一共同的动物比喻毫无疑问有着深远的意涵。我们注意到，在培根那里，市场假象（语词）和剧场假象（哲学系统）之间存在着一种根本性的关联，因为哲学教条的权威性往往来自于语词。在培根眼中亚里士多德的形而上学就是这样一种情况，因为虽然它试图展现出对于事物的关切，但实

---

[69] 培根，《新工具》，第 1 卷，格言 95。

际上它更与语词而非事物相关。[70]因此亚里士多德能够"用其范畴构建起一个世界",并且培根在《新工具》开头强调了**存在**这个概念属于那些对于知识危害最大的传统概念。[71]尽管培根式的治疗需要我们放弃语词并重新回到事物,而霍布斯式的治疗则需要我们去除词语的模糊性并且完全掌握词语的意指以便重新获得对于事物的认识,但他们的诊断却是一致的,即语词**存在**由于其根本的模糊性而在自身之中包含了某种隐含的形而上学,这种形而上学能够产生一些理智无法掌控的并且对知识造成了极大阻碍的言语和哲学系统。培根由其《新工具》所试图达成的复兴,正如霍布斯的普遍数学一样,都建立在亚里士多德式的存在论的倒塌之上。

但是,一旦我们认识到并且消除了语词**存在**所蕴含的模糊性,一旦蛛网被剃刀所斩断,事物这个词确切而言又指向了什么呢?在先前对霍布斯命题理论的探究中,我们已经看到动词**存在**有着逻辑与存在的双重意涵。但在其逻辑功能中动词**存在**并不描述事物的存在,同时动词**存在**被赋予给事物这一做法也并不包含任何存在论含义,而且动词**存在**的逻辑功能也完全可以被替代。因此现在动词**存在**只剩下了它在存在判断中的意涵。这也就是说,动词**存在**仅仅将某事物作为一个外在于心灵的存在物来指向,而并不描述这个存在物的存在本身。

我们至此探究了命题能够关于事物言说什么。现在我们知道,命题仅仅能够设定事物的存在,而一旦语言完全展开了其蕴含着差异、普遍与抽象的不同形式,它就构建了一个由意指组成的世

---

[70] 参考《新工具》,第1卷,格言43。
[71] 同上书,格言15。

界，这个世界与自在之物之间隔着一条不可逾越的鸿沟；在后者那里每一个事物都是自我封闭的，并且其自在性使得它们互相独立并与认识相分隔。在中立、无名的事物世界之上，一个表象与语言的世界就此形成。这是一个充满属性与性质的多样性的世界，一个其结构由意指所形成的世界，而正是意指使这个世界成为属人的世界。事物的世界与表象和语言的世界之间的这种割裂将会导致对于知识地位和真理概念的重新界定，而霍布斯的理论正是这种重新界定的工具。

我们看到，霍布斯将奥康唯名论的视角颠倒了过来，并将其引向了与经院唯名论完全不同的理论后果。在意指理论的层面上，霍布斯与奥康的不同在于前者取消了意指的指称特征并且使得语言具有了塑造思想的作用；在命题理论的层面上，霍布斯为谓述赋予了一种在奥康那里并不存在的否定性。这两种唯名论的不同也反映在了真理理论层面上：虽然奥康也认为真与假都存在于命题的层面上（"真即是真命题""假即是假命题"[72]），这种真与假的基础永远都是其所指的实在，即命题所替代的事物；因此，真与假"既意味着命题，也意味着这一命题让我们所关注的实在"。[73]命题本身即是预先为我们所把握到的事物秩序的标记。对于奥康来说，甚至"人是人""天使是天使"这样的同一命题都跟"人存在"或者"天使存在"一样是偶然的，因为如果没有人或者天使存在的话，它们就都是假的了。因此，对于事物本身的指涉看起来甚至比同一律更重要。[74]与之相对，对于霍布斯来说同一命题的真并不要求事物的存在，系词的功能也不包含对于存在的

---

[72]《逻辑大全》，第 1 章第 43 节。
[73] Léon Baudry, *Lexique philosophique de Guillaume d'Ockham*, p.293.
[74] 彼尔德（*op.cit.*, pp.699-701）论证了在布里丹的理论中也是这样。

预设，这就是说同一律的重要性要高于对事物的指涉。因此，科学假设的有效性仅仅依赖于它们的逻辑有效性，并且我们在命题中连接与分离的词项仅仅是我们关于事物所拥有的构想，因为事物的秩序并不是被预先给定的。虽然对于奥康来说知识就是关于命题的知识，但是命题的词项却是事物的替代并从中产生了某种现实的认识；而对于霍布斯来说，只有当命题的逻辑连接与认识对象在心灵中的生产过程吻合时，人类知识才具有确定性。

表象与事物之间的这种前谓述的分离在语言层面就转变为了谓述与存在之间的分离。而这一点的后果则在于，一方面，自然事物与我们决定性地分离了，并且关于它们我们只能拥有假设性的知识；另一方面，它却也使得关于另一种事物即由人的意愿所制造的人造物的知识成为可能，这即是关于政治体的知识。以上即是霍布斯将**存在**的多义性还原为一种严格的单义性的后果，这种还原将我们对于**存在**［*esse*］的认识转变为了对于作为［*facere*］的认识。

第四章　对存在论语言的批判

霍布斯着重区分了语言中的不同功能并且探究了命题的意指，并因而将语言与存在分离开来。这种分离即蕴含着对于亚里士多德式的和笛卡尔式的形而上学的批判的普遍原则。

对于亚里士多德式存在论的批判的要点即是它预设了语言之结构与存在之阐释二者之间的一致。为了理解唯名论与存在论之间的关系，第一意向名称与第二意向名称之间的区分是至关重要的。奥康将这种区分定位到了灵魂意向的层面上，但霍布斯将其转移到了语言层面。[1] 第一意向名称指的是事物，比如"人""石头"这一类名词，而第二意向名称则是名称或者言语的名称，比如"普遍""属""种""三段论"等名词。[2] 霍布斯宣称他唯一能够想到的这种区分的起源即是，这种区分来自于为日常生活中的事物命名的第一意向与为名词即属于科学之物（其关涉的是命题）命名的第二意向之间的一种时间上的承继关系，并且将这种承继

---

[1] 参考奥康，《逻辑大全》，第 1 章第 12 节；关于可谓述物，参考第 1 章第 18—25 节以及《对波斐利〈论可谓述之物〉一书的阐释》。在后者中奥康拒斥了对于可谓述物的任何存在论解释，比如，在论及属时，奥康说："我们应当注意到，这个被归给若干不同种之物的东西并不是某种作为后者本质的事物，而是自然地意指了所有这些它被归给的事物的灵魂意向，正如词语根据人的意愿意指了那些具有相应性质的事物一样。"（《阐释》，I.5）

[2] 参考《论物体》，第 2 章第 10 节，18—19 页。

关系转移到了对语言的分析和关于认识的理论的层面上。霍布斯从这种区分中得出了一个重要的结论:

> 很显然,属、种以及定义都仅仅是名词的名字,而这也是为什么如果我们像那些形而上学家那样将属和种当作事物并且将定义当作事物的本性,我们就犯了严重的错误,因为这些名词所意指的仅仅是我们关于事物本性所想的东西。[3]

因此,霍布斯像伽森狄一样跟随了奥康,[4]并且批判了所有对于亚里士多德式的可谓述物的存在论解释(至少是波斐利在《〈范畴篇〉导引》中提出的修正版本)。[5]这样一来,属与种就不再具有任何存在论意义,因为它们不过是并不指涉事物中的任何实在之物的名称之名,[6]因为现实存在的只有个体,而名称仅仅或广或窄地指称它们。[7]因此属和种所刻画的仅仅是名词之间的关系;通过我们关于事物所拥有的表象,我们用这些名词来指称事

---

[3] 《论物体》,第2章第10节,19页。
[4] 参考《操演》,Ⅱ.Ⅱ.1-9,157b-164b,pp.272-305。
[5] 波斐利在《〈范畴篇〉导引》中修正了亚里士多德《论题篇》(Ⅰ,59)中的谓述模式理论。这种修正一方面在于,波斐利在亚里士多德提出的四种可谓述物(属、性质、定义和偶性)之外添加了第五种可谓述物,即种;另一方面则在于波斐利颠倒了范畴与可谓述物在亚里士多德理论中的关系,因为他将可谓述物的理论变为了《范畴篇》的引论。参考 Jean Largeault, *Enquête sur le nominalisme*, pp. 68-78。
[6] 参考洛克《人类理解论》,第3卷第3章第9节:"综上,所有这些在学院中甚嚣尘上,但在学院之外却无人理会的关于属和种的争论,只是一些具有名称而含义或宽或狭的抽象观念。"(中译本394页)当然在这里洛克同样将霍布斯定位在语言层面的问题转移到了一般观念层面上。
[7] 参考《论物体》,第2章第9节,18页。

物。我们不再能够像亚里士多德那样将它们当作是第二实体,也不能说种比属更是实体,因为种离第一实体更近。[8]属与种的这种层级结构不过是更一般的名词对更具体的名词的统摄关系,因此,可谓述物所依据的不过是我们出于论证需要而使用的名词分类罢了。

上述批判对于定义的后果是直接的。虽然定义仍然是属加种差,但不同于亚里士多德认为"定义即是表达了事物之所是的论述"[9],对于霍布斯来说定义不再属于事物的现实本质或者本性,它仅仅是通过语言对于一个名词意义的阐明,这即是说将一个名词还原为其更为普遍的部分。因此,当我们在定义"人"的时候说"人即是有灵魂的、有感觉的、理性的物体"时,"有灵魂的""有感觉的""理性的""物体"仅仅是"人"这个词的部分而已。[10]定义的定义即是"这样的一个命题,在其中如果主词可以被分解的话,谓词即是对于主词的分解;而如果这种分解不可能的话,谓词即是对于主词的示例"。[11]因此定义仅仅是语词上的定义,其功能仅仅是确定被定义的名词的意指并且将其与所有其他名词区分开来。定义所阐明的是它作为其工具的思想,而非事物;而谓述的不同方式也不会使我们认识存在本身。

霍布斯在他自己的范畴理论中发展了对于亚里士多德主义存

---

[8] 奥康在其对于实体范畴的研究中再次质疑了亚里士多德所做出的关于第一实体和第二实体之间的区分:"因此,我们应当说这种区分仅仅是名词的普遍程度的区分,并且它与如下这种区分等价:有些指称或意指外在于我们灵魂的实体的名词仅仅指的是某一个实体,而另外一些名词则能够同时适用于若干实体;后面这种名词就被称为第二实体。而这些名词能够被进一步细分,因为有些名词是属而另一些是种。"(《逻辑大全》,第 1 章第 42 节)
[9] 《论题篇》,第 1 卷第 5 章;参考《后分析篇》,第 2 卷第 3 章,90b30ff。
[10] 《论物体》,第 6 章第 14 节,73 页。
[11] 同上书,74 页。

在论的批判，在这种理论中，范畴不再具有任何存在论含义。霍布斯是从两方面出发达成这一点的。[12] 首先，他将亚里士多德的范畴还原为两个基本范畴：主体或者物体与偶性。其次，他从这两个首要范畴中推导出了一系列别的范畴。这些衍生的范畴理论上可以是无限多的，因为范畴不过是所有事物类别的名称在其中以统摄关系归类的阶梯或者层级；在这种层级中更普遍的名词统摄更具体的名词，直至个体。由此在物体的类别中，逻辑学家首先得到单纯的"物体"，之后则是更具体一些的名词，比如"有灵魂的"和"无灵魂的"，以此类推直至个体。因此范畴就是名词的类，并且人们往往出于论证的需要而对类的数量约定以限制。当我们绝对地考虑物体与偶性时，我们就得到了量与质的范畴；而当我们相对地考虑它们时，我们就得到了关系的范畴。后面这些范畴自己又能够发展为新的名词层级。值得注意的是，霍布斯为了给范畴的习俗性提供额外的支持，他将否定范畴比如"无灵魂的"也加入了范畴表中，并且，在除了物体的范畴之外的范畴层级中，范畴的细分和归类也能够以同样的方式进行，比如将量进一步细分为"线"和"非线"。最后，我们不应认为通过如此这般将名词分类而得到的范畴表就是确定的，因为当哲学尚未完成时任何一种秩序都不是不可变的。这种通过将名词分类来完成的范畴之系统化对应着伽森狄在《逻辑导论》(Institutio Logica, 1658) 中对于观念的分类，即从最普遍的观念（关于存在与事物的观念）到关于个体的个别观念的分类。

---

[12] 参考《论物体》，第2章第15—16节，22—25页。又参《操演》，Ⅱ.Ⅲ. 1-14, 160a-175b, pp.310-356; Bloch, *La philosophie de Gassendi*, pp.119-220。

因此我们不能将范畴当作存在的类别，[13]并且霍布斯在《论物体》以及《〈论世界〉批判》中都坚持认为，我们不应当以为事物本身的多样性能够像名词一样通过对于相反词语的细分而被穷尽，或者从这种细分之中得出事物本身的种类是有限的这样的结论。[14]此外，霍布斯甚至认为当亚里士多德发现他无法完成对事物的分类时，他就依着自己的权威对名词进行了分类。换句话说，通过将范畴看作是存在的最普遍的类别，亚里士多德并没有完成他所宣称的事情，因为他在事物之中假定了属于认识领域的东西，而这样一来存在论作为关于存在之为存在的科学也就没有了意义。

如果说对于亚里士多德形而上学批判的要点在于其关于存在的科学，那么对于笛卡尔形而上学的批判则在于其重新奠基人类认识的存在论有效性的计划。霍布斯对笛卡尔的主要批评就在于，后者认为人类理智有能力通过清楚分明的观念来认识事物的本质。因此，这种批评一方面涉及笛卡尔设为真理标准的明见性的地位，另一方面则涉及笛卡尔在关于存在的认识和关于本质的认识之间所建立的联系。然而，对于霍布斯来说，认识到某物存在并不意

――――――

[13] 关于对亚里士多德的范畴的批判，同样可以参考阿尔诺和尼可："第一个理由是，我们将这些范畴看作是某种建立在理性和真理之上的事物，而不是一种完全独断的、除了某一个人的想象之外毫无其他基础的东西，并且这个人的想象也并不拥有任何为其他人立法的权威，因为其他人和他有着同样的权利来按照自己思考的方式将他们思想的对象用另一种方式组织起来。"（《逻辑学》，第1部分第3章）同时，洛克也将范畴当作一种其本质在于将词语当作事物的对语言的滥用的极佳范例："有哪个从小学习逍遥派哲学的人不认为那十个用以列举十个范畴的名词不和事物的本性完全吻合呢？"（《人类理解论》，第3卷第10章第14节）洛克为范畴赋予了普遍抽象观念的地位，并且将它们整合到了一种认识的经验性起源理论之中；在这一点上他受惠于伽森狄在《逻辑学导论》（Institutio Logica, I, Canon IV）中所完成的对范畴的系统化。

[14] 参考《论物体》，第2章第16节，25页；《〈论世界〉批判》，第7章第5节，148—149页。

味着首先认识到某物之所是。下面这段文本用一种引人入胜的方式简短地总结了在我、神和世界三个例子中这种区分之所在：

> 我在上文已经多次指出我们并不拥有任何关于神或灵魂的观念，现在我要说，我们关于实体同样也不拥有任何观念。因为，虽然我承认实体，就其是能够接受若干偶性和变化的物质而言，能够由推理所触及和证明，但它绝不能为我们所认识，或者说我们关于它并不拥有任何观念。[15]

首先，关于"我思"，霍布斯批评了笛卡尔在关于我的存在的认识和关于我的本质的认识之间建立的必然联系，因为，尽管从某种思想活动出发我们能够推断出某个正在思想的事物存在，但是：

> 在我们的作者接下来说"这即是说一个精神、灵魂、理智、理性"时，疑问也就产生了。因为以下这一推理在我看来并不有效："我正在思想"，因此，"我是一个思想"；或者说"我在理解"，因此，"我是一个理智"。这是因为以同样的方式我可以说"我正在散步"，因此，"我是一个散步"。因此笛卡尔先生将正在理解的事物同理解本身等同了起来，而后者只不过是前者的一个活动；或者至少他将正在理解之物与理智——正在理解之物的一种能力或官能——等同了起来。[16]

---

[15]《第三组反驳》，拉丁文全集第5卷，264页。
[16] 同上书，252页。

当笛卡尔由"我"的存在,经由对使我们得以断言"我思"之存在的条件的反思,最终过渡到对"我"的本质的认识时,他的错误就产生了。我们不能从第一个形而上学真理过渡到第二个,因为我们并不是在一种理智直观中把握到存在的,相反,存在是由一个理性的推理得出的:"由我正在思想出发,我们可以推出'我在',因为正在思想之物不可能是一个无。"[17]存在之所以只能由推理而非由直接的明见性得出,一方面是由于思想对其自身的纯粹反思性把握是不可能的,另一方面,更重要的是,第一个命题"我思"只有经由充当其中项的另一个命题"在思者不可能为无"才能推出第二个命题"我在"。换句话说,"我思"并不直接蕴含"我在"这一存在判断。

但我们或许会说,如果霍布斯将对于我的存在的肯定还原为一种理性的推理的话,这似乎意味着霍布斯并没有意识到笛卡尔式的"我思"的意涵,即其存在并不从外部被加于其上,而是可以从内部直接把握。在此我们并不想判断霍布斯是否正确地阅读了笛卡尔,或者说为何霍布斯以这种方式反驳了笛卡尔并且拒绝进入其形而上学的理由的次序。我们只需认识到,霍布斯的批判恰恰关乎理智直观的可能性以及理智直观为对于"我"的认识所赋予的特权:

> 这种言说的方式,"理智中的一种巨大的明晰性",是比喻性的,因此并不适宜被放入论证之中:一个没有任何怀疑的人同样也可以宣称拥有一种相似的明晰性,并且这个人的意志中所具有的、肯定那些他不怀疑的东西的倾向也完全不

---

[17]《第三组反驳》,拉丁文全集第5卷,252页。

弱于那个拥有着完善的科学的人。因此,这种明晰性完全可以作为某人为其信念辩护的原因,但它却并不能使其确定地认识到这个信念是真的。[18]

这一批评是有力的。理智的明见性并不是真理的标准,并且当我们说出比如"理智中的一种巨大的明晰性"这样的话时,我们只是在使用比喻性的词语,这即是说我们在真理的标准中引入了应当被从科学中去除的东西,即词语的歧义。因此,理智直观仅仅是一种比喻,它的作用只是通过一种意指不明的表达来填补观念的缺失。从科学的观点看,直观应当被拒斥,因为它并不能使我们将从对于真的认识中得出的确定性同属于轻信的假确定性区分开来。因此,我们必须用对于语言和其推理的逻辑分析来取代直观,因为真理仅仅存在于语言中。

现在,由于我的存在并不被给定在一个理智直观中,而是由理性推断得出的,我们也就不再能够从对于其存在的认识过渡到对于其本质的认识。因为,虽然我们能够从其操作和活动出发推理出我的存在,但我们却并无法知道究竟哪一个操作或者活动才构成了主体的本质,因此我们也就无法说"我正在思想,因此,我是一个思想"。相反,我们不是应当将这些操作和活动的主体与这些操作和活动本身区分开来吗?因为"正在思想之我是与我的思想不同的,尽管后者并不与我自己截然分离,但它仍旧与我有别"。[19] 我们无法从思想活动过渡到我的本质,因为这即是将事物的本质等同为了使我们得以认识其存在的东西。因此贝萨德 [J.-

---

[18]《第三组反驳》,拉丁文全集第 5 卷,270 页。
[19] 同上书,257 页。

M. Beyssade]能够用一种非常清晰的方式说:

> 霍布斯对比并且仔细区分了以下两个论证:我知道我在,这是因为我知道我在思想,并且"正在思想之物不是一个无";我知道我正在思想因为"我们无法设想一个没有主体的活动,比如一个没有正在思想之物的思想"。后一种论证引向了一个正在思想之物,并且它完全能够不是我,因此用"那个在思"而不是"我思"来刻画这个论证是更合适的;而前一个论证则确立了"这个事物"的存在,而它可以是我的身体。但笛卡尔通过将这两个论证合为一个,用错误的方式引用了霍布斯的反驳,仿佛霍布斯承认"我们无法构想任何没有主体的活动,比如没有正在思想之物的思想,因为正在思想之物不是一个无"。这种引用的不精确显然是由于,对于笛卡尔来说,由"我思"所表达的对于我的本质的规定与终结于"我在"的对于存在的确定其实都是同一个思想运动。[20]

当然,在此一个可能的反驳是,在第二沉思的层面上我关于我自己的认识还并不是一种本质的真理。对于霍布斯做出的如下反驳,"以下是完全有可能的,即某物是精神、理性、理智的主体,并且因此这个事物就是某个物体;虽然作者得出的结论与之相反,但这却并没有被证明"[21],笛卡尔的回应正在于此。首先,笛卡尔回应道,霍布斯并没有考虑到其形而上学理由的次序,因为只有在第六沉思中,在思想之物并非是物体性的而是精神性的

---

[20] Jean-Marie. Beyssade, *La philosophie première de Descartes*, Paris, Flammarion, 1979, p. 229.
[21]《第三组反驳》,253 页。

这一点才得到最终的证明。其次：

> ［霍布斯］所说的这一点是对的，即"我们无法构想任何没有主体的活动，比如没有正在思想之物的思想，因为正在思想之物不是一个无"；但他接下来所说的却没有任何理由而且违反了一切逻辑甚至一般说话的方式，即"从中似乎能推出正在思想之物就是某个物体"；因为所有活动的主体都能够被看作是实体（或者说质料，即形而上学意义上的质料），但它们却不能由此被看作物体。[22]

关于第一点，我们注意到，虽然在第二沉思中我关于我自己所具有的认识还并不是关于我的本质的认识，但这种认识却已经隐含地扮演了这种角色，并且，在我们认识到一个保真的上帝的存在并且清楚分明的观念也随之找到其客观有效性时，这种认识也就全然地具有了这个特征，即它同时也是关于本质的认识。因此，对于霍布斯来说，我们能够通过理性推理获得关于我们存在的认识，但我们却并不拥有任何关于我们本性的本质认识。这是因为，即使我们能够由思想之物的活动出发确立其存在，我们关于这一事物或者实体却并不拥有任何观念。这样一来，霍布斯虽然一方面承认"在想象（拥有某个观念）和用理智构想（这即是说通过推理得出结论）之间有着巨大的差别"，[23]但他另一方面却将这种区分应用在了思想物［res cogitans］上。这即是说，关于灵魂"我们并不拥有任何观念，而仅仅是理性使我们得以推出在

---

[22]《第三组答复》，拉丁文全集第 5 卷，255 页。
[23]《第三组反驳》，257 页。

人的身体中包含着某种东西，它为身体赋予了动物运动以便其能够感觉和运动；而这种东西，不管它是什么，我们将其称作'灵魂'，虽然我们并没有关于它的任何观念"。[24]

一旦戳破理智直观所具有的虚假盛名，我们也就不再有任何理由认为对于灵魂的认识比对于身体的认识更为优越：

> 正如他［笛卡尔］接下来通过蜡块的例子所证明的那样，不管其颜色、硬度、形状以及所有其他性质如何改变，这一蜡块永远都被认为是同一个事物，这即是说同一个能够发生若干变化的物质。而我们推出我思的推理过程恰恰与以上相同。[25]

接下来，这是第二点，霍布斯通过对于我的认识方式和对于蜡块的认识方式的同一性论证了"从中似乎能推出正在思想之物就是某个物体，因为所有活动的主体看起来都仅仅只能以物体或者物质的方式理解"。[26]那么是什么辩护了这种从思想物到物体或者物质的还原呢？如果我们无法认识到思想之我的本质的话，并且如果思想对于自身并不透明的话，那么断言它是一个物体性实体不是与断言它是一个精神性实体同样不具有合法性吗？霍布斯认为虽然我们并不具有关于我们灵魂的本质性认识，但我们仍能从其性质出发通过理性推理来获得对于其本性的假设性认识。但又是什么辩护了我们从思想活动出发将思想之物确定为物体性的假设性推断呢？诸如大小、形状以及运动等性质都预设了广延，

---

[24]《第三组反驳》，263页。
[25] 同上书，253页。
[26] 同上。

而诸如理解、意愿、想象以及感觉等活动都预设了思想,那么,将这两者完全区分开来以至于它们互相之间完全没有任何相似性和共同点,并且由之区分前者所在的物体性实体和后者所在的精神性实体,这不是更加合理的吗?霍布斯为什么否认了精神性实体的存在呢?他又是出于何种理由将思想活动与物体性质都还原为了一种共同的物质性呢?

如果我们的回答是,对于霍布斯来说一个精神性实体的概念本身就是自相矛盾的,这就犯了乞题错误,因为我们预设了我们想要确立的东西。我们所必须解释的恰恰就是为什么"认为精神是非物体的或者非物质的这种想法,任何人不可能生来就是这样认为的。因为人们虽然可以把精神、非物体等意义互相矛盾的语词摆在一起,但却无法想象出任何与它们相对应的东西"。[27] 那么,所有实体都是物体或者物质这一点只能作为一种纯粹的假设吗?

事实上并不是这样的,因为精神实体的存在既无用又虚妄。它的无用在于,我们并不需要精神实体的存在来解释思想的运作。感觉、想象、激情以及意愿,这些都是物体的功能或者活动,而对于一种精神实体的假定不过是一种冗余的假设。[28] 精神实体的虚妄则在于,虽然在"我思"之中我将我自己看作某种思想物,并且我也形成了某种关于物质作为有广延物[res extensa]的观念,但从中推断出某种类似的两种实体的区分却是完全站不住脚的,因为这仅仅是在两个观念的区分之外又预设了两种本质的区分。[29] 更进一步地说,所有宣称能够为知识赋予某种存在论有效性的形而上学的共同特征不都是认为存在精神实体吗?因为,这

---

[27]《利维坦》,第 12 章,中译本 81 页。
[28] 参考《〈论世界〉批判》,第 27 章第 19—20 节,326—328 页。
[29] 关于伽森狄在这一点的思考,见 Bloch, *La philosophie de Gassendi*, p. 124。

不恰恰就是将某种样态或者偶性物化为了具有独立存在的实体吗？简单地说，设定某种精神实体的存在最终不就等同于提出又一种分离实体形式的学说吗？以上看起来就是霍布斯对于从"我在思想"到"因此我是一个思想"或者从"我在理解"到"因此我是一个理智"的过渡的批判的意义。[30] 同时他也批判了这其中所蕴含的经院哲学式的论述方式：

> 如果笛卡尔先生证明了那正在理解的东西同理智就是同一个东西的话，我们就会陷入这种经院式的言说方式中：理智在理解、视觉在看、意志在意愿；并且通过一种正当的类比，散步或者至少散步的官能正在散步。[31]

霍布斯在这里说的是言说方式而不是思想方式，因为笛卡尔的论证原则似乎来自对于系动词的错误使用，这种错误使用为系动词赋予了除逻辑含义和存在含义之外的第三种含义，即本体论含义。当我说"我是一个正在思想之物"[*sum res cogitans*]时，这句话是正确的，因为从我思或者我拥有某观念出发，不管我醒着还是睡着，我们都能从中推断出我在思想：因为"我思"[*cogito*]和"我是在思"[*sum cogitans*]所意指的是同一个事物。[32] 当然，这句话正确性的条件是我们需要意识到命题"我是在思"中的系动词"是"[*sum*]虽然包含了主词"我"[*ego*]的意指，但在命题之中却仅仅具有系词的逻辑功能，并且其含义仅仅在于谓词和主词是同一个事物的名称。因此，当系动词仅仅具

---

[30]《第三组反驳》，252 页。
[31] 同上书，257 页。
[32] 同上书，252 页。

有其本身作为连接的标记的功能时，它所指向的仅仅是它所连接的两个词项所指的事物的同一性。同理，以下这句话也可以是正确的："从'我在思'[sum cogitans] 出发我们可以推出'我在'[ego sum]，因为在思之物不会是一个无。"但其正确的条件是，我们必须意识到在此处命题"我在"中的系动词 sum 这一次肯定的仅仅是存在。如果我们稍不注意混淆了系动词的这两种互相独立的含义之间的必然区分，我们就会做出如下这种错误推理——"我在思，因此我就是一个思想"[ego sum cogitans , ergo sum cogitatio]。这一错误推理是笛卡尔形而上学的出发点，由此看来它同亚里士多德的形而上学一样都深陷于系动词所编织的蛛网中。如果我们混淆了系动词的逻辑功能与其存在功能，我们就会产生某种有关存在本身的语言的虚构或者某种关于本质的知识的幻象。因此，我们看到，霍布斯对于亚里士多德和笛卡尔形而上学的批判最终都依赖于其命题理论以及对于系动词不同含义的区分。

另外一个内在于霍布斯论证的重要问题是，我们何以能够同时肯定事物的本质与存在的同一性以及对于两者的知识的区别？如果我们能够认识到某物的存在，那么其本质又为何无法为我们所捕捉呢？为了回答这个问题，我们只需看到，前一个肯定属于存在论的层面，而后一个则属于认识论。虽然存在的事物与其本质不可分，但对于我们的认识而言却不一定也是如此，因为恰恰是我们的认识引入了对于一者之认识与对于另一者之认识的区分，并且使得事物存在的同一性再一次逃脱我们的把握。

如果我们从我思来到上帝的话，那么同样一种批判对于笛卡尔仍是有效的。我们当然能够推断出上帝的存在，但我们关于其本质却并没有任何认识："关于那个受崇敬的神之名也是如此，即我们关于它并没有认识想象或者认识。"[33]我们没有关于上帝的无限、独立以及全能的任何肯定性观念，这些神圣属性不过是对我们自己有限性的否定：

> 因为，由神之名我所理解的是一个实体，这即是说我理解到上帝存在（这一点并不是由观念得出的，而是由语言推出的）、无限（这即是说我无法构想或者想象它具有任何边界，即在其之外我无法想象比它更加遥远的部分；因此"无限"一词并不为我们提供任何关于神的无限性的观念，而仅仅能够为我们提供我们自身的有限性的观念）、独立（这即是说，我无法构想神所依据的原因；因此，我似乎同样并不拥有与"独立"一词对应的观念，而仅仅具有对我自己的、在时间中有起始点的、因而是不独立的观念的记忆）。因此，当我们说上帝独立时，我们所说的不过是上帝属于那些关于其我们无法想象任何起始的事物；同样，当我们说上帝无限时，我们所说的也不过是它属于那些我们无法设想任何边界的事物。这样一来，任何关于神的观念就都被驳倒了，因为，哪里有这种没有边界、没有起始的观念呢？[34]

关于上帝的否定性概念并不意味着我们关于上帝有任何表象，并且它也不能是一种天赋的或者在理智直观中所把握到的观念。如果关于上帝的概念凌驾于所有其他观念之上的话，这并不是由于这个观念所具有的、无限地超越了"我"所具有的形式性现实

---

[33]《第三组反驳》，259页。
[34] 同上书，265—266页。

的对象性现实*，以及这其中所内在蕴含的这种观念的形式性原因的存在，以及就其是一个绝对的完满而言对其对象的真实再现；相反，关于上帝的概念之所以特别，乃是由于它完全是否定性的。上帝绝对地超越了人的认识，并且这种绝对的超越蕴含在其全能的概念本身之中。因此，上帝的概念并不是我们所有观念中最为清楚分明的，同时也并不奠基其自身以及我们所具有的清楚分明的认识的客观有效性。我们不再能够区分神的概念的不可把握性（即我们无法完全且完善地把握它**）以及它被给予在其中的认识的清楚与分明，因为不可想象与不可把握在这里是同一个东西。

但如果说我们关于神并不拥有任何肯定性观念的话，我们又是何以认识到其存在的呢？同样，在这里，存在也是由理性的推理得出的：

> 看起来，我们在自身之中并不具有任何关于神的观念；相反，我们就像一个生来就看不见的人一样，虽然他若干次靠近火并且感到热，并由此认识到一定有某种东西在使他变热，同时，在听到有人说这个东西叫火时就得出结论说那里有火，但他却并没有认识到火的形状和颜色，并且确切而言也并不拥有任何展现在其心灵之前的关于火的观念或者图像。同样，当人看到其观念或者图像必须拥有某种原因，并且这些原因也必须具有另一个在先的原因，以此类推，最终他一定会来到一个终点或者对于某种永恒原因的假设；这种永恒原因永远没有起始，并且也没有先在于它的原因，这就使得

---

*　这是笛卡尔在第三沉思中本体论证明的思路。——译者注
**　笛卡尔认为我们能够"触及"神的观念，但却无法全部理解它。——译者注

他得出结论说必然存在一个永恒的存在物。然而这个人却并不拥有能够被说成是关于这个永恒存在物的观念,他仅仅是将这个信仰或者理性使他认为它存在的事物叫作上帝。[35]

因此上帝的存在是由理性推理得出的,这种推理从最近的原因出发回溯到稍远一些的原因,直至来到一个没有原因的第一因。但没有原因也不等同于自因*,因为正如《〈论世界〉批判》中所阐述的那样,因果性必然意味着原因先在于结果。以上就是理性关于上帝所能断定的所有东西。因此,上帝的肯定性观念或者表象的缺失应当使我们拒斥所有关于对神的本质的认识的断言。

笛卡尔之所以相信他能够在对于神的本质和神的存在之间建立一种必然联系,正是出于这种他所宣称的神的观念所具有的直观明见性。在这里,我们同样也可以发现对于词语意义的忽视以及对系动词的存在功能与逻辑功能的混淆。在本体论证明中,这种混淆达到了极致。本体论证明实际上预设了存在可以被当作一种完善性,这即是说一种神的本质的概念所必然蕴含的属性。这种必然蕴含的关系就像三角形的本质与其内角和等于两直角之和这一属性之间所具有的关系一样不可分离。但这即是将存在当成了主词的一个谓词,尽管存在与谓词完全不同。霍布斯同伽森狄一样都认为存在并不是主词的一个简单谓词,而是主词的现实性(而不是我们心灵的虚构)和所有完善性的必要条件。对于霍布斯来说,"神是无上完满的"这一命题中的系动词"是"仅仅具有逻辑功能,而"神存在"中的系动词则仅仅具有存在功能。这两种

---

[35]《第三组反驳》,260页。

* "自因"[causa sui]是笛卡尔认为神所具有的特殊性质。——译者注

功能并不蕴含对方,而是属于语言的两种完全不同的操作,因为一者仅仅将谓词与主词连接而并不蕴含任何存在,而另一者则只是单纯地设定主词的存在。因此本体论证明只是语言混淆的产物,这种混淆来自于一种其荒谬要求甚至被认为能够统摄神的存在的言语:

> 我们无法把握神的存在,这意味着我们并不理解它是什么,而只是理解它是或者存在。因此,我们用来刻画它的那些属性并不使我们互相之间能够说它是什么,也不是意指我们对它本性的意见,而只是用来表达我们希望用自己认为在我们之中最高贵的名称来尊敬它。[36]

而当理性试图揣测神的本质时,它就僭越了自己认识的限制并且产生了荒谬:

> 这不过是由于他们对神的不可理解性非但不敬仰、不称赞,反而用哲学来探讨,因而势必要产生的矛盾的一小部分而已;对神用的性质形容词不能说明神是什么,但应当表达我们用自己所能想到的最好的名词尊敬它的愿望。但是那些敢于根据这些崇敬的性质形容词去推论它的性质的人,一开始就丢掉了他们的理智,遇到的困难层出不穷、连绵不断;正像一个不知宫廷礼节的人,见了一个比他经常交谈的人物更伟大的人物一样,一进门就跌跌撞撞,刚一撑住身子,上衣又滑下来了,拉起上衣帽子又掉了;一阵又一阵地手忙脚

---

[36]《利维坦》,第34章,中译本309—310页。

乱之后，发现自己是吓糊涂了，而且粗野无礼。[37]

当理性试图揣测神的本质时，它不仅产生了诡辩，而且必然会堕入渎神："至于关于神的本性的讨论，这与神应得的荣耀矛盾。"[38]理性关于神的本性所下的所有论断都属于渎神。在《〈论世界〉批判》中，霍布斯经常向怀特提出这样一种反驳，即任何关于神的本性的形而上学论断都属于必然会与信仰相冲突的理性所产生的谬误。[39]

但是，霍布斯自己却至少三次在其作品中试图对上帝的本性做出一些论断，即上帝是"最精粹、单一的不可见的物体性精神"。[40]但我在另外一个地方已经论述过，[41]我们不应从字面上理解这一论断，因为这一论断都出现于论战性质的文本中，从而它的作用仅仅是用来反驳当时所普遍接受的上帝实体的精神性。关于上帝的本性我们一无所知，但如果我们执意想要针对这种本性说些什么的话，我们就应当说这个实体是物体性的，因为我们并不拥有关于其他任何一种实体的概念。但就其自身而言这一论断并不具有任何有效性，因为我们的理性无法对超出了可知范围的东西做出任何真判断。上帝的概念并不是唯一一种这样的概念，所有带有无限的维度的东西都超出了我们的理性。比如说，我们

---

[37]《利维坦》，第 46 章，中译本 548—549 页。
[38]《利维坦》，第 31 章，中译本 284 页。
[39] 参考《〈论世界〉批判》，第 27 章第 14 节，323 页；第 28 章第 3 节，333 页；第 29 章第 2 节，340 页。
[40]《答布拉姆霍尔主教〈捕捉利维坦〉》，英文全集第 4 卷，313 页；参考《利维坦》，拉丁文版第 46 章，拉丁文全集第 3 卷，449 页；拉丁文版附录第 3 章，561 页。
[41] 见拙文 "Espace et représentation dans le De Corpore de Hobbes"，p. 175。

无法知道宇宙是有限的还是无限的、是永恒的还是有始有终的。[42] 上帝的属性和活动都属于启示以及信仰的范畴，因而不属于权威或者理性的范畴，这也就是说《圣经》并不以任何方式拓展我们关于神的认识，因为它并不作用于我们的认识官能。

这样我们也就看到，唯名论是如何批判存在论语言的基础本身的。不管这种存在论将"存在之为存在"作为其对象，还是宣称将关于事物本质的认识奠基在了一种新的认识论之上，唯名论都暴露了使这些言说成为可能的语言滥用。在这个意义上，笛卡尔相对于亚里士多德而言仅仅是一个表面上的革新者，并且我们可以通过同一种论证来同时反驳两者的存在论。为了使我们回到科学的道路上，我们就必须重新考量科学的根本工具：语言。为了知道我们所说是否为真，我们必须首先知道我们所说的是什么。事物的本质无法为我们的认识所触及，事物的存在却能够为语言推断；由于我们的知识都决定性地来自于语词，因此对于事物本性的认识也就注定是假设性的。

事物本身处于本质和存在不可分离的同一之中，并且其个别的存在既无法为语言所论述，也无法被给定在表象之中。不过，对于语词的使用，由于它允许我们形成概念——这些概念超越了仅仅是表象和表象的联结的经验性认识，比如说物质和因果的概念——从而也就使得一种对于事物本性的假设性论断成为可能。对于真实原因的追寻仅仅通过在语词中并且经由语词完成的抽象才得以进行，因此，一方面，唯名论必然会使我们从表象中的给定事实过渡到原因的概念，并且最终使我们得以产生由必然命题和演绎推理组成的科学认识；另一方面，唯名论却也决定性地将

---

[42]《论物体》，第 26 章第 1 节，334—337 页。

我们与存在相分离。因此科学的普遍必然命题仅仅具有认识论的有效性而不具有存在论的有效性。哲学认识的首要特征，即其中所蕴含的因果概念并不来自于事物的秩序，而只是来自于我们理性的要求。感觉显现不过是一种完全符号化的认识的起点，这种认识以词语为基础制造出了作为我们思想与需求的工具的诸概念，并且这些概念与事物的存在论结构毫无关联。

这样一来，科学认识的地位本身需要得到重新阐释，因为科学的功能不再是为我们提供具有确定的存在论有效性的认识，而是为我们赋予控制事物的权力，它使得我们能够根据我们的需求，从对于原因的认识出发，生产我们想要的结果。霍布斯式的科学的决定性特征就在于存在与认识之间的这种断裂，以及对于知识之地位的重新界定。正是基于这种分离的形而上学，霍布斯的方法理论才得以建立；后者彻底确立了关于自然的认识的地位，并且使对于一种政治科学的奠基得以可能。

第五章　方法：自然科学与政治科学

对于方法的定义实际上就是对于整个哲学地位的确定，因此，在题为《论方法》的《论物体》第6章中，在开始展开其方法理论之前霍布斯首先回顾了他在第1章中给出的对于哲学的定义：

> 哲学就是从对于原因或者生成的认识出发，经由正确的推理得出的对于结果或者现象的认识；反之，也可以是从对于结果的认识出发，经由正确的推理得出的对于可能生成的认识。[1]

《论物体》第6章重现了这一定义，但同时也澄清了，这其中所说的结果即是作为现象的结果，并且这些结果的"生成"即等同于它们的产生过程。同样的定义也出现在处理物理学方法的第25章开头，那里所研究的是自然中的现象。此外，在《论哲学》的第1章开头——霍布斯在这里重现了《利维坦》中的一段文本——霍布斯已经指出，如果仅仅依据杂乱无章的揣测是不可能产生哲学的，因为当人类试图进行一段长的推理时，他们就会

---

[1]《论物体》，第1章第2节，2页。参考《论物体》，第6章第1节，58页；同前，第25章第1节，315页；《利维坦》，第46章；《〈论世界〉批判》，附录第3章，463页。

迷失并且陷入错误。[2]从哲学的定义出发，霍布斯从中得出了其方法的三个基本的构成性原则，通过这些原则我们可以确定知识的地位。这三个原则是：1. 排异，2. 同质，3. 分析与综合。

1. **排异**。哲学方法所运用的官能是理性（ratio）。而正如我们已经看到的，这种理性本质上就是计算理性，并且它的两种基本操作就是加减。由这种理性所产生的就是一种从思想中最为普遍的名义范畴出发得出的因果认识。这种因果认识与被直接给定在感觉中并且之后被保存在记忆中的事实认识不同，因为感觉与记忆并不为我们提供对于事实的理由或者原因的认识。因此，方法理性的原则也是一种排异原则，这种原则与其说是排除了事实本身，不如说是排除了那种仅仅满足于事实，并且宣称能够通过将理性还原为历史来推出全部知识的方法。由此霍布斯也就区分了科学和单纯的经验性认识，前者即是对于为什么或者原因的认识，而后者则是通过感觉、想象、记忆以及经验所得到的对于事实的认识。[3]即使科学的起点是感觉中的被给予物，从后者之中我们却无法推演出科学，因为对于原因的认识完全是通过语言进行的推理的工作：

> 根据这一切，显然可以看出，理性不像感觉和记忆那样是与生俱来的，也不像慎虑那样单纯是从经验中得来的，而是通过辛勤努力得来的。其步骤首先是恰当地使用名词，其次是从基本原则——名词起，到把名词和另一个名词连接起来组成断言这一过程中，使用一种良好而又有条不紊的方

---

〔2〕　参考《论物体》，第1章第1节，1页。
〔3〕　参考同上书，第6章第1节，59页。

法；然后再形成推理，即一个断言与另一个断言的联合，直到我们获得有关问题所属名词的全部结论为止。这就是人们所谓的科学。[4]

在霍布斯的科学的构成中，最普遍的名称所扮演的角色有些类似于康德那里的知性的先天概念。两人在这一点上完全一致，即对他们来说，如果我们仅仅局限于经验，那么我们就永远无法得到因果概念或者任何一种普遍原则（但当然，普遍名称在霍布斯那里并不具有任何先验性）。因此，历史的认识是一方面，理性的认识则是另一方面。而康德那里也存在同样的区分也就并不令人惊讶了：

> 如果我们在客观上来看抽掉知识的一切内容，则一切知识在主观上就要么是历史的，要么是理性的。历史的知识是出自被给予的东西的知识 [cognitio ex datis]，理性的知识则是出自原则的知识 [cognitio ex principiis]。一种知识尽可以是原始地被给予的，无论它来自何处，但就拥有这种知识的人而言，如果他所知道的在程度上和数量上只不过是从别处给予他的，那么，这种知识就毕竟是历史的；不管这种知识被给予他，是通过直接的经验，还是通过讲述，还是通过（普遍知识的）传授。……一切理性知识都要么是出自概念的知识，要么是出自概念的构造的知识；前者叫作哲学的，后者叫作数学的。[5]

---

[4]《利维坦》，第5章，中译本32页；参考《法律要义》，第1部分第6章第1节，24页。
[5]《纯粹理性批判》，李秋零译本，B863—865。

这段文本完全可以被当作对霍布斯的一种重述。这并不仅仅是由于出自被给予的东西的知识和出自原则的知识之间的区分，同时也是由于在理性认识内部对出自概念的哲学知识和出自在时空中的概念构造的数学知识的区分。康德式的纯粹理性建筑术以霍布斯式的名义理性建筑术为条件，尤其是康德理论中基本不考虑语言功能的范畴系统，悖谬地以霍布斯理论中可以被归为名称层级的范畴系统为条件。这是由于，如果范畴要从存在的类别变为知性的先天概念，那么我们首先必须先废除范畴在亚里士多德式的存在论中所具有的含义，而这正是奥康唯名论所完成的事情，并且最终霍布斯将范畴还原为一种对仅仅来自于名义定义的词项的建筑术。在这之后存在的范畴才有可能转变为认识的范畴，并且使得一种康德式的对象的存在论成为可能。唯名论正是这两种存在论之间的桥梁。

不管怎样，霍布斯都将对于事实的认识严格地限制在了其有效性的限度之内；这种认识仅仅是一种历史，即一种对于事实的收集或记录：

> 关于事实的知识记录下来就称为历史，共分两类：一类是自然史（博物志），这就是不以人的意志为转移的自然事实或结果的历史，如金属史、植物史、动物史、区域史等都属于这一类；另一类历史是人文史，也就是国家人群的意愿行为的历史。[6]

但历史永远都不能具有科学的有效性，因为事实本身并不证

---

[6]《利维坦》，第9章，中译本62页。

明什么，同时历史的认识也并不是从原因出发对于结果的理性演绎。虽然历史对于哲学来说是有用的甚至是必要的，但它仅仅为哲学提供用以支撑或者演练其推理的例子，这就是《利维坦》中政治哲学使用希腊历史或者《圣经》的方式。在《论人》中，霍布斯甚至认为被记录的事实是否为真对于哲学对它们的使用来说并不十分重要，只要这些事实之中不包含任何矛盾或者不可能就行了：

> 人文也是一种善……并且它们也是有用的，特别是历史，因为它们为关于原因的科学提供了用以支撑其论证的经验。自然史之于物理学、政治史之于政治和道德科学来说都是如此。此外，不管这些事实是真的还是假的，只要它们不是不可能的就可以。[7]

从一种关于自然现象的物理学视角来看，霍布斯为经验赋予了类似笛卡尔所赋予的地位：经验仅仅具有一种辨别的功能，即它仅仅使我们能够在逻辑上和数学上可能的不同假设中做出选择，这也就是说经验能够在可感的物理世界中确证某个数学法则的解释力。

这种将经验还原为一种单纯的辨别功能的做法将霍布斯与培根对立了起来。在培根的方法中，经验具有两重功能：首先，经验是轻率预期的阻碍，这种预期是一种忽略了自然的多样与丰富，并仅仅满足于一般化、形式化的空洞原则的理性的自发产物；其次，经验也为一种真正的归纳提供了基础，这种归纳建立在对事

---

[7]《论人》，拉丁文全集第2卷，第11章第10节，100页；参考《论物体》，第1章第8节，9页。

实的储藏、列举与记录之上，后者并不仅仅是一种简单的枚举，而是能够被拓展到新的事实上，并且排除了没有效力的事实。因而真归纳也就在于为理智建立一种其认识能够借助它逐级上升的阶梯："从个别事实到最近一级的原理，从后者到处于中间的原理，并最终逐渐上升，直至最后来到最为普遍的原理。"[8]这种方法的假设恰恰在于，普遍有可能建立在特殊之上，对于原因的认识也可以建立在对于事实的认识之上。霍布斯拒斥了这些假设，因为不管个别事实多么充足，我们都无法为个别事实的总和赋予普遍有效性，同时，事实之间的经验性联结也不能展现因果概念所蕴含的必然性。

归纳无法构成科学的方法，因为它并不能使我们获得普遍原则和必然认识。由此，归纳方法也就被决定性地拒斥在了哲学的场域之外；后者之中只剩下演绎的方法，并且其重点在于逻辑范畴与数学工具。从最为普遍的原因即运动出发，实体与偶性的区别、运动以及运动之组合的法则都会由一种语言推理得出；这种推理使得数学能够被运用于物理，因为经验在各种不同的逻辑和数学上可能的运动法则之间做出了辨别。

现在我们看到，我们必须区分物理学的两个层面：其一是完全先天的 [a priori]，即从原因到结果的层面，其中处理了从在"第一哲学"中确立的人类认识的最普遍范畴中演绎出的运动法则；另一方面则是后天的 [a posteriori]，即假设性的从结果到原因的层面，其中处理了确切意义上的"物理学"，即对于可感世界的认识。由此，哲学方法的这种双向性也就得到了辩护：

---

[8]《新工具》，第 1 卷，格言 104。

由此，做哲学的方法也就是从对于原因的认识出发对于结果的最短探究，或者从对于结果的认识出发对于原因的最短探究。[9]

"第一哲学"，即关于运动法则的数学和理论物理学的工作是从原因到结果的先天演绎，而阐明可感现象的应用物理学的工作则是从结果出发对于可能原因的推断。不过，《论物体》第四部分所发展的应用物理学却完全依赖于它在第三部分所发展的理论物理学。所以霍布斯也就能够在第25章第1节宣称研究可感世界的物理学并不试图确立任何普遍原则，因为后者已经包含在第一哲学以及理论物理学中了；相反，其任务仅仅是探究那些被造物主放置在了事物本身之中并且由我们所观察到的普遍原则究竟是哪些。因此这种关于现象的物理学并不给出任何新的普遍规律，而仅仅给出作为定义与普遍规律的应用的个别命题。这样一来我们也就理解了，经验只能具有一种辨别性的功能，这也是为什么在《论物体》题为《论运动与量的比率》[*De rationibus motuum et magnitudinum*]的第三部分中，除了匀速运动与匀加速运动之外，霍布斯还描述了很多并不具有任何经验应用的运动方式。因此，唯名论也就与一种关于知识的约定论联系了起来，其中最终被用来解释自然的理论是我们选择的结果，这种选择所考虑的因素包括理论的解释效力、简洁性以及所需假设的数量等。所以物理理论的有效性依赖于其与事实是否符合。

因此，我们必须将一个理论的解释效力与其为真性区分开来：前者依赖于经验的符合而后者则完全是逻辑-数学意义上的

---

[9] 《论物体》，第6章，58—59页。

为真，因此仅仅依赖于作为知识原则被提出的名义定义以及建立在其上的生成性定义。解释与为真之间的这种区分非常重要，因为经验既不能够为我们提供任何一般的原则，也不能保证它一定为真。在这里，真理并不是事物的真理而是命题的真理这一论题被应用在了物理学上。霍布斯对于物理学中的独断论的拒斥正如他对于形而上学的独断论的拒斥一样，这即是说理性仅仅提供认识的工具，而绝不提供任何关于事物本身的绝对真理。因而关于现象的物理学所达到的仅仅是结果或者感觉显现的可能原因，而非确定原因。物理学永远无法超越道德确定性的限度并达到笛卡尔在《哲学原理》结尾所期许的形而上学确定性，因为在笛卡尔那里，奠基了从前者到后者的上升的神学沉思（上帝的保真性）已经被拒斥掉了：

> 物理学的原则并不像数学中的定义以及公理那样确定；相反，它们仅仅是假设性的。事实上，没有什么能够禁止上帝，自然的奠基者，能够以多种方式产生同一个自然结果。[10]

这样，知识的为真性以及解释力都无法转换为其存在论意义上的有效性，因为自在的事物就其本身而言决定性地超出了知识的范围；同时，对于一种绝对真理的探究在这一领域中既虚幻，也无用。虚幻，是因为它再一次预设了某种存在论语言；无用，则是因为运动法则的解释力本身就足以确保我们的知识并且指导我们的行动。因此，正如我们已经知道的那样，霍布斯的唯物论

---

[10]《物理学问题》[*Problemata physica*]，拉丁文全集第 4 卷，299 页。

是一种认识上的唯物论,这即是说一种解释现象的系统,而不是存在论意义上的唯物论。分离形而上学在此也决定了物理知识的地位。

2. **同质**。在我们将归纳方法排除在外并且将经验还原为一种辨别的功能后,以几何学方法作为模型的知识也就被同质化了。几何学为我们提供了因果或者说生成性认识的模型:比如说,当我们将圆定义为一个在平面上由一端被固定的线段所形成的图形时,这就是一种经由原因的认识,它可以解释在空间与表象结构中被建构的圆的所有性质。[11] 由此霍布斯在其《对当今数学的检验与改进》[*Examinatio et Emendatio Mathematicae Hodiernae*, 1660] 中提出了一种对几何学的改革,这种改革即在于将生成法拓展到所有几何定义与推演之上[12]:"事实上所有不同的图形都来自于建构这些图形的不同运动。"[13] 线由点的运动生成,面由线的运动生成,体由面的运动生成。[14] 如果说最好的定义"说明了事物的原因或者生成"[15],那么,这一方面是因为这些定义解释了事物的可能性,另一方面也是由于它们使得我们能够认识事物的所有性质。并且,由于推理的终点即是对于事物的原因或生成的认识,这种原因就必须在定义中被给出,因为若非如此我们在之后

---

[11] 参考《论物体》,第 1 章第 5 节,5 页;同前,第 6 章第 13 节,72 页;《对当今数学的检验与改进》,拉丁文全集第 4 卷,64 页。

[12] 参考 Gueroult, *Spinoza II*, pp. 482-487。

[13] 《论物体》,第 6 章第 5 节,62 页。

[14] 参考《论物体》,第 8 章第 12 节,99 页;同前,第 6 章第 6 节,63 页;《对当今数学的检验与改进》,31 页;《给数学教授的六堂课》,英文全集第 7 卷,214 页。

[15] 《给数学教授的六堂课》,英文全集第 7 卷,212 页;参考《对当今数学的检验与改进》,86—87 页。

推理的一系列结论中更无法重新发现它。[16]因此，几何学应当被改革以便能够产生一种完全演绎性的知识，这即是说全然生成性、建构性的知识。

这种做法的主要后果并不在此，而在于这样一来"认识就是通过原因的认识"[scire est per causam scire][17]、"科学就是从对于原因的理解"或者"从对于原因的先在认识""得出的知识"[18]，这一系列原则也就被拓展到了整个哲学之上。正是这种对于科学的看法解释了在《论物体》中关于原因的理性认识与关于事实的经验认识之间的对立：

> 这就是为什么科学是关于为什么[tou dioti]即原因的科学，而所有其他被称作关于事实[tou hoti]的认识都只是感觉，或者仅仅来自于感觉、想象或者记忆。[19]

关于为什么的认识与关于事实的认识之间的区分来自于《后分析篇》，但霍布斯却为其赋予了一种反亚里士多德主义的意涵。虽然亚里士多德也认为"关于事实的认识与关于为什么的认识有别"[20]，但他却并不由此认为不存在关于事实的科学，甚至说我们必须要求所有科学都能够提供数学化的演绎。因此关于事实的认识与关于为什么的认识都能够属于同一门或者不同的科学：

---

[16] 参考《论物体》，第6章第13节，72—73页。
[17] 《对当今数学的检验与改进》，拉丁文全集第4卷，42页；参考《物理学问题》，拉丁文全集第5卷，156页。
[18] 《给数学教授的六堂课》，212、210页。
[19] 《论物体》，第6章第1节，59页。
[20] 《后分析篇》，第1卷第13章，78a22。

因此，就其在同一门科学之中而言（并且就中项的位置而言），以上就是关于事实的推理与关于为什么的推理之间的区别。但事实与为什么还能够以另一种方式被区分，这即是当它们属于不同科学的时候。[21]

进而在《尼各马可伦理学》中，亚里士多德就政治科学的方法做出了如下澄清：

同时，我们又必须记住前面所说过的话：我们不能要求所有的研究同样确定，而只能在每种研究中要求那种题材所容有的、适合于那种研究的确定性。木匠与几何学家都研究直角，但是方式不同。木匠只要那个直角适合他的工作就可以了，几何学家关照的则是真，他要弄清直角的本性与性质。我们在其他题材上也应当这样做，这样才不会抓住了次要的东西而忽略了主要的东西。同时，也不需要在所有问题上要求同样的始点。有时它是已变得明白无误——就如始因那样——的事实。事实就是最初的东西，它就是一个始点。不同的始点是以不同的方式获得的。有的是通过归纳，有的是通过感觉，还有的是通过习惯等而获得的。对每种始点，我们必须以它的本性的方式理解，必须正确地定义它们。[22]

由此在论及政治学时亚里士多德认为"一个人对一件事情的性质的感觉本身就是一个始点。如果它对于一个人是足够明白的，

---

[21]《后分析篇》，第1卷第13章，78b31-35。
[22] 亚里士多德，《尼各马可伦理学》，第1卷第7章，1098a25-1098b5；中译本20—21页。

他就不需再问为什么"。[23] 霍布斯所质疑的正是这种与认识对象的本性联系起来的认识方法的多元。现在，只有关于为什么的科学才是科学，并且其方法只剩下几何学的方法。理性不再顺从于自然，而是通过用几何学的方式 [more geometrico]* 处理自然从而将自然置于其自身的内在要求之下。

不过霍布斯这里的"几何学方式"的含义与斯宾诺莎处并不相同。对于斯宾诺莎来说，几何学以及生成方法的独特之处在于它能够使我们认识到事物的本质，这就是说它能够为我们提供一种充分反映了事物本质的认识模型："完善的定义必须能够揭示事物本己的本质，并且我们需要小心不要将事物的必然偶性 [propria] 混同为它的本质。"[24] 因而几何学所展示的也就是理智认识真理的力量，这种力量并不仅仅局限于理性存在物**的范围中，同时也能够拓展到物理现实的存在物上去。正如葛扈所说："因此，几何学在揭示理智的本质的同时也揭示了对于真的认识究竟在于何，这也就是说它是所有真认识的传授者，并且将人类认识都网罗在了它的普遍方法之中。"[25] 但同时，通过向理智昭示自身，几何学也就成了在认识真理时人类理智的自发性的范例；这种自发性即是神的自发性本身，经由这种自发性人类理智得以像神产生观念那样产生属于自己的观念。从中我们可以得出两个后果：首先，由于我们的理智即是神的理智的一部分，生成性认识也就

---

[23]《尼各马可伦理学》，第 1 卷第 4 章，1095b5-7；中译本 10—11 页。
[24]《理智改进论》，第 95 节。
[25] Gueroult, *Spinoza II*, pp. 477-478.
 * More geometrico 这一概念本身来自于笛卡尔第二组答复，并为斯宾诺莎所发展。——译者注
 ** 理性存在物 [entia rationis] 指的是并不真实存在于自然中的理性的虚构物。——译者注

能够触及事物本己的本质并且获得完全的存在论效力；另一方面，由于几何学昭示了我们的认识能力，由它所产生的知识也就内在地受到我们理智本性的法则的制约，并且这些法则同时也是神的本性的法则。但是，几何学模型在霍布斯那里所扮演的角色却与之恰恰相反。比如《论人》中的这段文本：

> 因此关于"量"存在着数量非常多的可以被证明的定理，关于这些定理的科学我们就称之为几何学。而既然个别图形所拥有的性质的原因在于那些我们自己画的线条，并且这些线条的生成依赖于我们自己的意志，因此为了认识某个图形的某种性质，我们只需要考虑通过画线我们自己对图形的建构所带来的所有后果就行了。因此，恰恰由于我们自己创造了这些图形，几何学才被看作是可证明的，而它也确实如此。[26]

让我们先稍停片刻。就几何学的对象为我们自己所建构而言，几何学是一种证明性的知识。这意味着，只有当知识的对象全然来自于理智本身时，知识才是最完善的。而这则要求理智的认识力必须与意志相连，因为这样它才能够成为一种行动力。因此，几何学即是一种认识的展开与认识对象的生产完全同步的知识模型：

> 因此这种我们由之知道某定理为真的科学即是一种从原因或者对象的生成出发、经由正确的推理而得出的认识。[27]

---

[26]《论人》，拉丁文全集第 2 卷，第 10 章第 5 节，93 页。
[27] 同上书，第 10 章第 4 节，92 页。

这种生成即是一种源自于我们的意志［*ex nostro arbitrio*］的生产。如果说我们能够通过原因认识性质的话，这是因为与意志相连的理智本身是这些原因的创造者。因此几何学也就是一种真正的先天的科学，因为它全然来自于人的行动力：

> 被先天地赋予人类的证明性科学就是那种其对象的生成仅依赖于人自身的意志的那种科学。[28]

这就是为什么只有关于那些其存在依赖于人的意志与理智的对象，生成性认识才能充分地捕捉其本性。因此，霍布斯远没有将几何学当作一种内在地被其必然性并不依赖于我们自身的理智法则所统摄的认识的范例；相反，几何学在这里成为了人类意志的行动力的范例。在这里意志并不是没有原因或者动机的，它仅仅意味着与意志相连的行动力就像建造人造物的能力一样。这样一来，我们之后也就没有必要将关于理性存在物的生成性认识转移到物理世界中的现实存在物上，或者宣称对于后者的本质拥有某种认识。霍布斯在上引文本之后马上谈到的就是这个问题：

> 正相反，既然自然物的原因并不在我们的权力范围内［*in nostra potestate*］，而是处于神的意志当中［*in voluntate divina*］，并且其中的绝大部分，特别是以太，都是不可见的，因此我们也就无法从它们的原因出发演绎出它们的性质，因为我们无法看到它们。[29]

---

[28]《论人》，第10章第4节，92页。
[29] 同上书，第10章第5节，93页。

与意志相连的人类理智并不能够和神的理智一致,或者以神的方式构想事物;相反,它与神的意志截然分离,因此,理性推理无法以任何方式表达自然物本身的生成过程,因为后者是由神创造的。这种与神的分离也就奠基了与自然的分离,并且解释了人的知识不可能具有任何存在论有效性的原因。就我们不是自然物的创造者而言,我们永远都无法按照它们被神所创造的方式及其仍然依附于神的方式来认识它们。

因此,尽管生成性认识的几何学模型在霍布斯和斯宾诺莎那里都揭示了理智认识真的能力,但这一模型在前者那里所具有的意涵却与后者处十分不同。对于斯宾诺莎来说,统摄人类思想的理智法则同样也是统摄神的思想的法则,因此,人的思想也就表达了神圣实体在产生现实存在物时所展现的必然性。与之相对,对于霍布斯而言,与意志相连的人类理智是一种与神全然不同的行动力,因此它也就与被神的权力以及意志所创造并维系的事物的本性分离开来了。一边是自然以及知识的绝对的存在论有效性,另一边则是人造物以及认识的存在论有效性的全然缺乏。那么现在,我们是否应当得出结论说,对于霍布斯而言,关于自然我们无法认识任何东西呢?这个问题的答案是否定的,正如《论人》接下来的文本所说明的那样:

> 不过,从可见的性质出发,我们能够通过演绎可能原因的后果,来得出结论说这些性质有可能拥有这样或那样的原因。这种证明也就称作是后天的[*a posteriori*],而关于这种证明的科学叫作物理学。[30]

---

[30]《论人》,第10章第5节,93页。

如果我们从可感性质，或者说事物在我们之中所产生的结果或者现象出发，一种对于自然的认识就是可能的。因此对于自然的认识的出发点也就是感知，或者说表象。这也是为什么被应用于可感世界的物理学只能是后天的。理性借助对于语词的使用推断出我们表象的原因，但这些原因仅仅是可能的，而非确定的。事实上并没有什么东西能够确保事物本身和我们对于它们的构想一致。因此，知识都仅仅是假设性的：知识仅仅具有一种能够解释事实的解释力，但由于它们永远都与事物本身分离，它们也就在本质上都是名义的、有条件的知识。

但是，先天的几何学知识与后天的物理学知识之间的这一区分难道不会导致方法的异质吗？生成性的知识不能在物理学中具有一席之地吗？换句话说，一种数学化的物理学是否仍旧可能？霍布斯对于这一点的回答是明确的："在关于由运动所形成的自然事物的推理中，如果我们不知道每一种运动的结果的话，我们也就无法从结果 [a posterioribus] 回溯到原因 [ad priora]；并且，如果我们没有对量的认识——几何学——的话，我们也无法推出每一种运动的结果。"[31]因此，物理学中的证明也都同样具有先天的性质。虽然在一种意义上，物理学方法在生成性方法中所蕴含的理解与意愿的统一性中产生了某种异质的成分，但在另一种意义上它仍旧是一门科学，因而并不是简单的事实认识，这也就是说它所运用的必须是对于原因的认识，而这就需要从几何学的应用中得出了。因此证明永远都是由原因出发的先天证明，哪怕这是物理学证明；由结果所推断出的仅仅是不同的可能证明的解释力。因此我们也就看到，从物理学的视角看，所有的数学证明都

---

[31]《论人》，第10章第5节，93页。

被转变为了若干假设，而经验的作用仅仅是从这些假设中挑选出合适的。

哲学方法的两个面向——从原因到结果和从结果到原因——之间的区别并不是两种方法的区别。方法一直都是同一个演绎性的、生成性的方法，只不过在物理学中我们需要将证明应用于现象罢了。从结果到原因这一步骤所检验的仅仅是已经被完成的从原因到结果的证明的解释力。因而霍布斯区分了处理抽象的、与经验没有关系的纯粹数学，与某些部分必须符合宇宙某一片区域的事实的混合数学，比如天文学以及（应用）物理学。但关于原因的数学知识为物理学所提供的仅仅是关于自然现象的可能原因的认识而已，因而知识的真永远都不能混同于事物的真；由于我们永远无法触及事物的本质，并且所有存在论语言都是虚假的，因此，由与意志相连的理智的行动力所制造的知识外在于自然，但展开于人造物之中。唯名论蕴含着对于人类活动在知识的产生中的作用的强调，而现在它将我们带到了它的最终结论上，即所有知识都是人造的，因为知识来自于人而非自然。知识，首先即是作为 [faire]，其次则是力量。

但此时出现了一个看起来十分悖谬的事实，即人的理智与意愿和神的意愿的分离一方面抹去了知识的所有存在论有效性（因为对象的生成不再等同于知识的发展），但另一方面，这种分离却使得人的行动力模仿了神的行动力。这也就是说，与意志相连的人类理智的行动力模仿了神的意志造物的过程。因此我们可以说，虽然人与神分离了，但几何学这种属神的技艺仍旧昭示着人是神的形象这一事实。霍布斯在《利维坦》导论中关于政治学所说的恰恰对应着此处我们关于几何学所说的：

> 自然，也就是上帝用以创造和治理世界的技艺，也像在许多其他事物上一样，被人的技艺所模仿，从而能够制造出人造的动物。……但技艺还走得更远，它还要模仿有理性的、最精美的自然造物———"人"。因为号称"国民的整体"或"国家"[civitas]的这个庞然大物"利维坦"就是由技艺所造的。[32]

在奠基国家的过程中，人的行动力模仿了神在奠基自然时的创造力。人造物模仿了自然，这也是为什么这个类比可以被倒转过来，这也就是说自然可以被看作是神的技艺。人言也在这种人造物中模仿了神言：

> 最后，用来把这个政治团体的各部分最初建立、联合和组织起来的"公约"和"盟约"也就是上帝在创世时所宣布的"命令"，那命令就是"我们要造人"。[33]

因此，人的行动力并不仅仅在理性存在物上模仿了神的不可理解的意志的行动力，霍布斯由此试图将知识的几何学模式拓展到政治学上，并且认为政治科学也有可能是先天的：

> 此外，政治学与伦理学，即有关正义与不义、公平与不公的科学，可以被先天地演绎出来；因为我们知道正义与公平（及其反面不义与不公）所依据的原则是什么，这也就是

---

[32]《利维坦》，导论，中译本1页，译文有调整。
[33] 同上书，中译本1—2页。

说我们自己制造了正义的原因（即法律与公约）。因为在法律与信约被奠定之前［*Nam ante pacta et leges conditas*］，在人类这里并不存在比在野兽那里更多的正义与不义以及善与恶的本性。[34]

一种先天的政治科学之所以可能，乃是由于我们自己制造了国家存在的原因，这些原因同时也是理解国家的原则。换句话说，对于霍布斯而言，一种以几何学的生成性认识为模板的演绎政治科学的奠基之所以可能，乃是由于政治体即国家的奠基。一种科学的可能性与对其对象本质的规定性有关，因此，几何学方法能够被拓展到政治学上这一点意味着后者所处理的对象至少在某些方面与前者的对象类似。虽然几何学研究的是连续量以及抽象形状，而政治学的对象则是某种现实存在物，但这种现实存在物却并非自然的造物，而是人造物，即人的意志的产物。因此，国家之所以与几何学的抽象存在物类似，生成性方法——这里的生成是一种制造——之所以可以被拓展到政治学上，都是由于国家是一种人造物。人造物和抽象物之所以与自然物相对立，乃是因为它们源于人为；这种人为即是认识与意愿的统一，也是理性与对象的统一。

方法的统一性与同质性因而打开了一种先天的政治科学的可能性。先天在这里的意思与历史相对。因此，政治学既不是一部国家史，也不是对于政体的经验性描述或者记录，更不是对于最佳政体的讨论，而是对于国家的原初性的、非历史的奠基之必然性的演绎。这种科学必须能够使我们借助知识的确定性以跳出关

---

[34]《论人》，第10章，94页。

于善与恶、正义与不义的意见纷争，因为对于国家的奠基同时也就是对于一种决定了正义与不义的规则的法典的奠基，就像几何学首先订立那些确保了证明的严格性的规则一样：

> 创立和维持国家的技艺正像算术和几何一样在于某些法则，而不像打网球一样只在于实践。[35]

由此我们也就看到了存在论的瓦解——这种瓦解蕴含在分离的形而上学之中，并且是演绎方法的统一性的基础——何以是一门关于政治体奠基的政治科学之奠基的条件。存在论秩序的丢失使得法律秩序能够被先天地构建。

不过一个无法回避的问题是：认识与对象的关系在几何学和政治学中难道不是完全不同的吗？在前者那里，认识与对象的生成完全重合，但在后者那里，似乎政治行动是必然外在于政治知识的。因此，在几何学中只有对完善建构的形状才能进行严格的推理，反过来说形状的完善建构也只有通过严格推理才得以可能；但在政治学中，国家在政治科学到来前就早已经存在了，并且政治科学也无力阻止国家陷入内战并最终解体。对于这一点我们当然能够以如下方式进行回应，即使人们并不拥有对于生成性几何的认识，人们依然能够经验性地建构形状并且认识它的一些性质；反过来说，几何学的存在也并不能够阻止人们陷入推理的错误：

> 在算术方面，没有经过锻炼的人必然会出错，其计算靠

---

[35]《利维坦》，第20章，中译本162页。

不住,即使是教授们也会常常出现这种情形。任何其他推理问题也正是这样,最精明、最仔细和最老练的人都可能让自己受骗,做出虚假的结论。然而推理本身却始终是正确的推理,如同算术始终是一门确定不移、颠扑不破的艺学一样。但任何一个人或一定数目的人的推理都不能构成确定不移的标准,正如一种计算并不因为有许多人一致赞同就是算得正确一样。[36]

这一回答让霍布斯能够解释由内战所造成的绝大部分悲剧与动荡,不管内战是由一种被严格证明的政治学的缺失所造成[37],还是由臣民的无知以及"不知道政治学的真正规则的政府官员的笨拙"所造成的[38];并且由此,他也能够期待理论政治学所能够带来的现实作用:

> 柏拉图和迄今为止的任何其他哲学家都没有整理就绪并充分或大概地证明伦理学说中的全部公理,以使人们能因此而学习到治理与服从的道德法则;这样一来我又恢复了一些希望,认为我这本书总有一日会落到一个主权者手里;由于它很短,并且在我看来也很清楚,所以他便会亲自加以研究,而不会叫任何有利害关系或心怀嫉妒的解释者帮忙;同时他也会运用全部权力来保护此书的公开教授,从而把这一思维的真理化为实践的功用。[39]

---

[36]《利维坦》,第5章,中译本28页。
[37] 参考《论物体》,第1章第7节,6—9页。
[38]《利维坦》,第19章,中译本147页。
[39] 同上书,第31章,中译本288—289页。

但这个回应却是不充分的,其根本原因在于,从政治的视角看,认识过程就其自身而言永远都不等同于事物的制造过程。换句话说,尽管在几何学中,图形的制造与被认识是同一个过程,但政治科学的奠基就其自身而言永远都不是国家的奠基。因此,看起来几何学的模型超出了政治科学的可能性,或者说几何活动中认识与意愿的统一永远无法在政治中实现,因为在后者这里奠基了国家的群体意志始终外在于对它加以解释的理性。但如果说科学的确定性与先天性的前提之一即在于"真"[verum]必须被转化为"作为"[factum][40],那么将几何学的可理解性拓展到政治学的这种想法本身不就是注定失败的了吗?几何学的模型对于政治现实而言是否要求过高了?反之,如果我们坚持要遵循这一模型的要求,它是否必然会无力捕捉政治现实呢?

为了回答这一问题,我们看到,霍布斯非但没有否认政治学中认识与意愿之间的外在性,反而认识并且确认了这一点。但这种外在性之所以存在,乃是由于人类的作为不过是对于神的作为的模仿,因此,人的作为只有在几何学的理性存在物上才具有理性的展开与对象的构造之间的一致性。所以,虽然意志与理性的统一被(不可理解地)实现在了神对于自然的奠基中,但它却并不能被实现在对于国家这种现实存在物的人为奠基之中,尽管国家也是一种人造物:

> 寿数有限的人所造成的东西虽然没有可以永生的,但如果人们果真能运用其自认为具有的理性的话,那么他们的国

---

[40] 我们也可以在维科[G. Vico]的《新科学》[Science Nouvelle]中找到这一转换,但在那里所描述的是历史。

家便至少也可以免于因内发疾病而死亡。因为国家根据其建立的性质说来，原来是打算与人类、自然法或使自然法具有生命力的正义之道共久长的。所以当国家不是由于外界的暴力，而是由于内部失调以致解体时，毛病便不在于作为质料的人身上，而在于作为建造者与安排者的人身上。因为当人类最后对于紊乱的互相冲突、互相残杀感到厌倦以后，便一心想要结合成为一座牢固而持久的大厦；在这种情形下，一方面由于缺乏技艺，无法制定适当的法律使彼此的行为互相一致；另一方面又缺乏谦恭和忍耐，不肯让自己现在这种庞然大物的材料上粗糙而碍事的棱角削去，其结果是没有十分能干的建筑师的帮助，所砌成的建筑物就不可能不是摇摇晃晃的；这种建筑物在他们自己那一时代就很难支持，而将来则一定会倒下来打在他们子孙的头上。[41]

在对自然的奠基中，神的作为是完全可靠的，因为神的理性是从其意志中流溢出来的；但人的作为却是会出错的，因为其中理性与意志、科学与存在是互相分离的。时间、历史、死亡等都掺杂在人的作为中，这些对于国家的奠基都有着原则性的影响：

> 虽然从建立主权的人的意图说，主权是永存不灭的，但根据其本身的性质，它不但会由于外患而有暴亡之虞，同时也会由于人们的无知和激情而从刚一建立时起就包含着许多因内部不调而发生的自然死亡的种子。[42]

---

[41]《利维坦》，第29章，中译本249—250页。
[42] 同上书，第21章，中译本172页。

但科学与存在之间的这种分离同样也打开了一种政治或统治技艺的可能性，这即是说使得从法中推演出的规则能够在现实中起效的技艺：

> 无论如何，根据没有彻底弄清、没有用严格的理智衡量国家的性质与成因，而且经常由于不明白这一点而遭受苦难的人的实践所提出的理由，都是不正确的。因为纵使全世界的人都把屋基打在沙滩上，我们也不能因此就推论说屋基应当这样打。[43]

3. 分析与综合。因此，在霍布斯这里证明方法的统一性确保了科学的同质性。科学是由知识的生成与演绎过程定义的，不管其对象是什么。霍布斯同时也将这种证明的方法形容为"组合的"[compositiva]或者"综合的"[synthetica]，因为它从在第一哲学中建立的人类知识的普遍原则与原因出发，演绎出了对于个别事物的原因的认识。但这一定义预设了我们已经拥有了无法从其他地方演绎得来的、统摄所有论证的第一原因和原则。因此，它预设了另一种能够使我们到达人类认识的普遍原因的方法。此时我们需要的是一种分解[resolutiva]或者分析[analytica]的发现的方法："因此我们的结论是，找寻事物的普遍原因的方法是纯粹分析性的。"[44]在这种意义上，我们可以说分析方法确切说来并不是科学的方法，因为后者完全在于证明；但分析法却是科学的条件，因为它让我们得以发现原则。

---

[43]《利维坦》，第20章，中译本162页。
[44]《论物体》，第6章第4节，61—62页。

在我们回到分析的发现法以及它所触及的第一原则及原因的地位前，我们首先应当注意到，17世纪时各种不同的方法理论——不仅仅是霍布斯的，同时也包括笛卡尔、帕斯卡尔、斯宾诺莎与莱布尼茨的——正是围绕着发现与证明、搜寻与阐明、分析与综合等不同概念才得以建构起来的。不管关乎的是语言推理、指导心灵的规则、几何化的心灵活动还是对于被给予的真观念中所包含的必然性的反思，在每个事例中，方法的概念都源自于一种形而上学，这种形而上学奠基了分析或者综合被赋予的特殊地位，并且决定了认识的必然性中所包含的存在论效力（或者存在论效力的缺失）。

在这种意义上我们可以说，17世纪就是方法理论的世纪；与之相对，16世纪则是方法问题的世纪。方法之所以在16世纪是问题，乃是由于当时的方法概念——比如阿格里科拉［Agricola］、拉莫［Ramus］、夏庞蒂埃［Charpentier］、盖伦［Galien］、扎巴莱拉［Zabarella］以及很多其他人[45]在方法的统一与多样、发现或探索与阐明或组织，以及对柏拉图与亚里士多德的征引或对立中所发展的方法概念，均依赖于奥康在两个世纪之前对亚里士多德主义中的诸多概念所做的批判，比如实体（属种构成的秩序失去了其所有的存在论意涵）、关系（被还原为了心灵所形成的概念，因此与亚里士多德主义中一种关于由客观方向所塑造的宇宙相对立）以及因果（不同的原因能够导致相同的结果，这在奥特库的

---

[45] 参考 Nelly Bruyère, *Méthode et dialectique dans l'oeuvre de La Ramée*, Paris, Vrin, 1984; Lisa Jardine, *Francis Bacon, Discovery and the Art of Discourse*, Cambridge University Press, 1974, pp.1-65; A. C. Crombie, *Histoire des sciences de Saint Augustin à Galilée*, traduction J. d'Hermies, Paris, P.U.F, 1959, T. I, pp. 215-244; J. H. Randall, *The School of Padua and the Emergence of Modern Science*, editrice Antenore, Padova, 1961.

尼古拉［Nicolas d'Autrecourt］那里使得科学被构想为一种对于自然的仅仅是可能的解释系统）。但尽管如此，这些重新出现的理论家们却并没有奠定一个能够重新确保认识与存在的联系的新形而上学。亚里士多德的工具论所确保的认识秩序［ratio cognoscendi］与存在秩序［ratio essendi］之间的同一，在16世纪被认识秩序的问题所取代，此时认识秩序已经不再根植于存在的范畴，但它却仍然未被一种建立在思想秩序与事物秩序之间的对应之上的形而上学所支撑。因此，与《后分析篇》中的演绎理论不同——在那里存在论的优先同样也就是认识论的优先，因为本质同时统摄认识与存在。在16世纪，演绎方法几乎一直是以教学为目的的、按照从最普遍到最具体的次序进行的、对于已经获得的知识的简单阐明或者整理。

霍布斯正处于这种再次出现的方法问题与现代方法理论的论域中。这不仅仅是由于霍布斯从帕多瓦学派特别是扎巴莱拉那里继承了分解与组合的概念与步骤，而更根本上是由于他完全接受了同亚里士多德主义存在论决裂的后果。虽然由所有方法都从已知物进展到未知物这一观念出发，霍布斯再现了《后分析篇》中关于对我们更可知之物与在自然上更可知之物的区分，但他却为这一区分赋予一种反亚里士多德的含义。在《后分析篇》中，这一区分所涉及的是有关证明的原初且不可证的原则的认识模式。这些原则就其为结论的原因而言，必须先在于结论并且比结论更可知：

此外，"先在"与"更可知"有着双重含义，因为在自然上在先与对我们而言在先并不是同一个东西，并且在自然上更可知与对我们而言更可知也不是一回事。我将那些最切近感觉的对象称作对于我们而言先在的并且更可知的东西，而离感觉最远的对象则是绝对地先在的并且更可知的东西。最普遍的原因离感觉最远，而最个别的原因则离感觉最近，因此这些概念也就是互相对立的。[46]

正如霍布斯所指出的那样，我们不应从这一区分出发得出结论说，在自然上更可知的就是对人而言更不可知的，[47]因为普遍原因的在先性同时也就是所有证明所预设的那种预先为我们所知的原则。因此，亚里士多德在事物之中投射了某种自在的理解秩序，这种秩序确保了事物的产生方式与知识的展开方式之间的一致，并且使得关于形式的实体或者说本质的知识比单纯的科学更加精确，这种更加精确的知识即是直观：

> 由于所有原则都比证明更为可知，并且所有科学都伴随着证明，因此，并不存在关于原则的科学。同时，由于除了直观之外没有另一种认识能够比科学更为精确，因此把握到原则的是一种直观。[48]

即使对于霍布斯来说由理性的语言操作所触及的原因和普遍原则，相比于感觉对象而言同样在本性/自然上更为可知，但一种理智直观却完全消失了。所有证明的第一原则都失去了它们的存在论意涵，同时它们也不再关涉事物的本质，而仅仅是单纯地阐明了某个词项的意指的名义定义而已。因此，虽然霍布斯也

---

[46]《后分析篇》，第1卷第2章，71b34-72a5。
[47]《论物体》，第6章第2节，60页。
[48]《后分析篇》，第2卷第19章，100b9-12。

认为它们在本性上更为可知，但他却并没有因此为这些原则赋予某种自在的可理解性，而是恰恰肯定了所有试图认识事物就其自身而言的本性的尝试都会不可避免地与这些原则分离，因为其必定会依靠抽象与普遍化等语言操作。证明秩序所直接依据的是我们理性的要求而非事物的秩序。分析与综合、发现与证明的过程因而是由语言功能实现的，而后者与自然决定性地分离开了。正是语言在触及第一原则的分解过程中的这种角色使我们得以解释原则以及组合方法所建立的科学秩序的地位。分析必须使我们能够超越感觉认识的个别表象以及它们在想象中的联结，并使我们触及人类知识的最普遍原则，这即是说第一哲学中的普遍物[universalia]以及它们的原因：

> 但对于那些单纯地想要研究科学的人来说——科学即在于对于所有事物原因（所有个别事物的原因是由普遍物即简单认识组合而来的）的认识，就这件事是可能的而言——他们必须认识所有物体所共同具有的普遍物或者偶性的原因，这即是说在认识个别事物的原因之前他们必须认识所有物质所共同具有的东西，而个别事物的原因则是将某物与另一物区分开的偶性。而在我们能够认识这些普遍物的原因之前，我们必须先认识这些普遍物本身。此外，既然普遍物被包含在了个别事物的本性之中，我们必须用理性，这即是说分解，将它们从这些事物中分离出来。[49]

因此分解方法将最普遍的原因分离了出来，而反过来组合的

---

[49]《论物体》，第6章第4节，61页。

方法又从中演绎出了对个别事物原因的认识。这里的要点在于，这种分析性的发现并探索原因以及普遍原则的方法并不是归纳，而是对于词项的语义分析，或者从复合概念到更简单、更一般的概念的还原。这种更简单、更一般的概念组成了对复合概念的定义。比如说，我们可以将一个正方形的构想或观念分解为线、面、端点、角、直以及相等的概念，这些概念都在正方形的概念当中。因而分析就是一种在语言中将复合词项还原到更为简单、普遍的词项的操作，后者可以用来定义前者。这也是为什么最普遍的原则同时也是不可被继续分解的最普遍的词项。在这种意义上，分析在此所具有的功能类似于笛卡尔在思想层面而不是语言层面上为其所赋予的功能。

因此，第一哲学的原则本身是不可被证明的，因为它们是最简单、普遍的词项。霍布斯也是在简单、普遍、不可证明这三个意义上断定这些原则是显然的、就其自身而言甚至在本性上是可知的，[50]而非由于某种将这些原则当成是事物就其自身而言的本质的构成性原则的实在论。在这另一种意义上，霍布斯关于第一原则或者词项所下的论断相比于笛卡尔更接近于帕斯卡尔在《论几何精神或说服艺术》这本小书中所表达的：

> 因此，随着我们研究的逐渐推进，我们必然会发现某些不能再被定义的原初语词，以及一些如此清晰的原则，以至于我们无法找到比它们更清晰的原则以便证明这些原则。[51]

---

[50] 参考《论物体》，第 6 章第 5 节，62 页；第 6 章第 12 节，71 页。
[51] 帕斯卡尔，《论几何精神或说服艺术》[*De l'esprit géométrique et l'art de persuader*]，《帕斯卡尔全集》[*Œuvres complètes*]，350A 页。

与笛卡尔理论中的简单自然*不同,帕斯卡尔与霍布斯都意识到,在其原初词项或原则的最为基本的层次上,人类知识始终具有某种唯名的特征,这种特征使得人类知识无力宣称自己把握了事物的本质。但正如马纳所阐述的那样,帕斯卡尔却由此质疑了所有对于知识完全系统化的尝试:

> 与对原则的确定随之而来的后果是,言语秩序本身——其形式上的严格性以及客观的有效性——被质疑了。这些原则在数量上是无限的,并且对于人的理解力而言过于精微,因此它们使得任何一种系统化的尝试都成为不可能。[52]

霍布斯完全承认了他所提出的系统化属于语言的范畴,因此这种系统化也就产生于习俗的约定。这也是为什么,虽然人类不可能定义一切、证明一切,这一点在帕斯卡尔那里昭示了人类在"以最为完善的方式处理任意一种科学"[53]时在本性上的无能,但这也同时将知识放在了真方法的完善秩序与秩序的全然缺乏之间:

> 这种在人类这里最为完善的秩序并不在于定义一切、证明一切,也不在于定义与证明的完全缺失,而是在于,不要去试图定义对所有人来说都清晰并且被所有人所理解的东西,而是去定义其他所有东西;不要去证明被所有人知道的东西,

---

〔52〕 Pierre Magnard, *Nature et Histoire dans l'Apologétique de Pascal*, p. 56.
〔53〕 《论几何精神或说服艺术》,350A 页。
 * "简单自然"〔*natura simplex*〕来自于笛卡尔《指导心灵的规则》,意指那些作为分析的终点的、能被直观所直接把握的本性。——译者注

而是去证明所有其他东西。[54]

与之相对，对于霍布斯来说人类知识确实能够被实现为一个完善的秩序，但这种秩序却从头到尾都是在存在论上无效的。言语理性的逻辑虽然使得对于世界的阐释成为可能，但其效力却并不等同于绝对真理。

我们可以从名义定义与生成定义之间的区别看出霍布斯这种实现人类知识的完整秩序的企图。蕴含在复合概念的生成定义中的知识的第一原则或者说语言最普遍的词项仍然能够是一种同一的名义定义的对象，这种名义定义的功能是使我们产生关于被定义之物的清晰观念。因此，位置这一基本概念能够被如此定义："被一个物体所充分填满或占据的空间。"[55] 这一定义仅仅是一种同义反复，它仅仅确定了简单词项的含义，但却没有以任何方式给出它的原因。同样地，我们也不可能对运动进行一种因果定义，因为因果性的概念本身就蕴含着运动的概念。运动的概念无法被还原为更为原初的原因，因此运动的概念就是我们能够关于原因所拥有的唯一概念。不过，我们仍然可以对于运动进行一种名义上的定义："对于一个位置的放弃以及随之而来的对另外一个位置的获得。"[56]

但虽然运动是我们能够构想的唯一一种关于普遍原因的概念，但它却并不因此是哲学的唯一原则，也不是我们所能触及的最为原初的原则。事实上，在霍布斯的第一哲学中，空间与时间的概念、物体与偶性的概念（运动本身就是一种偶性）、原因与结果的

---

[54]《论几何精神或说服艺术》，350A 页。
[55]《论物体》，第 6 章第 6 节，62 页。
[56] 同上书，第 6 章第 13 节，72 页。

概念、能力与实现的概念、同一与差异的概念等才构成了知识的原初范畴。所有这些范畴或者普遍词项都能够从名义上定义，而这种定义不过是用一段话解释了一个词。如果我们不考虑这些词的定义的话，就没有其他的第一原则了。就连欧几里得的公理本身也能够被证明，尽管我们一般认为这些公理都具有原则的地位。至于公设，它们也不能被看作是原则，因为它们并不对证明起作用，而仅仅对构造起作用。此外，十分明显的是，诸如"自然惧怕真空""自然不做无用功"等被广泛接受的意见既不是就其自身而言显然的，也不能够被证明，因此它们也就完全不能被看作是原则。[57]

从名义定义出发，我们现在可以借助它们形成其他定义（现在是生成性的），这些其他的生成性定义表达了被定义事物的原因。认识活动现在就成为了组合的或者说综合的。在这一阶段中被表达的都是被定义概念的生成，正如我们在圆的生成性定义中所看到的那样。由此：

> 两个可以被组合为一个三段论证的定义产生出一个结论，由于这个结论是从原则即定义中推导出来的，因此我们就可以说它被证明了；而这种推导或者组合本身就被称为证明。[58]

知识的这种生成性的展开即是一种证明，这种证明在于"一个或者一系列三段论证，这些论证从对于名词的定义推导出来，

---

[57]《论物体》，第6章第13节，72页。
[58] 同上书，第6章第16节，76页。

直至最后的结论"。[59]知识的系统从不可证明的第一原则出发，在一步步增加其所使用的概念的复合程度的过程中勾画出了科学的完整秩序：首先被我们所发现的是几何学，即关于能够被简单的运动所证明的事物的科学；其次，是理论物理，在这里我们证明了物体的运动法则以及运动的组合的法则；第三，是被应用在自然现象上的物理学；第四，是伦理学或关于人类情感的理论；第五，即最后是政治学，它以公民义务以及国家的理论完成了知识的大厦。[60]以上就是由霍布斯的普遍数学所建立的知识的新秩序，这种秩序在形而上学的意义上决定了自然科学以及政治科学的性质。这种形而上学的决定在知识秩序的两个端点处——即知识的第一原则以及政治科学——最为显著。

在第一原则的层次上，知识的原初范畴——实体与偶性、质料与形式、潜力与实现，它们之后都被剥离了其本质论的意涵——将会成为一种物理学语言的范畴，这种物理学语言意图给出一种能够满足理性要求的对于世界的解释，并且这种解释并不涉及事物的存在或本质。这种在一种物理学语言的框架下的对于亚里士多德主义范畴的重新解释（这种重新解释是对范畴的存在论含义的唯名论批判的另一面）使霍布斯式的科学成为了一种能够解释现象的理性系统的建构，在这个系统中理性的原则不再具有存在论有效性，而仅仅具有认识论有效性。表象与事物的前谓述的分离以及对于一种没有存在论内核的语言意指的世界的建构都抛弃了事物的世界，后者也就由此变为了自我封闭的。语言关于世界所能够说的所有东西也就都被还原为了一种纯粹量化的同

---

[59]《论物体》，第6章第16节，76页。
[60]同上书，第6章第17节，77页。

质与冗余。由于个别事物的存在本身不再能够为我们所把握，物理语言所能保留的个体化原则也就只剩下唯名的数量同一原则，而这就使得事物完全可以被互相替代，也可以被数学地组合。

在这种数量的同一中，我们也就失去了事物就其自身而言的个别性。世界的现实空间因此也就转变为了一种纯粹的语言上的重复之所在，不管是在将事物的本性规定为"物体或物质"[corpus sive materia]中的重复，还是在对于物体的力的计算中的重复。这种重复——它是物理空间的同质性理论的基础——不过是语言无力谈论事物的现实个别本质这一事实的另一个面向。或者说，我们能够在其中分辨自然与偶性的有结构、有目的的世界已经不复存在，而只剩下互相对立、互相组合的力的场域，在其中所有必然的结果也都同样是偶性。霍布斯的物理唯物主义是通过偶性的集合来确定事物的效力的，而这样一来它也就在其单纯的认识论有效性中全盘接受了分离形而上学的所有后果。

在政治哲学的层面上情况却完全不同。由于范畴失去了其存在论内容并且被还原为了认识工具，同时知识的目的现在仅仅是满足人类的需求以及为人类提供控制自然的力量，这样一来政治哲学在知识秩序中的地位也就完全改变了，即现在它获得了某种凌驾于其他所有科学的重要性。事实上，语言中的范畴既与存在分离，同时也不根植于某种先验主体，而是来源于人类的生产活动，即言说[dire]与作为[faire]；这些活动在被质的不同所分化的表象空间之上建构起了感觉、知识以及行动的世界。这个世界在霍布斯那里已经倾向于（并且在他之后即将）成为唯一的一个世界了，在这个世界之外，存在的世界已经成为了次要的世界，并即将完全被抹去。

因此我们也就能够理解，虽然在霍布斯《哲学原理》

［*Elementa philosophiae*］三部曲的次序中政治学仅仅构成了知识的最后阶段（《论公民》），在它之前还有伦理学（《论人》）和物理学（《论物体》），但在《利维坦》中政治学却被擢升为关于人的总体科学，并代表了人类知识的全部（数学、物理学等不过是其部分）；这是因为，知识本身就是人类的作为，并且因此应被归为属人的科学。因此，政治学在霍布斯的知识秩序中具有双重地位，这正如社会学在孔德那里具有的双重地位一样：当它作为关于某个特殊对象即社会的科学时，它是知识的最后一部分；但同时它却也是科学的总体，因为只有它才是能够对知识加以系统化的、属人的科学。

以上就是霍布斯的普遍数学为政治学所赋予的根本的重要性：作为关乎人类对其属己世界的制造——其原初行为在于对国家的奠基——的科学，它是一种先天且确定的总体科学。

第三部分

物质与人造物

LA MATIÈRE ET L'ARITIFICE

第一章　镜子的另一面

　　毁灭世界的假设将表象的世界与事物的世界分离开来，那么，在这个事物本身已经离我们而去的世界中，我们又能借助语言功能重新找回些什么？表象之镜的另一面存在着什么？特别是此时这面镜子不再直接反映世界，这与培根以及霍布斯的早期作品比如《短论》(1630)*中的看法完全不同。在《短论》中我们可以读到："经由想象我们把握到了某个外在事物的**相似**或者图像，这个图像即使在外物被从**感官**前移开之后依然向我们显现。"[1]在舍伯雷的赫伯特 [Herbert de Cherbury，1582—1648] 所记录的《论物体》的一个早期版本中，开篇我们就能看到人类心灵与反映世界的镜子之间的类比：

　　　　人类心灵是一面能够接受整个世界的表象与图像的镜子。古人将记忆看作是缪斯之母并不是荒谬的，因为**记忆就是世界**，当然并不是真实的世界，而是仿佛映射在镜子中的

---

〔1〕《短论》，滕尼斯版《法律要义》附录1，204页，强调为作者添加。

　　* 近来学术界已经倾向于认为《短论》[Short Tract] 的作者是卡文迪许家族的秘书罗伯特·佩恩 [Robert Payne，1596—1651]，因此其中所包含的意向类的发射这一带有中世纪色彩的感知理论或许并不能代表霍布斯早期的哲学观点。——译者注

世界。[2]

但在 1640 年之后，随着对于光学研究的深入，这面镜子被倒转过来了，这也就是说，它表象的仅仅是由外在事物所激发的意识内容而已，这种意识内容与激发它的外物毫无相似之处。可感类理论允许现实世界中的事物能够同时进入意识的私人世界，但现在不再是这样了。视觉，表象最重要的形式，现在成为了一种内在的现象；这种内在现象来自于脑与心对于外在事物产生在眼睛上的效果的处理与解码，它们通过综合关于某对象产生在视觉中的点从而构成了表象的显现空间，就像未编辑的手稿《光学初稿》(1646) 中的理论（只有其中一部分后来被编入了《论人》[1658]*) 所展示的那样。

因此，进入镜子的另一面，也就是从可见进入到了不可见，即无法以任何方式被可视化或者被感知的东西——心外之物 [res extra animum]。言语理性是否能够触及事物决定着事物作为"物体或物质"[corpus sive materia] 的规定性，这一规定性同时也蕴含着对于亚里士多德主义哲学中"原初质料"概念的批判以及对"物质"这一现代概念的奠基。

然而，我们触及表象之下或者之后的事物的方式，以及由此而来的霍布斯唯物论的意涵[3]，都已经被蕴含在毁灭世界的假设的两个根本后果之中了，并且在某种意义上这两个后果是互相对

---

[2]《〈论世界〉批判》，附录 2，449 页。
[3] 我们需要注意"唯物论"这个词在霍布斯的文本中从未出现过。
* 即《光学初稿》处理镜片问题的第二部分。《光学初稿》第一部分处理的是一般的反射、折射和视觉问题，这一部分经过修改后被分散地编入了《论物体》。——译者注

立的。毁灭世界的假设一方面意味着，所有与事物的直接联系都被取消了，并且意识的场域也被限制在了表象内部而与世界相分离；但另一方面，表象也就成为了我们通过语言触及心外之物的出发点。因此，关于世界的言说必须满足两个相反的要求：1. 表象与事物之间的异质性，2. 对某个事物的认识只有将其联系到表象的条件上时才有可能，否则便不可能。关于自然的认识的悖谬之处就在于，不可见必须被变为可见。因此，我们也就理解了为什么关于事物本性与秩序的语言推理并不带有能够揭示存在物之存在的本质规定性，而仅仅具有某种满足了对于现象的解释需求的认识论规定性，并且这种认识论规定性决定性地脱离了事物的存在。依赖于分离形而上学的物理仅仅能够产生某种并不具有存在论意义的解释系统。个别事物的所是永远地被失去了。

关于世界的言说所必须满足的两个相反的后果被同时表达在了存在物作为自我持存之物［subsistens per se］这一规定中，以及在可构想物［ens conceptibile］与不可构想物［ens inconceptibile］之间的区分中。

实体或者定项的概念对于霍布斯而言可以被完全还原为单纯的存在概念。作为实体，存在物在心灵之外存在，而且并不依赖于其他事物。实体性并不指向事物之所是，而仅仅意味着它单纯或绝对地存在。因此，事物本身相对于表象而言具有完全的独立性，并且并不依赖于心灵。这一论题即是表象相对于事物的独立性的另一面。表象与事物的现实分离意味着，正如世界的存在对于表象而言不是必需的，表象之后的事物的存在也绝对地独立于表象的条件。即使事物不被我们以任何方式构想，它仍然是存在的：

此外，由于想象来自于我们假设存在或者曾经存在的某个作用物对于我们的作用,并且我们所假设的这一作用物被我们一般称为物体或物质,因此,即使完全没有想象,物体也会存在。[4]

因此,不依赖于思想的心外之物的存在实际上来自于思想在为其表象寻找原因时的要求。帕奇[Arrigo Pacchi][5]指出,"假设"或"定项"[*supponere, suppositum*]所具有的双重含义(它既意味着在没有感觉的直接证实的情况下仅通过理性将某物看作现实的,也意味着"置于其下"[*sub-ponere*])颠覆了对于实体的托马斯主义理解,因为实体此时是由理性推断得出的,而不再被直接给定在感觉中。但这种被假设的存在物——它同时也是被"置于其下"的定项或者基底——只有在它能够被表象时才是可理解或构想的。因此,存在物只有在它能够与表象的形式条件——这即是说空间与时间——相联系时才是可构想的:

---

[4] 《〈论世界〉批判》,第3章第2节,117页。
[5] Arrigo Pacchi, *Convenzione e ipotesi nella formazione della filosofia naturale di Thomas Hobbes*, Florence, 1956, pp. 70-100. 我们也可以在洛克那里找到作为可以激发我们的感觉的定项或基底的实体概念:实体即是偶性的支撑物,而我们无法在没有支撑物[sine re substante]的情况下构想偶性。实体即是某种"位于其下"[standing under]或"支撑"[upholding]之物(参考《人类理解论》,第2部分第23章第2节,296页)。由于洛克认为我们无法从心内之物出发对于实体有任何把握,实体的现实本质也就是不可知的。这使得洛克异常清晰地肯定了心内观念与外在事物之间的分离:"我们可以确信,由于关于实体本身的任何肯定性的、清楚明晰的观念都不为我们所知,并且实体本身是所有其他事物的基础,因此我们能够通过我们的官能形成的观念也就与事物本身极为不同。"(同前,第4部分第3章第23节,554页)当然,由于洛克与伽森狄和波义耳[R. Boyle]一样,认为观察与经验对于增进关于个别实体的知识而言是不可或缺的,因此相比于霍布斯,洛克的总体立场更接近于前者,不过他们最根本的形而上学预设却是相同的。

由此，物体与想象空间的关系就像事物与对于这个事物的认识的关系一样。事实上，我们所有关于存在物的认识都在于事物作用在我们的感官时所产生的图像。因此，由于想象空间即是物体的图像，它也同时就是我们关于存在之物的认识。[6]

因此，尽管表象已经与事物分离——这种分离使得事物不仅仅独立于表象（正如表象也独立于事物），同时也将事物置于表象的条件中，霍布斯仍然能够说：

> 人的想象不能在没有维度或者广延（这即是说没有任何一种大小）的情况下构想实体 [substantia] ……某些实体，比如心灵，是不可理解的，因此也不能被想象所构想，而仅仅是盲信的对象；另外一些实体，比如物体，则是可以被构想的。[7]

因此，只有事物能够与表象的形式条件相联系时，它才是可以被构想的，那些我们关于它们并不能拥有任何图像的存在物（比如说神）却并不满足这一条件。[8] 在想象空间的条件下可以被构想或表象的存在物，这即是物体：

> 由于哲学并不能够决定或者争论那些超出了人类的能力范围的事物，并且由于我们已经放弃为不可想象之物（这种

---

[6] 《〈论世界〉批判》，第 3 章第 2 节，117 页。
[7] 同上书，第 7 章第 6 节，149 页。
[8] 参考同上书，第 27 章，312 页。

不可想象之物现在一般被称作非物体实体）提供一个定义，我们将仅仅定义可想象之物。由此，在这种意义上，存在物就是所有那些占据了某个空间，或者我们能够按照长、宽、深来度量的事物。由这一定义出发，看起来存在物 [*ens*] 与物体 [*corpus*] 就成了同一种事物，因为我们可以用同一种定义描述它们。因此，我们所说的"存在物"，我们永远都将其称作物体。[9]

关于世界的言说这样一来也就成为关于物体的言说，因为物体是唯一一种可构想的存在物。世界就是所有物体的集合，并且也并不存在世界之外的东西，因为外在之物也预设了空间，因此也永远处于世界之内：

物体一词在其最普遍的意义下，指的是充满或占据某个空间或假想地方的东西；它不取决于想象，而是我们所谓的**宇宙**中真实的一部分。因为**宇宙**是所有物体的集合，所以其中任何实在的部分都不可能不同时是**物体**，而任何**物体**也不可能不是**宇宙**（全部物体的集合）的一部分。由于物体是变化的主体，也就是对于生物的感官来说可能具有不同的表象，所以，物体便也成为**实体**，实体即意味着不同偶性的**主体**。就是说，它可以有不同的偶性，例如有时运动、有时静止；对我们的感官来说有时热、有时冷；其色、嗅、味、声等有时是一个样，有时又是另一个样等。这种不同的表象是由于物体对我们的感觉器官所发生的不同作用而产生的，我们归

---

[9]《〈论世界〉批判》，第27章第1节，312页。

之于发生作用的物体的变化，称之为这些物体的偶性。[10]

在具有表象的质的杂多的世界背后，语言所能设定的仅仅是物体的集合。由物体构成的宇宙的同质性的条件之一即在于想象空间的唯心性。正如存在物是可构想的，存在物的活动同样也是可构想的。[11]这些活动即是物体的偶性，并且它们并不依靠自身存在，而是通过物体存在。运动——它只有在想象时间的条件下才是可设想的[12]——的功能即是因果地解释表象中的质的显现的变化。因此我们也就看到，不管是在实体中还是在偶性中，我们都只能通过将其还原到表象的条件上才可以构想发生在世界中的事情。[13]

此时，我们也就能够理解，虽然毁灭世界的假设使得对于存在物的规定必须遵循两个相反的条件，即一方面事物超出了表象的条件，但另一方面对于存在物的构想又必须依赖于表象的条件，但这两个条件最终都汇聚为了对作为现实空间的物体的物体性的名义本质的一种纯粹认识性的规定：

> 我将现实空间［*spatium reale*］定义为物体性本身，或者说物体就其仅仅为物体而言的本质。[14]

---

［10］《利维坦》，第 34 章，中译本 308 页；参考《〈论世界〉批判》，第 27 章第 6 节，317—318 页。
［11］ 参考《〈论世界〉批判》，第 8 章第 11 节，98 页。
［12］《论物体》，第 8 章第 11 节，98 页。
［13］ 参考《〈论世界〉批判》，第 7 章第 1 节，145—146 页；同前，第 7 章第 4 节，147—148 页。
［14］ 同上书，第 3 章第 2 节，117 页。

这种本质是一种名义本质，而不是构成了事物存在的现实本质；换句话说，它是一种在言语中用来指称物体的名称：

> 当物体本身被指称时，**存在**[esse]通常被称为**本质**[essentia]。比如说，当一个物体由于它是"理性的动物"而被命名为"人"时，"为理性动物"[esse animale rationale]就被称作是人的本质……"为物体"[esse corpus]或者"物体性"就是物体的本质。[15]

当霍布斯说"广延被称作是物体的本质"[extensio, corporis dicitur essentia][16]时，这仅仅是一种外在的命名或指称。广延即是那个命名了其主体的偶性。现实空间，或者说内在于物体并且与想象空间不同的大小，因此属于对心外之物的认识上的规定：

> 一个物体的广延与其大小，或者有些人所说的**现实空间**，是一回事；但这种大小并不像想象空间一样依赖于我们的思想，因为想象空间只是我们想象所产生的一个结果，而大小则是其原因；想象空间是心灵的偶性，而大小则是外在于心灵的物体的偶性。[17]

当我们将物体定义为外在于想象空间的现实广延时，物体仍然和想象空间是共广延的。在被翻转的表象之镜背后，世界像一片同质的广延一样铺展开来，而运动在其中引入了差异与分化。

---

[15]《〈论世界〉批判》，第27章第1节，314页。
[16]《论物体》，第8章第23节，104页。
[17] 同上书，第8章第4节，93页。

因此:"位置在心灵之外什么都不是,大小在心灵之内什么都不是。"[18]世界被分割为内在世界与外在世界,但只有在想象空间的唯心性的条件下外在世界才得以被我们所构想,并且能够被数学所处理。

大小作为自在物体的名义本质并不会被自然中发生的变化所生成或者毁灭,因为它是这些变化的基底:"大小,即我们将某事物命名为物体的原因,既不被生成,也不被毁灭。"[19]因为,虽然我们能够像在毁灭世界的假设中那样幻想某物从有到无的转变,以及反之从无到有的转变,这种虚构却并不刻画运动在自然中所引入的变化,因为这些变化仅仅作用于偶性。由此关于世界的言说并不能够重新找回事物的现实本质的个别性,而只能找回一种量的同一:"同一个物体永远都具有同样的大小。"[20]正是这种量的同一使得物体能够被计算。事物只有在广延的视角下才能被设想及计算。

我们可以在《论物体》的文本中再次发现对心外之物作为一种其名义本质是广延或大小的物体的认识论规定,以及通过量的方式对其同一性的规定。在这处文本中,霍布斯在用毁灭世界的假设阐明了表象的形式结构之后,假设了某物被重新创造在了世界之中。这一假设正如毁灭世界的假设一样(两者是对应的关系),都隐含地被关于神的全能性的神学论证所支撑,因为只有全能的神才有能力绝对地毁灭或者创造某个事物:

让我们现在假设某物再次被放到或者创造在了这个世

---

[18]《论物体》,第 8 章第 5 节,94 页。
[19] 同上书,第 8 章第 20 节,103 页。
[20] 同上书,第 8 章第 14 节,100 页。

界中。这个被创造或者被放回的事物必然不仅占据我们先前所说的空间的一部分，或者与之重合或具有相同的广延，而且这个事物还必然不依赖于我们的想象。当我们考虑到其广延时，我们通常将它称作"**物体**"[*corpus*]；当我们考虑到它独立于我们的思想时，则称之为"**自我持存之物**"[*subsistens per se*]；由于它外在于我们，则称之为"**存在物**"[*existens*]；最后，由于它看起来在想象空间之下存在并且具有广延，并且由于我们并不是通过感觉而仅仅是通过理性认识到那里有某种事物，则称之为"**定项**"[*suppositum*]和"**主体**"[*subjectum*]。因此物体的定义就是：**物体就是所有那些不依赖于我们思想的、与[想象]空间的某个部分重合或者共广延的东西**。[21]

以上就是言语理性（而非感觉）用以指向事物的规定。事物由此也就被还原为了外在于表象的一种赤裸的物体性存在。事物的世界不再是质的世界、关系的世界以及感觉的世界，它现在被归在一种关于物质的物理学之下。这种将实体还原到物体的做法使得霍布斯的物质概念成为对亚里士多德主义的原初质料的批判以及现代的物质概念形成的一部分。事实上，物体的概念与物质的概念是完全可以互换的，因为它们仅仅是考虑心外之物的两种方式：

> "物体"[*corpus*]与"物质"[*materia*]依据不同的考量方式命名了同一个事物；事实上，如果我们单纯地考虑一个

---

[21]《论物体》，第 8 章第 1 节，90—91 页。

存在物,它就被称作物体;而如果我们认为其能够接受某个新形式或者形状,它就被称作物质。[22]

这种以形式/质料的对立来使用物质概念的方式看起来非常具有亚里士多德主义色彩。同样,霍布斯之后也认为:"同一个本质就其被生成而言被称作形式。同理,就其具有某个偶性而言,物体就被称为主体;就其具有形式而言,它就被称作物质。"[23]但事实上,此处物质/形式的对立的含义恰恰建立在对于原初质料概念的批判上。此时物质不再为形式所规定,而形式也不再为物质所个体化。物质本身就是一个独立的实体,其形式——比如物体的形式,这即是说广延与大小——不过是一个不可分的物理性质而已。当霍布斯将形式刻画为被生成的本质时,他并没有在考虑形式本身,而是在考虑那些能够使我们将某个物体与另一个物体区分开(比如将石头与动物区分开)并且对它加以命名的形式。因此,物质不再是那种在没有确定的形式的情况下只能是某种纯粹的、需要可能的形式对它加以实现的潜能了。形式不再为物质赋予某种后者所缺乏的完善性,并且,物质也不再是存在的堕落或者说次一级的存在了。物质即是(通过自然手段)无法生成也无法毁灭的存在物,以及众多互相承继的偶性的主体;其形式(广延与大小)即是使得我们能够认识并且命名它的永久偶性。物质/形式这一对概念失去了其在亚里士多德主义存在论那里所具有的理论作用,因为广延作为物体的形式与我们关于物质的构想是不可分的。反之,现在出现的一对新的概念并没有将物质与形式

---

[22]《〈论世界〉批判》,第27章第1节,312页。
[23]《论物体》,第8章第23节,104页。

对立，而是将其与心灵对立，至少就心灵被理解为某种灵魂或者纯粹精神性的实体而言。[24]

霍布斯的物质概念与其唯名论有直接关系，这一点可以由《论物体》与《〈论世界〉批判》在对亚里士多德主义的原初质料概念进行批判之后为物质概念所赋予的新含义证明。事实上，所有事物所共同具有的原初质料 [materia prima] 既不是与其他物体有别的物体，也不是这些物体中的一个，而只是一个纯粹的名称 [merum nomen]；它所意指的是对于物体的一种构想，这种构想仅仅考虑了物体的广延与大小以及其接受偶性的能力。因此，将物体构想为物质不仅预设了表象的形式条件，也预设了某种能够在个别事物之中将大小从其余所有能够将这个事物与其他事物区分开的偶性中分离开来的语言抽象。原初质料这一普遍名词的意指由此也就被归为了"一般而言的物体" [corpus generaliter sumptum]。因此，原初质料并不是"某个物体" [res aliqua]，而是"普遍而言的物体" [corpus consideratum universaliter]。这并不是没有形式或偶性的某物，而是在其中我们并不考虑形式或偶性而仅仅考虑量的某物。[25]

这种与物质不可分的量（广延）即是定项或者基底得以通过它而被我们认识以及命名的形式（不可分的偶性）。因此我们也就理解了，它与定项一样都被看作是不可生成、不可毁灭的："那种我们由之将某个事物命名为物体的大小，既不被生成也不被毁

---

[24] 参考 Bloch, "Sur les premières apparitions du mot *matérialiste*", in *Raison présente*, n° 47, Juilleπ-Août 1978, pp. 3-16。关于霍布斯的唯物论所引发的争议，参考 Samuel I. Mintz, *The Hunting of Leviathan*, Cambridge University Press, 1970。

[25] 参考《论物体》，第 8 章第 24 节，105 页；《〈论世界〉批判》，第 7 章第 3 节，146—147 页。

灭。"[26] 在这种意义上，广延也就和其他偶性区分开了，因为事物能够在没有其他偶性的情况下被设想，但却不能在没有广延的情况下被设想。正像我们应当预料到的那样，我们先前在对命题的探究中所遇到的偶性概念此时再次在关于世界的言说中出现了。它在后一个层次上的困难与模糊性都确证了命题理论为其所赋予的地位。事实上，偶性的概念包含着一个根本的困难，这个困难甚至影响到了其定义本身：在同一段文本中，我们一方面能够看到，偶性"是一种我们依据其能够构想物体的方式"；而另一方面，"偶性是物体的一种能够在我们之中印下关于它本身的构想的能力"。[27] 霍布斯认为这两个定义实际上是同一个。在这里的困难是巨大的，因为，偶性究竟是我们由之构想事物的方式，还是物体本身的一个性质呢？我们已经知道，这个问题取决于偶性的地位本身，而偶性就是言语关于事物所能把握的全部。抽象名词即是言语试图寻找自身基础的产物；它被言语当作是具体命题的原因，并且指向了事物所具有的某种性质，这种性质在我们之中产生了关于其自身的构想。现实的因果只有通过名义上的因果才能被设想。

由此出发，偶性通过两种原则而被进一步分化。1. 作为我们构想物体的方式，所有偶性都被置于同一个层次上，因为尽管与其他偶性相比广延具有某种特殊性——即它被蕴含在所有关于物体的构想中，但广延仍然与其他偶性一样是我们对于存在物的表象方式。由此，广延也就与被假设为在我们之外自我持存的存在物本身对立了起来。与之相对的是作为所有物体所共同具有的

---

[26]《论物体》，第 8 章第 20 节，103 页。
[27] 同上书，第 8 章第 2 节，91 页。

192 偶性，这即是说作为任何物体没有它便不能被构想的偶性，广延也与所有其他偶性对立了起来，比如运动、静止、颜色、硬度等。这样一来霍布斯也就反对了亚里士多德主义的偶性理论，因为在亚里士多德那里即使偶性并不是其主体的一个部分，但它仍然可以在主体不被毁灭的情况下与主体分离；但对霍布斯来说却存在着并不能与物体分离的偶性，因为物体不能在没有广延的情况下被构想。从第二种视角来看，广延也就成为了物体的名义本质，这即是说命名了其主体的偶性。2. 偶性也可以通过第二种原则被分化，这种原则区分了那些可以被归给物体的偶性以及那些单纯地来自于我们自身的偶性。这种区分依赖于一种认识论的原则，即我们仅仅依靠第一种偶性就可以解释第二种偶性的产生。这样一来，广延、形状以及运动也就与颜色、热、味道等对立。[28]因此，仅仅能够通过广延的方式被设想的事物被语言规定为物体或物质 [corpus sive materia]；而关于世界的言说则将展开一种对于自然的构想，这种构想，如果我们将其与表象的条件和语言的要求联系起来的话，完全被理性的一种认识论原则所统摄。

---

[28] 参考《论物体》，第 8 章第 3 节，92—93 页。

第二章　理性的原则

自然科学被一种理性的原则所统摄，这种原则是因果理论以及可能性理论的基础。在霍布斯的第一部自然哲学作品《短论》（1630）中，这一原则就已经出现了。这一原则随后又在《〈论世界〉批判》（1643）中再次出现，并且其意涵得到了扩充和调整；在《论物体》（1655）中，这一原则最终成为了认识的最高原则。在《短论》中，理性原则以因果性原则的形式出现。在其第1部分的结论12中，霍布斯说：

> 所有被产生的结果都有一个必然的原因。[1]

霍布斯对于这一原则的论证建立在"无物可以使自身运动"这一命题之上，而霍布斯又是以如下方式论证这一命题的：

> 让我们假设（如果这是可能的话）A可以使自身运动。这必须是由它自身之中的一种主动作用力造成的（否则它便无法使自身运动，而只能被另外一个物体移动）；而由于它自身永远都作用于它自身，因此它就会（由结论8）永远使

---

[1]《短论》，滕尼斯版《法律要义》附录1，结论12，196页。

自己运动。接下来让我们假设 A 永远向 B 运动的能力 <u>B A C</u>，此时 A 就会永远向 B 运动。此外，让我们假设（正如我们能够做的那样）A 也拥有向 C 运动的能力，此时 A 就会永远向 C 运动。这样一来，它就会永远朝向两个相反的方向运动，而这是不可能的。或者这样：让我们假设 A 处于静止状态，我说，A 就其自身而言不能使其自身运动。因为，没有什么东西被添加到它之上或者被从中移除，它就会（由原则 1）永远停留在它先前所在的状态之中。而由于我们假设了 A 正处于静止状态，它就会永远静止，而不会使其自身运动。[2]

因此，如果一个我们假设其在自身之中拥有主动作用力的能动物朝向某个方向运动，那么我们就需要一个理由来解释其运动所具有的这一特定方向。运动永远都是朝向某个方向的运动，但某个能够自己使自己运动的能动物却并不能解释其运动所具有的这一特征。同样，如果我们假设某事物处于静止状态，那么从静止到运动的这一转变就需要一个原因，但这个原因却并没有被包含在静止本身当中。

我们注意到，为了解释从发光体出发的光的发射现象，在《短论》之中霍布斯使用了一种能动物的概念，这种能动物在自身之中拥有能够使受动物一直运动下去的本己的主动作用力 [active power originally in itself]，但这种主动作用力却不能使其自身运动——此处我们所说的是一种与受动物能够通过接触（也就是说力的交互）从另一者那里得到的运动能力相对的内在主动作用力 [active power inherent]。从 1640 年的《光论 I》开始，这一概念

---

〔2〕《短论》，结论 10，196 页。

就被完全放弃了。因此，它属于《短论》之中所包含的早期概念之一，这些概念形成于霍布斯确立其统一的以接触为媒介的运动交互观念之前，后者出现于霍布斯之后的作品中。不过，出于确定运动方向以及运动本身的理由的要求，《短论》中仍然出现了我们能在《〈论世界〉批判》甚至是《论物体》中找到的惯性法则的一种形式。事实上，这种对于运动以及运动方向的原因的要求已经预设了对于同质性空间以及并不自然地倾向于静止或运动的物体的构想。在亚里士多德的理论中，运动与静止都是处于潜能或实现中的存在方式，但在这里它们仅仅是物体的状态。由于《短论》仍然使用了包含着内在作用力的能动物的概念，因此以上这些必然只能隐含在《短论》之中。它们之后才会变得逐渐明晰起来。

不过，在《短论》之中霍布斯从对于原因的要求中推演出了充分原因与必然原因的概念：

> 一个充分的原因就是一个必然的原因。

> 这种不能不产生出某个结果的原因就是一个必然原因（由原则 13），但一个充分原因不能不产生出其结果，因为它拥有所有为了产生这个结果而必需的事物（由原则 14）。因为，如果它不产生其结果的话，那么在这一结果的产生过程中必定缺失了另一个事物，由此这个原因就不是充分的原因。而这与假设矛盾。[3]

因此，我们所要求的结果的原因是其充足理由或者充分原因。

---

[3]《短论》，结论 11，196 页。

而从定义出发，一个充分的原因必须包含所有在产生其结果时所必需的东西。因此，只有当原因同时也是结果的必然原因时，这一原因才是充分的。充分原因与必然原因之间的这种可互换性所蕴含的结果能够帮助我们看清理性原则在霍布斯那里的含义。我们将按霍布斯在《短论》之中指示并且在之后的作品发展的两个结果的顺序来分析它们。

1. 如果我们将充分原因与必然原因之间的这种可互换性应用到人的行动上，自由意志的概念就是完全无法设想的了，因为自由意志这一概念本身就蕴含着矛盾。设想某人拥有自由意志，实际上就是设想他拥有行动的所有必需条件，但同时却能够行动或者不行动。这一主题在霍布斯与布拉霍［Bramhall］主教的争论中被反复提起。霍布斯的论证被整理在两个作品，即《论自由与必然性》（*Of Liberty and Necessity* 写于1645年，1654年在霍布斯不知情的情况下被出版），以及《关于自由、必然和偶然的问题》（*The Questions Concerning Liberty, Necessity and Chance*, 1656）：

> 对于自由意志的通行定义，即自由意志即是那种即使在产生某结果所必需的所有条件都具备的情况下仍然能够不产生这一结果的意志，蕴含着矛盾并且是荒谬的。这实际上就是在说，即使原因是充分即必然的，但结果仍然能够不从中产生。[4]

因此，所有意愿行动都是必然的行动，因为它们的充足理由同时也就是使其成为必然的理由。不过，这一点对于我们理性所

---

[4]《论自由与必然性》，英文全集第4卷，275页。

无法触及的神的意志而言却不是这样：

> 除非神的意志将必然性施加给人的意志……否则人的意志的自由就会取消神的全能、全知以及自由。[5]

这也就是说，神的全能性，就理性要求我们在原因序列中不能无限回溯而言，在这里被构想为某种奠基了人类行动的必然性的东西，而它本身则处于这种必然性之外："没有什么能在神的意志上施加必然性。"[6]神的意志因此超越了理性原则的要求。由此，仅仅在神的造物那里：

> 自由一词就其本义说来，指的是没有阻碍的状况，我所谓的阻碍，指的是运动的外界阻碍，对无理性与无生命的造物和对于有理性的造物同样可以适用。[7]

在《神义论》题为《关于霍布斯先生用英语出版的关于自由、必然和偶然的作品的反思》的附录2中，莱布尼茨回应了霍布斯的论题。首先莱布尼茨指出：

> 他［霍布斯］很好地指出，没有什么是偶然发生的，或者说偶性仅仅意味着对于产生结果的原因的无知，并且每一个结果的产生都需要所有充分条件的共同作用［concours］；

---

〔5〕《利维坦》，拉丁文版第21章，拉丁文全集第3卷，160—161页。
〔6〕《〈论世界〉批判》，第33章第5节，378页。
〔7〕《利维坦》，第21章，中译本162页；参考《论自由与必然性》，英文全集第4卷，273页。

这些条件先在于结果，并且当结果必须发生时，没有一个条件是可以缺失的，因为它们是条件。同时，当所有条件都齐备时，结果也不能不产生，因为它们是充分条件。这就回到了我已经多次指出的事实，即所有事情的发生都是由于其决定性的理由；而如果我们拥有对于这些理由的认识，那么这种认识同时就会使我们认识到事情为何发生，并且事情为何不以其他方式发生。[8]

虽然所有事情的发生都是由于其决定性的理由，但莱布尼茨与霍布斯的对立却在于这种决定的性质。莱布尼茨认为，在自由问题上，霍布斯并没有能够区分道德的必然性与盲目的必然性，后者同时也由伊壁鸠鲁和斯宾诺莎所持有。根据盲目的必然性，所有事情发生的必然性都类似于二加三等于五的必然性；而莱布尼茨认为关于这种必然性的观念会取消道德的必然性，后者"包含了一种理性的义务，它在智者那里永远有效"。[9] 即使道德的必然性也意味着行动具有确定且特定的原因，但这些行动的完成却并不是依据于一种绝对的必然。另一方面，对于莱布尼茨而言，这种绝对的必然在斯宾诺莎和霍布斯（尽管在描述后者时莱布尼茨加上了一个"或许"）意味着，"智慧、善好、正义在描述神或者宇宙时不过是虚构；在他们看来，第一因的作用并不是通过选择与智慧完成的，而是通过必然与力量完成的"。[10]

尽管对道德必然性与盲目必然性之间区别的澄清需要我们首先明白假设必然性与形而上学必然性之间的区别（这一点我们之

---

[8]《神义论》，附录2，格哈特版《哲学作品集》第6卷（GP VI），389页。
[9] 同上书，390页。
[10] 同上书，394页。

后会涉及），但我们已经能够注意到，霍布斯并不否认蕴含着理性义务的道德必然性的存在，只不过霍布斯认为这种必然性只能作为动力因决定人的行动。那种在内心法庭中［in foro interno］有约束力的自然法就是如此，而在外在法庭中［in foro externo］，只有当个体不受使其做出相反行动的动因驱使时，自然法才会有效力。换句话说，道德必然性并不与一般而言的必然性有别，因为它只不过是众多因素之一。不管结果是什么，是一种意愿行动还是物理结果，它只能通过动力因才能产生。这也就是说，充足理由与必然理由之间没有区别。虽然莱布尼茨认识到了这一点，但却并不同意它：

> 最后，正如他之前的其他一些人一样，霍布斯先生认为，事件的确定性以及必然性本身（如果在我们的行动依赖于原因的方式中存在任何确定性与必然性的话）并不阻碍我们对于决断、命令、指责、称赞、悲伤以及奖赏的运用，因为这些东西也都能够使人产生或者停止其行动。因此，如果人的行动是必然的，这正是由于对于这些手段的使用。但事实是，这些行动并不是绝对必然的，并且不论我们做什么，这些手段都仅仅能够使得它们变得确定，正如它们实际所是的那样；而它们的本性却让人看出它们并不能拥有绝对的必然性。[11]

莱布尼茨与霍布斯之间的这种对立建立在他们为理性原则所赋予的地位的根本分歧，这一点我们从神学的视角同样也能看出。

---

[11]《神义论》，GP VI，391页。

因为，虽然对于霍布斯来说理性原则让我们在原因的序列上逐渐回溯，并最终来到被命名为神的第一因，但它却并不能够解释神的属性以及行动，并且，反过来它也并不在存在论意义上被奠基在神的智慧以及意志之间的关系上。莱布尼茨关于这一点做出了如下评论：

> 霍布斯先生在同一个地方宣称，我们归给神的这种智慧并不在于手段与目的之间关系的逻辑考量，而在于某种不可理解的属性，这种属性被归给了一种不可理解的本性，以便我们能够使之荣耀。[12]

换句话说，莱布尼茨在理性原则内部对必然理由以及充足理由的区分并不是为了解释偶然性而对霍布斯理论做出的简单修正，而是涉及理性原则的含义本身。莱布尼茨区分了两种真理：首先是可证明的真理，这种真理是必然的并且其基础是矛盾律；其次是事实真理，这种真理是偶然的，其基础是充足理由律。理性原则并不仅仅是一种统摄了符合理性的认识的可理解性原则，它同时也是所有存在的原则；它同时奠基了认识的合乎理性以及现实的合乎理性，正如"无物没有理由"[*nihil est sine ratione*]这一主题的各种变体所证实的那样。比如《单子论》就以如下方式定义了理性原则：

> ……以及充足理由律，根据它，在没有充足的理由如此或者不如此的情况下，任何事都不能被我们看作是真的或者

---

[12]《神义论》，GP VI, 399页。

存在的，任何命题也不是可靠的。尽管这些理由时常不能够为我们所认识。[13]

理性原则在这里统摄了对于存在物的认识。正是这一点使得海德格尔在评论莱布尼茨时写道：

> 无物没有理由。这一表达式的意思是：如果某物不能被表达在某个满足了理性原则的命题之中（理性原则即指的是理性作为基础的原则），那么它就不存在，这就是说不能被合法化为存在物。我们可以从这一点看出理性原则的力量：给出理由的原则 [*principium reddendae rationis*]——这一原则看起来似乎只是一种认识的原则——同时恰恰作为一种认识原则而成为了一种可被应用在所有存在上的原则。[14]

全部的问题现在变为：就其作为一种认识原则而言，理性原则在霍布斯那里是否也是存在的至高原则呢？霍布斯是否要求所有存在只有被奠基在理性上时才能持存呢？海德格尔接下来关于莱布尼茨所写的话是否对霍布斯也成立呢？

> 在此我们被要求给出一种理由，同时，这种理由也被要求是充足的，这即是说它完全满足了作为理由的所有要求。那么它需要满足什么要求呢？它应当能够确保一个对象的持存。在这种对于充足性 [*suffectio*] 的要求背后我们

---

[13]《单子论》，GP VI, 612 页。
[14] Heidegger, *Le principe de raison*, trad. André Préau, Paris, Gallimard, 1962, p. 82.

可以发现一种莱布尼茨思想当中的重要观念,即关于完善性[*perfectio*]的观念,这即是说一个对象的本质规定性的完整持存。只有当其可能性的所有条件以及持存的所有理由都齐备的时候,这一对象的持存才是被完整地确保的、是完善的。[15]

2. 为了回答这些问题,我们必须检验霍布斯那里的充足理由(或原因)以及必然理由(或原因)的可转换性的第二个后果。这第二个后果即是,所有过去、现在和将来的结果都曾经拥有、正在拥有或者即将拥有一个必然原因:

> 所有已经产生了的结果都拥有一个必然原因。因为,既然所有已经被产生了的结果都曾经拥有一个充分原因(否则它便不会被产生),并且所有充分原因(由结论11)都是一个必然原因,因此,所有已经产生了的结果都曾经拥有一个必然原因。[16]

接下来,《短论》证明了同样的命题对于未来的结果依然有效。产生某结果[*effectus*]的充足理由要求其原因包含所有对于结果的产生所必需的充分条件,而如果它们不必然产生这一结果,那么这些条件就不是充分的,因此原因的充分性就在于其必然性。因此,正是理性原则奠基了因果原则。在《论物体》中我们可以读到如下的话:

---

[15] Heidegger, *Le principe de raison*, pp.98-99.
[16]《短论》,结论12,196—197页。

由此，在作用［actio］中，**原则**［principium］与**原因**［causa］被看作是同一个东西。[17]

原因是什么？原因通过与它的结果的关系得到定义，因为它必须包含这一结果的可能性条件。而结果则是由作用物［agens］产生在被作用物［patiens］上的偶性。因此，当一个物体在另一个物体中产生或者消除某个偶性时，我们就说它在作用［agere］。反过来说，如果一个物体的某个偶性被生成或者消除了，我们就说这个物体受到了作用。现在我们就能够定义原因是什么了。因为只有当我们考虑到作用物与被作用物所具有的，并且与结果的确定有关的样态或者偶性时，我们才能理解作用物在被作用物中产生了某个特定结果的意思是什么。换句话说，那些不参与决定结果的偶性并不是原因的一部分。比如说，火之所以能使环境升温并不是因为它是物体，而是因为它是热的；同样，一个物体之所以撞击另一个物体也并不是因为它是物体，而是因为它在运动。因此，原因在于作用物与被作用物的一些特定的偶性，当这些偶性都齐备时，它们就会产生结果；而如果缺乏其中之一，那么结果就不会产生。这种没有它结果就不能被产生的偶性（不管这种偶性属于作用物还是被作用物），我们就将其称为"必要原因"［causa sine qua non］以及"出于假设的必要物"［necessarium per hypothesin］。[18]这即是对于结果的产生而言必需的原因。

因此，一个结果的原因就应当被如此定义——"所有必要

---

〔17〕《论物体》，第 9 章第 6 节，110 页。
〔18〕同上书，第 9 章第 3 节，107 页；参考《〈论世界〉批判》，第 27 章第 2 节，315 页。

原因的集合"[*omnes causae sine qua non simul sumptae*][19]。这种包含着某个结果的产生所必需的所有偶性的原因就是整全原因[*causa integra*]：

> 原因即是作用物或者被作用物之中一同促使某个结果产生的所有偶性的总和或者集合。如果所有这些偶性都存在的话，那么我们就无法理解结果却不存在的情况；或者说如果这些偶性当中缺失一个的话，我们也无法理解结果依然能够存在的情况。[20]

整全原因为被产生的结果提供了理由，这就是说它保证了结果的可理解性。我们需要整全原因来理解[*intelligere*]结果，因此它也就属于理性的要求。但这种理性的要求是否又同时奠基了现实的合乎理性呢？我们之后会再次回到这个问题。

现在让我们注意到，整全原因自身又能够被区分为动力因[*causa efficiens*]以及质料因[*causa materialis*]。动力因指的是作用物之中包含的对于结果的产生所必需的偶性的总和或集合；质料因则指的是被作用物之中包含的必需偶性的总和或集合。不过，只有当结果已经产生时，我们才能够谈论动力因以及质料因。事实上，原因与结果都是相对的，因为在没有东西能够被称作结果的时候，也就没有什么能够被称作原因。动力因与质料因因此就是整全原因的组成部分。换句话说，它们之中的任何一方都不能在独立于另一方的情况下产生原因。只有整全原因才是充分的。

---

[19]《〈论世界〉批判》，第27章第4节，316页。
[20]《论物体》，第6章第10节，68页。参考同前，第9章第3节，107—108页；《〈论世界〉批判》，第27章第5节，317页。

在我们继续探究作为必然充分原因（如果我们可以这么说的话）的整全原因之前，我们应当首先指出这种因果理论与奥康的因果理论之间显著的相似性：

> 尽管我并无意一般地描述直接原因是什么，但我说直接原因是充分的，因为，如果某事物是一个直接原因，那么当它在的时候，结果就会产生；而当它不在的时候，即使所有其他条件以及性质都是一样的，那么结果也不会产生。由此，所有和另外某物有着如此关系的事物都是它们的直接原因，尽管或许反之不是这样。这个事实是某物作为另外一物的直接原因的充分条件，这一点是清楚的，我们无法以其他方式得知如此一物就是另外一个如此之物的直接原因……由此，如果当我们移除普遍原因或者特殊原因时，结果就不再产生了，那么两者就都不是整全原因而只是部分原因，因为，这些事物中的任何一者在脱离另一者的情况下都不能产生结果，并且也不是动力因，因此它们也就都不是整全原因。同样，所有真正值得这个名称的原因都是直接原因，因为这样一种其在场或者缺失对于结果而言并没有影响的，并且其在场也不一定会产生这一结果的所谓原因并不能被看作是原因。至于在除了直接原因之外的所有原因那里事情是如何发生的，归纳可以让它清晰地显现出来。[21]

奥康这段文本中描述的原因的三种主要特质都可以在霍布斯

---

[21] Ockham, *Ordinatio*, Dist. 45, *Opera Theologica* IV, édité par G. J. Etzkorn et F. E. Kelley, The Franciscan Institute, St. Bonaventure, 1979, pp.664-666.

的理论中找到：1. 只有当其存在对于结果的产生而言是充分的时候，某事物才是确切意义上的原因。因此，我们必须区分直接决定了结果的条件以及那些并没有产生作用的条件。而正是这一原则使得霍布斯能够区分那些构成了整全原因的偶性以及那些并没有产生作用的偶性。2. 原因是根据我们理性的要求而被定义的。由于原因与结果是相对概念，因此对于霍布斯来说我们只能将它们构想为同时发生的："在原因成为整全原因的那个时刻，结果也就被产生了。"[22] 这样我们也就理解了为何我们在结果被产生之前无法谈论原因。3. 奥康理论之中整全原因与无法独立产生结果的部分原因之间的区分也对应着霍布斯理论中整全原因与部分原因（包括动力因与质料因）之间的区分，但霍布斯在关键的一点上却与奥康不同，即运动对于奥康而言是一种关系，更确切地说，是一种空间关系的变化。与之相对，霍布斯将运动构想为物体的一种现实偶性，正如我们能在对力的研究中看到的那样。[23]

霍布斯的因果理论与奥康的因果理论之间的关系可以由对目的因的批判看出。对于奥康来说，目的因不过是一种比喻性的原因，因为其定义本身就预设了它在自己尚未存在的时候就可以产生自己的结果。霍布斯更加极端化了这种观点，因为对于霍布斯来说目的因在所有情况下都可以被归为动力因："就人类所能构想的程度而言，目的因与动力因完全是同一种东西。"[24] 首先，只有对于拥有感觉与意志的存在物我们才可以谈论目的因，但即使在这种情况下，准确来说目的因仅仅是作为动力因的一个组成部

---

[22]《论物体》，第9章第5节，108—109页。
[23] 参考《〈论世界〉批判》，第14章第4—6节，203—204页。
[24]《〈论世界〉批判》，第27章第2节，315页；参考《论物体》，第10章第7节，117页。

分才得以成为原因。举例来说，对于一个能引起我们快乐的对象的表象有时被描述为一种目的因，但其得以成为目的因的过程却可以被还原到以下环节：从关于某对象的表象中，关于享用的表象就产生了；从后者中，关于获得此对象的手段的表象也就产生了；最后，从关于手段的表象中，朝向被我们所欲求的对象的运动也就产生了。但这一系列环节中，关于对象的表象——对象被看作是目的——实际上是我们朝向这一对象的运动的若干动力因之一。目的因不过是动力因在人类想象中生成的主观显现而已，因此人类行动的充足理由所属的因果范畴与物体之间的作用所属的因果范畴是同一个。在此处，莱布尼茨在目的因序列的法则与动力因序列的法则之间所建立的区别与和谐关系都是不可设想的：

> 灵魂通过欲望、目的与手段从而依据目的因的法则行动，而物体则依据动力因或者运动的法则互相作用。这两个王国，即动力因的王国与目的因的王国之间是和谐的。[25]

更一般地，从目的因到动力因的这种彻底的还原也将理性原则从与神的先见目的的一切关系中解脱了出来。这也是为什么霍布斯在其原则中拒斥了关于神义论的设想。[26] 在霍布斯那里，事实与事件的充足理由并不像在莱布尼茨那里是围绕着神的正义 [justitia Dei] 建立的。这一点在海德格尔对莱布尼茨的理性原则的解释中被完全忽略了。[27]

---

[25]《单子论》，GP VI，620 页。
[26]《〈论世界〉批判》，第 35 章第 16 节，395—396 页。
[27] 参考 Robinet, "Les fondements métaphysiques des travaux historiques de Leibniz," Studia Leinitiana, Zetschrift fur Geschichte der Philosophie und der Wissenschaften, Franz Steiner Verlag, Weisbaden。

至于形式因，它对于霍布斯来说也不是一种具体的原因。事实上，我们之所以相信我们有权利谈论形式因，只不过是因为"是理性的"并不是"是人"的生成因［cause productrice］，同样，"是正方形"也不是"拥有相等的角"这一事实的生成因。但这个有关本质的虚假的形式因只不过是在两个命题之间建立的从前提到结论的关系罢了，比如说"这个形状是一个正方形"以及"这些角是直角"这两个命题之间的关系。因此，形式因概念的源头仅仅是我们所具有的一种幻象，在这种幻象之中，我们将前提和结论之间的推论关系当成了与生成因果性不同的另一种因果性。但这种对于形式因的批判所批判的对象在霍布斯那里却并不是对于形式概念的不恰当使用，就像在莱布尼茨那里一样：

> 我同意对于这些形式的考量在具体的物理学当中并不发挥任何作用，并且并不应当被用来解释具体的现象。我们的经院哲学家们，以及过去跟随他们的医生们，正是在这里出错了。他们相信自己仅仅通过提及形式以及性质就能够解释事物的属性，而不愿花费精力来检验事物运作的方式。这就好像有人愿意满足于说钟表具有从其形式中得来的指示时间的性质，而不考量这种性质究竟在于何一样。[28]

这也是为什么一度被废除的实体形式概念被莱布尼茨再度引入了其理论之中以便能够思考事物本性中使得对主项的谓述为真的完全实体或者存在，而形式在霍布斯那里却被还原为了基底的

---

[28] 莱布尼茨，《形而上学论纲》［Discours de métaphysique］，第 10 节，GP IV，434 页。

外在名称。

不过，既然霍布斯对于形式因的批判在于将其还原为前提与结论之间的推导关系，那这是否意味着霍布斯认为因果性原则并不是理性原则的唯一内容呢？这个问题的回答是否定的，因为前提与结论的关系本身也属于认识内部的一种动力因关系。[29]这一点是至关重要的，因为它意味着心灵能够解释某命题以及某个自然结果的理由的唯一方式就在于揭示其生成因。因此，现在生成因就显现为理性原则最为普遍的形式，它可以被等同为一般的理性要求。

在自然结果的情况中，生成因就是整全的原因。后者由于其包含了所有对于结果的产生而言所必需的偶性而同时也是充分原因。充分原因概念的内容在《短论》之中还尚未确定，但在《〈论世界〉批判》以及《论物体》之中其内容以整全原因的形式呈现了出来。整全原因即某个自然结果的充分原因这一点解释了为何"任何物体都不能在其自身之中产生任何一种活动"[30]。因此，物体运动的原因必须来自于另外一个相邻且运动的物体。由此出发，充足理由律（这即是说对于生成因的寻求）统摄了全部物理理论，不管是从运动学［*phoronomique*］或者抽象运动的角度看——在此所有关于运动、速度、努力［*conatus*］以及冲动［*impetus*］的定义都以几何的形式被呈现了出来——还是从动力学［*dynamique*］或者具体的力的物理学的角度来看都是如此。在运动学定义的层次上，运动被构想为物体从一个位置到另一个位置的转换：

---

[29] 参考《论物体》，第 3 章第 20 节，38—39 页。
[30] 《〈论世界〉批判》，第 27 章第 5 节，317 页。

运动就是以连续的方式进行的对于一个位置的放弃与对另一个位置的获得。[31]

时间与空间结构的唯心性让我们能够同时设想运动的连续性（因为它不允许从一个位置到另一个位置或者从一个时间到另一个时间的跳跃）以及同质性（因为我们无法构想空间中的位置之间存在任何层级上的差别）。这一对运动的定义意味着三点：1. 运动与静止之间没有任何存在论上的差别。由于运动不过是同质空间中的位移，因此"在某一段时间中处于同一位置的东西就处于静止状态"[32]。我们无法构想静止在存在论上先于运动，或者构想物体具有某种自然的运动倾向。由此，亚里士多德理论中自然运动与强行运动之间的差别也就失去了其基础："对于任何一种物体而言，任何一种可能的运动都是自然的。"[33] 2. 由此，物体的名义定义——占据了某个空间的东西——并不使其倾向于运动或者静止。3. 所有变化也就被还原为了位移，因为在想象空间的观念性结构中，任何一种可构想的活动都是运动。[34]

理性原则的应用首先奠基了惯性法则：一个静止的物体如果没有外物阻碍的话将会永远静止，因为在其自身之中没有可以解释其运动和运动方向的原因。[35]同样，一个运动的物体如果没有

---

[31]《论物体》，第 8 章第 10 节，97 页。参考《〈论世界〉批判》，第 5 章第 1 节，128—129 页；第 14 章第 2 节，202 页；第 27 章第 7 节，319 页。
[32]《论物体》，第 8 章第 11 节，98 页。
[33]《〈论世界〉批判》，第 6 章第 6 节，140 页；参考第 27 章第 8 节，319 页。
[34] 参考《〈论世界〉批判》，第 5 章第 1 节，128—129 页；第 27 章第 10 节，320—321 页。《论物体》，第 9 章第 9 节，111—112 页。
[35] 关于运动及其规定 [determination]，霍布斯在其与笛卡尔关于后者的《折光学》的争论中认为，我们无法将运动的原因与运动规定的原因分离开来（参考《光论 I》，拉丁文全集第 5 卷，277—307 页）。

外物阻碍的话将会一直以同样的速度以及方向运动下去，因为如果它使自己静止的话，没有任何理由［nulla ratio］能够解释它为何会在此刻而不是另外一个时刻静止。[36]从运动学的视角看，运动就是与静止相对的一种状态；而一种现实的静止是否可能，以及静止的力是否存在等问题，只有在动力学的层面上才被提出。

为了解释运动本身的理由，这即是说为了通过计算来解释运动的产生，霍布斯就像伽利略在《关于两门新科学的对谈》的第三天中所做的那样，从运动的连续性出发形成了努力以及冲动的概念。当一个物体以某种速度从静止过渡到运动时，它遍历了所有中间的速度。这些速度就是冲动，而在时间与空间的无限小部分中所包含的运动就是努力。因此努力就是在比任何一种给定的空间与时间都要小的空间与时间中完成的运动。这是一种瞬时的运动，它被完成在时间与空间的点中。点的概念并不意味着时间与空间的不连续性。实际上，点并不是一种不可分［indivisible］之物（或者说没有量的东西），因为自然之中并不存在这种绝对的最小单位；点是一种不被分［non-divisé］之物，这即是说其量无法被我们考量的东西。[37]不过，对于霍布斯来说努力却并不是虚拟的或者消逝的运动，同时无限小也并不像在莱布尼茨那里

---

[36] 参考《论物体》，第8章第19节，102—103页；第9章第7节，110—111页；第15章第1节，177页。不过对于霍布斯而言惯性法则并不只对直线运动有效，而同时也对圆周运动有效。因此其惯性法则更接近于伽利略所提出的惯性法则而非笛卡尔的（参考《论物体》，第15章第5—6节，182页；第21章，258—271页）。

[37] 参考《论物体》，第15章第2节，177—179页。努力的概念使得我们将静力学看作是动力学的一个特殊情况。这样重量与平衡就都是由努力定义：重量就是有重量的物体所有努力的总和，而平衡就是一个物体用以阻碍另一个物体努力的努力。由此，我们可以看出霍布斯试图发展一种拒斥绝对静止的物理学，即静止不过是对力的努力之间的平衡（参考《论物体》，第23章第1节，286—287页）。

一样是用微分的方式定义的；努力在霍布斯那里仍然是一种现实的运动，尽管它是无法被给定的："因此努力完全是现实的运动 [Omnino igitur conatus est motus actualis]。"[38]

因此运动包含着一种无限小，这种无限小依然是现实的运动，只不过我们不考虑其所在的时间或空间的量罢了；这样一来我们也就无法将其在量的层面上与其所处的运动的时间与走过的距离相比较。不过虽然努力与可以被给定的有限运动在量上不可比较，但它仍旧与后者同质。然而，正如两个运动物体可以拥有相同或者不同的速度，它们的努力从这个角度看也是可以比较的，但也只是在这一角度之下可以比较。正如一个点可以与另一个点在数学上被比较，一个努力也可以与另一个努力比较。因此，我们可以说，根据两个运动的速度的比例，这两个运动努力是相等的或者不等的。这也就是说努力可以根据速度的比例或大或小，并且冲动，或者说瞬间速度，就是它的量。努力与冲动的概念使得我们可以计算运动，并且用数学的方式处理它。亚里士多德对于运动的存在论定义，即处于潜能中的某物就处于潜能中而言的实现，无法让我们以任何方式计算运动；而霍布斯用从表象的形式条件出发所定义的运动替代了之前这种运动概念，并且此时我们可以用语言符号来数学地解释运动。

正是对于物体的力的计算使得物理学从运动学的原则过渡到了动力学的原则。事实上，对于力的计算意味着，在运动的速度与方向之外我们还要考虑物体或者物质的广延。霍布斯明确地区分了两个运动物体的速度的相等与它们的力的相等。两个不同大

---

[38]《〈论世界〉批判》，第 13 章第 2 节，195 页。

小的物体能够拥有相同的速度，但它们的力却是不同的。[39]物体并不仅仅作为一种实体——这即是说一种独立的存在参与到对力的计算中，它还具有占据某个空间的能力——也就是说通过阻碍另一个与之接触并且试图占据其位置的物体的相反努力所实现的填满这一空间的能力。[40]

但这种阻碍的能力却并不能被归给静止的物体。与笛卡尔不同，霍布斯否认了静止力的可能性，这就是说只有运动才能阻碍另一个运动。[41]从动力学的视角看，一个看起来静止的物体只不过是一种无限慢的运动。更进一步地，一个处于绝对静止之中的物体是不可构想的，因为正是不可穿透性将一个被填满的空间与另一个真空的空间区分开来，而不可穿透性则是由于这个物体的阻碍或者努力，并因此只能来自于运动。一个处于静止中的物体在真空中是无法被感知的。静止同真空一样，并不对运动施加任何阻力。因此，从动力学的角度来说，与运动相对的并不是静止，而是一个相反的运动。

在运动学的层面上，运动与静止都是物体的偶性，而我们可以抽象地研究这些偶性，并且物体的物体性即大小并不使其倾向于任何一者；在动力学的层面上，运动对于物体填满一个空间的能力却是不可或缺的，只有通过这种能力物体才与真空区别开来。因此正是通过努力定义的阻碍才奠基了物质的不可穿透性，并且提供了我们能够借助它思考物质的现实性的概念。物质的概念并不是由单纯的几何大小定义的，而是由广延的力定义的，这种力描述了一个物体填满空间的能力。物体的广延的力与另一个物体

---

〔39〕 参考《论物体》，第 8 章第 17—18 节，101—102 页。
〔40〕 参考同上书，第 15 章第 2 节，178 页。
〔41〕 参考同上书，第 9 章第 7 节，111 页。

的广延的力相对立，并且限制了它。因而当一个物体借助其努力使得另一个物体全部地或者部分地退出其位置时，前者也就挤压了后者。而当前者的挤压并未使后者全部退出其位置时，并且后者的构成使得它的部分在挤压消失时能够回到原先的位置上，回复也就发生了。

因此物质都是具有弹性的，弹性来自于一种细微的物质[materia subtilis]，一种由内在精气[spiritus]构成的流动的细微物质，它是一种微小的物质微粒。[42]在时间的点与空间的点之外，此处又出现了一种物质的点；这种物质的点同另外两种点一样都并不是不可分。因此霍布斯的物理学并不像伽森狄的物理学那样是对伊壁鸠鲁原子论的简单重复，从而霍布斯的理论也就可以不用面对伽森狄的原子论所面对的困难，因为这种困难来自于同时肯定空间的无限可分性与不可分原子的存在。

每一个物质点都拥有一个努力，物体的力因此也就是所有构成它的微粒的冲动之和，并且其方向也从所有微粒的方向中产生。霍布斯给出了两种计算力的方式，其中每一种都对应着力能够产生的结果。第一种方式对应着笛卡尔计算运动的量的方式，即大小与速度的乘积，它使我们能够衡量一个物体能够给予另一个物体的冲动。第二种方式则对应着速度的平方，而不考虑大小。[43]这种方式能够使我们衡量一个物体从高处落下之后在反弹时借助

---

[42] 这个关于物质结构的假设在与笛卡尔关于《折光学》的争论中就已经处于争论中心了。笛卡尔将物质的硬度归因于其静止微粒之间的紧密结合，而霍布斯则认为细微物质的微粒的非常快速的扰动才是产生硬度的原因（参考霍布斯致梅森神父的信，1641年2月7日，拉丁文全集第5卷，283—284页；《论物体》，第15章第4节，180—181页）。

[43] 参考《论物体》，第15章第2节，179页。

从其坠落过程中获得的速度所能完成的功。[44]莱布尼茨之后对于这一表达式的修正在于将力表达为大小与速度之平方的乘积。[45]霍布斯在这里非常令人惊讶地没有将大小纳入表达式中,同样令人惊讶的是,他还同时认为力是构成物体的不同部分的冲动之和。

理性原则统摄着这种关于现实的无限小的动力学。因此,处于运动中的一点,不管其冲动有多小,都会使与其接触的另一个处于静止的点开始运动。因为,如果这个冲动不能将其推离原本的位置的话,那么即使这个冲动是现在的两倍大,它仍旧无法将其推离,同理不管它增大到多少倍仍旧如此,因为无不管增加多少倍仍旧是无。因此,不管这个冲动有多小,如果一个点不能被其推离的话,那么这个点就无法被任何冲动推离。这也就是说,不管某个点的冲动有多小,它都能使得某个静止物体上的一个点后退些许,不管后者有多硬,因为如果后者不被这个点的冲动所推离的话,那么它同样也不会被放大任意倍的这个点的冲动推离;这就意味着可能存在着无法被打碎的物体,但这样一来我们也就必须承认某种能够不被一个无限的力推离的硬度或者有限力,而这是荒谬的。这样一来,绝对的静止也就没有了任何效力,因为它不是任何事物的充足理由。因此,被另外一个物体所移动的某物体并不会因为前者停止运动自己也就随之停止运动;同样,只要一个正在运动的物体不被另一个拥有相反运动的物体所阻碍,它就会永远以同样的速度和方向保持其运动。[46]

此外,不管努力是强是弱,它都会被无限地传播出去。因为,

---

[44] 霍布斯从伽利略处获得了启发(参考 *Discours concernant deux sciences nouvelles*, trad. Maurice Clavelin, Paris, A. Colin, 1970, pp. 132 et sq)。
[45] 参考《形而上学论纲》,第 17 节,GP IV, 442—444 页。
[46] 参考《论物体》,第 15 章第 3 节,179—180 页。

如果我们考虑的是一个真空的空间,那么物体的努力就会依据惯性法则永远地保持其速度以及方向;而如果我们考虑的是世界中充满物质的空间,努力同样也会经由从临近物体到更远物体的运动传递从而被传播直至无穷。[47]因此整个动力学都建立在世界中运动力的量的守恒原则上。

以上就是霍布斯主要在《论物体》中论述的运动学与动力学的原则。当青年莱布尼茨在 1670 年写作《抽象运动理论》[*Theoria motus abstrcti*] 以及《具体运动理论》[*Theoria motus concreti*] 或者《新物理学假设》[*Hypothesis physica nova*][48]时,即使他没有查阅《论物体》,他至少也清晰地记得其中的内容。这种关于在物理学研究中的双重视角的观念,即从先天建构的抽象运动法则出发来解释具体运动法则的可能性,已经可以在《论物体》中找到了。在对于空间、时间以及运动的定义上也同样如此,即莱布尼茨认为包含着现实的无限多的部分或者点的东西就是连续的,但这些部分或者点却并不因此就是最小单位 [*minima*][49];莱布尼茨同样也将努力看作是一种现实的无限小;同样他们也都认为我们可以认为努力具有不同的大小,就像点也可以或大或小一样;运动结合的法则也是如此;他们也都认为处于绝对静止中的物体不可能阻碍另一个运动中物体的撞击,不管后者有多小;最后他们也都认为物体的不可穿透性来源于其努力,这种努力是物体对其他物体阻碍的基础,并且将其与真空的空间区分开来。不过莱布尼茨并没有简单地重复霍布斯的理论;莱布尼茨所进行的是一种批判性的阅读,因为它认识到了《论物体》中所蕴含的

---

[47]《论物体》,第 15 章第 7 节,182—183 页。
[48] 参考 GP IV,177—240 页。
[49] 参考 Gueroult, *Leibniz, dynamique et métaphysique*, pp. 8-20.

一些最为重要的困难，并且试图克服它们。这些问题包括霍布斯仅仅提出但却没有澄清其意涵的物体点的概念、由不断扰动的微粒所组成的物体的统一性的历时保存问题、运动的守恒问题（这一点由于相反的努力能够互相抵消这一事实而变得可疑）等。尽管莱布尼茨对于这些问题最初的回答让他陷入了困境，但在他引入关于灵魂的内在作用、神的智慧对于世界的安排以及奠基了运动法则以及运动守恒的普遍和谐（这仍是外在的）等形而上学假设时，他就决定性地远离了霍布斯的理论。

不过，对于我们而言重要的仍旧是这一点，即理性原则（"无物没有理由"[Nihil est sine ratione]）的最初形式有机地存在于莱布尼茨的神学以及物理学作品中，这些文本包括《关于自然的反无神论者辩护》[Confessio naturae contra atheistas]、写于1668—1669年题为《天主教义论证纲要》[Demonstrationum catholicarum conspectus][50]以及《抽象运动理论》[51]。这些文本在理论上非常接近于霍布斯在其中发展了其理性原则的文本，但它们所探讨的理性原则的含义却十分不同。事实上，虽然在莱布尼茨的早期文本中充足理由律已经被直接运用到了物理原则上，但这只是为了揭示其神学基础的必要性。《关于自然的反无神论者辩护》（后简作《辩护》）认为机械论物理学的原则并不自足，因为我们并不能在对物体的定义中找到使它能够具有某个特定大小或者形状以及运动的充足理由；同时这种充足理由也不存在于第二因的序列中，因为仅通过沿着第二因序列回溯，我们永远也无法给出一个完整

---

[50] 莱布尼茨科学院版全集[A]，第6系列第1卷[Reihe VI, Band I]，494—500页。
[51] GP IV, 232页。

的原因。[52] 因此，与霍布斯的看法相反，莱布尼茨认为某物体运动的充足理由，永远也不能存在于其运动仍旧需要解释的另外一个相邻的运动物体中。对于莱布尼茨而言，统摄了自然科学的理性原则需要某种神学基础。在《辩护》中，这一基础就是我们必须假设一个拥有理智、选择以及权力的非物体性存在。从某种意义上，自然本身就为反对无神论者提供了证明：对于物理原则的深入探究证明了自然不能缺少神的帮助。

但在《辩护》以及《新物理学假设》中，这种神学基础只不过是对于外在于它的物理原则的不自足性的一种补偿。与之相对，它之后会演变为动力学以及活力［vis viva］的内在的形而上学基础，这种基础能够为前者提供其原则，并且产生出实体、实体的相互作用系统以及包含着如此一系列（而不是另外一系列）共同可能物［compossibilia］得以存在的充足理由的神的选择等概念：

> 宇宙存在的这种充足理由并不能在偶然事物的序列——这也就是说物体以及在灵魂中对于物体的表象——中找到。这是因为由于物质就其自身而言并不使其倾向于运动或者静止，或者这样或那样的运动，因此我们也就在其中找不到运动或者如此这般的运动的原因了。虽然处于物质之中的当下的运动来自于前一刻的运动，而后者又来自于更之前的运动，但当我们在这一序列中回溯到任意远的时候，我们并没有在这一问题上取得进展，因为同一个问题始终存在。因此，充足理由，这也就是说不需要其他理由的理由，必须外在于偶然事物的序列，并且存在于某个实体之中，这个实体即是偶

---

[52] 参考 GP IV, 103—110 页。

然事物序列的原因，并且是一个必然存在物，即它自身包含着自己存在的原因。而如果不是这样的话，那么不管我们在哪里停止，我们都不会得到一个充足理由。这种所有事物的最终理由我们就称之为神。[53]

没有它"我们就永远无法证明上帝存在"的充足理由律[54]，此时也就具有了某种存在论有效性，这种有效性在物理学甚至价值论和历史的层面上都确保了偶然存在、偶然活动以及偶然事件的合乎理性：

> 因此物理学的必然性可以从形而上学必然性中推出，因为尽管世界并非在形而上学意义上是必然的，即世界的不存在会蕴含逻辑矛盾或者荒谬，它仍然在物理学意义上是必然的并且确定的，即它的不存在蕴含着道德的不完善或者荒谬。正如可能性是本质的原则，本质的完善或者等级（这一点由共同可能物的最大数量定义）也是存在的原则。由此我们也可以看出，在何种意义上尽管造物主以确定的方式创造了事物，但它仍然是自由的；这是因为它行动的原则是智慧或者完善。事实上，中立 [indifférence] 只不过是无知的产物，并且某个人越是确定地选择最完善的东西，他就越是智慧。[55]

---

[53]《自然与恩典的原则》[*Principes de la nature et de la grâce*]，第 8 节，GP VI，602 页。
[54]《神义论》，第 44 节，GP VI，127 页。
[55]《论事物的根本源头》[*De rerum originatione radicali*]，GP VII，304 页。

充足理由律解释了关于事实的偶然真理,并且它和必然理由律或者说矛盾律不同,后者解释的是推理证明中的真理,这些真理并不依赖于神的意志。因此,与霍布斯不同,莱布尼茨也就能够合法地区分绝对的或者形而上学的必然性以及假设性的或者物理的必然性,而后者又与道德的必然性不同:

> 他认为,第二,偶然(英语里是 chance,拉丁语里是 casus)不产生任何东西。这即是说,在没有原因或者理由的情况下什么都不会产生。这点说得对,并且我也同意,如果他想说的是一种现实的偶然的话。因为命运或者偶然不过是幻象,它们是从人们对于原因的无知或者抽离中产生的。第三,所有事件都有其必然的原因。错:它们有其确定的原因,由此它们能够被解释;但这些原因绝不是必然原因。因为相反的事能够在不蕴含矛盾的情况下发生。[56]

因此,莱布尼茨对于必然理由与充足理由之间的可互换性的批判让我们能够将本质的必然性与本质或现实性的量——这即是说完善的程度——区分开来,后者所反映的是本质存在的倾向,它使得神让如此这般的一个世界而非另外的世界存在。与必然理由律不同的充足理由律由此使得事物的根本源头成为某种"神的数学"或者"形而上学的机械论",它使得我们能够阐明,最大现实性原则何以能够在不否定神的自由的同时决定神的选择。

如果说霍布斯的可互换性并不是一种简单的逻辑错误,并且如果说这种可互换性具有某种形而上学意涵的话,这就在于它能

---

[56]《神义论》,附录 2,GP VI,392 页。

够使我们最终不用转向事物的根本源头,这即是说不必将神当作整个系统的关键。霍布斯将结果的充分必然原因内在地置于原因与结果的序列之中,由此就产生了一种对于自然的严格必然化的构想,其中这种必然性的神学基础并不是一个重要的问题。当然一个可能的反驳是,在其与布拉霍主教的论战中,霍布斯提出只有必然性才和神的预知相容,莱布尼茨对于这一点的回应是:

> 第四,神的意志产生了所有事物的必然性。错:神的意志仅仅产生偶然事物,这些事物能够以另外的方式发生,时间、空间、物质并不倾向于任何一种形状与运动。[57]

但在《论物体》中,这种对于神学的使用并不以任何方式被用来在存在论上奠基充足理由与必然理由之间的可互换性。并且在《〈论世界〉批判》中,由于神的本性的不可理解性,霍布斯明确地否认了在神之中包含着对于自然的必然化构想的根本理由;怀特所做的与霍布斯正相反,他认为从神之中所包含的这种理由出发,我们能够通过理性演绎最终得出一种在处理世界中恶的存在的问题时所需要的神义论。[58] 我们当然能够合法地说神作为第一因存在,因为这样我们才能避免原因序列中的无限回溯,但关于神的本性我们却无法得出任何结论,也不能用它来奠基我们理性的内在要求与神在世界中创造的秩序之间的对应。因此,正是与神的分离使得理性原则无法具有完全的存在论有效性。

因此,虽然在《短论》中霍布斯似乎为自然的严格必然化的

---

[57]《神义论》,附录 2,GP VI,392 页。
[58] 参考《〈论世界〉批判》,第 35 章第 16 节,395—396 页。

构想("必然性没有程度之分"[Necessity hath no degrees])[59]赋予了某种存在论有效性(但在文中他完全没有探究这种有效性的基础),但在《〈论世界〉批判》以及《论物体》中,这种构想却更接近于一种对于现象的理性解释原则,而非支配着事物世界本身的原则。正是关于世界的言说所必须满足的内在要求(即一方面是表象与事物的分离,另一方面是命题理论)让作为认识原则的理性原则无法成为存在的原则,并且同时无法将其存在的基础奠定在一个必然存在物中。

潜能与实现的概念表达了关于世界的言说中所包含的这种对于自然的必然化构想。首先,潜能与实现的概念建立在原因与结果概念的模板之上。因为,既然只有在结果已经产生时我们才能确切地谈论原因,那么当结果必然会在未来产生时我们所谈论的就是潜能。由此,主动潜能[potentia activa]与动力因、被动潜能[potentia passiva]与质料因、完整潜能[potentia plena]与整全原因都逐个对应,除了我们对它们的考量方式不同。因此,实现不过是未来的结果;并且在整全原因这里也是如此:当潜能变得完整时,实现也就产生了。[60]我们注意到,在这一语境中,潜能与实现的概念不再拥有一种亚里士多德主义的含义。事实上,与亚里士多德相对,在霍布斯的理论中,潜能不再拥有任何形而上学意义上的潜力,并且实现也不再是某种始终倾向于实现自身的形式或者完善。潜能不再是一种等待实现的可能性,因为它已经完全地处于实现活动之中了,这即是说,与它能在未来产生的另一个实现活动相比,它同样也是一种现实的运动。

---

[59]《短论》,结论14,197页。
[60] 参考《〈论世界〉批判》,第27章第3节,316页;同前,第27章第7节,318—319页;《论物体》,第10章第1—3节,113—115页。

从这些定义出发，霍布斯推导出了可能与不可能的概念。当尚不存在能够产生某个实现的完整潜能时，这即是说当这一实现始终缺少其产生的必要条件之一时，这一实现就是不可能的。与之相对，某一实现只有相对于其未来的必然产生才可以被说成是可能的。因此，潜能理论并未在不可能与必然之间引入某种可能的世界。而如果包含在关于世界的言说中的这种对于必然性的构想满足了理性在解释自然中的要求以及我们行动的需要的话，我们也就不再需要内在的［immanent］神学基础了（这种神学基础能够确保我们理性的必然性表达了事物产生过程中的必然性，同时也就确保了从理性必然性到存在论必然性的转向，就像在斯宾诺莎那里一样）。这就是为什么应用到可感世界中的物理学仍旧仅仅是有条件的以及假设性的。对于自然的认识的言语过程始终与存在相分离。

因此关于世界的言说从始至终都预设了分离的形而上学。统摄了关于自然的科学的理性原则来自于一种理性的内在要求，它在缺少神学基础的情况下并不能成为存在的原则。如果说我们能够知道神存在，那么我们同样也知道神无法为我们理性的必然性所把握，并且它因此无法作为认识与存在之间的对应的基础。分离的形而上学因此对应着认识的本质有效性的神学基础的缺失。真理只不过是言语的真，而非事物的真；我们演绎的必然性只不过是一种逻辑的必然性；因果理论能够满足理性的要求，但它为我们赋予的是支配事物的权力，而非某种具有确定的存在论有效性的认识。此时，在对于自然的认识中，我们的假设始终是出于习俗和约定的，并且其有效性仅仅在于其简洁性以及在解释尽可能多的可能现象时的效力；但经验永远无法验证我们的知识是否在客观意义上为真，它更无法仅凭自己就产生知识。知识展开于语词以及对语词的定义中，后者是证明的唯一原则，并且无法仅靠自己的能力对事物的现实本质说出任何东西。

对于自然的唯物构想建立在对亚里士多德范畴的存在论意涵及其向物理范畴的转变的唯名论批判之上，它仅仅是我们能够理性地认识现实的方式，是通过将现实联系到表象的条件以及言语的要求上实现的。不过，虽然人始终与存在相分离，但此时理性却能够与另一个现实相吻合，这种现实由人的作为以及言说产生，它就是人造的现实。由于我们无法再在存在中找到规范，人的作为以及言说此时就必须成为规范的奠基者。这样一来问题也就发生了转变，因为，如果说人关于自然的言说的真始终是不稳定的、脆弱的，并且如果说我们无法期待任何能够为其赋予存在论内容的外在帮助，我们仍然能够建立某种法权上的规范，以便能够为人造的世界确保一种原初的法的结构。不过，在我们开始处理分离的形而上学在伦理及政治问题中的后果之前，我们应当首先检验一下霍布斯对统摄了我们对于外物的认识的概念的拓展。

第三章　生理-心理学

在致笛卡尔的《第三组反驳》中，霍布斯批判了对于"我"的本质的直观性认识，由此对于霍布斯来说，对于在思之物的认识不再相对于对于外物的认识拥有任何优先性，因此，前一种认识与后一种认识所需的理性过程是完全一样的。这一论题是霍布斯的以下替代得以成立的基础：唯一一种能够在理性上有效地解释感知、情感以及思想的假设是一种唯物化的解释，此解释替代了一种借助想象得到的非物质灵魂的解释。现在，全部的问题就在于探究这一假设是否能够解释那些传统上认为由非物质灵魂所承担的功能。

《人类理解论》中的内容或许能够帮助我们更好地看清问题所在。在第 4 卷第 3 章中，洛克指出，用一种物质性灵魂来解释情感以及思想与那种依赖于非物质性灵魂的假设的解释同样可能，或者至少并不更不可构想。事实上，我们何以能够确定，特定的感知比如愉悦与悲伤到底是无法存在于以某种方式被作用或者运动的物体之中，还是无法存在于被物体的运动所作用的某种非物质性实体之中呢？洛克认为，我们理性的限度在根本上使得我们无法确定这些假设是否为真：

> 因此，我们正不必学一般人非把这个问题加以或是或否

的决定不可。他们有的过于热忱地拥护灵魂非物质说,有的过于热忱地反对这种学说,所以都急于大声疾呼使世人相信其说。他们有的使自己的思想完全沉浸于物质中,不能承认非物质的东西的存在;而有的则在绞尽脑汁一再考察以后,在物质的自然能力中仍找不到认知,因此,他们又自信地断言,全能者不会把知觉和思想赋予具有坚固这一属性的实体。不过一个人如果考虑到,在我们的思想中,感觉是怎样难与有广延的物质相调和,无广延的东西又如何难与"存在"相调和,则他会承认自己实在不能确知他的灵魂是什么样的。这一点,在我看来,似乎不是我们的知识所能达到的;而且一个人如果能自由地思考,并且仔细观察各种假设中晦暗纠缠的部分,他就很难会认为自己的理性能使他确乎相信或排斥灵魂的物质说。因为不论他来观察哪一面,不论他认为灵魂是一个无广延的实体,或者一个有思想有广延的物质,构想这两者之中任一者所蕴含的困难总不免迫使他走到另一面。[1]

尽管洛克所描述的关于灵魂本性的构想的这种辩证幻象*同时反驳了霍布斯、伽森狄的立场以及笛卡尔的立场,但这并没有阻碍洛克追随前两者在我们对于思想存在的认识的确定性以及对于其本质的认识的不可能性之间做出的区分。因为,如果说我们之中存在着某种在思想的东西这一点是确定无疑的,我们仍无法考量这种存在物是什么 [of what kind of being it is]。洛克与霍布斯的不同之处在于,后者认为非物质性或者非物体性实体的概念是

---

[1]《人类理解论》,第 4 卷第 3 章第 6 节,中译本 532—533 页。
  * 指的是康德意义上将理性运用到其限度之外的事物时所产生的二律背反式的幻象。——译者注

自相矛盾的。[2] 由此，灵魂的物质性对于霍布斯而言就成为了唯一在理性上有效力的假设，而它对于洛克来说只不过是一种可能的假设。它之所以是假设，乃是因为我们自己并不是我们的感知以及情感的制造者，因此，正如在关于可感世界的物理学中那样，我们必须从对于我们活动的直接经验出发来推断这些活动的可能的自然原因。[3]

这样我们也就理解了对于自然的物质化构想向生理-心理学拓展的含义。这不仅仅意味着，显现或者现象的杂多由物体对感觉器官的作用的杂多所产生，它还意味着被激发出表象以及情感的主体本身就是一个物体。[4] 而此时霍布斯的任务就是发展心灵的物质化模型，以便能够解释感知、情感和驱动等功能[5]，以及所

---

[2] "根据这种意义来说，**实体和物体**所指的就是同一种东西；因此，**非物体性实体**两词放在一起时就会互相矛盾，正像我们说**非物体性物体**一样。"(《利维坦》，第 34 章，中译本 308 页，译文有调整）

[3] 参考《论物体》，第 25 章第 1 节，315—318 页。

[4] 参考《利维坦》，第 66 章。

[5] 为了解释有生命物的个体性及其感觉、情感以及驱动，霍布斯始终区分了两种不同的运动："动物有两种特有的运动，一种被称为生命运动，从出生起就开始，并且终生不间断：如血液的流通、脉搏、呼吸、消化、营养、排泄等过程就属于这一类。这种运动无须想象帮助。另一种运动是动物运动，又称为自觉运动；按照首先在心中想好的方式行走、说话、移动肢体等便属于这类运动。"(《利维坦》，第 6 章，中译本 35 页）生命运动本质上是动物精气的循环，它能够解释哈维发现的血液循环（参考 La circulation du sang, trad. Charles Richet, Paris, G. Masson, 1879）。霍布斯认为这种循环是生命的基本现象。血液循环又依赖于心脏的收缩与舒张，而后者又与呼吸相连。另外的一些假设在《论人》中被引入以便解释疾病、死亡以及繁殖（参考《论人》，第 1 章第 1—4 节，1—6 页）。这些假设证明了生理学法则（它仍旧是唯一的）在一定程度上独立于物理学。而从整个生理学中总结出的动物运动则首先为视觉提供了解释。

感觉与情感则由动物精气在被外在刺激作用时所走的神经回路所解释。这种刺激并不一定是外物对于感觉器官的物理挤压，而仅仅发生于当外物作用在感觉器官上的压力的努力超过了一定程度并使得我们产生了相反的努力时。无限小也就在此被应用到了生理学上：任何对象，不管它有多小，（转下页）

有心灵活动，包括想象、想象序列、梦、谵妄等。[6] 在这一方面，

（接上页）都会作用于我们的感觉，不管这种作用有多小。但并不是每个对象就因此都是可感的。这种努力必须积累到一定的程度才能使其在感觉中激发的运动被传导到神经之中。当作用在视觉、听觉、嗅觉等神经末端的努力超越了一定阈值，传递到神经的内在部分（动物精气）的运动首先具有向心的方向。这种经由接触传递的压力从神经向内部传递，直到神经的中心，即心与脑。压力的努力作用于神经中心时，神经中心也就产生了某种反作用；这种作为反作用的努力使得动物精气向相反方向即离心的方向运动。感觉所具有的特征是生理学的而不仅仅是物理学的，而这种生理学特征的根本性质就在于它能够产生向外的反作用运动。

感觉与激情因此就是心脏在其生命运动受到外物的促进或者减弱时所产生的不同反作用。当其生命运动被促进时，欲望以及愉悦就产生了；当它被减弱时，躲避以及痛苦就产生了。这些情感本身就是动物运动的起始。这些假设出现的文本包括《法律要义》（第 2 章第 6—10 节）、《〈论世界〉批判》（第 27 章第 18—20 节、第 30 章第 3—14 节）、梅森为其《弹道现象》[Phaenomena ballistica] 所写的序言（在这一序言中梅森解释了霍布斯的生理学，这一文本以《梅森弹道学序言》[Praefatio in Mersenni ballisticam] 为题被摘录到了霍布斯拉丁文全集第 5 卷，309—318 页）、《利维坦》（第 1 章）以及《论物体》（第 25 章第 1—4 节）。不过在霍布斯文本的发展中存在着将生理学解释统一化的倾向。在《法律要义》中，两个神经中心——脑与心——之间存在着清晰的区分。脑是感觉的中心，而心则是情感的中心（反作用从脑开始并且延续到心）；而在《利维坦》中则仅仅谈到了一次脑，因此似乎此时根本的神经中心只剩下了心，它同时是感觉、情感以及驱动的源头。《〈论世界〉批判》以及《论物体》为我们提供了努力、阻力以及反作用等概念被应用到生理学上的最精确示例。在《论物体》中，这种对于生理学解释的统一的证据即是霍布斯将激情的原因归给了压力的向心努力，而将感觉的原因归给了离心努力。尽管脑和心都被提及了，但只有后者才扮演了作为"所有感觉的源头"的重要角色。

[6] 霍布斯试图通过无限小的运动来解释想象，即一种处于不断衰减之中的感觉："物体一旦处于运动之中（除非受到他物阻挡），就将永远运动；不论是什么东西阻挡它，总不能立即使它的运动完全消失，而只能逐步地慢慢地使其完全消失。我们在水中见到，风虽止而浪则经久不息；人们看见东西或梦见东西时，其内部各部分所发生的运动也是这样。因为当物体已经移去或自己将眼闭合时，被看见的物体仍然有一个映像保留下来，不过比看见的时候更模糊而已。……因此，想象便不过是渐次衰退的感觉，人和许多其他动物都有。在清醒时和入睡后都存在。……因此，任何对象被看见或感觉之后，经过的时间愈长，其想象也愈弱。由于人体不断地变化，会使在感觉中活动的部分逐渐归于无效，所以时间和空间的距离对我们便具有相同的作用。"（《利维坦》，第 2 章，中译本 6—7 页）因此想象并不是被外物产生的内在运动的（转下页）

霍布斯的生理学及心理学的一般原则就在于将情感与心灵功能还原到身体器官的内在的微小部分的运动上去，这些部分被称作生命精气或者动物精气。在《〈论世界〉批判》中，霍布斯否认为了解释感知以及情感，我们必须设定某种非物体性的驱动力[7]，正如在另一种意义上，在致笛卡尔的《第三组反驳》中，霍布斯批评了任何一种为了解释思想而将灵魂实体化的做法。[8] 对于笛卡尔

（接上页）自动衰退的结果，因为这种内在运动与所有运动一样都遵守惯性法则。想象所是的这种衰退是由新感觉的涌入所产生的新的现实无限小的运动所导致的。因此虽然在睡梦中感觉被麻痹了，但动物精气的扰动产生了梦："总而言之，我们的梦境都是我们清醒时的想象的倒转，当我们在清醒时运动由一端起始，在梦中则由另一端起始。"（《利维坦》，第2章，中译本9页）我们有时会体验到难以将梦境与感知区分开，而这种困难的原因在于，在梦境中我们的感受作用已经停止或者衰退到了无法让身体内部的运动变得不分明的程度。这就使得有时梦会被与感知混淆，而这也是人的绝大部分谵妄的源头。

思想序列的融贯也是由无限小运动的组合所解释的："原因是这样：所有幻象都是我们的内在运动，是感觉中造成的运动的残余。在感觉中一个紧接一个的那些运动，在感觉消失之后仍然会连在一起。由于前面的一个再度出现并占优势地位，后面的一个就由于被驱动的物质的连续性而随着出现，情形就像平桌面上的水，任何部分被手指一引之后就向导引的方向流去一样。但由于感觉中接在同一个被感知的事物后面的，有时是这一事物，有时又是另一事物，到时候就会出现一种情形，也就是说：当我们想象某一事物时，下一步将要想象的事物是什么很难预先肯定；可以肯定的只是，这种事物将是曾经在某一个时候与该事物互相连续的事物。"（《利维坦》，第3章，中译本12—13页）正如我们所见，这一说明既能够解释思想的融贯序列，又能够解释这种承继关系的不确定性。这样霍布斯也就在无限小量的生理学之后，又奠基了一种无限小量的心理学。

[7] 参考《〈论世界〉批判》，第27章第19—20节，326—329页；第30章第3—14节，349—355页。

[8] 《〈论世界〉批判》第30章的目标是澄清神的理智及意志的含义，为了做到这一点，它从对于人的理智以及意志的研究开始。这一章的结构可分为三个阶段：1. 对于人与动物共同具有的官能的探究（3—14节）；2. 对于人所独有的官能的探究（15—31节）；3. 确立人的理智与意志和神的理智与意志之间的显著差别（32—36节）。与我们当前主题有关的是，我们能够注意到霍布斯在其中提出了一种生理-心理学理论，这种理论一方面拒斥了将灵魂看作是在潜能意义上具有生命的物体之形式的亚里士多德主义理论，另一方面也拒斥了将灵魂（纯粹精神性的）与身体（物质性的）之间的区分（转下页）

主义二元论的批判并不意味着霍布斯给出了一种一元的**存在论**原则，而仅仅意味着他认为我们可以用一种更为经济有效的假设来解释心灵现象；这种假设不必借助于一种不可设想的精神实体，这种精神实体在笛卡尔的理论中一方面导致了动物被贬低为一种没有感觉的机器，而这与经验相矛盾；另一方面则使得两种截然不同的实体在人这里的统一变得不可理解。因此霍布斯所关心的永远都是认识论意义上的有效性，而非存在论意义上的规定。

此时我们也就能够理解，无限小量方法在生理-心理学上的应用，这也就是说在身体器官内部的物质性的微小部分的特定运动上的应用。霍布斯奠基了一种关于无限小量的生理-心理学的原则。[9] 从物理学的视角看，努力即是运动的现实的无限小量；由此，它也就成为了动物运动即行为的现实的无限小量。此处所说的运动、努力都完全不是在比喻的意义上说的：

> 经院学派在单纯的行走或运动的欲望中完全没有发现实际运动存在，但他们又必须承认其中有某种运动，于是便把这种运动称为隐喻式的运动。其实这不过是一种荒谬的说法，因为语词虽然可以成为隐喻式的，物体和运动却无法成为隐

（接上页）看作是一种现实区分的笛卡尔主义理论。我们知道，灵魂与身体的这种二元性最终在笛卡尔那里导致了一种关于有生命的机器的理论，这种理论认为动物仅仅具有感觉的物理条件，但并不具有感觉本身。与之相反，霍布斯非但没有将动物贬低为一种没有感觉的机器，反而使动物得以与人共同享有感觉、情感、想象、经验、明智等。人与动物之间的区别产生于好奇心这种激情（对于认识原因的欲望），这种激情是语言的源头。正是语言为人的理智赋予了其独特性，并使得人的存在具有其目前拥有的样态，因为语言使一种能够反作用于人的激情生活的主体间性的生成得以可能。

[9] 参见本章281页注[5]及282页注[6]。

喻式的。[10]

因此，我们必须在其本来的意义上谈论行为的努力："人体中这种运动的微小开端，在没有表现为行走、说话、挥击等可见的动作前，一般称之为努力。"[11] 确切来说，一种行为，比如说行走，并不是一种单纯的空间中的位移，它需要一种与感觉和情感相关的驱动力：

> 所有我们直接通过感觉所具有的观念包括愉悦、痛苦、欲望或者恐惧，那些我们通过跟随感觉而来的想象所具有的观念也是这些。只不过由于想象要更为衰弱，它们所导致的愉悦或者痛苦也就更弱。[12]

动物运动的努力应当解释的正是在行为中始终相连的三个层面，即感觉、情感以及驱动。因此，从对于生命循环运动的假设（它被用来解释有生命物的个体性，这种个体性无法被还原为物质的单纯的偶然聚集）、对于动物运动（或行为）的确认，以及个体经由其内在结构对外在刺激的反应和适应这三点出发，行为中的努力在生理-心理学中所扮演的角色与单纯的物质集合的运动中的努力在物理学中所扮演的角色相同。

努力在任何可以被给定的物理运动中都是同质的，同样，不论是在动物还是在完整的人中，行为中的努力也都是同质的。行为的努力被定义为心对于外在刺激的反作用，由此，这其中已然

---

[10]《利维坦》，第6章，中译本36页。
[11] 同上。
[12]《法律要义》，第1部分第7章第4节，29页。

包含了对于感觉表象的外在性（正是反作用使得一种内在性质显现为外在于我们的）、感觉表象与愉悦和痛苦的情感（这取决于外在刺激是有利还是阻碍了生命运动）以及与欲望和躲避的情感（这取决于表象使我们趋近还是远离某个对象）之间的联结这两点的解释原则：

> 愉悦或者痛苦的运动同样也是让人趋近于他所喜悦的事物并且远离他所厌恶的事物的刺激。这种刺激就是努力，或者动物运动的内在开端。当对象使人愉悦时，它就被称作欲求；当对象使人不悦时，如果这种不悦是当下的，这种努力就被称作躲避；如果这种不悦是未来可期的，那么它就被称作恐惧。由此，愉悦、爱以及欲求，欲求也同样被称作欲望，都不过是依据不同考量为同一种事物所起的不同名称。[13]

我们能够轻易地看出对于这种同时包含了表象与欲求的努力的构想对莱布尼茨产生了多大的影响。不过，物理中的努力与行为中的努力之间的这种类似很快就在霍布斯那里达到了它的限度。首先，这是由于物理中的努力关涉到能够被数学化地表达的定量效果的计算，而人的行为在根本上却是定性的。一种人类行为的数学在这里就算在理论上可能，却也无法被实现。物理学的努力能让我们通过将冲动相加来计算某个物体的潜能 [potentia]，这即是说其未来能产生的结果；同理，行为中的努力也应当能让我

---

[13]《法律要义》，第 1 部分第 7 章第 2 节，28—29 页。参考《论物体》，第 25 章第 12 节，331—332 页；《论人》，第 11 章第 1—5 节，94—95 页。

们估算人的力量［potentia］*，后者在未来产生的结果与物理结果十分不同：

> 我对这种力量的理解与在第1章中对身体及心灵的官能的理解相同，这即是说，身体的力量包括营养、繁殖以及驱动；心灵的力量则在于认识。[14]

人的自然力量的效果并不仅仅在于产生运动，而同时在于获取对于自我保存而言必需的利益，因此它是一种本质上为定性的占有［appropriation］现象："一个人的力量［power］普遍讲来就是一个人取得某种未来表面的善的现有手段。"[15]

这还不是全部问题所在。努力理论在行为的生理-心理学上的应用应当能够用物质的动物精气的特定运动解释感觉、想象以及情感的**生成**，而不仅仅是它们的联结以及样态。这一点对于霍布斯来说似乎不成问题，但从这个角度看我们却完全可以质疑他的尝试是否成功。因为，一方面，如果我们认为，作为生理上的反作用的努力仅仅是物质微粒的无限小位移，此时我们也就无法看出这样一种位移如何能够产生除了非常微小的物理结果之外的任何东西，即表象或者情感；另一方面，如果我们认为努力自身就已经是表象性、情感性的了，此时我们却必须承认，行为中的这种努力的特殊性仍旧没有被澄清。霍布斯的生理-心理学无法解释作为**事实**的表象、欲望以及某个对我们有利之物的显现，而

---

［14］《法律要义》，第8章第4节，34页。
［15］《利维坦》，第10章，中译本62页，译文有调整。
　　* 关于在人之中的力量［potentia］概念及其与权力［potestas］概念的比较，见本书第四部分第四章的相关讨论。——译者注

仅仅能够解释这些东西的样态以及联结。在量（心的反作用运动）与质（可感表象以及情感）之间存在着一种无法被还原的割裂与分离，这就像我们无法还原运动中的物体所具有的纯粹定量的潜能［puissance］与人所具有的纯粹定性的自然力量［puissance］之间的分离一样。换句话说，即使霍布斯能够解释为何可感表象显现为外在于我们的、为何痛苦与愉悦被我们所内在地体验，或者为何人会试图获得向他显现的有利之物，他仍旧无法解释存在着表象、情感或者有利之物的显现这一**事实**。

但这样一来，霍布斯用一种对于心灵功能的唯物解释来替代通过精神性灵魂的存在所达成的对它的形而上学解释的尝试不也就失败了吗？在笛卡尔、斯宾诺莎或莱布尼茨的理论中（不管他们的理论在身心关系问题上存在多少分歧），正是灵魂解释了表象以及情感的可能性。笛卡尔在《第六组答复》中阐述的感觉层级理论能够非常好地澄清这一点：

> 为了正确地理解感觉的确定性是什么，我们必须在其中区分三种层级。在第一层级中，我们只能够考虑外物在物体性器官上所直接产生的东西，而这只能是这一器官的微粒的运动以及从这种运动中产生的形状变化与位移。第二个层级则包含了所有由于心灵与被对象如此移动并且作用的物体性器官统一而在心灵中直接产生的东西。这些东西包括痛苦、瘙痒、饥饿、干渴、颜色、声音、味道、气味、热、冷以及其他类似的东西；正如我们在《第六沉思》中所说的那样，这些东西来自于心灵与身体的统一或者说混同。最后，第三层级包括了所有那些我们在幼年时期之后所习惯于做出的关于周遭事物的判断，这些判断在我们的感觉器官受到压力或

者运动时产生。[16]

在感觉的第一层级也就是说感觉的物体性条件,以及第二层级也就是说感觉本身之间,只有一种与身体现实地不同但却以某种(尽管可能无法理解的)方式与身体统一的灵魂才能解释表象以及情感的可能性,而霍布斯的理论所否认的正是这样一种灵魂的存在。至于感觉的第三层级,这也就是说我们在受到可感压力时所进行的判断,我们知道在霍布斯的理论中这些判断依赖于语言,而语言并不预设灵魂的存在。并且,尽管我们能够确定[17]霍布斯确实给出了一种言语的物理学的原则(言语属于动物运动),但我们已经看到,词语的意指理论以及关于判断的真假的理论都无法被还原到这种物理学上。

但不管这些困难有多棘手,它们都无法使整个理论彻底无效;它们所确认的仅仅是,这一理论所包含的是若干足以解释感觉、情感以及语言的样态的假设。那正在感知、想象、欲求以及言语的事物对于我们来说并不比外物更加澄明,因此我们对于两者的知识的局限是相同的。更进一步地,用灵魂来解释表象这实际上就是再次引入了某种和灵魂与身体的统一同样无法理解与构想的概念。非物质性灵魂的概念甚至无法构成一种在理性上有效的假设:"这种把魂灵看作非物体或者非物质的看法,不可能任何人生来就是这样认为的。"[18]因此,我们必须回到我们知识的条件

---

[16]《笛卡尔全集》,第 9 卷(上),236 页。
[17] 参考 A. Robinet, "Pensée et langage chez Hobbes..."。
[18]《利维坦》,第 12 章,中译本 81 页;参考《〈论世界〉批判》,第 7 章第 6 节,149 页。

上去:"构想一个魂灵,这就是构想一个拥有维度的事物。"[19]我们的知识所能允许我们合法地断言的东西即是"根据这一点也不能做出结论说,魂灵是不存在的,因为魂灵具有维度,因之便是现实的物体"。[20]

我们甚至能够走得更远,并且解释关于非物质性灵魂的虚构何以能够形成。这种虚构实际上不过是一种对于图像或者表象的物化:"人类灵魂的实体和睡着后在梦中显现的,或是清醒时在镜中显现的幻影相同。人们不知道这种幻影不过是自己幻想的产物,因而认为是真实和外在的实体。"[21]灵魂不是表象的条件,而只不过是一种想象的实体化罢了[22]。

---

[19]《法律要义》,第1部分第11章第4节,55页。
[20]《利维坦》,第46章,中译本544页。
[21] 同上书,第12章,中译本81页。
[22] 从对于灵魂或者精神实体的盲信的这种一般的、人类学的原因出发,日常语言能够解释这种盲信的传播,而哲学语言则能够解释它何以会被转变为一种虚假的知识。日常语言是传播幻象的直接原因:"但在一般人看来,并非宇宙的全部都称为物体;而只有能用触觉感觉到对他们的力发生抗阻的东西,或是可以用视觉感觉到障碍他们看到更远的前景的东西,才称为物体。所以在人们的一般用语中,空气和气性实体通常都不被当作物体,而是在人们感到它们的效果时被称为风或者气息;或者是由于它们在拉丁文中被称为 *spiritus*,所以便称为精气,比如人们把那种在任何动物身体中使之获得生命和运动的气性实体称为生命精气或者动物精气。"(《利维坦》,第34章,中译本308页)由于对于语言的日常使用并不建立在精确的名义定义上,"物体"与"精神/精气"最终被用来指代实在的两个不同领域,其一是物质性的,另一个则是非物质性的;这种演变有时是无意识的,有时则是以某种利益为目的(特别是政治目的)。因此,在语言之中存在着一种由历史形成的无意识成分,并且由于我们对于语词的习惯性使用,这种无意识成分时常无法被我们看出。由此,对于语言的日常使用让我们谈论一些我们无法构想的东西,并且使我们误以为这些语词拥有意指。对于语词使用的历史性批判的原则由此也就被霍布斯所提出:比如说,为了知道从"风"或者"气息"这些语词到"精神"这一词的转变的原因,我们必须解构 *spiritus* 这个拉丁词语。只有这种对于现行语言的批判才能让我们对思想进行治疗,使其摆脱在无知者的想象中被实体化为偶像的大脑的虚构。

而这种幻象被转化为哲学化的虚假知识则需要对于哲学语言的(转下页)

因此，霍布斯的生理-心理学使那在感知、想象、欲求以及言语的事物成为了一种只有"通过物体的方式，或者通过物质的方式"才能被理性地认识的事物，正如在外在于我们的事物那里一样。不过，正如我们所看到的，这种理论也并不是没有它的困难与限度，比如在表象、情感乃至意指的生成问题上。对于这些困难与限度，霍布斯有着充分的认识，因为对他来说最让人惊叹的——同时也毫无疑问是最神秘的——现象，就是显现本身，有些物体具备显现的能力，而有些则不具备；同时，语言也是人类创造之中最高贵的，但也是最不可被还原为一种因果解释的。而自然现实世界与伦理政治世界之间的关系问题的核心正在于这种存在于最让人惊叹的表象现象和词语意指现象与它们的物质化生成过程之间的永远无法消除的分离。

222

（接上页）看似科学的使用。在霍布斯看来，亚里士多德、经院哲学以及笛卡尔构成了对于一种精神性灵魂的虚构的不同哲学版本。不过，将这种对于精神性实体存在的神秘信仰确立为一种神学-形而上学的法典则主要是经院哲学的任务。经院哲学是通过与对于动词是/存在的错误使用相关的对于《圣经》的错误解读做到这一点的（《利维坦》第34、46章）。此外，对于非物体性精神的存在的信仰也具有政治后果，因为它正是迷信的萌芽之一；国家的奠基者能够运用它使得国家法律受到尊崇，而假先知也能用它来实现相反的目的，即让国家解体（《利维坦》第12章）。最后，这种对政治权威有害的、对于一种与世俗权力有别的并且高于世俗权力的精神力量的信仰，也与对精神性灵魂相对于物质性物体的优先性的虚构直接相关（《利维坦》第12章）。

第四章　从一个世界到另一个世界

　　分离的形而上学，特别是它的两个根本规定，即关于表象和语言的理论，是作为物体或物质化的事物或自然现实这一新概念的源头。而我们现在仍然需要考察的是，在伦理及政治层面上，这两个根本规定是如何转化为政治奠基问题的。

　　在霍布斯的解释中，自然哲学与政治哲学的关系是最受争议的问题之一。一方面，《论物体》所描述的一种纯粹物质性的世界图景与《法律要义》、《论公民》以及《利维坦》中充满欲望、冲突、权利以及对于政治的契约奠基的世界看起来难以调和，因此这似乎支持了这两部分学说仅仅具有一种简单并列关系的观点，根据这种观点，找出这两部分学说的共同原则的尝试是徒劳的。在这种解释中，霍布斯一方面对关于自然现实的新概念的形成有所贡献，另一方面也参与塑造了现代伦理与政治的一些重大议题，但我们却无法认为它们之间具有任何关系。但另一方面，与之相矛盾的是，在霍布斯的理论中没有任何二元的存在论的成分，因此我们也就无法认为在单纯物质性的世界之外存在着一个属人的、独立的世界；而这一点则看起来似乎支持了将伦理、政治还原或类比到唯物论的观点，并且，依据物理概念在解释人类行为以及在解释建立政治权力以确保其共同保存的必要性时的效力，这种还原或类比或严或松。那么我们是否能够解决这种解释上的冲突呢？

为了回答这一问题，让我们先更完整地检验一下上文所说的这两种不同的解释倾向。首先，第二种解释试图保存霍布斯作品的系统性以及融贯性，并因此使得伦理与政治依赖于物理学的唯物论。这种解释的证据一般来自于霍布斯所做出的一些确凿的方法论论述[1]，以及政治哲学文本中对于一些自然哲学概念的使用，以及一些在霍布斯作品中确实存在的比喻性说法[2]（其中最主要的就是"政治体"[body politique, *corpus politicum*]）。但是这种视角并不能在方法论层面和科学内容层面上被融贯地应用。实际上，我们如何能在方法论的层面上，从处理运动中的物质的物理学以及生理学出发，**演绎**出一种存在于质的、情感的世界中的关于欲望的伦理学，或者一种关于社会约定的理论呢？在之前一章中，我们已经明确地指出了问题所在，即表象、欲望以及语言等事实的独立性。另一方面，我们又如何能在科学的内容层面上将（物质的）自然物体与（人造的）政治体同时归到同一些原则之下呢？当我们强行通过物理学思考国家的法理基础及运作时，后者也就变得不可设想了——除非是通过比喻的方式。

绝大部分解释者都意识到了困难所在，并且没有宣称政治学能够被从物理学中**演绎**出来。不管是沃特金斯[J. W. N. Watkins][3]、

---

[1] 在《论物体》处理方法的一章中（第6章第6—7节，62—66页），霍布斯给出了其哲学系统的一个演绎版本，在其中伦理学与政治学的原则都被从物理学以及生理学的原则中推导出来。

[2] 比如《利维坦》中，人类所特有的对于力量的无止境积累的欲望被以匀加速运动的方式表达了出来："在这方面力量的性质就像名誉一样，愈发展愈大；也像重物体的运动，愈走得远愈快。"（第10章，中译本62页）

[3] J. W. N. Watkins, *Hobbes's System of Ideas: A Study in the Political Significance of Philosophical Theories*, Londres, Hutchinson University Library, 1965.

斯普雷根斯［T. A. Spragens］[4]还是从某些方面而言的麦克弗森［C. B. Macpherson］[5]，尽管他们的解释并不相同，但他们所关心的都是系统的融贯性；而这种融贯性要么是由于这两部分所使用的观念之间的对应，要么是由于伦理、政治对于物理学的新范式的引入，要么是由于物理的唯物论构成了政治义务的必要但不充分（因为还需要隐含的社会性前提）条件。政治的奠基是一种法理的奠基，它无法被从关于运动法则的物理学中演绎出来。

由于这种解释路径无法推演出其最终需要的结果，由此第二种解释路径也就显现了出来。根据这种解释，霍布斯作品的两个面向是完全异质的。这种观点仍然可以由霍布斯的一些方法论论述所支撑，并且这些论述与之前那种同样确凿。[6]根据这些论述，政治科学所依赖的原则直接来自于经验以及理性。《论公民》的致辞信就将关于人性的两个假设作为政治学说的原则：1. 自然的欲求，由之每一个人都试图占有共有的事物；2. 自然的理性，由之每一个人都希望逃脱作为最大恶的暴死。在施特劳斯看来，这些

---

[4] Thomas Spragens, *The Politics of Motion*, *The World of Thomas Hobbes*, Londres, Croom Helm, 1973, p.175.

[5] C. B. Macpherson, *La théorie politique de l'individualisme possessif de Hobbes à Locke*, p. 90. "正是霍布斯受17世纪诸科学发现启发所秉持的唯物主义，让他得以将权利与义务奠基在事实层面中。这种唯物主义并非仅仅是其政治理论的、无关紧要的装点：它恰恰是后者至关重要的一个方面。它构成了霍布斯政治义务理论的一个必要条件，不过却不是其充分条件。因为，除了其最基本的唯物预设，即人是运动中的物质系统，霍布斯仍需要额外的预设，即每个人的运动都与所有其他人的运动相互排斥。后一个预设并未包含在其机械唯物主义之中，而是正如我们所见的那样，来自他从他所处时代的市场社会中提炼出的假设。正是这一假设让他得以将个体看作是被平等的不安全感所掌控，并且所有个体都同样需要一个政治义务系统。"

[6] 在我们先前所引的《论物体》第6章的同一处方法论段落中，霍布斯认为我们可以在不依赖于从物理学出发的演绎的情况下以分析的方式发现伦理学与政治学的原则（《论物体》，第6章第7节，65—66页；参考《法律要义》，致辞信，xv—xvi页；《论物体》，致辞信，139页）。

假设本身并不足以解释霍布斯的政治学说:

> 霍布斯的政治学说的基础并不在于道德中立的动物欲望(或者人对于道德中立的权势的寻求)与对道德中立的自我保存的寻求之间的自然化对立,而在于根本上不正义的虚荣与根本上正义的对死亡的恐惧之间的道德化的、人性化的对立。[7]

对于施特劳斯来说,我们不可能将关于人类事务的哲学奠基在一种其中所有原因都被还原为效力因的对自然的构想。如果自然过程之中并不包含对于本质的实现以及某种规范或者应然,那么人也就在本质上不属于这种自然了。尽管沃伦德[H. Warrender]与高蒂耶[D. P. Gauthier][8]所发展的解释十分不同,但他们都在同一种意义上认为,霍布斯的自然哲学以及生理学之中并不包含道德及政治义务的基础。

尽管在自然现实的概念以及由人的作为和言语所产生的政治现实的概念之间存在着断裂,霍布斯自己的论断却是非常清楚的:

> 哲学有两个主要部分,因为,对于探究物体的生成与

---

[7] Leo Strauss, *The Political Philosophy of Hobbes, Its Basis and Its Genesis*, Chicago, Chicago University Press, 1963, pp. 27-28.

[8] David P. Gauthier, *The Logic of Leviathan, The Moral and Political Theory of Thomas Hobbes*, Oxford, Clarendon Press, 1969, p. 27: "霍布斯是作为一个道德学家来讨论道德的。他的首要目标是论证人们应当做什么、不应当做什么。为了完成这一目标,他引入并且阐释了某些道德概念,其中最重要的包括自然权利、自然法、义务以及正义。不过他的兴趣仍旧在于用这些概念来论证他的道德结论,而非阐释它们。"

属性的人来说，存在着两种主要的物体亟待他们探究，并且两者十分不同：其一由自然所形成，它被称作自然物体；另一者则由人的意志、约定以及契约所形成，它被命名为国家［*civitas*］。这就是为什么从中首先产生了哲学的两个部分：自然哲学与公民哲学。[9]

因此，自然物体与政治体并不能被同一个物体的范畴或者属所包含，而只能是两个。换句话说，虽然自然物体的范畴使得**物体**与**物质**完全可以互相转换，但对于人为形成的政治体却不是如此。霍布斯将这些人造物体描述为一种虚构的物体［*corpus fictitium*, fictitious body］，这些物体的官能以及意志都是**虚构**的。[10] 但我们不能错误地解读这种描述，因为虚构的概念——以及人造物的概念——在这一语境中并不与现实的概念相对；两者所指的都仅仅是政治体所属的存在物的种类与自然物体不同，并且政治体所遵循的原则也与物理学的原则不同。在这种意义上，我们同样也不能错误地解读《利维坦》导言中这段话的含义：

> 自然，也就是上帝用以创造和治理世界的技艺，也像在许多其他事物上一样，被人的技艺所模仿，从而能够创造出人造的动物。由于生命只是肢体的一种运动，它的起源在于内部的某些主要部分，那么我们为什么不能说，一切像钟表一样用发条和齿轮运行的自动机械结构也具有人造的生命呢？是否可以说它们的心脏无非就是发条，神经只是一些游丝，而关节不

---

[9]《论物体》，第 1 章第 9 节，10 页。
[10] 参考《法律要义》，第 2 部分第 4 章第 4 节，120 页；《论人》，第 15 章第 1 节，130 页。

过是一些齿轮，这些零件如创造者所意图的那样，使整体得到活动呢？技艺则更高明一些：它还要模仿理性的自然最精美的作品——人。因为号称国家［commonwealth, state, civitas］的这个庞然大物利维坦是用技艺造成的。[11]

首先，自然与技艺之间的这种类比的基础是神的作为与人的作为之间的关系。正如我们所看到的[12]，人的技艺对于自然的模仿预设了神的作为与人的作为的分离；前者是不可理解的，而后者的产物则是确定的认识的对象。第二，在作为神的造物的自然与作为人的造物的国家之间也存在着一种根本的区别：神并不是通过一种法理上的约定来创造自然的。同样一种区别在人的造物范畴中也能够找到，即在自动机与国家之间，因为自动机的制造并没有任何法理的成分。第三，我们应当注意到，国家被赋予人造或者虚构物体这一名称自经院哲学以来就十分常见了[13]，并且我们也能在现代法理和政治哲学以及格劳秀斯［Hugo Grotius］[14]、普芬多夫［Pufendorf］、卢梭[15]以及其他一些人的作品中找到它，尽管此

----

［11］《利维坦》，导言，中译本 1 页。
［12］ 参考本书第二部分第五章。
［13］ 参考 Ernst Kantorowicz, *The King's Two Bodies, A Study in Medieval Political Theology*, Princeton, Princetor University Press, 1957; Pierre Michaud-Quantin, *Universitas, Expressions du movement communautaire dans le moyens-âge latin*, Paris, Vrin, 1970。
［14］ Grotius, *Le Droit de la Guerre et de la Paix*, Livre Ⅱ, chap. Ⅸ, § Ⅲ, 3, p. 376.
［15］ 德拉岜在其《卢梭与其时代的政治科学》［*Jean-Jacques Rousseau et la science politique de son temps*, Paris, Vrin, 1970, pp.410-413］一书中对卢梭的两处文本做了非常具有启发性的比较，其中一处文本利用了《利维坦》中的这种类比，另一处则表明这种类比只不过是一个不能被从字面上理解的比喻。这两种视角都受了霍布斯的启发。1. "政治体单独来看能够被看作是一种有组织的、活着的、与人体类似的物体。主权代表着头；法律以及习俗是脑——神经的源头以及理智、意志和感觉的所在，而法官与行政官则是其器官；（转下页）

时它的意义发生了一些变化。但由此将这些作者对于国家的构想看作是机械的或者有机的却是不对的。在这一点上，我们可以参考德拉忒［Robert Derathé］所下的具有普遍意义的论断："事实是，不管与活着的有机体的类比还是与物理秩序的类比，都无法将像存在于个体与国家之间的精神联系那样精微的事物人格化。"[16] 相比于"精神关系"，我们可以更确切地说它是一种法理的关系。在霍布斯的理论中，政治体的概念依赖于一种关于人造人［artificial person］的理论[17]，这种人造人又被普芬多夫和卢梭称为道德人［personne morale］[18]。作为政治人格的国家是人造人格的一个特殊情况：它

（接上页）商业、工业和农业则是嘴和胃，它们提供了共同的食粮；公共收入是血液，它由作为心脏的明智的**经济**来将养分和生命传遍全身；公民则是让这台机器得以运动、活着、劳作的躯体和四肢，并且，如果这个动物处于健康状态的话，一旦它的某个部分被伤害，这种痛苦的印象就会被马上传递到脑中。"（卢梭，《论政治经济学》[*Discours sur l'économie politique*]，*Œuvres complètes*，vol. 3, p. 244）2. "人类技艺与自然造物之间的区别能够通过它们所产生的结果看出来。虽然公民被称作国家的肢体，但他们与国家统一的方式却和真正的肢体和身体统一的方式有别；每一个公民都不可能没有其个别的、独立的存在，他只需这个存在便足以自我保存；并且在国家中神经要更迟钝、肌肉要更无力、所有的联结都要更松弛，以至于最轻微的事故都能够使其整个解体。"（卢梭，《论战争状态》[*Que l'etat de guerre naît de l'etat social*]，*Œuvres complètes*，vol. 3, p. 606）

[16] 德拉忒，前引文献，411 页。

[17] 《利维坦》的第 16 章和《论人》的第 15 章处理了人造人格理论。

[18] 普芬多夫在《自然法和万民法》[*Le Droit de la Nature et des Gens*] 中提出的完整的道德人格理论完全是在对霍布斯的阅读基础上构建出来的（参考德拉忒，前引文献，397—410 页）。"因此，为了给国家一个确切的定义，我们应当说，**国家就是一个复合而成的道德人格，其意志被由约定统一的人们的意志聚集形成，而这个意志就被看作是所有人的普遍意志，并由此被授权能够使用每一个个体的力量与能力，以便能够获取和平以及共同的安全。**"（《自然法和万民法》，II. VI. 10）卢梭再现了道德人格的概念并对其进行了改变。对于卢梭而言，只有一个群体而非个体才能作为道德人格，这就像在霍布斯那里人造的政治人格并不是议会而是一个君主，或者像普芬多夫那里的简单道德人格的概念一样。由此卢梭也就能够说："究竟什么才是公共人格？我回答，这就是这种被称为主权者的道德存在，其存在由社会契约所赋予，并且其意志即带有法律之名。"*Que l'etat de guerre naît de l'etat social*，*Œuvres complètes*，vol.3, p. 608）

的存在来自于一个法理行为,并且由此它仅仅具有法理意义上的存在。以上这些评论应该足以使我们避免试图将霍布斯的政治学还原为一种关于国家的物理学的困境。

因此我们也就理解了,施特劳斯确实有理由认为在自然科学与政治科学之间存在着某种断裂。但我们却不能满足于对这两种科学的简单并列,而这似乎正是施特劳斯的结论:

> 在一定的程度上,传统的道德哲学和政治哲学的基础是传统的形而上学,而当传统的形而上学被现代自然科学所取代时,就似乎有必要把新的道德哲学和政治哲学放到新的科学的基础上。这种企图永远也不会成功:用霍布斯的后继者的语言来说,传统形而上学是"拟人的"[anthropomorphistic],所以可以成为一种关于人的哲学的恰当的基础;而另一方面,近代科学试图放弃所有的"拟人方法",脱离所有关于目的和完美的观念,以此来阐释自然,所以,它对于理解涉及人的事物、对于奠定道德和政治的根据,往少处说也是毫无裨益的。就霍布斯而言,企图把政治哲学放到近代科学的基础上,后果是无法始终连贯一致地坚持自然"权利"与自然欲望之间的根本区别。所以,要想充分认识霍布斯"权利"原则的意义,首先必须解释,他的政治哲学的真正基础,不是近代科学。论证这一点,正是本书的特定目的。[19]

---

[19] *The Political Philosophy of Hobbes*, p. ix;中译本《霍布斯的政治哲学》,3—4页。几页之后施特劳斯又写道:"政治哲学独立于自然科学,因为它的原则不是从自然科学借来的,实际上,它们不是从任何科学借来的;这些原则是由经验,由每个人的切身经验提供的;更确切地说,它们是通过每个人的自我认识和自我考察而被发现的。"(中译本8页)

关于这段文本有两点值得指出：一方面，霍布斯理论中的自然科学，正如我们所试图阐明的那样，依赖于一种形而上学，而只有在这个层次上我们才有可能准确地评估其与传统形而上学的对立，或者更确切地说评估其与亚里士多德的存在论的对立；另一方面，似乎正是由于施特劳斯并没有澄清这种形而上学的全部意涵，他才没有意识到，作为自然科学基础的形而上学原则是如何能够被转化为一种关于国家的法理奠基的政治哲学的原则。

因此，只有当我们回到分离的形而上学的两个根本规定——表象理论以及语言理论——并且检验它们是如何被转化到伦理学及政治学的场域中时，我们才有可能超越不同解释之间的冲突。在此最为重要的是，在霍布斯的理论中，对于亚里士多德主义存在论的批判得以产生出一种开启了现代政治学视野的政治思想的方式。

关于表象理论，我们已经看到，霍布斯的形而上学将表象与事物分离开来，并由此在主观的现象空间以及现实的事物空间之间产生出一道鸿沟。而表象的心灵领域由此成为自我封闭的，并被从自然世界中抽离了出来。虽然表象的心灵领域不再能够对事物进行直接把握，而正是对于事物的直接把握让亚里士多德得以建立一种本身即具有意义的物理及宇宙秩序；但正是这种抽离使得表象的心灵领域能够再次成为伦理与政治问题的开端。在这一方面，我们所能想到的不仅仅是霍布斯在《法律要义》的第 1 章再次重复了毁灭世界的假设，同时还有《法律要义》和《利维坦》[20]都以关于

---

[20]《论公民》直接以自然状态理论开篇，这即是说霍布斯在那里已经预设了《法律要义》中的心灵以及情感场域的生成理论，而没有重复它。至于《论人》，我们曾经尝试通过论证其光学部分发展了一种表象的视觉理论，进而梳理出其中的伦理与政治意涵。参见拙文"Vision et désir chez Hobbes", pp. 125-140。

感觉、想象以及情感的理论作为开端这一事实。这种理论展示了个体心灵领域中的表象与情感空间的真正生成，并且唯物论的生理－心理学只能够解释这种生成的不同方式，但无法解释其存在本身。

这种从表象概念的形而上学意义到伦理学与政治学意义的转换能够以一种新的方式澄清政治哲学的一般动态过程。首先，在霍布斯的理论中，被表达为对欲望主体的聚焦的伦理个体主义，不正是个体心灵领域的自我封闭的产物吗？第二，从中推出战争状态的自然状态理论，其根本目的不正是阐明欲望的冲突何以能够构成从个体的表象与情感空间到一种公民共同体空间的过渡的必要中介吗？第三，共同体空间的有效性条件不正是在于对国家的法理奠基，这即是说在其中人们得以在政治人格［personne civile］的庇护下相互承认对方为法理人格［personne juridique］的公共空间吗？以上所说都仍旧是问题，只有对于伦理学与政治学的动态过程的这些不同环节的检验才能让我们做出最终的判断。不过，我们已经能够看出，霍布斯在政治思想中的颠覆性作用——任何一个重要思想家都无法忽视这种作用，不管他对霍布斯的敌意有多深——并不来自于某种细节上的改革，而是来自于霍布斯使得政治思想的形而上学条件经受的剧变。

但表象理论不过是政治思想的形而上学条件之一。如果我们不考虑语言功能在伦理政治场域中的转换的话，表象理论自己永远是不充分的。在这一点上，我们不再重复维莱［Michel Villey］[21]关于

---

[21] 参考 Michel Villey, *La formation de la pensée juridique moderne*, Paris, Montchrétien, quatrième édition, 1975; *Leçons d'histoire de la philosophie du droit*, Paris, Dalioz, 1962; *Seize essais de philosophie du droit*, Paris, Dalioz, 1969。

从奥康到霍布斯以来唯名论对主体权利理论以及政治理论的影响所做的细致分析。在我们看来,这些已经是确定的结果了。与之相对,我们此处想要讨论的是,霍布斯唯名论所蕴含的语言的存在论内容的丧失何以能够使得语言在伦理政治层面的再次出现成为可能。我们已经知道,从形而上学的视角看,真不再是事物的真,而是语言的真。真命题既不在于对于某事物的单纯肯定,也不在于语言结构与存在的展开之间的对应,而是语言功能的内在要求所产生的结果。由此产生的后果是,真理的概念从存在转变为了作为:仅仅就我们是事物的制作者而言,我们拥有对于事物的认识。这样,先天知识的范本也就由几何学所提供,在其中生成性定义与对象的产生合而为一。换句话说,真理的形而上学地位已经揭示了语言在产生命题以及科学理论的意义上构造某事物的能力。但这种能力在关于自然的科学中始终是脆弱的,因为自然中的对象本身既不由人的意志也不由人的语言产生。

与之相对,语言特别是话语的这种能力在伦理与政治中才展开了其全部的可能性,因为只有在那里语言的施行功能[fonction performative]才被完整地考量。由此,人的激情的发展,以及一般而言所有人际间的冲突或者和解关系都是在言语行为的过程中形成的,这些言语行为表达(或者掩饰)了欲望、意图或者意愿,比如祈求、要求、威胁、许诺、命令等。关系语境正是通过言语行为才得以被改变。[22]同样,自然权利与自然法的条件之一也是言语行为,因为它们是对自我保存欲望的理性的表达,这也就是说语言的表达:

---

[22] 参考《法律要义》,第1部分第13章第1—11节,64—68页;《利维坦》,第4、6章。

首先，明显的是，所有法都是心灵关于完成或者忽视某个未来行为的宣告，而心灵所有关于未来的行为或者未来的忽视的宣告或表达，要么是许诺：我会做，或者不会做；要么是预告，比如：如果这件事发生或者不发生，那件事就会跟着发生；要么是命令，比如：做这个，或者不做这个。[23]

最后，最重要的是，国家的奠基本身就是一个言语行为的产物，即社会期约的产物。在此，在对政治人造物的制造中，言说与作为合而为一了。语言既是国家的奠基行为的原则，也统摄了国家的法理运作过程："最高贵和最有益处的发明是语言……没有语言，人类之中就不会有国家、社会、契约或和平存在，就像狮子、熊和狼之中没有这一切一样。"[24]

在传统形而上学框架下，自然具有一种被预先给定的存在论结构，它为人指定了其地位与位置；从人的这种自然位置出发，人的生活的实际手段、人的行为的伦理目的、自然正义与不正义以及人必须融入其中以便自我实现的政治秩序都得以被定义。与之相对，在分离的形而上学中，自然不再具有这种存在论结构，人也失去了其在自然中的位置。这就是为什么政治无法再被构想为存在于地理空间以及历史时间中的事物自然秩序的延续。因此，此时人的言语和作为必须在欲望和欲望的冲突在其中展开的表象时空中人为地奠基一种法理的权威，它能够给出自然无法提供的规范并且开启一种政治空间，在其中你的和我的、正义和不正义、

---

[23]《法律要义》，第 2 部分第 10 章第 1 节，184—185 页。
[24]《利维坦》，第 4 章，中译本 18 页。参考《论人》，第 10 章第 3 节，91 页。

善与恶都得以被区分开。对政治的原初的、非历史的奠基就是已经丧失的存在论秩序的另一面。

分离的形而上学这两个根本规定在政治思想中所产生的转换由此表现为了政治问题的异位,这一点我们接下来将会详细讨论。 *231*

第四部分

奠基与国家

LA FONDATION ET L'ÉTAT

第一章　奠基的问题

我们常常自问霍布斯政治理论的单一性 [unicité]。首先是问题的单一：自然状态中欲望间的冲突；随后是解决方案的单一：国家的奠基期约 [pacte]——在按约建立的国家和以力获取的国家中都是如此（尽管形态有所不同），并从中派生出了主权者的相同权利。这两重单一性彻底摒弃了对时间、空间的差异以及自然、人文、制度情况的考量，而这些考量在亚里士多德、经院的亚里士多德主义以及文艺复兴时期的政治概念中都很有生命力，超越了那些往往非常重要的分歧。

实际上，对亚里士多德而言，城邦 [polis] 处在自然与伦理的张力之中。城邦植根于自然："城邦属于那些自然上存在的事物。"[1]城邦是其余共同体的目的，并因此在自然上优先于它们，它自身便可实现幸福且有德性的生活，在这种生活中人的自然得以完满。于城邦之外生活不是人的，而是动物的或神的行为。由此，亚里士多德赋予符合"城邦"之名的国家——一个没有简化为利益和安全的单纯同盟的国家——实现共同善和德性的使命："不然的话，一个政治共同体就无异于一个军事同盟，其间唯一

---

[1]《政治学》，第 1 卷第 2 章，1253a，中译本 7 页，译文有调整；参考 G. Romeyer Dherbey, *op. cit.*, pp. 229-270。

的差别就只在空间上，一个城邦内的居民住在同一空间，而另一个同盟内的人民则住在互相隔离的两个地区。"[2]如果说城邦从家庭、村庄自然地发展成一个自足的整体，决断——即人的理性和意志——同样要参与其中。由此，城邦不单是一个为了生存的共同体，还是一个为了美好生活的共同体。政治哲学因此将包含两个面向：一方面，它经验性地观察、描绘事实上存在的城邦的不同形式；另一方面，它提供规定一个城邦应该是什么样的伦理规范。如果说在实然和应然的情况之间存在着距离，这是因为城邦属于可变事物的领域，后者意味着多样性以及变成其他事物的可能性。

公共事物 [la chose publique] 不是一个抽象的实体，而是具体的、个体化的现实，是一门有关事实的学问的研究对象。对不同城邦形式的结构和演化的考察，导向了对政体或政制的不同形式的、符合现实多样性及变化的分类，从而进一步导向了对其衰落原因及医治方法的研究。如果城邦是一个自然事实，那么城邦就会经历变化，也就是说城邦拥有历史。

但是政治学并不能被归结为一种经验性的调查。实际上，我们无法将载于法律中的政体与支配城邦生活的伦理分开。共同善不能与正义和德性分离。在国家中，伦理学发展为一种正当 [droit]*理论："政治的正义有些是自然的，有些是约定的。自然的正义对任何人都有效力，不论人们承认或不承认。约定的正义最初是这样定还是那样定并不重要，但一旦定下了，……就变

---

[2] 《政治学》，第 3 卷第 9 章，1280b7-8，中译本 138 页，译文有调整。
* 法语中的 droit 含义广泛，本义为直的、正的，拓展为应得之义，也有合法之义。本书根据具体语境译为"正当"、"法"、"权利"或"法权"。——译者注

得十分重要了。"[3] 所以，城邦意味着自然正当和实定正当的存在。前者来自公共事物的目的论性质。公共善和完满生活的实现必然意味着一个有关人与人之间关系的体系，而自然正义存在于比例平等，它在分配和交易各种善的事物时决定每个人的正当部分。自然法来自城邦的本性［nature］，并使城邦得以重现其结构。相反，实定法依赖于意志和习俗。约定性的法律是自然法的一种细化，它规定了就其自身而言无差别的事物中哪些是正义的。实定法以偶然的方式表达和实现了自然正当："人为的而非出于自然的正义也不是到处都相同。因为，政体的形式并不是到处都相同，尽管在所有地方［自然上］最好的政体都只有一种。"[4]

不过，伦理和法律的视角并不与所观察到的已建城邦的形式在经验上的多样性相悖，相反，前者建基于后者之上。诚然，自然正当使定义一个符合我们心意的理想政体成为可能，但这个"理想政体必须具有同它的性质相适应的配备"[5]。这其实要求考虑具体的自然、历史和伦理条件，如人口、土地、出海通道、公民的本性、支撑国家所必需的各种服务以及阶层的划分等。因此，理想国家不是作为唯一且确定的、能够应用于所有空间和时间的政治答案，而是作为一个自然的伦理规范来发挥作用，从它出发便有可能评判事实性的政治现实。城邦的偶然因素与它植根于世界的空间和历史的时间中相关，对这种偶然因素加以考虑的必要性在亚里士多德主义的经院哲学中还将再次出现。

马基雅维利与这一亚里士多德主义遗产决裂。国家不再有伦

---

[3] 亚里士多德，《尼各马可伦理学》，第 5 卷第 7 章，1134b18-21，中译本 149 页，译文有调整。
[4] 同上书，第 5 卷第 7 章，1135a2-5，中译本 150 页，译文有调整。
[5] 《政治学》，第 7 卷，1325b36-37，中译本 352 页，译文有调整。

理的使命，正当和正义化为单纯的外表，背后是旨在获取与保存权力的现实性策略。不再有城邦的自然伦理规范，国家的问题自此变成通过政治支配来制约人心中贪得无厌的欲望与持久的不满足。诚然，这种所谓的马基雅维利的政治现实主义立足于对人性的极度悲观，但更根本地，也立足于对政治不稳定性的观察，这种不稳定性呈现在世界空间中，并为历史所确证。从此以后，政治理论的钥匙由自然和历史提供。皮埃尔·梅纳［Pierre Mesnard］已指出政治的这两个形而上学极点：

> 不变且永恒的宇宙从各方环抱我们可怜的人类；在天上，一切都被详细且永恒地规定，天体有其规律的路线、固定的轨迹和确定的循环。在那个世界和我们的世界之间只存在一种意义上的影响：我们的宇宙依赖着它，并以某种方式参与到它不变的和谐中。实际上，我们的地球在很大程度上由其决定：它全部的能量——物理的和道德的——一旦被整个地给予，就保持恒定，而其外表则变化不断。历史不过是这些细节转化的后果，这些转化赋予人这种可变质料以不同的形式：使其聚集并围绕在这优越的炉火旁，或反之，使其如散开的旋风般分散。[6]

一方面，命运似乎支配着人与物；另一方面，君主、政治英雄的德性能够掌握它的进程并按自己的喜好使之转向。我们由此得出，为了建立一门统治的技艺，历史——被构想为"关于统治

---

[6] Pierre Mesnard, *L'essor de la philosophie politique au XVI° siècle*, Paris, Vrin, 1977, pp. 19-20.

命运的实验性研究"——是必要的。处于自然和历史之间，政治技艺必须考虑情况的偶然性，因为既没有获取权力的唯一方法，也没有保存权力的唯一方法。面对这种政治现实主义，通过与被纳入世界空间和历史时间中的事实性政治秩序相决裂，乌托邦将会是一个替代选择。如果说文艺复兴时期给出了马基雅维利和托马斯·莫尔［Thomas More］这两个看似对立、实则互补的形象，这并非单纯的偶然。

在现实主义与乌托邦这对选择中，人们通常认为霍布斯处在由马基雅维利所开辟的一边，因为他们都颠倒了自然正当的问题。这在某种意义上是准确的，尤其因为霍布斯的人类学观点与马基雅维利的相契合，而且针对柏拉图的《理想国》、托马斯·莫尔的《乌托邦》和弗朗西斯·培根的《新大西岛》所展示的诸种乌托邦，他明确指出它们在实践方面的空洞与无用。[7]但在更深远的意义上，霍布斯跃出了现实主义[8]和乌托邦这对文艺复兴时期的

---

[7] 参考《利维坦》，第31章，中译本288页。既然据霍布斯所说，正是内战的迫近促使他更改其体系的撰写次序，那么此处须补充说明霍布斯并不缺少政治现实感。但这绝不意味着他的政治理论在对国家的自然和历史根基的考量上是现实主义的。参考下一条注释。

[8] 我们可以给政治上的现实主义这个概念赋予两种意涵。人们用第一种意涵称呼下述政治理论，这种理论以人类激情为起点，用以从中推出国家的功能方面的后果。此处的现实主义与道德主义相对立，相较于激情本身，道德主义更多地以对激情的价值判断——亦即德性与恶之间的首要差异——为起点。在这第一种意涵上，霍布斯和马基雅维利一样是现实主义者。在第二种意涵上，政治现实主义意味着对社会与国家的考量是在它们自然的和历史的根基中，那么政治理论不能避开历史学以及地理学，正如在博丹处那样。此处，与现实主义相对立的是切断了与自然和历史现实联系的乌托邦。乌托邦将虚构转化为记叙，给予幻想以某种现实。根据梅纳的说明，第二种意涵又可进一步区分为一种经验现实主义（马基雅维利）和一种统合现实主义（博丹），后者将正义和法权的问题统合进历史。在这个意义上，霍布斯并非现实主义者，因为他切断了政治问题与世界的地理空间和历史时间之间的联系，但他也未陷入乌托邦。通过转移政治问题的位置，霍布斯跃出了这对选择。

选择。借助奠基问题的单一性，他将政治同时从自然和历史中拔出，却并未使其成为一个没有位置的理论：发生转移的正是政治位置本身。

通过与让·博丹的政治思想比较，这一转移可以得到最为准确的确定。由于博丹认为主权权利不可分割，霍布斯向其致以了敬意——这在霍布斯处罕见到值得被指出。[9] 实际上，博丹将一种马基雅维利处所没有的、对于正当和正义的真正考虑，纳入到将政治植根于世界空间和历史时间的政治现实主义之中。我们首先需要注意的是，霍布斯的政治思想受惠于《共和六书》中所发展出的主权理论。与在霍布斯处一样，在博丹这里，主权概念——它复活了罗马法中的治权［imperium］概念[10]——意味着一个绝对的、永久的权力，并表现为"制定和撤销法律"[11]的权力：

> 由此我们得出结论，主权君主的第一个标志是普遍地给全体、个别地给每人制定法律的能力：但这并不足够，因为还必须加上，无须比自身地位更高、等同或更低者的同意：因为，若君主无更高者的同意便不得制定法律，那么他就是一个标准的臣民；如果需要和自身地位等同者的同意，那么他就会有可匹敌者；如果需要臣民（或是元老院或是人民）的同意，那么他就不是主权者。[12]

---

［9］ 参考《法律要义》，第 2 部分第 7 章，172—173 页。
［10］ 对于博丹处的主权概念，参考 P. Mesnard, *op. cit.*, pp.471-494。须记得《论公民》的第二部分题名为治权［imperium］。
［11］ 博丹，《共和六书》（1583 年版），第 1 书第 10 章，223 页（Jean Bodin, *Les six livres de la République*, édition de 1583, I, chap. X, réimpression, Aalen, Scientia Verlag, 1977）。
［12］《共和六书》，第 1 书第 10 章，221 页。

可将这一文本与霍布斯的比较：

> 在所有的国家中，不论主权者像君主国家中那样是一个人，还是像民主与贵族国家中那样是许多人组成的大会，都唯有主权者能充当立法者。因为立法者就是制定法律的人，然而又唯有国家才能制定并命令遵守我们称之为法律的规则；因之，国家便是立法者。而只有通过代表者（主权者），国家才是人格，才能做任何事；所以，主权者便是唯一的立法者。同样的道理，已订立的法律除了主权者便没有人能废除，因为除非用另外一道法律禁止其被执行，否则某道法律就无法被废除。[13]

正如对霍布斯那样，对博丹而言，只有当主权存在时，国家［république］才存在。这一主权按照同样的方式被构想，并被设想为拥有同样的属性。它是绝对的权力，因为主权者的意志既不被臣民限制，也不被习俗限制，还不被前人的意志限制。它唯一的限制在上帝的自然法中，主权者既是自然法的映象又是其代理人。主权是永久的，因为主权者终身行使它，也就是说主权者并非从某种限期选举中得到他的权力。主权意志不是国家法［loi civile］的臣服者而是其唯一来源。命令的权力也是撤销的权力，它不能强迫自身。如果正义是法律的本质，那么它从属于主权者——法律唯一合法的诠释者——独一无二的权能。与撤销法律这一权力相连的是主权的其他根本权利，例如宣战和媾和、任命和罢免官员、司法、赏罚、授与荣誉头衔、规定等级与地位等。

---

[13]《利维坦》，第 26 章，中译本 206—207 页，译文有调整。

主权的这些权利是不可让渡与不可分离的。

关于两人的主权理论的这些本质上的一致还要添加一个事实，即正如对霍布斯那样，对博丹而言国家的建立是冲突与战争的结果：

> 战争与冲突结束后，一部分人胜利，剩下的人成为奴隶；而在战胜者中间，那些被选为首领和长官的人带领其余的人取得了胜利，他们仍保有命令的权力，将其余人视作忠诚的臣民来命令，对另一部分人则将其视作奴隶来命令。而每一个人都有的随性生活、不受他人命令的完整自由，对战败者而言则转变为纯粹的奴役，战败者被完全剥夺了这种自由。对战胜者而言，这种自由缩减为对他们拥有主权的首领的服从。这些不想放弃一部分自由的人，为了生活在法律和他人的命令之下，失去了全部的自由。由此，主人、仆人、君主、臣民这些以前并不认识的字眼开始被使用。理性或者说自然之光使我们相信力量和暴力是国家的来源和起源。[14]

对博丹来说，国家内部建立起的法律关系来自力的某种平衡。但前政治的战争被设想为家庭间的具体斗争，而不是个体间的、普遍的战争状态（即人们在霍布斯处所发现的抽象模式）。对博丹来说，是家庭而非个体同时构成了国家的起源和基础。另一方面，对他而言，政治大厦的起源并不是某种奠基性的法权行为的产物——无论其形态如何多变，这种行为都始终同一。在博丹这里既找不到问题的单一，也找不到解决方案的单一：它们都将由

---

[14]《共和六书》，第 1 书第 6 章，68—69 页。

霍布斯重新带回到政治学中。

这就是为什么，尽管博丹对霍布斯有所影响，对二者作品的比较却不断带来一种不连贯的感觉，以至于霍布斯的政治思想似乎不再与博丹的政治思想属于同一个世界。如果说两人在赋予政治以理性科学的地位（而不再是单纯的经验性技艺的地位）和为政治正当恢复规范性价值方面共同反对马基雅维利的话，无论如何，博丹的共和国与马基雅维利的君主国属于同一个世界，而不属于霍布斯式的国家所在的世界。正如梅纳所指出的，博丹的政治科学既不是**先天演绎**，也不是事实细节的简单收集，它处在事实和法律之间，处在历史和体系之间。政治理论从诸事实的偶然性中得出其普遍原理，这些原理的揭示需要通过民族、制度和政府的历史，以及能提供理解民族本性与风俗所必需信息的自然地理和人文地理。

> 因此，在试图改变政体或法律之前，一个民族明智的统治者必须极其了解他们的性情和本性：因为国家最重要的并可能是其首要基础的，是使政体与公民的本性相适合，使政策和命令与地、人和时的本性相适合。……这也使人们必须让国家的政体随地方的多样性而多样化：以好的建筑为例，它使自己的地基与现场所碰到的材料相适合。……那么让我们首先讨论北方人和南方人的本性，随后是东方人和西方人的，以及居住在山中与居住在平原上，或居住在沼地中，或居住在狂风肆虐处的人之间的不同。随后我们也会讨论规训可以如何改变人们的自然正当。[15]

---

[15]《共和六书》，第 5 书第 1 章，666 页。

我们可以看到，这种与时间多样性结合的地方多样性阻止将政治理论带回到单一性。君主制诚然是最佳政制，但它远非能适合所有的时空。[16] 政治科学由此作为一种实验性的政治学在自然决定论和历史的发展之间形成："我们因此得出这样的结论，**在博丹处，经验确认了正当的存在和有效性**。为了与马基雅维利的经验现实主义相区分，我们尝试把这个学说命名为'统合现实主义'[realisme integral]，借此标明道德力量的显现和统合，以及这些力量在政治学领域的独特特征。"[17]

不过在霍布斯处，我们找不到任何博丹的这种统合现实主义的痕迹。首先，历史——在《历史易知法》[Methodus ad facilem historiarum cognitionem] 中，博丹赋予它的使命是"不只揭示我们生存的必要技术，还向我们完全揭示出道德生活正反两面的规定，什么是荣誉的或可耻的，什么是符合法律的行止，什么是国家最佳的形式，以及什么是达到至福的方式"[18]——在霍布斯处化为仅能借以阐明政治科学诸种演绎的事例的来源。[19]《论公民》否认历史或宗教能使我们确定君主制是最佳的统治形式。虽然这类论证能让我们如此看待君主制，但我们不应该采纳它们，"因为它们是通过事例和证据而非推理展开的"[20]。一种更极端的境遇留给了地理，霍布斯在关于品行的演绎中没有给它任何位置。人们的激情和举止时时处处都是一样的，读懂自己就足以了解其他任何地方发生的事：

---

[16] 参考《共和六书》，第5书第1章，694—695页。
[17] P. Mesnard, *op.cit.*, p. 543.
[18] 博丹，《历史易知法》(*Methodus ad facilem historiarum cognitionem*, trad. P. Mesnard, Paris, Les Belles Lettres, 1941)。
[19] 参考《论人》，拉丁文全集第2卷，第11章第10节，100页。
[20] 《论公民》，拉丁文全集第2卷，第10章第3节，267页。

由于一个人的思想和激情与别人的相似,所以每个人对自己进行反省时,要考虑当他在**思考**、**构思**、**推理**、**希望**和**恐惧**等的时候,他是在做什么和他是根据什么而这样做的;从而他就可以在类似的情况下读懂和了解别人的思想和激情。[21]

重读历史和环游世界不再必要,读懂自己就足以了解其他任何地方发生的事。在空间和时间中,人们时时处处遇到相同的事。由此,问题不再关涉自然的物理-宇宙空间,或者其中载有人类历史的时间。我们由此看到在什么意义上霍布斯的政治思想所扎根的世界不再是博丹的那个世界。[22]

将自然状态概念作为一个新词展示出来时,[23]霍布斯意识到了其中所包含的悖论。这个悖论在于如果这个状态既不属于一个可在地理上标明的地方,也不属于一个可在历史上确定的时刻,但它又时时处处作为解释国家的奠基的预设。这说明所有被用于阐明自然状态的个别事例——美洲的野蛮人、人类的回溯性过去或是此时此地 [hic et nunc] 发生的事件——都仅具粗略阐释的价值,而不能解释这一观念的形成及其有效性。[24]

但自然状态并不因此是乌托邦:它被预设为总是已经被国家的奠基所超越,但也总是迫近着并总是重有可能再超越。所以必须指出关于自然状态的持久问题的关键,而它的同样持久的解决方案就是政治的奠基。首先需要注意的是,在自然状态概念中,

---

[21] 《利维坦》,导言,中译本 2 页,译文有调整。
[22] 关于霍布斯的政治现实主义的问题,参考本章第 313 页注释 [8]。
[23] 参考《论公民》,拉丁文全集第 2 卷,序言,148 页,译文有调整。
[24] 参考《利维坦》,第 13 章,中译本 95—96 页。

自然并不表示独立于人而自在地存在的事物的自然秩序，而是形容一种**状态**，亦即一种人们在其中采取某种行动的条件，这些行动在他们之间建立起某类特定的关系。同样地，政治状态规定了一种人们在其中采取某种行动并建立某类确定关系的条件。普芬多夫很好地理解了这一点：在他看来，这些状态是道德状态。此外，通过将这些状态与事物的物理空间相比较，普芬多夫提供了非常清楚、准确的论证：

> 正如**物体性实体**必须以**空间**为前提，在其中它们可以安放所谓的它们的自然存在，并进行它们的物理运动；人们也说**道德人格**在某个**状态**中，并被构想为是被包含于其中，从而在那里展示其行为、产生其效果。人们因此能将状态定义为**一个作为其余的基底 [*suppositivum*] 的道德存在**：这个定义很好地表达出**状态**与**空间**的一致。[25]

在不同的道德状态中，普芬多夫区分了自然状态和外来状态，政治状态是后者中最重要的一个。不过，道德状态与物理空间的这一类比的前提是它们的区别。人际关系每次都规定了一个特定的关系性空间，它无法简化为自然物之间的物理关系的空间。正是从一个被称为自然状态的关系性空间出发，建立另一个关系性空间——政治状态——的条件才得以确立。

诚然，霍布斯从没有谈及道德状态，因为他的自然状态概念并不包含权利与义务的相关性（或至少这种相关性在其中没有效

---

[25] 普芬多夫，《自然法与万民法》(*Le Droit de la Nature et des Gens*, trad., J. Barbeyrac, Bâle, 1732, réimpression, Caen, *Bibliothèque de Philosophie politique et juridique*, 1987)，第 1 册第 1 卷第 1 章第 6 节，6 页。

力），但无论如何，对他而言，人际关系同样每次都规定了一个无法被归约为事物的物理效果空间的关系性空间。更进一步，通过分离表象的空间与事物的空间，霍布斯使我们可以理解自然状态的空间与自然的空间之间的差异。自此以后，人际关系建立在表象的空间中。在这方面，普芬多夫、洛克与霍布斯之间的一个主要不同便是对于前两人而言，自然状态一开始就具有某种共同体空间的特征，[26] 这个全人类的前政治共同体的空间（至少部分地）被偶然因素引向动荡和战争。相反，对霍布斯而言，冲突构成了自然状态，因为冲突是建立一个相互承认的共同体空间的必要环节，后者只有在作为政治空间，即只有在国家奠基的条件下，才能实际存在。从表象的空间出发来思考，政治问题的性质改变了，它不再是去知晓如何"使政体与公民的本性相适合，使政策、命令与地方、人们和时间的本性相适合"，而是如何从一个个体的主体性空间到一个承认与相互性的空间。政治问题的单一性通过这种位置的变化得到了说明。

一个人类欲望在其中通过赋予对象以价值而自我投射（这种投射绝不意味着欲望主体的自由）的世界，是表象的现象性世界。简单激情和复杂激情的理论构成了一个时时处处相同的人性理论。正是在这个表象的空间中，"我"[moi] 显现了出来，并且我与他

---

[26] 洛克，《政府论》："每一个人**必须保存自己**，不能擅自改变他的地位，所以基于同样理由，当他保存自身不成问题时，他就应该尽其所能**保存其余的人类**，而除非为了惩罚一个罪犯，不应该夺去或损害另一个人的生命、自由、健康、肢体或物品的事物。"（中译本《政府论（下篇）》5页）人们在普芬多夫处同样可以读到："**自然状态……正是在其中，人们被视作没有任何其他道德关系，除非这些关系建基于一种来自于他们本性的相似性的单纯而普遍的联系，并且独立于一切习俗和使一些人屈服于另一些人的人类行为。**"（《人和公民的自然法义务》[*Les Devoirs de l'Homme et du Citoyen*], *op. cit.*, Ⅱ, chap. I, 5, p. 4.）

人的关系引入了一种构成自然状态的激情动力。这个自然状态是诸种欲望纠纷、争论和冲突的状态,亦即沟通中断和暴力的状态。走出自然状态的命令并不意味着人们必须走出自然的世界,而是他们必须走出这样的"状态":其中没有任何自然规范能够区分你的和我的、正义和不义以建立能够提供规范的法律权威——自然和历史都不能给出这个规范。在主权者的庇护下,政治的奠基必须确保一个承认与相互性的空间的建立,亦即确保一个作为政治空间的共同体空间的有效性。

被存在论秩序抛弃的表象空间变成了集体性的(或何不称为主体间性的),相对应地,政治问题变成国家原初的、非历史的奠基问题:

> 在自然状态中,每个人是自己的法官,并在事物的名字和称呼上与其他人不同,从不同中诞生争吵与对和平的破坏,所有容易引起争论的事物必须要有一个共同的尺度 [common measure],例如那些人们应当称为**权利、善、德性、多、少、我的和你的** [meum et tuum]、**一磅**等的事物。因为对它们的私人判断可能不同,争论便由之产生了。这个共同尺度,有些人称其为正当理性:如果有人在事物的本性中 [in rerum natura] 能找出或认出这个东西,我就同意他们的看法。但他们为了结束争论而通常称为正当理性的,指的是他们的理性。不过确定的是:因为不存在正当理性,某个人或某些人的理性应当作为其代替。这个人或这些人就是主权权力的拥有者,正如已经证明的那样。因此,对所有臣民而言,国家法是他们行为的尺度,这些法律能够决定它们是好的或坏的,是有益的或有害的,是有德的或邪恶的;通过这些法律,所

有人们无法达成一致和带来争论的名字的使用和定义都将被确立。[27]

借助政治问题的这一位置转移，可知自然权利和自然法的概念不再能在事物的自然秩序中找到它们的基础；这种秩序在亚里士多德处指的是一种铭刻在城邦的存在之中的秩序，或按斯多亚派的方式，指的是铭刻在宇宙中的秩序。法权理论自此在一种前政治空间的背景下得到定义：

> 这就是为什么，当我把我的思考用于自然正义的研究时，我发觉在正义——意指归给每个人他所应得的 [*jus suum*] 的恒定意志——这个称呼中，必须首先探究为什么某人说某物是他的 [*suam*]，而不是其他人的 [*alienam*]。无疑，这不是从自然中，而是从人们的同意中得出的，因为正是他们分配了自然当作礼物而赠给全体的东西。[28]

不要误解引文的最后一句，因为当霍布斯说"自然当作礼物而赠给全体的东西"时，这里的**全体**不是说某个原初共同体，而是指个体性 [*distributif*] 意义上的人群。[29] 权利的整个客观基础的消失，实际上要求你的和我的的区分要从这个区分尚无意义的空间开始建立。不过，无区分的空间并不是原初共同体的空间，

---

[27]《法律要义》，第 2 部分第 10 章第 8 节，188—189 页。
[28]《论公民》，拉丁文全集第 2 卷，献辞（出现在 1646 年的第二版中），138—139 页；参考《利维坦》，第 15 章，中译本 109 页。
[29] 参考《法律要义》，第 2 部分第 10 章第 12 节，125 页；《论公民》，拉丁文全集第 2 卷，第 6 章第 1 节，216—218 页。

而是每个人都只顾自己、自认对一切（包括他人）拥有无限权利的空间：这就是形成于战争状态背景下的扩大了的自然权利的定义。我们刚刚引用的文本之后的段落清楚地表述出这一点：

> 由此出发，我被引向另一个问题，即当一切属于全体的时候，为了什么样的善以及基于什么必然性，人们宁可每个人拥有一些专属于自己的东西。

个体的无限权利确认了它的自相矛盾，因为它排斥他人的无限权利。扩大了的自然权利在自然法中找到了一条关于限制的原理，亦即对政治共同体的出现而言必要的相互性原理。相互性是全部自然法的本质内容，正如总括全部自然法的那条规定所证实的：

> **己所不欲，勿施于人**。这条总则说明，认识自然法时所要办到的只是以下一点：当一个人把他人的行为和自己的行为放在天平里加以权衡，发现他人的行为总显得太重时，就要把他人的行为换到另一边，再把自己的行为换到他人行为的位置上去，以便使自己的激情与自爱不在里面增加重量。[30]

但自然法所规定的相互性只有经由国家法才能生效，即必须以国家的奠基为条件，因为国家拥有立法权和确保法律实施所必要的强制力量："这样说来，在正义与不义等名称出现以前，就必须先有某种强制的力量存在，以……强制人们对等地履行其信

---

[30]《利维坦》，第15章，中译本120页，译文有调整。

约。"[31] 如果自然法是正义的来源和起源，那么正义只有在政治空间中，也就是作为国家法才能成为现实。国家法写下了区分你的和我的、正义和不义的规范，因为国家的强制力确保把内心法庭［in foro interno］的义务实现为外在法庭［in foro externo］的义务："国家法，**对于每一个臣民来说，就是国家（通过语词、文字或其他充分的标记）命令他用以区分是非的规则，也就是说用以区分哪些事情与规则相合、哪些事情与规则相违的规则。**"[32] 相互性是否生效，取决于能否有效限制对一切事物的权利，这已经预示了国家的存在并不意味着取消个体的一切权利，恰恰相反，而是给个体以现实的、被承认的内容："国家法无法使得那违反神法或自然法的成为合乎法权的。"[33] 政治共同体既不能简化为对单纯利益的寻求，也不能简化为抵御外敌的需求，而是在一种法权统一体中包含并超越它们。诚然，这个法权统一体可能总因利益冲突的再现或外部战争而遭质疑，但如果人们试图将霍布斯政治思想的法权维度简化为生存的需求，那么其思想将变得完全不可理解。

由此可知，国家的奠基能同时被设想为原初的和非历史的。之所以是原初的，是因为这一奠基建立了区分的原则。之所以是非历史的，是因为它提供的解决方案并不是针对发生在人类历史中某个具体日期的问题。政治的奠基在两重意义上是原初奠基［protofondation］：一方面，作为人们的法律和道德行为在其中生效的政治共同体的原初条件；另一方面，作为人所制造的首件作品——它是其余人类作品的条件。在涉及第二重意义的地方，霍

---

［31］《利维坦》，第 15 章，中译本 109 页，译文有调整。
［32］同上书，第 26 章，中译本 206 页，译文有调整。
［33］《法律要义》，第 2 部分第 10 章第 5 节，186 页。

布斯不断重复这样的观点,若无国家:

> 在这种状况下,产业是无法存在的,因为其成果不稳定。这样一来,举凡土地的栽培、航海、外洋进口商品的运用、舒适的建筑、移动与卸除须费巨大力量的物体的工具、地貌的知识、时间的计算、技艺、文学、社会等都将不存在。最糟糕的是人们不断处于暴力死亡的恐惧和危险中,人的生活孤独、贫困、卑污、野蛮而短寿。[34]

与此相反,第一重意义并不自明:既然国家是某个集体性行为的产物,如何能将它看作一个政治共同体的原初条件?社会期约[pacte social]的生效形态能提供这个问题的答案,我们将看到,使其生效的并不是一个集体性[collectif]行为,而是一个个体性[distributif]行为,后者恰恰没有预设应该源自于它的共同体的存在。但这不是全部,因为问题只是被转移了而已:如何能将国家视作诸种法权关系的原初条件,而社会期约本身却是一个法权行为?这就是问题所在:一种法权行为奠基了国家,而法权关系的生效又取决于国家的存在。在他的三部主要政治著作《法律要义》、《论公民》和《利维坦》中,霍布斯将要面临的就是这个问题;也正是从回应这一问题的需求出发,我们可以理解不同著作中对社会期约理论的前后调整。

目前我们只能说,这个问题的解决方案在于,奠基的法权行为在它自身便能建立其有效性的情况下,将是一个完全特

---

[34]《利维坦》,第13章,中译本94—95页。参考《论公民》,拉丁文全集第2卷,第1章第13节,166页;《论物体》,拉丁文全集第1卷,第1章第7节,6—7页。

殊的行为：政治的原初奠基只有作为奠基行为的一种自我奠基［autofondation］方有可能。正是奠基行为的这一独特性，将决定与主权相关的权利和力量的地位。通过政治的原初奠基，表象性和情感性的空间——它在一个陷入冲突的人群的空间中展开——将变成一个由法权-政治规范所统摄的共同体的政治性空间。我们现在要考察的就是从一个空间到另一个空间的过渡，也就是从个体到杂多的过渡，以及从杂多到政治共同体的过渡。

第二章　表象与情感：个体

霍布斯的伦理学首先是一种情感或激情理论。实际上，在霍布斯这里并不能区分感情和激情，因为他的伦理学说不包含异化理论。相反，其关键在于：情感生活的形式的发展直接与表象空间的展开形态相联系。

情感理论的阐述在三部涉及此理论的著作——《法律要义》（第7至9章）、《利维坦》（第6章）和《论人》（第11和12章）——中差异显著。这些差异既体现于一般性的阐述中[1]，也在于某些具体情感的定义中[2]。尽管如此，无论这些调整多么重要，仍有一个持久的结构贯穿其中。这个结构首先要求区分两种类型的激情：简单激情（A类型）和复杂激情（B类型）；其次要求在A类型中区分出三对简单激情，在B类型中区分出三组复杂激情，后者分别是A类型中三对的特定形态［spécification］。至于此结构的内容，我们将依照《利维坦》中的阐述。

A类型的简单激情，在此区分为三对：

欲望和厌恶［désir/aversion］（C1），爱和恨［amour/haine］（C2），快乐和痛苦［plaisir/douleur］（C3）。第三对另分出喜悦和

---

[1]《法律要义》和《利维坦》对这一理论的展示比《论人》更加准确、严谨。不过，即使在前两部著作中，一般性的阐述也有所不同。
[2] 参见本书第四部分第三章。

悲伤 [joie/chagrin]（C'3）。

B 类型的复杂激情，在此区分为三组激情：

第一组（G1）为对第一对（C1）的特定形态：希望、绝望、恐惧、勇敢、愤怒、自信、不自信、义愤、仁慈、贪婪、野心、怯懦、大度、刚毅、大方、吝啬、报复、好奇、迷信、恐慌；

第二组（G2）为对第二对（C2）的特定形态：亲切、自然的情欲、咏味、爱的激情、妒忌 [jalousie]；

第三组（G3）为对第三对（C3）的特定形态：欣羡、自荣、自信〔大度〕、虚荣〔怯懦〕、沮丧、羞愧、厚颜、怜悯、残忍、竞争、羡慕 [envie]。*

简单激情和复杂激情的根本区分之处，在于前者仅关涉个体的激情生活，而后者则涉及人际关系。从前者到后者的过渡，契合从表象的个体性空间（它构成个体的经验领域）向关系性空间（它将他人的在场统合入经验领域）的转化。而激情的动力又将关系性的经验领域转化为自然状态这一冲突的空间。由此，我们将从研究个体性情感生活开始，接着转向人际关系中的激情生活，后者又使我们触及冲突的展开。

正如马特洪已指出的，简单激情的列表实际上与 17 世纪大部分作者所列的相同，因而重要的是他们在这些激情之间建立的关系：

> 在所有人那里，除了某些变化外，激情的列表是相同的，而独创之处对他们而言只能是结合这些要素的方式。但这种组合本身有其规则，尤其是大部分作者同意将三对基本感觉作为

---

* 此处的"厌恶""快乐""喜悦""恐惧""勇敢""吝啬"，在《利维坦》中译本中分别为"嫌恶""愉悦""快乐""畏惧""勇气""寒酸"。——译者注

原初的：爱和恨、欲望和厌恶、喜悦和悲哀（或快乐和痛苦），其余激情都多多少少是由它们派生的。自此，造成巨大分歧的问题，便是其中哪一对激情具有优先地位。因此有三种逻辑上可能且现实中有效的激情理论。这样的争论绝非毫无根据。在这个有关优先地位的争吵背后，关键的是关于人以及（在某种意义上）关于世界的全部理解。人们甚至能问：此处的理论冲突难道没有以其方式表达出了一个在17世纪极度切身的现实：从中世纪人到现代人的缓慢且艰难的过渡。[3]

马特洪的精彩作品的这一段落，最能表达出激情理论的重构——霍布斯早于斯宾诺莎完成，后者既从中受到启发，也与其分道扬镳——的影响：这关涉建立一种关于人及其世界的崭新理解，关涉造就现代人。

在三对简单激情中，欲望和厌恶这一对才是基本的，另两对只是其不同形态。因为努力[conatus]首先是欲望或厌恶，亦即靠近使其快乐的对象、远离使其不快乐的对象的努力[effort]。[4] 我们首先要注意到霍布斯有时将食欲[appetite, *appetitus*]作为欲望[desire, *cupido*]的一种具体情况：食欲是"对食物的欲望——饥与渴"[5]。但这种区分是纯粹字面的，霍布斯最常见的是无差别地使用这两个词来表示靠近任一对象的努力。*关于欲望

---

[3] Alexandre Matheron, *Individu et Communauté chez Spinoza*, Paris, Minuit, 1969, pp. 83-84.
[4] 参考《法律要义》，第1部分第7章第2节，28—29页。
[5] 《利维坦》，第6章，中译本36页。
 * 中译本此处将appetite（appétit）与desire（désir）分别译为"欲望"和"愿望"。考虑到用语习惯，以及中译本也多将desire译为"欲望"的情况，本书中的désir均译为"欲望"；appétit若特指饮食相关的类型则译为"食欲"，若作为désir的同义词则译为"欲望"并后附书中原词appétit。——译者注

和厌恶的定义，有三个问题：1. 欲望与其对象之间有什么样的关系？2. 欲望与其满足之间有什么样的关系？3. 将努力分解为欲望和厌恶的划分具有什么地位？

让我们从欲望与其对象的关系开始："欲望指的始终是对象不在场时的情形。"[6] 这意味着两件事：一方面，只有对一个能够储存之前映象或表象（尽管这种能力相当初级）的存在者，欲望才会存在。因此，只有当记忆（即使是直接的）和之前的表象（即使是直接的）向未来的投射存在时，亦即只有经验领域开启时，欲望才会存在。欲望并非为人类所独有，动物同样是拥有欲望的存在者，因为它们的经验领域尽管初级，也延伸到超过了当下的时刻。相反，缺乏内在个体性的单纯质料聚合体就没有这些。[7] 欲望总是以"事先出现的有关'往哪里去'、'走哪条路'和'讲什么话'等的想法"[8] 为前提。欲望同拥有、储存及向未来投射表象的能力相连，这解释了为何心智生活以及相关的经验领域在情感上从来不是中立的。[9] 诚然，对于某些对象的表象对我们而言没有差别，但这种无差别本身也是一种情感：轻视。轻视，是因为我们的欲望或厌恶与对于其他对象的表象联系得更紧。

另一方面，我们的欲望和厌恶中仅有一些是天生的（饮食和排泄的欲望），其余则都依赖于我们与某些对象、与他人关系的先前经验。更严格地说，欲望首先有一种基本的形式，它因经验领域的复杂化和扩展而多样化。因此，孩子的欲望很少，因为很多

---

[6] 《利维坦》，第6章，中译本36页，译文有调整。
[7] 参见本书第一部分第一章。
[8] 《利维坦》，第6章，中译本35页。
[9] 参考《法律要义》，第1部分第7章第4节，29页。关于表象和情感之间联系的生理学解释，参见本书第三部分第三章。

事物对他们而言还是未知，并且，某些起初令他们不适的事物，在重复和习惯下就变得宜人了。[10]另外，对他人的参考[11]已经表明与他人的关系在个体中产生了一种人类欲望特有的动力。因此，我们不能把对力量的不定欲望误当作个体内在结构所固有的自发欲望：只有将经验领域扩展到人际关系，亦即只有欲望的关系性动力，才会产生积累力量的不定欲望。它只有在这个意义上才是全人类的普遍倾向——我们之后将回来讨论这一点。此时只要记得个体的欲望随其经验领域的扩展而变化。尽管动物和人都有欲望，人类的欲望能够投射到那些绝不可能进入动物的经验领域的对象。这是因为人的表象能力远远超过动物，因为他能将欲望几近专一地倾注给一个动物完全无法设想的对象：力量。同种动物的欲望的自然谐和与人类欲望的不可调和之间的全部差异取决于双方经验领域所展现的不同，也说明人类需要建立某种政治机构来确保他们的共存。

对象不在场时，欲望便是努力；一旦欲望的对象在场，努力就变成爱。[12]厌恶的情况相同，一旦它的对象在场，它就变成恨。欲望和爱之间只有形态上的差异，涉及的是它们与对象的关系。因此，并非对某个尘世的或超验的善的爱引起了欲望的运动，恰恰相反，欲望的运动当其拥有对象时就变成了爱。厌恶与恨之间的关系与此相同。第二对简单激情爱和恨再现了第一对简单激情欲望和厌恶，其差异仅仅是形态上的。

由此，我们可以进入第二个问题：欲望与其满足之间存在什么样的关系？这里的关键，当然是欲望和快乐，以及相应地厌恶

---

[10]《论人》，拉丁文全集第2卷，第11章第3节，96页。
[11] 参考《利维坦》，第6章，中译本36页。
[12] 同上。

和痛苦的关系。如果欲望在快乐中得到满足，这绝不表示快乐是它的目的——不论是在目标还是在取消的意义上。如果欲望的实现被理解为欲望的取消，那么它远非欲望的完满，而是对其的绝对否定：欲望者的死亡。事实上，快乐所赋予的满足不是与欲望运动相反的静止，反而是欲望运动的显现。同样，痛苦就是厌恶的显现。霍布斯把快乐和痛苦比作在感觉中显现的可感性质。正如后者只是反作用的生理性运动的显现，快乐和痛苦只是欲望运动——按其被促进还是被阻碍——的显现。更确切地说，这不仅是一种类比，因为外化为可感表象和内化为快乐或痛苦情感的是同一个运动。对于一个质料聚合体而言，其努力在碰撞中传播并且耗尽，因此其努力不是欲望；与其相反，对于拥有内在个体性的存在者，其**努力**展现为表象并反映[se réfléchit]为情感。

由此，快乐和痛苦在作为欲望和厌恶的反映的意义上是它们的显现。快乐和痛苦因此没有表象的特征：它们被视为我的状态。自我意识是欲望的反映。*由此而知，人不是唯一拥有自我意识的存在者，动物同样拥有，只是其形式远更初级。从伦理角度看，这证明了经验领域的广度与自我意识的程度之间具有相关性。因为，动物仅在快乐和痛苦的**当前**情感（伴有过去和未来的狭小边缘）中才感受到它们的状态，这些情感的前提是关于对象的感觉。这是与身体的当下状态相连的可感情感，例如进食行为所带来的

---

* 动词 se réfléchir 及其名词形态 réflexion 和形容词形态 réflexif/réflexive，以下统一译为"反映""反映性"。对自我的状态的感知和反思，例如快乐和痛苦，虽然被认为不同于某一特定的欲望或厌恶的表象或者体验，但实际上是欲望和厌恶这一对最基本的简单激情的某种反映和显现。在此意义上，快乐、痛苦、喜悦、悲伤被作者称为"反映性情感"。需要注意的是，这些反映性情感在人这里具有更强的心智的特征，此时 réflexion 不仅有"反映"还有"反思"之义。——译者注

可感快乐,以及更普遍地说,一切**此时此地**[hic et nunc]有助于我们的存在的保存或物种的存续的行为所带来的可感快乐;还有例如在饥饿和疾病中感受到的可感痛苦。因此,动物的自我意识即使不局限在当下,至少也由当下支配,因为它的欲望只关心保存它的存在的当前状态。正如欲望能再生,快乐也能重复。在动物狭小的经验领域中,欲望的对象种类贫乏、数量稀少,相应地,可感快乐和痛苦在狭小的范围中变化,并迅速达到极限。诚然,与生命运动本身相连的欲望的更新是不定的,但这是一种不定的重复,而非一种不定的增长。动物既不了解极乐的眩晕,也不了解极苦的沮丧。

当然,人和动物一样了解可感快乐和痛苦。但他的经验领域能延伸到一个更加久远的过去,开启一个更加遥远的未来的视野,这使他首先能感受到更加多样、繁多的可感快乐和痛苦,并随之感受到那些独立于其存在的当前状态的快乐和痛苦。由此,审美的快乐诚然要以感官的当前情感为前提,但它还要求将当下的感觉与过去、未来的感觉相结合与比较——它撤离了直接的生命必需,而没有它沉思就不可能。听觉的快乐在于构成旋律、和弦的声音的承接与协调,视觉的快乐在于颜色之间的某种关系。[13]审美的快乐(和相应的痛苦)在与某种感官相关联的意义上是可感[sensible]快乐,但因为身体的任一特定部分都不能感受到它们,它们无疑也同样有心智的[mental]特征。这些审美的情感既不在身体中有确定的位置,又处在感知的范围中,表明这些情感既是可感快乐又是心智快乐。

正是快乐和痛苦在心智形式上的发展从根本上区分了人和动

---

〔13〕 参考《法律要义》,第 1 部分第 8 章第 2 节,31—33 页。

物。作为纯粹心智的情感，快乐和痛苦变为喜悦和悲伤。当面向更加广阔的经验领域时，人感受到喜悦和悲伤。不过，喜悦和悲伤决定了人的自我意识的独特性，因为人对它们的感受独立于所有对感觉当前的影响，这些感情从内部动摇整个存在者。诚然，这始终是欲望和厌恶于自我之上的反映，但喜悦和悲伤的特征在于它们不是欲望当前状态的反映，而是其未来状态的反映。实际上，人的欲望对当下的关心少于对未来的担忧。所以，即使他的存在的当前保存已经得到确保，人仍可能感到深深的悲伤；反过来，即使其存在的状态当前没有得到改善，他也可能感受到喜悦。当然，霍布斯不是说动物不了解喜悦和悲伤；但鉴于出现这些情感的前提是展开一个远超出临近的过去和直接的未来的经验领域，这意味着它们在动物身上只能以非常初级的方式存在。更进一步，当在排除人际关系的情况下考虑人的激情生活时，它们同样以这种初级的形式存在。这本质上是因为人的经验领域不是原初的、不变的被给予物，而是能够变化和扩展的。不过，这个喜悦和悲伤在其中变为反映性情感［affects réflexifs］（人通过这些情感获得他自我意识的独有形式）的经验领域的展开，要以与他人关系的引入为前提。这一点极为重要，它实际上表明人类的自我的定位和扩展只有在特定的关系性条件下才生效。在个体激情生活的层面，人们便能谈论喜悦和悲伤的大概了。目前已经看到，喜悦和悲伤将会开启想象性的快乐和痛苦的可能性。虽然人对自我的意识确实远远高于动物对自我的感受，它可能同样也是一种幻想的意识。

　　当感受到的欲望是就其未来状态时，快乐和痛苦这对反映性激情就分出了喜悦和悲伤。快乐和痛苦依从欲望和厌恶的运动，它们是欲望和厌恶的反映形态，而绝非其目的："鉴于所有的快乐都是欲望［appétit］，而所有的欲望都预设了一个更远的目的，那么只有通过继续欲望才有满足。"〔14〕经由与他人的关系并在此关系中，人类欲望的动力将不同于动物欲望的动力：它不再是单纯的重复，而是积累性的。相应地，这对喜悦和悲伤同样有效。

我们现在能够转入第三个问题：将**努力**分解为欲望和厌恶的划分具有什么样的地位？如果爱和恨、快乐和痛苦这两对简单激情是欲望和厌恶的不同形态，这是否意味着**努力**最初就包含一种二元性倾向？这个问题的答案必当是否定的，因为即使在欲望［désir］的最基本的形式的层面上，霍布斯也把厌恶归约成了欲望［appétit］。故而"对体内所感到的某种事物的厌恶"同样是"排泄和排出的欲望"。〔15〕因此，人并没有两种而只有一种倾向，它根据我们之前的经验，推动我们追寻某些对象，并避开其余对象。这从一开始就阻止了所有力图从个体中倾向的基本二元性或——如果愿意的话——冲动的二元性推出人际激情生活的双重性的尝试，后者通过友善和恐惧这些复杂激情推动人们既相互靠近又相互远离。因为，友善和恐惧远非冲动的某种更加原初的二元性的表现（如果指的是生与死的冲动的话，尤其如此），而是同一个欲望的关系性的特定形态：这个欲望就是延续其存在的欲望。关于死亡冲动的观念完全不可思议。原初存在的就是对自我的欲望，它在与对象的关系中分作对此物的欲望和对彼物的厌恶。在欲望和厌恶的差异中蕴含着一种与欲望自我［soi du désir］的关系。

因此，简单激情理论帮助我们重新聚焦于欲望自我，欲望最初既不从属于爱的对象，也不从属于追寻某种在快乐中的身体或

---

〔14〕《法律要义》，第1部分第7章第7节，30页。
〔15〕《利维坦》，第6章，中译本36页，译文有调整。

心灵的平静。此外，既然自我意识与欲望的形态变化相关，故而自我意识不能被看作是贯穿其状态的多样性的、对一个持久的人格同一性的把握：**"同一个人在不同的时候也是与他自己不一样的。"**[16] 自我意识就是对欲望诸状态的内部把握，当欲望依照身体状况和它在与对象的关系中所经受的影响而变化时，自我意识也会变化。因此，使欲望服从意识的尝试是幻想，因为意识是欲望的意见。认为意志能够抵抗或主宰欲望的看法也完全是幻想。因为如果要使其可能，欲望首先必须以某种方式依赖意志。然而，难道饥、渴以及其他欲望都是意愿性的吗？我们感受到激情是因为我们意愿如此吗？真正意愿性的，是欲望者的行为，而绝不是欲望事实本身：

> 欲望 [appétit]、恐惧、希望及我们的其他激情不被称作意愿性的，因为它们并非来自于意志，而就是意志；并且意志不是意愿性的。因为一个人不能再说他意愿意愿，他意愿意愿意愿，这样无限重复意愿这个词；这是荒谬且无意义的。[17]

为了理解欲望及其样态在何种意义上是意志，须注意我们的行为产生于权衡 [délibération]，因为即使某个行为是依照某个突然的欲望或厌恶完成，这个突然的行为也以之前的权衡为前提。而权衡是由一系列欲望和厌恶构成，后者决定了在我们看来做或不做某个行为是会导致好的还是坏的结果。权衡一方面意味着人们所权衡的行为是在未来的（人们不会权衡一个之前的行为），另

---

[16]《利维坦》，第15章，中译本121页。
[17]《法律要义》，第1部分第12章第5节，62—63页。参见《论人》，拉丁文全集第2卷，第11章第2节，95—96页；《利维坦》，第6章，中译本43—44页。

一方面意味着这个行为是可能的，亦即做或不做这个行为都是我们力所能及的（人们不会权衡一个不可能的行为）。在这个意义上，出于权衡而是否做某事止步于我们能否做此事。因此，意志只是最后的欲望或最后的厌恶，也就是说，意志是直接决定行动与否的情感。由此可知意志并非某种不同于欲望的能力，而是导向行为的欲望本身。随之得出的是，将意志定义为理性的欲望是错误的，而像笛卡尔那样认为理性和意志能够主宰激情则完全是幻想。首先，存在与理性相悖的意愿性行为；其次，意志若要作为独立于欲望的自主实存，就必须付出虚构所谓意愿意愿的代价。

基于此，自由意志 [libre arbitre] 概念失去了一切意义。与自由相对立的只能是阻碍我们行动的进展和我们欲望的完成的外部障碍，而非必然性：

>　　**自由**和**必然性**是相容的。比如水顺着河道往下流，非但是有**自由**，而且也有**必然性**存在于其中。人们的意愿性行动情形也是这样。这种行为由于来自人们的意志，所以便是出于自由的行为。但由于人的每一种出于意志的行为、欲望和倾向都是出自某种原因，而这种原因又出自一连串原因之链中的另一原因，……所以便是出于必然性的行动。所以对于能看到这些原因的联系的人来说，人们一切意愿性行为的**必然性**就显得很清楚了。[18]

这种在沿河道流动的水和在人的行动的情况中同样有效的自由，被霍布斯称为物体的自由。意志因而完全不能支配欲望，它

---

[18]《利维坦》，第 21 章，中译本 163—164 页。

只是欲望的一种形态。重新聚焦于欲望自我让我们自此能够解释价值理论的重构和对目的论的批判。

通过一种始于欲望的价值演绎，价值理论的重构得以实现。这首先意味着善与恶的二元性不再有客观的基础，也不再是一个存在论上的区分，即按照事物本身被安排在世界中的那样来规定它们："［因为］任何事物都不可能单纯地、绝对地是这样。"[19] 如果说某物在其本性本身中非善非恶，这是因为它远非欲望或厌恶的原因，恰恰相反，欲望和厌恶才是我们认为事物是善的或恶的的原因。某物之所以是善的，是因为我们欲求它，之所以是恶的，是因为我们厌恶它。换言之，我们视什么为善或恶会随着我们存在的状况和在其中展开的经验领域而变化。从欲望演绎出价值，这是将价值从事物的世界中拔出，以将其投射到表象的世界。

如果还需要对这一点加以确证，只要想起这并非霍布斯的一贯立场即可。实际上，人们在《短论》中能找到善和恶的如下定义：

> 对每个事物而言，那个具有专能吸引它的主动力［power active］的是善。[20]

> 因此，对每个事物而言，那个具有使其避开的主动力的是恶。[21]

霍布斯由此推出："对象是欲望的效力因或施动者……而动物精气是受动者……因此，欲望是施动者的效果，并因为施动者是

---

[19]《利维坦》，第6章，中译本37页。
[20]《简述》，《法律要义》，附录1，第3节，结论7，208页。
[21] 同上书，推论，209页。

作为善的而被欲求，所以欲望是善的效果。"[22]我们已在其他地方提到[23]，将价值理解为欲望的客观原因——亦即从作为主动力的对象中产生作为被动力的欲望——与某种对世界的理解相连，后者假定了一种我们的表象与之相似的存在论秩序。然而，欲望地位的变化与表象地位的变化直接相连。当表象不再被视为相似者，而只被视为某种外表[24]，一个有别于事物空间的表象空间便由此建立了，欲望也相应变成了价值的效力因。价值变成了我们的欲望在表象空间中的投射。

自此，道德价值、技术价值和审美价值的世界可从欲望及其诸形态中演绎出来。因此存在着三种类型的善与恶。首先，效果上的善和恶分别是指我们的欲望和厌恶的对象。既然我们的欲望和厌恶会变化，事物的本性中便不存在能作为人们欲望的协同或和谐之基础的共同善。必须通过欲望的协同或一致，某种善才能被视为是共同的。另一方面，有些事物只有作为得到欲望对象的手段才能是善或恶的，这种考虑能够解释技术价值的产生：有用和有害。有用之物只有在作为某个善的工具或原因时才被追寻，有害之物只有作为恶的原因才被避开。最后，美和丑的审美价值是善和恶在预期阶段的特征。美是对于善的预期，丑是对于恶的预期。因而美是考虑中的欲望的对象，并且不是作为占有的对象，而是作为沉思的对象。因此，美是一种人们根据之前的经验辨认出的、对于即将到来的快乐的自然标记 [signe]。反之，丑是一种对于即将到来的不快的标记。

价值的去现实化——这也扩展到宗教价值，没有什么本身是

---

[22]《简述》,《法律要义》,附录 1, 第 3 节, 结论 8, 209 页。
[23] 参见拙文 "Vision et désir chez Hobbes", *art. cit.*, pp.133-135, 139-141。
[24] 始于《光论 I》和《法律要义》（两部著作基本完成于同一时期，1640 年）。

神圣或世俗的——还通过重新阐释真的善［bien véritable］和显现的善［bien apparent］之间的区别得到了确证。这一区分实际上与现实的善和幻想的善的区分完全无关。真的善只是效果上的善，也就是当下的善。相反，当我们权衡某物的结果是好还是坏，而且在［权衡的］系列中好的结果在我们看来占上风时，这就是显现的善，亦即未来有可能被证实为现实的善的某个可能的善，尽管我们对此没有确定性。真的善和显现的善只有作为当下的善和推测的善才能相互区分。

与价值的去现实化相联系的是对目的论的批判。诚然，欲望是意向性的，"获得事物是这个运动的目的，我们也称之为这个运动的企图、目标和目的因"[25]，但这种意向性在于，欲望首先就与一个被希求的对象的表象连在一起。不过，我们当作欲望的目的因的对象，它的表象就是我们趋向它的运动的效力因之一。目的因由此也归为了效力因。[26]

由此开始，我们便能重建对于世界的目的论式理解的人类学生成，其过程如下：我们的想象将某个我们已在先前经验中认识并能满足我们欲望的对象表象给我们。我们的想象将这个被回想起的对象表象为一个被希求的、未来的目的。随后，想象将先前能够产生或得到它的行为的表象与这个对象联结起来。但因为对象自此被看作一个被希求的目的，想象就把这些行为看作是这个目的的手段。在欲望的指引下，想象将被回想起的诸表象之间的联系转化为当下手段和将临目的之间的关系。将之前的经验转化为对未来的预见，这在表象的联结中引入了一种目的论——通过

---

［25］《法律要义》，第 1 部分第 7 章第 5 节，29 页。
［26］参考《论物体》，拉丁文全集第 1 卷，第 10 章第 7 节，117 页；《〈论世界〉批判》，第 27 章第 2 节，315 页。

将某些事物视作仅仅是为了其他事物而存在,想象将这种目的论客观化。不过,由于在我们看来一些目的更加切近、另一些更加遥远,想象自然也倾向于一方面认为存在欲望的最终目的 [*finis ultimus*] 或至善 [*summum bonum*],另一方面将某个最高存在作为世界的这个目的论结构的拱顶石。

对于第一点,想象构想出一个确能满足欲望的一切目的的目的:这就是关于幸福——作为心灵的永久平静——的庞大信仰的起源。但因为人经验到这个世界的任何对象都不能赋予他这种欲望的静止或某种完全满足的生活,这使他将这个映象投射到另一个世界,并认为它只能由上帝以荣福直观 [vision béatifique] 的形式赋予。无疑,这个——

> 最终目的,古代哲学家将幸福安放于此,并围绕得到它的方法争论不已,世界上并不存在这样的东西,得到它的方法并不比到达乌托邦的方法多。[27]

至于对于荣福直观的观念,它无法参考任何经验,亦即无法参考任何已知的喜悦情感,因此它是一种没有意义的表达。这种作为对至善的占有的幸福观念取决于一个关于欲望的虚假概念。因为如果这个目的确实是最终的,人们就必须说,什么都没有被欲求,因为欲望没有对象。设定一个欲望的最终对象相当于取消而不是实现欲望。所以随之得出的结论不仅有这个世界上不存在本身为善的事物,还有即使这样的事物存在,我们也没有对它的感觉。想象无意间将死亡转变为幸福:

---

〔27〕《法律要义》,第 1 部分第 7 章第 6 节,30 页。

> 欲望终止的人，和感觉与映象停顿的人同样无法生活下去。[28]

不过这还不是全部，因为想象在寻找关于世界的目的论结构的基础时，倾向于假定存在一个本身为善，并根据其善而创造了世界的上帝。想象将这个没有原因的第一因——上帝——转化为第一目的因。想象使我们相信上帝创造世界首先是因为上帝认为这是善的。与斯宾诺莎相反，对霍布斯而言，造物主上帝的观念本身并非想象的虚构，而是理性的要求；与此相反，幻想在于将善作为其意愿的目的因。最终，通过将最主要的善与能够以荣福直观的形式赋予我们这种善的造物主上帝连在一起，想象完成了世界的目的论结构。

回到关于欲望的真理，即欲望的去目的化，以及相应地，世界的去目的化。生命首先是欲望重新聚焦于自我的、没有目的的运动。故而诸善之首是自我保存，诸恶之首是死亡。由此开始，全部问题就在于，已经由于世界而去目的化的欲望，是否会由于单纯生物学意义上的生命的保存而重被目的化：作为动物运动的欲望是否单纯是生命运动的工具？欲望是否单纯是通过克服首先是自然障碍、随后是人际障碍而力图活下来？某种内在于个体的目的论是否取代了外在的目的论？马特洪的有力阐释就是将霍布斯欲望观念中这样的一种目的性，作为其区别于斯宾诺莎相关观念的基本要素之一：

---

[28]《利维坦》，第 11 章，中译本 72 页。参考《论人》，拉丁文全集第 1 卷，第 11 章第 15 节，103 页。

在欲望和生命运动之间建起一种仍为目的论类型的关系（因为它指的就是这个），这使生物学意义上的纯粹利己主义阶段变得彻底不可逾越。我们延续存在的倾向，实际上并不等同于我们所倾向延续的存在；这种倾向只是服务于它的手段，一个注定保护另一个运动的运动。而要保护的这个存在，完全只是没有其他限定的、**天然的生物学意义上的存在**。由此，所有的人类行为，不论其因中介的介入而具有怎样的复杂性，最终都能归结为关于保存的本能的一个单纯衍生；包括在荣誉感的最细微的差别中，包括在理智思辨最抽象的方面中，人寻找的从来只有一个：尽可能活得最久。而对暴死的恐惧——多亏它我们得以构成政治社会——实际上就是对这个根本计划的认识。在一个绝对主义国家中，只有政治存在能够满足这种庞大的安全需求，也就构成最终的拯救。[29]

与霍布斯相反，斯宾诺莎否认这种二元论，并废除了内在目的论原理。当然，我们无法否认霍布斯在生理学分析中区分了动物运动和生命运动，且其中一者从属于另一者的看法也被多处文本证实。然而，这一从属关系远未提供欲望理论的真理。因为，当霍布斯写到"每一个人不但是根据自然权利，而且是**根据自然必然性**，都应当尽一切可能力求取得自我保存所必须的一切"[30]时，并且当他肯定这一必然性并非不如决定石头下落的必然性那么自然时，他没有将这一保存限于血液循环。首先，虽然生物学意义上的生命是人类独有生命的**必不可少**[sine qua non]的条件，

---

[29] A.Matheron, *op. cit.*, p. 88.
[30] 《利维坦》，第15章，中译本116页，强调为作者所加，译文有调整。

它却并不因此构成后者的定义。对个体来说，与其说欲望的再生从属于他生物学意义上的生命的保存，倒不如说后者包含在前者之中。人的根本计划并不仅仅是活着，而是活得好，也即尽可能无障碍地运用他的自然能力。我们所延续的存在，在生物学意义上的保存中找到了一个最低限度，低于它的话就既没有欲望也没有存在，但两者并不等同。我们所倾向延续的存在并不等同于天然的生物学意义上的存在，而是包含了后者，前者在于作为幸福定义的、欲望的这种不定的再生；以至于霍布斯承认单纯保存生物学意义上的生命不足以保证我们延续存在的欲望，例如当人的生命伴随着预见不到尽头的疾病、苦难或悲伤时。这些疾病、苦难或悲伤实际上让我们在想象中将死亡也算在诸善当中。[31]这难道不是说维持我们生物学意义上的生命并不是我们唯一的关切？每个存在者不仅欲求生命，也欲求健康、快乐、喜悦，以及避开痛苦和悲伤。我们所倾向延续的存在因而是"对于时常欲求的事物能**不断取得成功**，也就是不断处于繁荣昌盛的状态"[32]。这就是幸福的定义，当欲望在其所为中大获成功时，幸福就是对欲望的再生的反映。

此外，我们所延续的存在不可能单向简化为生物学意义上的存在，这对政治理论具有重大影响。因为，如果人们构成一个政治社会，这并不**仅仅**是为了保证他们血液的持久循环，不**仅仅**是为了活着。如果是这样的话，那么个体的自然权利的整个领域都可被让渡——当然，除了受伤和受死的权利，既然自然权利的让渡或转让只是为了保存生物学意义上的存在。不过清楚的是，在

---

[31] 参考《论人》，拉丁文全集第2卷，第11章第6节，98页。
[32] 《利维坦》，第6章，中译本45页。

确定个体不可让渡的诸权利时，霍布斯所规定的远远超过了个人身体完整权的不可让渡性。实际上有不影响我们生物学意义上的存在并且不可让渡的权利：

> 人们也必须为了自己的生命而保留某些权利，如支配自己身体的权利，享受空气、水的权利，运动的权利，从一个地方到另一个地方自由通行的权利，以及一切其他缺了就不能生活或**生活不好**的权利等。[33]

诚然，支配我们的身体和享受空气、水、运动，是与我们的身体完整密切相关的权利，那么从一地到另一地的自由通行又如何？关切我们生物学意义上的保存，并非是让我们欲求住进能保证我们生命需求的监狱般的国家中。"人无此不能活着"到"人无此不能活得好"之间远非只是细微的差别，其中的巨大差异证明支撑国家奠基的根本计划不**仅仅**是保存生物学意义上的生命。由于政治机构的结构在本质上是法权的，其功能将取决于这一区分。这一点还可以通过其他虽未直接或间接关系到我们生物学意义上的存在但又不可让渡的权利来得到证明。因为，如果说不控告自己这项权利的不可让渡性仍能用对于生物学意义上的保存的关切来解释，那么对不控告那些"父亲、妻子、恩人等使之判刑后本人就会陷入痛苦"[34]的人的权利的不可让渡性就不是同一种情况了。如果我们真的只有保存自己的血液循环这一个目标，为什么不控告自己的父亲是一种不可让渡的主体权利？保存生物学意义

---

[33]《利维坦》，第15章，中译本116页，强调为作者所加，译文有调整。
[34] 同上书，第14章，中译本106页。

上的生命，**单凭这一点**既不能构成我们所倾向延续的存在，也不能构成在政治奠基中起支配作用的根本计划。

欲望在与世界的关系中去目的化后，并没有因单纯生物学意义上的生命而重新目的化。延续其存在的欲望是想让欲望者永存的欲望。但霍布斯的欲望观念并不因此就返回到帕斯卡尔的相关理解。对帕斯卡尔而言，如果说欲望展现为对一个无法找到的对象的不定追寻，那么它便是人的过去伟大和当下苦难的双重痕迹，是造成人类处境的所有悲剧的双重性。欲望的不断再生，既是堕落不可返的人类漂泊流浪的迹象，也是其合宜对象存在的迹象：藏于上帝的真正的善。相反，对霍布斯而言，欲望并未被罪的存在论重负打上烙印，欲望是无罪的。这种无罪在于，在世界之外并不存在某种超验的对象，这个对象能向他保证在对完满的拥有中的静止。这远非在连续不满足中对自我的反映，相反，它是伴随着欲望再生的连续的快乐。因此这个巨大差异造成的结果是：对帕斯卡尔而言，通过运动，欲望在对完美对象的不定追寻中寻找自己，却在这个运动本身中迷失了自己：其反映是人的苦难；但对霍布斯而言，欲望在获得那些对它而言暂且合宜的可感对象的过程中重新找到了自己：其反映是幸福。

重新聚焦于自我的欲望将自身投射到表象空间中，以将其制造成一个由价值构造的情感空间，即构成了个体经验领域的空间。我们接下来的任务是通过考察人际激情生活的基础和展开，了解这个经验领域是如何变成关系性的。

第三章　语言存在者及他人：关系

不过，在考察人际激情生活的展开前，我们需要回顾以下事实：复杂激情的一般性阐述和定义以及其中某些激情在整体分类中所处的位置，在不同著作中均有所变化。第一，在一般性阐述的层面，关键不在于《法律要义》从第三组激情（G3）入手，《利维坦》从第一组激情（G1）入手；而更多地在于，《法律要义》在简单激情（第7章）和复杂激情（第9章）两个理论中间插入了关于对力量的欲望的演绎（第8章），而《利维坦》中的激情理论则单独成一脉（第6章），并与关于对力量的欲望的演绎（第10章）相分离。这一调整带来的问题还应考虑到，《论人》在这一点上重现了《法律要义》的阐述结构。第二，有些反映性的复杂激情似乎属于不同的组，例如豪迈和怯懦，《法律要义》依照逻辑将它们分在第三组（G3），而《利维坦》对它们的定义和分类都在第一组（G1），并且不忘将它们再放入第三组（G3），自信［*fiducia, confidence of ourselves*］的情形与此相同。第三，与《法律要义》相比，后悔［*repentance*］似乎从《利维坦》中消失，恐惧的作用在其中有所变化，勇敢的定义则被颠倒，此外还能发现许多其他的变化。不过关键在于辨识出那些能够解释这些变化的因素。我们将从具体问题出发，以由此推进到一般性阐述。

关于某些激情的地位和作用，我们能够注意到霍布斯思想在其学说的普遍经济原则方面所经历的演化。在《法律要义》中，恐惧在简单激情理论处就得到定义，这早于它在复杂激情理论中和希望的相对立；而在《利维坦》中，恐惧只出现在复杂激情部分。考虑到这种变化并非定义上的根本改变，因此它可能显得无足轻重。但事实上这一点很重要，因为一方面，在伦理层面，恐惧不再能作为个体激情生活的构成性特征［trait constitutif］，它必须从人际关系中推出；另一方面，在政治层面，恐惧曾享有的在政治激情中的特殊地位被转移到恐惧和希望这对激情上："使人们倾向于和平的激情是对死亡的恐惧、对舒适生活必要事物的欲望，以及通过自己的勤劳取得这一切的希望。"［1］将恐惧和希望这对激情作为政治社会的激情基础，已显示出对作为强制性力量的国家的恐惧须同作为法权秩序的国家所产生的希望相连。恐惧的政治功能的这一演化，关联着《利维坦》中社会期约理论的根本性调整。

演化的另一个迹象由勇敢定义的颠倒提供。勇敢的定义实际上是从对受伤和死亡的轻视［2］复杂化为通过在抵抗中希望避免损害而实现的对某种恶的厌恶［3］，亦即避免死亡的复杂努力。从伦理的观点看，有一种由文艺复兴恢复的悠久传统，它通过将勇敢视作一种贵族德性，赋予其特殊地位；［4］而这一颠倒消除了还能显现为该特殊地位的某种痕迹的那些情况，由此与复杂情感体系的经济原则相一致。在《利维坦》中，勇敢变成一种直接从欲望和厌恶这一对中演绎出的激情，它不再能用于区分

---

［1］《利维坦》，第 13 章，中译本 96—97 页，译文有调整。
［2］参见《法律要义》，第 1 部分第 11 章第 4 节，38 页。
［3］《利维坦》，第 6 章，中译本 39 页。
［4］施特劳斯做出了这一重要的评论（op. cit., pp. 44-58）。

出贵族或英雄，而这一类型在 17 世纪如巴尔塔沙·葛拉西安［Baltasar Gracián］等人的作品中还能找到。尽管拉罗什福科［La Rochefoucauld］还没有走到取消人与人之间所有自然等级的地步，他却借鉴了使勇敢从属于与欲望自我［soi du désir］的关系的霍布斯式做法：

> 人们在无数勇者的勇敢中所看到的不平等，源于死亡在他们的想象中的展现并不相同，以及它在某个时候比另一时候显得更加迫近。因此有些时候，在藐视他们不认识的事物之后，他们最终对认识的事物感到恐惧。如果人们不愿相信死亡是诸恶之最，就必须在一切情况下避免考虑它。最精明和最勇敢的人是那些利用最正当的理由来阻止自己考虑死亡的人。而任何能够如其所是地看待它的人，都会认为这是一件可怕的事。……认为自尊［amour-propre］能够帮助我们将必然摧毁自尊的东西视若无物，是对自尊效果的误解，而人们相信在其中能找到诸多办法的理性，在这种局面下却弱小到无法说服我们相信我们所意愿的事。[5]

第 504 条箴言的这一段以及许多其他判断显得像霍布斯的复述或评论。[6] 这种相合可能并不偶然，因为拉罗什福科处的自尊

---

[5] La Rochefoucauld, *Maximes*, édition de 1678, max. 504, text étabi par Jacques Truchet, Paris, Garnier, 1967, pp. 114-115.
[6] 只要比较拉罗什福科的若干箴言与霍布斯的段落便可：1. "人们不但容易忘记恩惠和不公，他们甚至仇恨给予他们恩惠的人，对那些辱骂他们的人则停止仇恨。报答恩惠，报复恶行，这对他们好像是很难服从的束缚"（箴言 14，《道德箴言录》，10 页）；"从自己认为是同等地位的人处获得难以报偿的厚惠，使人表面上敬爱，而实际上则隐恨在心。因为他由此处于一个绝望的（转下页）

在很多方面等同于霍布斯处的与欲望自我的关系:

> 自尊就是自爱[amour de soi-même],以及爱一切为自我服务的事物;它使人们崇拜自己,并在命运与其便利的情况下使他们成为其余人的僭主;它永远不在自我之外停息,其停留在异己之物就如蜜蜂停留在鲜花,是为了从中取出适合它的事物。[7]

然而差别非常显著:一方面,《道德箴言录》[Maximes]是道德反思,通过描绘"人类心灵的画像",它致力于破除虚假德性的虚幻魔力,这些德性属于败坏的人类心灵的自尊和骄傲的已知及未知领域;[8]另一方面,它一上来考虑的就是社会中的人。与此相反,霍布斯激情理论的全部力量,一方面在于它处在德性与恶的区分之外,另一方面在于其展开必须从重新聚焦于欲望自我出发,来解释关系性领域的生成。

(接上页)欠债人的状况,他不愿意见到他的债主,暗地里希望后者去到一个再也见不着的地方。因为恩惠使人感恩,感恩就是羁轭,无法报偿的感恩就是永世无法摆脱的羁轭。这对一个同等地位的人来说是令人生恨的"(《利维坦》,第11章,中译本74页)。2. "为立足于世界,人尽己所能以显得立世"(箴言56,《道德箴言录》,19页);"具有力量[puissance]的声誉也是一种力量,因为它可以吸引需要保护的人前来皈附"(《利维坦》,第10章,中译本63页,译文有调整)。3. "人们所谓的友谊只是社交,只是相互关照利益,以及交换帮助;这终究只是一种交易,自尊在其中总要有所赚得"(箴言83,《道德箴言录》,26页);"尽心为人谋福利就是尊重,阿谀逢迎也是这样,因为这说明我们在寻求他的保障或帮助,反之,无视其福利则是轻视"(《利维坦》,第10章,中译本65页)。4. "已获得的尊重是将要获得的尊重的保证金"(箴言270,《道德箴言录》,69页);"受到许多人的尊敬、爱戴或恐惧便是令人尊重的人,因为这说明了他的力量"(《利维坦》,第10章,中译本67页,译文有调整)。

[7] La Rochefoucauld, *Maximes*, première édition, max. 1, *op. cit.*, p.283.
[8] 参见 Jean Lafond, *La Rochefoucauld, Augustinisme et Littérature*, Paris, Klincksieck, 1977。

更一般地，这种情感理论意味着享乐激情［*concupiscibilis*］和意气激情［*irascibilis*］这一由托马斯·阿奎那体系化的传统区分[9]的消失，也意味着抛弃了德性与恶的区分这一预设。但如果第一个区分在霍布斯这里不再有意义，那么第二个区分将建基于新的代价：它将终结伦理学说。将豪迈和怯懦归为反映性激情属于同一种倾向。至于这些复杂激情在《利维坦》中被分在不同组的情况，可以从两个角度来考虑：一方面，作为对于我的状态［état du moi］的意识，它们属于第三组（G3）；另一方面，由于和世界产生了某种关系，它们属于第一组（G1）。由此，豪迈和怯懦首先是自我评估的形态，同样也在由它们所引发的与世界的关系中得到定义，前者指对微小障碍和帮助的轻视，后者指对微小事物的欲望和对微小障碍的恐惧。

至于激情理论和关于对力量的欲望的演绎之间的关系，这个《法律要义》、《利维坦》和《论人》给出不同阐述的问题，由此被情感体系的同质化转移了。关键在于要对一个双重转化予以解释：一方面是从个体性经验领域（或空间）向关系性经验领域（或空间）的第一重转化（T1），另一方面是由关系性经验领域向一种冲突的空间——战场（并非文字游戏）——的第二重转化（T2）。转化（T1）关乎人际激情生活的基础的核心问题，亦即将我向关系或向他人的考验打开。而转化（T2）关乎欲望对象的改变，欲望通过变为对力量的欲望，将人际关系引入一种永恒、普遍的战争状态。关于这个双重转化，简单激情（A 类型）处在转

---

[9] St. Thomas d'Aquin, *Somme Théologique*, I-II, Q. 23, a. 1, rép., Paris, Cerf. 1984, p.178：“因此，所有将善或恶视为绝对的激情属于享乐的官能，如喜悦、悲伤、爱、恨等。所有将善或恶视为艰难的——亦即获得或避开它有困难——激情属于意气的官能，如果敢、恐惧、期望等。”

化（T1）之前，这在霍布斯的著作中保持了一致。这完全合乎逻辑，因为这类激情是关于个体的前关系性的激情生活。与此相反，复杂激情（B类型）处境两难：它一部分属于转化（T1），一部分属于转化（T2）。因为，一方面必须在转化（T1）上构想使情感复杂化的初级动力的展开，这种动力通过人际关系的建立而产生，没有建立这种关系，转化（T2）中对力量的欲望的生成就会变得无法理解，但在另一方面，对力量的欲望将人际关系引入某种竞争——它引发了使关系性情感生活复杂化的次级动力的展开。

不过，通过将关于对力量的欲望的演绎插入到简单激情理论和复杂激情理论之间，《法律要义》避开了转化（T1），从而直接进入转化（T2）。这部1640年的著作实际上提供了思考人际激情生活展开的方法，它假定了——然而没有阐明——关系的存在。然而，与他人关系的必然性绝非自然而然就在一个始于重新聚焦于欲望自我的系统中，后者更像是要个体折回到自己，犹如一个没有单子论的单子。如果人们在他们对力量的欲望方面竞争，这是因为他们聚在一起，但并没有人告诉我们他们为什么聚在一起。关系的基础这一问题其实直到1647年《论公民》第二版增加的一个注释才成为主题，作为对第一版所引来的反驳的回应——我们之后将回到这一点。因此，如果霍布斯在1651年的《利维坦》中通过使复杂激情理论紧跟简单激情理论，改变了《法律要义》中的连贯秩序，这是为了使构成转化（T2）基础的转化（T1）可行。关系性情感生活的展开使人们能够设想对力量的欲望的生成，以及因此而来的竞争。这样建立起来的秩序还没有解决所有的问题，因为将全部复杂激情（B类型）放在关于对力量的欲望的演绎前，霍布斯此番预设了那些只有通过关于力量的竞争方能产生的激情。由于1658年的《论人》（至少在整体上）重新采用了《法律要义》的秩序，其中所做的调整对此没有太多回应。故而可以说，在阐述激情理论和关于对力量的欲望的演绎之间关系时所做的接连调整，也属于霍布斯思想的演化，这一演化主要由以下问题引起：一个是关系的基础，一个是始终夹在命名秩序［ordre des définitions nominales］和生成秩序要求之下的伦理系统的内部困难。

既然涉及的是理解人际激情生活的建立和复杂化过程，我们要重建的是生成秩序，这就要求考察：首先是转化（T1），亦即关系的基础，和一种使情感生活复杂化的初级动力的展开；随后是转化（T2），亦即对力量的欲望的生成，和一种复杂化的次级动力的展开；以便最终导向通过政治的奠基而完成的第三重转化（T3），即从冲突的空间向一个政治共同体的空间的转化。

关系的基础是什么？传统上，这个基础在于一种同类对同类的倾向，并被认为与人们本性的相似性相关。人们在格劳秀斯的思想中还能找到这种学说，及其斯多亚源头的说明：

> 不过，人类独有的东西之一，就是结成社会的欲望，亦即某种与同类一起生活的倾向，不是随便以任何方式都行，而是要平和地，并在一个如其理性之光向他所建议的那般有序的生活共同体中：斯多亚派用来表示这种性情［disposition］的词，本用来指同一家庭的成员彼此之间拥有的感情。因此，不加限制地说所有动物生来只寻求它的个别用益，这是不对的。[10]

---

[10] *Le Droit de la guerre et de la paix*, Discours préliminaire, *op. cit.*, 6, pp. 4-5.

然而这条将关系建基于某种相互的好感（这种好感使同类爱同类、因其相伴而快乐，并且不涉及任何功利的考虑）的公理，在霍布斯看来产生于对人性太过轻巧的思考。[11] 因为，如果确实如此，那么每个人应当普遍地爱任何其他人，只凭他是人这一个原因。此外，基于某种利他倾向而建立与他人的关系，这假定了所要建立的对象，或者说将关系建基于一种预设了这一关系的感情之上。

通过将与他人的关系建立在与欲望自我的关系的内在性中，霍布斯和斯宾诺莎力图克服这个困难。两人其实都保留了本性相似的原理，但他们并不将其作为一种无关利害的倾向的来源，而是作为对他人感情的模仿的来源。不过，对霍布斯而言这种模仿包含一种感情的类比，对斯宾诺莎而言这种模仿意味着一种感情的同一："对他人感情的想象在我们身上**产生**的是类似的情感，这种说法并不准确；二者实际上等同：想象某个我们的同类的感情，**事实上**［ipso facto］**就是**感受这些感情。"[12] 然而，基于类比的模仿原理和基于同一的模仿原理之间的差异造成了一个重大的后果。因为，在斯宾诺莎处，基于同一的模仿表明个体的欲望也是"全体的欲望"，是人际的**努力**［conatus］，关系性激情生活的复杂性和双重性通过它确立：

> 就如我们倾向于延续我们的存在，亦即和我们自己一致，我们也倾向于和我们的同类一致。缘由如下：因为其他人的独特本质与我们的本质相似，我们通过对他人的确证来

---

［11］ 参考《论公民》，拉丁文全集第 2 卷，第 1 章第 2 节，158—159 页。
［12］ A. Matheron, *op. cit.*, p.154.

确证我们自己。话虽如此,这种人际的**努力**仍然会由于外因的不断介入而变得无法辨认:在外因的影响下,它与自身相悖,并变成异己的,正如同个体的**努力**［所经历的变化］,而且其原因也相同。[13]

相反,在霍布斯处,基于类比的模仿仅仅建立了一种感情的相似,它并非在原则上包含与他人的一致或至少是与他人的关系,反而预设了这种关系:

> 由于一个人的思想与激情和别人的相似,所以每个人对自己进行反省时,要考虑当他在"思考"、"构思"、"推理"、"希望"和"恐惧"等的时候,他是在做什么和他是根据什么而这样做的;从而他就可以在类似的情况下了解和知道别人的思想与激情。[14]

基于类比的模仿实际上表明,我们对他人的感情由我们自己的当前状态决定:对他人不幸的印象既可能激起同情,也可能激起轻视或近乎残忍的狠心［hardness of heart］,这依据的是我们对同类不幸是否会降临在我们身上、他人的不幸是否应得所抱有的看法。[15]不过,如果这种情感的类比式模仿能够解释人际激情生活展开的诸形态,与此相反的是,它不足以解释关系的基础,因为它以后者为前提。

---

[13] A. Matheron, *op. cit.*, pp.155-156.
[14]《利维坦》,导言,中译本 2 页,译文有调整。
[15] 参考《法律要义》,第 1 部分第 9 章第 10 节,40 页;《利维坦》,第 6 章,中译本 42 页。

然而霍布斯并没有退回到斯宾诺莎的立场，反通过将重新聚焦于欲望自我的后果极端化，来穷究关系的基础这一问题。本性的客观相似无法解释同类相互靠近的理由。单凭人们彼此相似这一点，无法解释他们的聚集，而若没有聚集，感情的模仿就不会发生。而且，他们的相似会使彼此倾向于分离而不是相聚，因为它植根于以下根本事实：每个人的欲望都指向自我。由此是否应像后来的卢梭那样，认为人孤独、悠闲、除了自身的保存其他一概不关心？不可能如此，因为我们并没有卢梭给予的用以从野蛮人的孤独——这种孤独是相对的，因为除了自爱外，野蛮人也知道同情——过渡到人际激情生活的渐进展开的手段。实际上在霍布斯处，关系性经验领域的开启并不是在某种历史的时间维度中，后者使《论人与人之间不平等的起源与基础》得以出现"这些永不可能发生的……奇特的协作和环境的偶然"。不存在任何一种哪怕是猜测性的历史维度，这从一开始就消除了意外*参与到人际关系的生成中的可能性。

我们看到，霍布斯没有将自己的任务简单化。不过，如果必须有出路，如果个体的经验领域必须向他人打开，能够予以解释的原理必定直接在于延续存在的欲望中。而这个问题，霍布斯在《论公民》第二版的一条注释[16]中明确做了处理——他在此处力求回应由以下论题所激起的反驳：人生来不适于社会〔*hominem*

---

〔16〕《论公民》，第 1 章第 2 节，158 页。

　　*　在《论人与人之间不平等的起源与基础》中，卢梭认为自然状态中的原始野蛮人是孤独的、非社会性的。不同于霍布斯将自然状态以及从自然状态到政治状态的转化视作非历史的理论构想，卢梭将其从孤独的野蛮人到社会人的转化描述为一个历史过程。并且，这一转化远非人类历史的某种必然，而是由于一些（卢梭承认他自己也不能完全解释的）意外事件而偶然地，却又无法逆转地发生。——译者注

ad societatem aptum natum non esse］。否认人有结成社会的固有性情，难道不是在政治学说的入口放一块绊脚石？毕竟，如果没有结成社会的自然倾向，不就是说孤独在自然上适合人，或者说适合作为人的人？但这样一来，不就从原理上取消了某种政治哲学［*philosophie civile*］的计划？为了使某种政治学的观念有意义，必须克服来自孤独的反对，后者不可避免地阻绊新的欲望理论。但也不能为了克服这一反对而暗中重新引入某种结成社会的自然性情。正是为了解决这个困难，霍布斯提出了一个非常重要的区分：一方面是结成社会的欲望［*désir de société*］，即宽泛意义上的对共处亦即对某种联合或会合［*congressus*］的欲望，另一方面是构成并生活在社会（严格意义上的政治社会）中的能力。因此要把对于与他人关系的性情同政治社会的建构性关系区分开。前者作为基础应解释那些自然聚集的存在者的会合和聚集，后者作为基础应解释政治联合。

而我们知道，伦理系统的内在融贯性要求对与他人关系的欲望要建立在与欲望自我的关系上。故而我们靠近同类，必须是通过自爱，而非通过对他们的爱。因此，关系的基础应当是自然的，并基于我的某种利益。这种我的利益在于什么？它在于永恒的孤独对人而言是痛苦的［*molestus*］，英文版《论公民》走得更远，它断言"对人而言，在自然上，……孤独是一个敌人"。孤独是人的敌人，对于需要他人来帮助自己活着［*ad vivendum*］的孩子，对于需要他人来帮助自己活得好［*ad bene vivendum*］的成人，这一点都得到了证实。与他人的关系首先基于生命的必要性，然后延伸到与某种利益或欲念有关。自然由此迫使人们为了延续生存或活得好而聚集：与欲望自我的关系需要一种与他人的关系。

但这难道不就是重新采用了格劳秀斯通过拒斥功利考虑而排

除的解释吗？完全不是，因为霍布斯的目的丝毫不在于解释政治社会的基础。因为，对关系的自然性情远不能构成某种结成社会的自然能力的支撑，反而是全然有别。既然我们出生时是孩子，之后才长成人，显然我们不具备一种结成社会的固有能力：对关系的简单需要（作为一种生命的必要性必然被孩子感受到）和建立一个政治社会的能力（它的前提完全是另一个基础——孩子以当前的形式[17]并不具备的许诺和订立契约的能力）之间有很远的距离。孩子并不是这方面的孤例，因为对于不能理解期约力量的无知者（愚人），对于还没有感受到政治社会缺席所导致的苦难的全部成人，情况同样如此。一些人不能订立契约结成社会，因为他们不知道这是什么，另一些人则不关心，因为他们对其好处一无所知。由此，许多人甚至是大部分人，由于心灵疾病或教育匮乏，在整个一生中始终没有这种能力。尽管他们不能实现政治关

---

[17] 这一论证的前提是子女在法权意义上不具备能力，这却似乎带来困难，因为霍布斯在别处将家庭作为微型社会，类比于政治社会，它基于一个契约并因此建基于某种人造关系。《论公民》（拉丁文全集第 2 卷，第 8 章第 1 节，249 页）通过将家庭作为一个小王国和将王国作为一个大家庭，明确表达了这一类比。家庭像国家一般，不仅是一个由利益和欲念而联系在一起的存在者的联合，而是要有子女的同意。由此，父母的支配权［droit de domination］"并不是因为父母生育了子女，所以就对子女具有支配权，而是由于子女……表示了同意"（《利维坦》，第 20 章，中译本 154 页，译文有调整）。国家与家庭的类比甚至贯彻到细节。是否由此推出对与他人关系的自然欲望和建立一个社会的能力之间的区分便被废除？为了彻底回答这一问题，须阐述自然状态中权利关系及事实关系的复杂性。简言之，如果权利本质上不同于事实，它在自然状态中终将回到后者。故而完全可能使家庭关系同时成为一种自然关系（只涉及自然欲念和利益）和一种基本的人造社会。这两种解读在自然状态中无法分辨，只有在政治社会中才可。由此可得家庭是一种建基于自然利益的不稳定的集合［assemblée］，法权［juridique］方面仍仅为潜在的。在国家存在之外的人际关系的法权解读是可能的，但所对应的是事实关系的简单重现。此外，子女被**看作**许诺服从，这既不意味着他知道这一点，也不意味着他做了这一点。

系也不能理解其意义和必要性，但这并不阻碍他们属于人类。由此能够理解以下结论："因此人并非在自然上而是通过规训而适于社会 [*Ad societatem ergo homo aptus*, *non natura*, *sed disciplina factus est*]。"[18] 是教育而非自然使人适合于政治社会，这就要求从前政治的关系性空间出发来理解政治社会的必要性。因此，现在全部问题在于人际激情生活展开的诸形态，它建立在自我向他人的考验开放这一已经阐明的必要性上。至此仅考察了转化（T1）的第一个环节，还要考虑第二个环节，也就是人际激情生活的初级展开。

在着手研究这一步前，须回应一个可能有的反驳：关系性空间这一说法不是已经假定了某种人类共同体的存在吗？事实上，在洛克或普芬多夫处，人们可以谈论一种由权利和义务统治的人类前政治共同体，在这个意义上关系性空间未必是共同体性的。这个共同体实际上不仅假定了一种共同利益，而且尤其假定了一种稳定的法权关系，这种关系建基于对权利平等的相互承认。不过，[关系性空间] 不仅尚未涉及对权利的承认的问题，而且每个个体只有通过与他人权利的对立才能确认自己的权利。这意味着在霍布斯处，自然权利概念将不包含任何法权意义上的相互的承认，不包含任何权利和义务的对应，因此意味着届时不能单凭它解释共同体的存在。只有伴有政治人格的统一，亦即在奠基行为之后，共同体才会存在。所以我们仍远未达到共同体，而只是处在关系性生活的前冲突展开这一层面，后者的必然性要先予以解释。

既然转化（T3，即政治共同体的政治－法权创立）并非转化

---

[18]《论公民》，拉丁文全集第 2 卷，第 1 章第 2 节注释，158 页。

（T1，亦即对关系的原始性情）的自然延伸，它的必然性当然不能被看作是关系性生活在组织程度上的增长，就像在亚里士多德处，以村庄及其集中为中介而从家庭过渡到城邦。相反，是从关系性空间到冲突性空间的转化（T2）——对关系的欲望在其中转化为一种互相伤害的意志——解释了政治奠基的必要性。组织程度的客观增长这一传统理论，被人际激情生活的动力复杂化这一理论取代。但后者与前者的对立并不是在无序和有序的意义上：人际关系的复杂化实际上蕴含一种逻辑，但却是一种导向欲望对立——亦即导向对抗、苦难和死亡——的逻辑。不过，大部分霍布斯的后继者试图用某种外因的介入来解释从转化（T1）到转化（T2）的过程。在洛克那里，它是人们对这种小块贵金属的发现，事物的价值和人们的欲望都被它改变了面貌；在卢梭那里，它是自然和人类历史中的接连意外，每次都给可完善性［perfectibilité］的发展以新的推动，这一原因至少部分外在于人际关系，而人际关系是从转化（T1）到转化（T2）的运作者。相反，霍布斯试图通过置身于关系性生活的内在性来予以解释。由此可知，这一步的成功需要在转化（T1）中设想一种使激情生活复杂化的初级动力，它能够引出人与人之间关系的展开的独特性，后者可与在同种动物之间占上风的独特性相比：

> 但与此相反的是，人们可以凭我们关于某些非理性生物的经验来反驳，这些生物倒能为了它们的共同好处而一直在良好的秩序和管理中生活，免于彼此之间的暴乱和战争，对于和平、利益和防卫再想不出比这更好的。我们有的这一经验来自蜜蜂这种小生物，它因此被算作政治动物［animalia politica］。那么，为什么预见到协同一致的好处的人们无法像

蜜蜂般在没有强迫的情况下一直维持协同一致？[19]

为了回答这个问题，首先须避免由卢梭造成并由一些评论者加深的对霍布斯伦理公设的误解。实际上，如果卢梭将霍布斯式的人理解成一个"认为他的善系于其整个类的毁灭……的怪异动物"，他的心被"对人类的可怕仇恨"所咬噬[20]，这是因为他把"将一切事物归于自己的无边欲望"理解成人的欲望的原初构成性特征。人由此会是一个在自然上具有攻击性的、仇恨的和残忍的存在者。这个误解如此之深，以至于卢梭甚至没有意识到他用来反对霍布斯的论证正是霍布斯用来解释人际关系最初形态的论证。

诚然，霍布斯确实将"对力量得一思其二、死而后已的永恒欲望"[21]理解为全人类共有的普遍倾向 [a general inclination of all mankind]，但这个欲望既不属于积累力量的天生倾向，也不属于一上来就让我们的欲望与他人欲望对立的自然攻击性。紧接着的文本实际上是这么说对力量的不定欲望的：

> 造成这种情形的原因，并不永远是人们得陇望蜀，希望获得比现已取得的快乐还要更大的快乐，也不是他不满足于适度的力量，而是因为他不多求就会连现有的力量以及取得美好生活的手段也保不住。[22]

---

[19]《法律要义》，第 1 部分第 19 章第 5 节，102 页。参考《论公民》，拉丁文全集第 2 卷，第 5 章，211—213 页；《利维坦》，第 17 章，中译本 130 页。
[20] J.J. Rousseau, *Que l'état de guerre naît de l'état social, op. cit.*, p. 611.
[21]《利维坦》，第 11 章，中译本 72 页，译文有调整。
[22] 同上，译文有调整。

人既没有对人类的恨，也没有对力量的自发爱好，因为对力量的欲望不属于个体的内部构成，而是由人际激情生活的动力的展开造成。因此它不是延续存在的欲望所固有的属性，而是这一欲望根据关系性背景所做的转化。不过，在关系性生活中，解释这一转化的因素已显明：那就是对未来的考虑，以及相应地，使我们当前的美好生活在未来稳固的必要性。但这样一来，似乎我们就从一个困境跳出而陷入另一个更加严重的困境。我们之前已看到，是活着［ad vivendum］和活得好［ad bene vivendum］，将延续存在的欲望转化为对关系的欲望；由此，确保在未来实现我们当前的生存和美好生活的关切，现在如何能将对自我的欲望和对关系的欲望这一对［欲望］转化为作为冲突起源的对力量的不定欲望？视孤独为敌人的人，如何能变得将他人视为潜在敌人？如何从对会合的欲望变成一种"人们相处时就不会有快乐存在，相反地他们还会有很大的不快"[23]的关系性生活的状态？为了回答这些问题，必须展示出人的境况在什么方面区别于单纯的动物生活，人际关系在什么方面区别于同种动物之间的关系。为什么人被一种对未来的不安折磨，动物则对这种不安一无所知？这种不安在什么意义上解释了人类激情生活的独特性？

霍布斯指出——但未论证——人有一种自然上有别于动物的激情："想知道为什么及怎么样的欲望谓之好奇心。这种欲望只有人才有。"[24]因此人自然上是一个好奇的动物。这种好奇解释了他的经验领域比动物的更加广阔：对动物而言，"对食物和其他可感快乐的欲望，凭其主导地位去除了对于认识原因的欲望"，而人拥

---

[23]《利维坦》，第13章，中译本93页，译文有调整。
[24] 同上书，第6章，中译本40页。

有这种"心灵的欲念,由于对不断和不知疲倦地增加知识持续地感到愉悦,所以便超过了短暂而强烈的肉体快乐"[25]。对认识的欲望及其反映成心灵的喜悦,解释了人并非仅由饥、渴等当下欲望支配,而是醒悟并开始考虑之前满足的原因,并为有可能预见到这种满足在未来重复的原因而做安排。在某些方面,好奇在霍布斯处所扮演的角色与可完善性相当——后者加上自由被卢梭理解为构成性地区分人与动物的规定性。然而由可完善性的定义可知,它是潜在的,它的展开是时间性的,好奇则是一种始终已成现实[actuel]的欲望,它是一种**努力**,是一种希求或倾向——在已建立的与他人关系的影响下,它将产生一种人类激情和心灵能力的独特展开(而非某种历史发展)。因此在严格意义上,将人的境况变得独特的诸种因素直接或间接地来自于好奇。

首先,当好奇与恐惧相连的时候,它提供了宗教——确切说是自然宗教或迷信(如果人们对第二个词的使用是在通俗意义而非霍布斯的专有意义上)——的人类学条件,从而将这一宗教与理性宗教、公民宗教和启示宗教相区分,后三者在这里无关。[26]自然宗教实际上是"对某种由心灵虚构的不可见力量的**恐惧**"[27]。不过这种恐惧为人独有:

> 由于除开人类以外便没有任何**宗教**的迹象[signs]或其成果,所以我们就没有理由怀疑**宗教**的种子也只存在于人类

---

[25]《利维坦》,第6章,中译本40—41页,译文有调整。
[26] 关于霍布斯处的宗教,参见马特洪的文章"Politique et religion chez Hobbes et Spinoza", *Anthropologie et politique au XVII° siècle*, Paris, Vrin, 1986, pp. 123-153。
[27]《利维坦》,第6章,中译本41页,译文有调整。

身上；它存在于某种特殊品质之中，这种品质在任何其他生物身上都找不到，至少其突出的程度是在其他生物身上找不到的。[28]

这个人类独有的种子就是"对于所见事物好探究其原因……这种特性有的人多些，有的人少些，但在所有的人身上其分量都多得足以使他感到好奇而去探究自身的好运与厄运的原因"[29]。不过，这种认识发生在我们身上事情的原因的欲望，并非一开始就直抵真正的原因，后者复杂且"绝大部分是不可见的"。尽管如此，对于认识的欲望经过这般强化后，要求得到满足，这就是为什么人总假定原因是"如同他自己的想象所提示的那样，或是信靠其他自己有好感、认为比自己高明的人的权威"[30]。人假定这些原因介入自己的命运，且自然地想象它们属于某种和构成人类灵魂同类的东西。他由此想象到，存在幽灵或不可见的施动者，它们有介入自己生命的力量［puissance］，所以他尊敬并恐惧它们。他对虚构的不可见力量的举止，便会与他对其他人——亦即他试图赢得其好感或平息其愤怒——的举止相同。首先，根据他之前的经验，他预计在未来发生同样的事情：任何偶然与某个好运或厄运的处境联系在一起的事件，对他而言，是变成某种幸运或厄运的标记［signe, sign］。他由此赋予偶然提起的人或语词以吉利或不吉利的价值。接着，为了寻求获得不可见力量的好感，他向它们献上一种自然的敬拜方式，其中包括仪式、咒语、敬意表达——亦即包括"祭献、祈求、谢恩、献身、祷祝、肃敬、读祭

---

[28]《利维坦》，第12章，中译本79页。
[29] 同上。
[30] 同上，译文有调整。

文、称其名宣誓"[31]。最后，因为关切突然发生的事情，他倾向于给其他的偶然事物以预言价值，将其作为回答的标记。人从好奇的动物变成宗教的动物。

而好奇也有另一个效果，相对于野兽"预见到藏起剩下的多余的肉，但不再记得它们藏的地方，故而在饿的时候毫无用处"，人"在这方面开始超过野兽的本性，留意到并记住这种缺乏的原因；而为了补救，他已经想象到并设定一个可见的或能被其他感觉感知到的标志，当他再看到这个标志的时候，它能使他回想起他设定标志时的想法"[32]。当要再次找到对其生命必要的东西时，好奇使他注意到自己记忆的脆弱，由此将另一个独特性因素引入人的境况：标志〔marque, mark〕的设定。这些标志开始是任意可感对象，一个孤独的人完全可以为了个人用途而使用它们：例如，它可以是在海上岩石上留下的指示，使人回想起某种危险。故而标志只对设定它们的个体有指示价值。它们的使用既没有假定某种与其余人的稳定关系，也没有假定某种预先的集体约定〔convention〕。这些标志只在自愿制定的意义上是约定性的，但这并不表示它们是没有原因的。

不过，这种任意制定标志——即与它们所指示的内容之间没有自然关系——的能力，在人的境况中产生两个重大效果。这些标志方便了记忆〔souvenir〕，又将扩展人的记忆〔mémoire〕。人会发现其中一些标志比另一些更加有效，可见标志则被替换成那些只要他希望就能使他回想起相应想法的标志，因为它们能够立即调用：例如声音。很容易想象到，人像兽类一样起初自然地使

---

[31]《利维坦》，第 12 章，中译本 82 页。
[32]《法律要义》，第 1 部分第 5 章第 1 节，18 页。

用声音来表达他的激情。现在他发现了声音的新用法：将声音作为其想法的任意标志。这就是语言的起源，个体的经验领域由此得到极大扩展。而这还不是全部，因为人也可以用这些声音标志来和他人沟通，不仅是他的喜悦或悲伤，还有他的意志或意图。因为，语词的其他用处在于：

> 当许多人运用同一些语词时，他们可以通过这些语词之间的联系与顺序互相表达自己对每一件事物所设想或想到的是什么，同时也可以表示他们所欲求、恐惧或唤起他们其他激情的东西。在这种用处方面，语言被称为**标记**〔*sign*〕。[33]

语词作为用来沟通的标记，其运用当然意味着一些人相互发出和收到相同的标记，正是在这一层面上人际约定成为必要。但我们完全不用将这个约定设想成一个严格意义上的集体行动。随着环节的需要，相同标记的使用渐渐从一人扩展到他人。这是完全可以设想的，因为沟通所预设的关系已经建立。不过，语言甫一形成，就将关系性空间变成一个对话空间。我们不会重新讨论这一空间在人的智识构成[34]中所起的作用，因为现在须处理的是语用学的伦理维度，它使人成为一个语言存在者。

---

[33]《利维坦》，第 4 章，中译本 19 页，译文有调整。
[34] 参见本书第二部分第一至二章。通过首先建立关系，随后区分语词作为标志的个人运用和它们在沟通中的运用，霍布斯预先解决了卢梭在《论人与人之间不平等的起源与基础》第一部分中提出的语言起源疑难。另一方面，费希特的小册子《论语言能力和语言起源》(*De la faculté linguistique et de l'origine du langage*, in *Essais philosophiques choisis*, trad. Luc Ferry et Alain Renaut, Paris, Vrin, 1984, pp. 115-146) 中的许多方面重现了霍布斯的分析，费希特在这一文本中也引用了这些分析。

必须在严格意义上理解最后的表述：人不仅是一个言说的存在者，还尤其是一个通过语言成其所是的存在者。实际上，语言赋予了人其存在最独特的维度：既作为个体也处于与他人的关系中。首先，作为个体，我们已经看到语言扩展了他的心灵世界和经验领域。由此，他也通过发现自己的时间性——也就是有朽性——获得自身境况的独特性。从当下的影响中解脱，他发现了对于未来的不安。这种不安有两种形式：当下的外部经验和对未来经验的预见之间的关系，通过他人的死亡，让他知道自己死亡的不可避免的必然性。一种巨大的恐惧动摇并彻底改变了他的整个存在：

> 不断力求免于所惧之祸、得到所望之福的人对于未来就不可能不处在一种永恒的关切中。于是，每一个人，尤其是过分预虑未来的人，便处在类似**普罗米修斯**的状态之中。因为就像**普罗米修斯**（这个名字解释起来就是**明智的人**）被钉在视野辽阔的高加索山上，有鹰以它的肝为食，白天吃掉多少，夜间又长复多少一样，一个关切未来、看得太远的人的心也是成天地被关于死亡、贫困或其他灾难的恐惧所蠹蚀，除开在睡梦中以外，总是无休止地焦虑，不得安息。[35]

语言将人从仅限于这些不超出过去及未来之有限边缘的心灵链条的动物，转化成被缚的普罗米修斯，对死亡的焦虑和对未来的关切吞噬了他。不安的第二种形式在于，在将他与死亡分离的每一刻，发现自己生命的本质性脆弱。但对死亡、贫穷或其他不

---

[35]《利维坦》，第12章，中译本79—80页，译文有调整。

幸的恐惧，并未夺走他的活力，反而促使他去将其充分展现，去不断积累他认为对未来保存必要的东西。普罗米修斯式的人并非染上了忧郁（一种原属于幽闭于孤独中的个体的疯癫），而是染上了一种反英雄式的勇敢，后者产生于对诸恶之首的厌恶和克制其迫近的希望。由此可知，欲望能够改变对象："人类欲望的目的不是在一顷间享受一次就完了，而是要永远确保达到未来欲望的道路。"[36] 不过我们将看到，正是对未来的关切在人身上唤起了关于力量的观念，以及将延续存在的欲望转化为对力量的欲望这一欲望对象的改变：

> 因此，所有的人的意愿性行动和倾向便不但是要获得满意的生活，而且要保证这种生活，所不同者只是方式有别而已。这种方式上的差异，一部分是由于不同的人激情各有不同，另一部分则是由于各人对于产生所欲求的效果的原因具有不同的知识或意见。[37]

由此我们可以看到，作为语言存在者的人使得作为欲望存在者的人具有了怎样的独特之处。所有人追寻同一个事物，即通过确保在未来保存他们生存和美好生活的当下手段，在每一刻克服对死亡的持续恐惧。他们只是在激情的多样性和关于达到这一目标之手段的意见上有所不同。不过，关系性动力必定陷于冲突，这一点尚未述及。毋宁说是一种根本的双重性影响着人际激情生活：一些激情，例如希望（"当人们认为能够达成时的欲望"）、贪

---

[36]《利维坦》，第11章，中译本72页。
[37] 同上，译文有调整。

婪（"对财富的欲望称为贪婪"）、报复（"施害他人，使之谴责其所做的某种事情的欲望"）促使人们趋向竞争；但其他激情，例如对安逸的欲望、对死亡的恐惧、对知识的欲望，促使人们趋向善意与和平。[38]

语言通过彻底影响个体的存在，便也影响他与他人的关系。通过发现其有朽性，亦即其自为的存在，人不再能停留在利益和欲念的初级关系的阶段。以至于如果说对兽类而言"共同善和私善没有分歧；他们根据本性会为自己的私善打算，这样也就有助于共同善。但人类的快乐却在于把自己和别人做比较，只能享受出人头地的事情"[39]。因为动物仍停留在当下需要和直接利益的阶段，它的私善自发地与公共善一致或和谐。反之，人没有停留在单纯的生命关系，他把自己和他人比较，而比较意味着将他人认作**另一个我** [alter ego]。换言之，比较并不是一种在于自然相似或共同利益的单纯客观关系，而是一种在我和他人之间设立面对面机制的自为关系。思想与激情的模仿原理通过创造一种人类举止的模仿 [mimesis]，将在这种面对面机制中充分发挥作用。通过比较，人的自我意识得以充分展开。人在喜悦或悲伤中，也在它们的特定形态（荣誉和沮丧 [dejection]）中，感受到这种自我意识。诚然，一个人对喜悦和悲伤的感受能够由己及人。但不可能停留在此，因为一个人的喜悦和悲伤不同于另一个人的。而且，因为喜悦与（更进一步地）荣誉要求我与他人的比较，它们并不能普遍共享。《论公民》充分展示出，如果将荣誉传给所有人，就相当于没有给任何人。[40] 通过与他人的不足和缺陷做比较，人们

---

[38]《利维坦》，第 6 章，中译本 39—40 页。参考第 11 章，中译本 73—76 页。
[39] 同上书，第 17 章，中译本 130 页，译文有调整。
[40] 参考《论公民》，拉丁文全集第 2 卷，第 1 章第 2 节，58—61 页。

认识到并满足于自身的品质。笑、耻笑、揶揄、嘲笑缺席者，通过口才或知识以得到欣赏并使人敬服的欲望，这些就是最常影响我们关系的激情。帕斯卡尔记得这一点：

> 总之，"我"[le moi]有两重性质：就它使自己成为一切的中心而言，它本身就是不正义的；就它想奴役别人而言，它对于别人就是不利的，因为每一个"我"都是其他一切人的敌人，并且都想成为其他一切人的僭主。[41]

霍布斯版本的笑——为人类所独有——是意指性[significative]的：笑是一种表情，是人遇到某种新鲜或意外事物感到喜悦的标记，尤其是当人们突然发现其他人的缺陷——通过比较，它突出我们的美好品质——时感到的喜悦：

> 我可由此得出结论，笑的激情就是一种突然的荣誉，它产生于一种突然的观念，即通过和他人的缺陷或和我们自己的过往缺陷相比而得出我们身上的某种优越。……因此，不必惊讶于人们将他人对自己的笑或嘲笑——亦即胜过自己——视作可憎之事。[42]

当某人笑时，其他人哭：哭是突然沮丧的标记，这种沮丧是由于人们突然在自己身上发现某种相较于他人的缺陷。某人的荣誉是他人沮丧的对等物。这意味着比较并非一开始就是和解，它

---

[41] 帕斯卡尔，《思想录》，中译本 207 页 [*Pensées*, fr. 597, p. 584 A]，译文有调整。
[42] 《法律要义》，第 1 部分第 9 章第 13 节，42 页；参见《利维坦》第 6 章，中译本 41—42 页。

所引入的确切来说是矛盾,后者使"我"既追寻他人又猜忌他人。语言则加重了人际激情生活的这种矛盾。语言其实在本质上是双重的:"人们的语言愈丰富,他们就愈加比普通人聪明或癫狂。"[43]语言是一把双刃剑。它的四种用处如下:技艺的获得、教授、互助和"无害地为了娱乐和炫耀而玩弄语词以自娱和娱悦他人"[44]的诱惑。与此对应四种滥用:错误、谎言、隐瞒和在下述情况中出现的冒犯:

> 用语言来互相伤害。自然既使某些生物具有利齿,另一些具有角,还有一些具有手来伤害敌人,……用舌头来伤害对方便是一种语言的滥用。[45]

语言可以是"战争的号角"。不过语言的滥用绝非意外,而是其用处的另一面。《法律要义》第13章准确描绘了对话的关系性空间的勾连[articulation],教导与争论相对,许诺与威胁相对,激情的平息与兴奋相对:

> 语言的另一用处是煽动或平息,亦即彼此增加或减少我们的激情……因为不是真实而是印象制造了激情,一出表演极佳的悲剧,其对人的触动不亚于一宗凶案。[46]

卢梭在《论语言的起源》中保留了这一教导。对话空间由此

---

[43]《利维坦》,第4章,中译本23页。
[44] 同上书,中译本19—20页。
[45] 同上书,中译本20页。
[46]《法律要义》,第1部分第13章第7节,68页。

可以在任何时候变成误解的空间：

> 由于说话者想让对方明白他所说的内容，如果他或是用一种听者不懂的语言，或是在他认为不同于听者所知的意义上使用某词，他也是想让对方不懂他所说的内容，他在此便自相矛盾。所以必须始终假定：没有欺骗意图的人要将自己话语的个人阐释与对话方保持一致。[47]

对话空间添加了一种新矛盾的可能性，不仅由于沟通意志中住着欺骗意志，也尤其因为语词是任意的符号，比表达我们激情的姿态或行为更容易"是伪造的"。此外，语词的歧义和语境相连：诚然，说话者的在场、对他姿态的观察和对其意图的推测，能帮助我们减少或揭穿歧义。但这并非一直可能。什么能向我绝对保证他人是诚实的，保证我应当相信他所说的话？他所表现的样子？但这可能是某种顶级表演的效果。相反事物的场所：真理与错误，意义与无意义，坦白与歪曲，游戏与冒犯——语言使每个人处在对他人企图的忐忑不安的不确定中，要使这种不确定不存在，就要没有

> 某些人类的那种语辞技巧，可以向别人把善说成恶、把恶说成善，并夸大或缩小表面的善恶程度，任意惑乱人心，搅乱和平。[48]

---

[47]《法律要义》，第1部分第13章第10节，69页。
[48]《利维坦》，第17章，中译本131页，译文有调整。

因为语言和思想间的关系是任意的，因为总有可能所说不同于所想，总有可能饰恶以善，它在人际关系中开启了表面之维度。延续存在的欲望被卷入表现的游戏中：每个只关切保存自己生命的人要透过他人的隐瞒和伪装看出其意图。由此，语言是最好的事物，也是最坏的事物。之所以最坏，是因为它是误解和截断沟通的场所，在一个其中每个个体中住着对死亡的恐惧的空间里，语言反倒导致主体性之间的隔离：每个认为要与他人沟通的人只是为自己的算计才这么做。不过，这种对他人企图的不确定性把由对死亡的恐惧所引发的存在之摇摆不定转移到对他人的恐惧上。这意味着比较不但没有克服相异性［altérité］，反而使它更加极端。相异性的这一极端化使他人变成潜在的敌人，将在冲突的空间中完全发挥作用。但语言也是最好的事物：

> 最高贵和最有益处的发明却是**语言**，它是由**名词**或**名称**以及其连接所构成的。人类运用语言把自己的思想记录下来，当思想已成过去时便用语言来加以回忆；并用语言来互相宣布自己的思想，以便互相为用并互相交谈。没有语言，人类之中就不会有国家、社会、契约或和平存在，就像狮子、熊和狼中没有这一切一样。[49]

不幸的是，语词是"愚人的硬币"，但幸运的是，它们也是"智者的筹码"。语言的另一个效果弥补了相异性极端化的危险。这便是，语言使人成为一个法律存在者［être juridique］，也

---

[49]《利维坦》，第 4 章，中译本 18 页。参见《法律要义》第 1 部分第 5 章第 1 节，17—18 页；《论人》，拉丁文全集第 2 卷，第 10 章第 3 节，90—91 页。

就是说一个确认其权利并能区分不义和伤害的存在者。自然权利理论和自然法理论都预设了语言能力，许诺和契约假定了言说和理解他人话语的能力，甚而社会信约将完全由一种施行话语［énonciation performative］*支撑。由此，语言会是奠基行为的根本性人类学条件，通过它冲突的空间转化成一个在法律上相互承认的共同体的空间，将他人从敌人转变为法权存在者。我们由此处在道路的交叉口：一边，作为语言存在者的人是一个力量存在者［être de puissance］："语言没有使人更好，但使人更有力量"[50]；另一边，作为语言存在者的人是一个法律存在者［être de droit］。此后要检验的是如何从一边转到另一边：从相异性的极端化到法权承认。

---

[50]《论人》，拉丁文全集第2卷，第10章第3节，92页。
　*　详见本书之后第五章有关契约用语的讨论，以及第413页脚注[21]。——译者注

第四章　语言存在者与对力量的欲望：冲突

霍布斯以战争状态概念开创了一个传统，它既不同于反对战争之辞的神学－道德传统，不同于关于正义战争的神学－法学传统，也不同于关于战争技艺的兵略兵法传统。在他身后，这一传统在政治思想中持续了近两个世纪。然而，一个概念单凭其历史回响不足以保证其语义学价值。而且，人们可以合法地考虑，霍布斯式的战争状态概念是否不含悖理之处，卢梭揭露它似是而非的特征："绝没有人与人之间的战争，只有国家之间的战争"，以及其辩护的功能："而这，就是建立专制的欲望（或确切说激狂）和消极服从，将曾经存在的最高天才之一带去的地方。"[1] 诚然，卢梭拒斥的不是战争状态这一概念，而是霍布斯赋予它的每个人反对每个人的战争形式。我们已在别处[2]展示，如果战争状态概念首先定义了人们之间的冲突性关系，它也建立了一种模式，后者的一般属性及特殊属性能够解释不同种类的战争：个体间的战争、国际战争和颠覆性战争。我们在这里只保留个体间战争状态的生成与展开，以展示冲突的空间如何于关系发展的内在中形成。

---

[1] J.-J.Rousseau, *Que l'état de guerre naît de l'état de social*, *op.cit.*, pp. 604, 611.

[2] 参见拙文 "La sémiologie de la guerre chez Hobbes", *Cahiers de philosophie politique et juridique de l'Université de Caen*, n° 10, 1986, pp. 127-146.

不过与卢梭的主张相反，这种战争状态远非简化为一种纯粹暴力和纯粹混乱的状态：战争状态反而是一个由竞争支配的关系性系统，在其中"**杀死他人**"的暴力行为只构成一个方面。如此想来，霍布斯式的战争状态概念远非显现为一种在人类学意义上建立专制的阴险尝试，反而通过相异性的矛盾的极端化——既是承认又是拒绝承认——指出以下必要性：以法权语言设想一种只有在国家中才会出现的承认和相互的共同体。

从关系性空间到冲突的空间的第二重转化（T2）包含两个环节：第一个环节是从延续存在的欲望到对力量的欲望的转化（$T2^A$），第二个环节是从积累力量的人类普遍倾向到一个普遍、永久的战争状态的转化（$T2^B$）。第二重转化的第一个环节（$T2^A$）包含两个阶段：第一阶段（$T2^{A1}$）的目标是生成人对力量——这个动物不认识的陌生对象——的表象和欲望，第二阶段（$T2^{A2}$）的目标是将对力量的欲望转向对他人的支配。第二重转化的第二个环节（$T2^B$）同样分为两个阶段，第一阶段（$T2^{B1}$）确立人们的力量平等的意义，第二阶段（$T2^{B2}$）形成战争的原因。

让我们从第二重转化第一个环节的第一阶段（$T2^{A1}$）开始。关于力量［puisssance］的表象的生成，直接联系着作为语言存在者的人的经验领域扩展的一个方面，即对未来的表象：

> 关于未来的观念只是一个根据关于过去的记忆的对于相同事物的假定；我们设想某物将在未来存在，因为我们知道当下的某个事物有能够产生它的力量。只有凭某事物过去已经产生过另一事物的记忆，我们才能设想当下前者有在未来产生后者的类似物的力量。如此所有关于未来的观念就是关于能够产生某事物的力量的观念；因此任何期待快乐到来的

人，必须设想他有能够获得这种快乐的某种力量。既然我接下来将讨论的激情在于某种关于未来的观念，亦即关于某种过往力量和将至行为的观念，在走得更远之前我须就这种力量说上一二。[3]

关于未来的表象和关于力量的表象相互包含。力量概念包含着未来概念，因为它是将至行为的原因；而对未来某内容的预见，包含着关于某个有力量产生这一内容的当下对象的概念。在此要说明，对同一英文词 power，诸作的拉丁文版（《法律要义》霍布斯只作了英文版，故不在其中）有两词相对应：potentia 和 potestas。拉丁文的区分绝不仅仅是名义上的：霍布斯并非无差别地将一个用作另一个。potentia 所指的是在我们刚刚碰到的意义上的力量 [puissance]，即产生某个未来行为的现有能力。与此相反，potestas 指的是权力 [pouvoir]，意为享有权利的力量 [puissance]。权力 [potestas] 同时包括力量 [potentia] 和法权 [jus]，特别（但不唯一）指政治权力。[4] 在霍布斯处，权力 [potestas] 的语义学领域与所有权 [dominium] 的领域、治权 [imperium] 的领域相当。[5] 但人们有理由疑惑，为什么霍布斯不在英文版中引入类似区分，例如 strength 和 power 之间的区分。对这个问题的回答既简单又根本。之所以简单，是因为将力量 [puissance] 等同于力 [force]，在物理学——力量和所产生的

---

[3] 《法律要义》，第 1 部分第 8 章第 3 节，33—34 页。
[4] 如果霍布斯有时对权力 [potestas] 和力量 [potentia] 的使用似乎未加区别（如《论公民》，拉丁文全集第 2 卷，第 6 章第 17 节，230—231 页），这是因为权力包括力量。
[5] 根据罗马法，这种等同是基于一系列的误解，还有将主权设想为出自个体之间的一个契约这一情况。

行为这二者都在于运动——中是可能的，在伦理学中则变得不可能。在伦理学中，身体的物理力量［strength of body］绝不能表示一个人的力量整体。[6] 之所以根本，是因为力量从物理概念到伦理概念的过渡要求清除一道门槛：这些概念之间的差别在效果层面和产生方式层面都很大。力量的物理学意味着某物的运动和它施加给他物的压力之间的一种可量化的物质性关系，而力量的伦理学意味着所指［signifié］与能指［signifiant］之间的一种语义学关系。[7] 这一区分的深化是霍布斯伦理及政治体系的关键。[8]

什么是霍布斯所说的人的力量？

一个人的力量［power, potentia］普遍讲来就是一个人取得某种未来表面的善的现有手段，一种是**原始的**，一种是**工具性的**。[9]

既然表面的善是某种推测的善的表象，出自对未来或可能之事的权衡，人的当前的力量在于他为了随后保存生命能实现或产生什么。力量在主观上对人显现为他延续存在这一欲望的手段。作为手段的力量是自为的力量，亦即就如同欲望存在者所表象的那样。霍布斯区分了两种行动力量：原始力量和工具性力量。前

---

[6] 参考《利维坦》，第10章，中译本62页；《法律要义》第1部分第8章第5节，35页。

[7] 由此可以理解，为什么每当拉丁文版《利维坦》中的相应用词（当某段中没有对应词时则据语境）为 potentia 时，我们要将蒂科［F. Tricaud］译本中的 *pouvoir* 替换成 *puissance*。

[8] 当然，我们在当前章节中将涉及这一区分，但对它的深化需要对霍布斯的伦理和政治体系的完整阅读，这并非本书意图。

[9] 《利维坦》，第10章，中译本62页，译文有调整。

者由诸如体力［strength］、仪容等全部身体能力，以及诸如明智、口才、科学、慷慨大度等心灵能力构成。由此可见，连将自然力量等同于物理力量都不可能：仪容或口才的效果无法从运动角度确定。如果缺乏这种初始区分，人们一开始就不可能理解霍布斯在永久、普遍的战争状态和总是一时、特殊的斗争或战斗之间建立的差别。此外，原始力量虽也被称作自然的，但这绝不意味着它都是天生的：自然的行动力量其实包括通过经验（这是明智的情况）和通过语言技能（这是口才和科学的情况）而获得的能力。由此，人的自然力量和工具性力量既不是作为自然构成和人为构成而得到区分，也不是作为天生的和后天获得的而得到区分：

> 工具性力量则是来自上述诸种［自然力量］或来自幸运并以之作为获得更多优势的手段或工具的力量，如财富、名誉、朋友以及上帝暗中的神助（即人们所谓的好运）等都是。[10]

三个因素构成了行动的工具性力量的特征：1. 它不是身体或心灵的能力；2. 但因后两者而获得；3. 它们的效果尤与自然力量的效果有别：所以自然力量被视为得到某种善的手段，工具性力量是得到更多力量的手段，这诚然是一种善，但是在另一种意义上。因为，如果人的自然力量是朝向产生或得到某种对保存其生命必要或有用的善，它也能被用来获得工具性力量。如何解释力量效果的这个变化？只能从欲望对象的变化来理解：因为"所有的人的意愿性行为和倾向……不但是要获得满意的生活，而且

---

[10]《利维坦》，第 10 章，中译本 62 页，译文有调整。

要保证这种生活"[11]，这使他们改变自身力量的效果。力量效果的改变因此植根于延续存在的欲望，但扩展到了更广的人的经验领域。在它的起源上，对力量的欲望就是为对未来的不安所折磨的延续存在的欲望。然而已经可以预见人类欲望的一种内部矛盾，如果对力量的欲望在某时脱离了延续存在的欲望并将其置于险境，这个矛盾确实会出现。上述转化就会使我[le moi]与其自身相矛盾。

我们由此从第二阶段（T2^{A2}）过渡到转化（T2^A）。这个第二阶段关乎人作为语言存在者的经验领域的第二个构成性特征：与他人的比较。实际上，对他人的力量[puissance sur autrui]不仅是工具性力量之一，也是所有其他自然及工具性力量趋向的对象。由此，我们追求财富较少是因财富本身，更多是因为它"与慷慨大度相结合……可以获得朋友和仆人"；同样，我们向往声誉是因为"具有力量的声誉也是一种力量，因为它可以吸引需要保护的人前来皈附"；同样，我们希望有运气，因为它向我们确保"他人的恐惧或依赖"。[12]获得对他人的力量自此驱动所有种类的力量。因此，他人的力量从内部影响每个人的欲望，既然他对力量的欲望正是力图施加在他人身上——或者通过依赖或者通过恐惧，也就是说通过使其成为朋友或仆人。对力量的欲望由此表现为统治欲[libido dominandi]。

对此有一个原因和一个效果。其原因是，对他人的力量无论是和平得到还是通过强迫得到，都是最大的力量："人类力量中最大的，是大多数人……联合起来……的力量。"[13]从中产生的效果是对力量的估价发生变化：每个人试图对他人施加或扩展自己的

---

[11]《利维坦》，第11章，中译本72页，译文有调整。
[12] 同上书，第10章，中译本63页，译文有调整。
[13] 同上书，中译本62—63页，译文有调整。

力量，在这个意义上，他的力量必须通过与他人的力量相比来衡量。这种关于对他人的力量的相互欲望，一方面意味着一个比较在其中变为竞争的空间的开启，另一方面意味着力量从此只在于超过：

> 因为一个人的力量抵抗和阻碍另一个人的力量的效果：力量就只是一个人的力量对另一个人力量的超过。因为相对立的平等的力量相互抵消，这样的对立被称作冲突。[14]

由此能够理解，霍布斯在定义（自然以及工具性）力量时，为什么坚持它必然是卓越或优越的。一个人有力量，他强壮、美丽、雄辩或博学，他通过这些能力或运气得到声誉、财富和朋友，这都不足够；那些想将自身力量扩展到他人身上的人，还须比他人拥有得更多。如果一个人的力量和另一个人的力量相等，其中任一方都不会产生效果。对力量的欲望的策略就是在他人惊讶的目光中展示力量的超过，或在力量不足时给出这样的幻象。统治欲的策略是一种诱骗的策略，为了造成相应效果，它要驱动想象的全部动力。而诱骗如果不是将表面当作存在、将衣装当作人、将能指当作所指，又是什么呢？

> 我们凭以认识我们自身力量的标记 [sign] 是源自这些力量的行动，其他人凭以认识这些力量的标记是它们通常产生的行动、姿态、态度和语言。[15]

---

〔14〕《法律要义》，第 1 部分第 8 章第 4 节，34 页；参考《论人》，拉丁文全集第 2 卷，第 11 章第 6 节，98 页。
〔15〕《法律要义》，第 8 章第 5 节，34 页。

我们刚刚说过力量在于超过,但这种超过必须通过标记展示出来,力量在于能指的超过。明确来说,它更多在于能指(姿态、行为、态度、语言)而非所指(力量)的超过。如果能指展示了所指,所指反过来如此依赖能指,以至于最终它的实在性全靠后者。例如,拥有巨额财富并不足够,这种财富还要加上慷慨大度,后者通过诸如"礼物、花销、住所的豪华、衣装及类似事物"[16]等外部标记将财富展示出来。"没有慷慨大度就不然了,因为在这种情形下财富不能保护人,只能受嫉妒而成为被人掠夺的对象。"[17] 所指只能通过能指发挥作用,后者使它能再生和增加。标记并不总是符合它所指的内容,而是隐藏和展示,以及隐藏它所未展示的:他隐藏对死亡的焦虑,展示力量的想象性的超过。但超过不可能是普遍的:一个人优越的反面是另一个人的缺陷。上了表面的当的后者,是否会向前者寻求保护?骗局由此设下,这就是增加了的优越。而对标记的使用很微妙:必须知道到哪儿就在超过上走得太远。就像炫耀泄露虚荣一样,标记可能露马脚。标记的微妙之处在于它有时产生和预期不同的效果:这样一来,厚惠在一个绝望的欠债人身上激起的是恨而非爱。人际生活是一个上演着人类悲喜剧的剧场。

对力量的欲望登场现身,以掩盖它植根于延续存在的欲望这一点。每个人都分成两部分:在对自我的关切和表现[paraître]的必然性之间撕裂的演员。但这个演员哪怕一瞬间也不能扔掉他的面具,否则就会泄露自己并置自身于险境。为了存在,就必须表现,不是一次或一时,而是永久。当存在建立于表现之上时,就绝没有

---

[16]《法律要义》,第8章第5节,第35页。
[17]《利维坦》,第10章,中译本63页。参考《论人》,拉丁文全集第2卷,第11章第7节,98—99页。

任何确定获得的东西。原初重新聚焦于自我的欲望，如今则被他人的目光移出中心。这意味着，一个人把自己的力量扩展至他人的欲望，赋予他人一个过大的特权——估价的始终是他人：

> 人的**价值**或**身价**正像所有其他东西的价值一样就是他的价格，也就是使用他的力量时，将付与他多少。因之，身价便不是绝对的，而要取决于旁人的需要与判断。[18]

因此，一个人的价值并非不可更易的道德绝对之物，它由交换的法则——即供求的法则——决定：这就是价格。不过，价格一方面根据需求而变化："善于带兵的人在战时或战争危机紧迫时身价极高，但在和平时期则不然。学识渊博、廉洁奉公的法官在和平时期身价极高，在战时就未免逊色。"[19]另一方面，尤其是因为是买者而非卖者决定价格："即使让一个人（像许多人所做的那样），尽量把自己的身价抬高，但他真正的价值却不能超过其余人的估价。"[20]真正的价值不是由某一个他人，而是由其余人决定。对我的力量的评估需要人群，因为显然需求越大，价格越高。价值因此直接根据数目而变化。价格的增长要求一种沟通的策略，它由关于尊重的标记和关于令人尊重的标记的辩证法实现：

> 对力量的承认被称作**尊重**；[在心中]尊重一个人，就是认为或承认这个人对于和他冲突或比较的人，有某种优势或超过的力量。**令人尊重**是如下标记，一个人凭它在另一个

---

[18]《利维坦》，第 10 章，中译本 64 页，译文有调整。
[19] 同上，译文有调整。
[20] 同上，译文有调整。

人身上认出对其竞争者的力量或超过。[21]

在尊重和令人尊重两种标记的交换中，与他人关系的特征由两个行为构成：1. 竞赛中竞争者的比较；2. 第三方的参与。竞争双方处于竞赛，因为二者追寻同一个东西：将自己的力量扩展到他人。一方展示出他相对于另一方在自然力量或工具性力量上超过的标记。第三方检视它们：令人尊重的标记是那些他凭以在一个人身上认出对另一个人在力量上的超过的东西。第三方自己也向双方各释放一些标记：对第一个是尊重的标记（他退让、推崇、恳求、听从其建议等），对第二个是不尊重的标记（他从其面前经过，嘲笑或怜悯，当那人说话时不听）。为什么是第三方？因为竞争是普遍的，因为任意一个第三方总是直接或间接地参与到某一场暂时的竞赛中，这场竞赛看起来首先关涉的是别人而不是他。第三方认为对力量的欲望具有普遍性。

由此可见，对力量的欲望的展开与普遍化，在何种意义上远不能将竞争简化为力［force］或公开暴力的纯粹施行，这种想法反而使竞争变得不可设想。这并不意味着暴力在此缺席，而是说它只作为标记起作用："源自体力［strength of body］和公开暴力［open force］的行为是令人尊重的，其作为标记是某种驱动力量的结果，例如一场战斗或决斗的胜利；**并且已经杀死其同类**。"[22] 力的物理效果只有对第三方也是标记时，才属于对力量的欲望的策略。

人类积累力量这个普遍倾向带来三个后果：首先，人们的关

---

[21]《法律要义》，第1部分第8章第5节，34—35页。
[22] 同上。

系性生活是一个剧场——兼具表演场所和军事行动场所两重含义，在这个剧场中，行动、姿态、态度、语言等一切行为更多地属于表演性的间接功能，而非使用性的直接功能。标记的网络是一张蛛网，人们的欲望陷入其中、无法摆脱。第二，力量的增长是标记而非对象的积累，或至少，一个对象只有以标记的名义才能加入。人不是自发地欲求力量，他只是因为其余人欲求才欲求它。人们的欲望相互模仿，正是这种模仿将欲望带向无法被所有人拥有的相同事物，也正是模仿使他们变得不定。第三，竞争并不是摧毁他人这一欲望的结果，反而是支配他人这一欲望的结果。不过支配的策略是用狡计［ruse］优先于用暴力。支配的欲望开始于将他人变成朋友的尝试。这就是为什么它以诱惑开始，当诱惑不成时诉诸暴力。你既已不愿做我的朋友，你就会是我的仆人。

但霍布斯为何没有因此导向一个类似帕斯卡尔的结论，即最有力量者对力量较少者的支配？：

> 将一个人的尊敬系在另一个人身上的绳索，一般来说，乃是必然性这一绳索；因为既然人人都想能支配，而又不能人人都做到，只有某些人才能做到，所以就一定会有各种不同的级别。

> 因而，让我们想象我们看到人们开始互相结合。毫无疑问他们要相互作战，直到最强的一方压倒了最弱的一方为止，终于便有了一个支配群体。然而当这一点一旦确定，这时候做主人的就不愿意让战争继续，便规定自己手中的强力［force］要按自己的意思承继下去；有的是把它付之于人民的选举，另有的则付之于世袭，等等。

正是在这里，想象开始发挥作用。迄今为止，是纯粹的强力在发挥作用；如今强力则是由对某一群体的想象支撑，在法国是贵族，在瑞士是平民，等等。

因而维系对于某某个别人的尊敬的绳索，乃是想象的绳索。[23]

这几段闪光的文字包含一种完整的政治哲学。[24]它明显基于对霍布斯的阅读，其结果却不同。首先，正如对霍布斯一般，对帕斯卡尔而言，存在一种普遍的支配欲望：所有人都想要支配，而不是只有一些人想。但对帕斯卡尔来说，竞争并非一开始就是关于标记的游戏，而是力的关系。必然性的绳子将尊敬系于强力。因此，国家的形成预设了在战斗结束时，阵营已经形成：一边是战胜者，另一边是战败者。然而，成为主人的战胜者的这种支配并不牢固。为了维持这一支配，战争必须停止，强力必须建立。由此，想象通过用标记代替强力，甚而用标记将强力制度化，以完成其工作。这里的标记也是隐藏和展示兼具：它隐藏最初的强力，展示与某一群体（在法国是贵族，在瑞士是平民）相连的品质。标记从一开始就是社会的，也是法律的：它使强者变成正义者。标记是正义化的强力，它替代了某种没有可能的普遍正义。全部的权利因此是剑的权利，"因为剑给人以一种真正的权利"[25]。由此必然得出以下结论：

---

[23] 帕斯卡尔，《思想录》，中译本 142—143 页（*Pensées*, fr. 828, pp. 606A-B），译文有调整。

[24] 参考 Pierre Magnard, "Le roi et le tyran", in *Cahiers de philosophie politique et juridique de l'Université de Caen*, n°6, 1984, pp. 111-126; Louis Marin, *Portrait du roi*, Paris, Minuit, 1981。

[25] 帕斯卡尔，《思想录》，中译本 439 页（fr. 85, p. 510A）。

由于无法使强力服从正义，人们便使正义服从强力。由于无法增强正义，人们便使强力正义化，以便使正义和强者合在一起，以及使和平成为最高的善。[26]

这里的问题并不是廓清帕斯卡尔和霍布斯的政治思想之间的关系，但要记住两点分歧：1. 对霍布斯来说，对力量的普遍欲望不能达到一种可以区分出主人的确定性胜利，这就是为什么战争状态是永久的。在战争中，每一个参战方都感到暴死的持久风险，这向他揭示如下真相：所有的主人都是暂时的，因为他仍要从一些人处获得其力量。通过苦难和死亡，人们理解了诱骗的虚妄：诱骗他人以支配他们，这是诱骗自己，也就是通过相信保护了自己而将自己置于险境。但这整个论证基于一个原理："战争在自然上是永久的，因为根据作战者们的平等，它不可能被任何胜利终结。"[27] 没有人们的自然平等这一原理，霍布斯式的战争状态概念将不可设想。2. 第二点分歧得自第一点：力量单凭自己无法建立政治法权，这是为什么必须有一个奠基行为，这个行为在根源上将国家同时建为力量和法权。

但在讨论奠基的诸条件之前，须考察人们的自然平等——它构成转化（T2^B）的第一阶段（T2^{B1}）——的原理的含义。消极意义上，自然平等的原理与亚里士多德相反：

我知道，亚里士多德在他的《政治学》第 1 卷（第 3 到 7 章）中将以下说法当成他学说的基础：人类根据本性说来，

---

[26]《思想录》，中译本 141 页（fr. 81, p. 509B），译文有调整。
[27]《论公民》，拉丁文全集第 2 卷，第 1 章第 13 节，166 页。

> 有些人更宜于"治人",这就是较为智慧的一类人(他本人认为由于他的哲学他自己就属于这一类人)。另一类人则以"役于人"为相宜(这种人就是身体强壮而不属于他那种哲学家之列的人)。他的意思好像是说:主仆之分不是由于人们同意而产生的,乃是由于智力的差别而产生的。这种说法不但违背理性,而且也违反经验。因为世间很少人会愚蠢到不愿意自己管自己的事而宁愿受制于人的;而当智者满心自傲地和不相信自己智慧的人以力相争时,也并不能始终或经常获胜,甚至几乎在任何时候都不能获胜。[28]

人们没有愚蠢到宁愿受制于人而不愿受制于自己,这个经验证实了自然平等,但没有给出原因,那么什么是自然平等的原因?

> 自然使人在身心两方面的能力都十分相等,以致有时某人的体力虽则显然比另一人强,或是脑力比另一人敏捷;但这一切总加在一起,也不会使人与人之间的差别大到使这人能要求获得别人不能像他一样要求的任何好处。[29]

因此,人们的自然平等更多是指在自然状态背景下所有差别可以忽略不计的这种平等,而非身心能力没有差别的完全相等。完全相等的观念其实会与《利维坦》第 8 章关于智识德性——亦

---

[28]《利维坦》,第 15 章,中译本 117 页,译文有调整;参考《法律要义》,第 1 部分第 17 章第 7 节,87—88 页;《论公民》,拉丁文全集第 2 卷,第 3 章第 13 节,189 页。
[29]《利维坦》,第 13 章,中译本 92 页,译文有调整。

即人们不同的心灵能力——的内容相矛盾；此外，它会从一开始就使所有关于力量的竞争变得不可能。由此，在首先是关于身体能力，尤其是物理的力方面，否认差别的存在显然错误，哪怕只是因为我们在成人之前是孩子，以及衰老带去我们一部分物理上的能力。[30] 这就是为什么霍布斯不但没有否认差别的存在，还承认并证实了它们。但准确来说，力的差别不能建立一种确保支配的不平等：“最弱的人运用密谋或者与其他处在同一危险下的人联合起来，就能具有足够的力量来杀死最强的人。"[31] 人们的力的平等不能仅被看作两项之间的某种关系，而是引入了整个关系性背景，亦即普遍竞争。诚然，人们总能在此时此地[hic et nunc]获得胜利，但在一个被持久不稳定所侵蚀的关系性背景中，这种胜利本质上是不确定的、岌岌可危的。因此，平等只由处在这个背景的诸项所能做的事所决定：能做平等之事的人们就被视作平等。不过，由于人类身体的脆弱性，最弱的人通过狡计或暴力能够杀死最强的人。平等因此是最大力量的平等，它使力量的差别可以忽略不计，并且在不否认这些差别的情况下也能得到确立。[32]

同样地，心灵能力的平等不需否认智识能力的差别就能确立，因为这些差别在自然状态的关系性背景下可以忽略不计。第一点，对于科学亦即通过辛勤活动和方法获得的智识能力，我们无法否认只有很少的人才拥有它，而且还是在一个有限领域中。这是否表示科学至少给予某种支配的可能性（如果不是合法性的话）？在任何情况下都不行，因为承认科学的只能是同样拥有它的人，也就是只有那些它无法对其构成优势因素的人。由此可知，在一

---

[30]《论公民》，拉丁文全集第 2 卷，第 1 章第 13 节，166 页。
[31]《利维坦》，第 13 章，中译本 92 页。
[32] 参考《论公民》，拉丁文全集第 2 卷，第 1 章第 3 节，162 页。

种力量在于可见的、可被他人认出的超过的关系性背景中，科学只构成一种微弱的力量，产生很小的效果。甚至假定它产生了这些效果，这也完全不确定，因为它的获得和技术的获得一样以和平为前提。第二点，明智的平等——通过纯粹经验获得的心灵的平等，也有对差别的承认：因为确实"明智就是一种经验，相等的时间就可以使人们在同样从事的事物中获得相等的分量"[33]。这意味着最年长的人比其余人都要审慎。霍布斯隐隐承认了这一点："年龄相等的人的经验的多少不会相差很远。"[34]但是，这不足以让人们得出自然不平等的结论，只是因为时间的量并非参与到明智形成中的唯一因素；实际上要加入对一个确定领域的应用。而在自然状态的关系性背景下，所有人只有单一且相同的企图。事业的统一矫正了年龄差别可能导致的不平等。第三点是智慧，它是一种普遍的虚荣的对象，使每个人在这方面都自认为优于别人。如果所有人都满足于自己的智慧，不希望有更多，在他们自认为不平等的同时也装出平等的样子："一般说来，任何东西得到了平均分配的最大证据莫过于人人都满足于自己的一份。"[35]

这就是悖论所在：人们在次级意义上得到了平等，而他们认为在一级意义上失去了它。这一悖论是战争状态的动力：所有人在互不承认平等上是平等的。当他们相信能比其余人做得更多的时候，他们能相互做着平等的事。诚然，并非所有人都不承认这一点，但因为一些人力图证明他们的优越性："必须承认必然会发生的是，除自然平等外别无他求的适度之人，将以令人厌恶的方式暴露在那些试图征服他们的人的强力前。由此在人类中有了

---

[33]《利维坦》，第13章，中译本92页，译文有调整。
[34] 同上书，第8章，中译本53页。
[35] 同上书，第13章，中译本93页，译文有调整。

一个普遍的猜疑和对彼此的相互恐惧。"[36] 关系性动力甚至波及那些倾向于承认自然平等的人。不被承认的事实平等和危险考验下的实际承认,两者之间的距离作为一种内在矛盾会被每一个个体感受到,而冲突的空间正是在这个距离中发展起来的。由此可知,对自然平等的承认可以采用一种理性的实践原理[37]——自然法——的形式:"因此,如果自然使人们平等,那么这种平等就**应当予以承认**。"[38] 而且,自然平等应当被认作一个独立于事实的原理:"或者如果自然使人们不平等,尽管如此,由于认为自己平等的人们除了在平等的条件下不愿意进入和平状态,因而同样必须承认这种平等。因此,我便制定第九自然法如下:**每一个人都应当承认他人与自己在自然上平等**。"[39] 相互承认平等的理性要求,只在关于拒绝承认的内在矛盾的经验或考验结束时才出现,这个承认侵蚀战争状态,而解释战争状态的原因有三个。

战争的三个原因这一理论构成转化($T2^B$)的第二阶段($T2^{B2}$)。第一个原因是竞争。

> 任何两个人如果欲求同一东西而又不能同时享用时,彼此就会成为仇敌。他们的目的主要是自我保全,有时则只是为了自己的欢乐;在达到这一目的的过程中,彼此都力图摧毁或支配对方。[40]

---

[36]《法律要义》,第 1 部分第 14 章第 3 节,71 页。
[37] 此处的"理性的实践原理"一词并非在康德的意义上使用,因为在霍布斯处,理性命令始终服从某种相互性条件。
[38]《利维坦》,第 15 章,中译本 117 页,强调为作者所加,译文有调整。
[39] 同上,译文有调整。
[40] 同上书,第 13 章,中译本 93 页,译文有调整。

竞争首先在经济方面。人们有理由想到，这种不能同时享用的对同一东西的交互欲望预设了稀缺性。让我们假设自然在有用的善或保存生命必要之物方面的吝啬，便能理解延续存在的欲望能够使每个人攻击占有它们的人，或者保卫他自己所拥有的东西。此外，当人的产品可能在任何时候被侵占时，人的劳动的不稳定性似乎确证了这种稀缺性。但诸善的稀缺性和由此得出的经济性战争，不能解释战争状态的普遍和持久。稀缺性引起的是需要而非欲望的战争，能够解释的是局部而非普遍的竞争，它能激起暂时的冲突（它持续的时间与饥或渴一样长，一旦获得满足就消失），而非永久的冲突（它使"侵犯者本身也面临着来自别人的同样的危险"[41]）。此外，如果稀缺性是战争状态的唯一原理，这就假定诸善的富足会取消竞争。而所发生的正是它的反面，兽类在享受安闲时不会感到被其同伴冒犯，与此相反，"人类在最安闲时则是最麻烦的时候"[42]。拉丁文版《利维坦》的同一段落明言"当他享受最充足的闲暇和最大的财富时"，单以稀缺性不能解释相互伤害的持久意志，经济性战争对战争状态并不足够。这是为什么战争状态的第一个原因要由第二个原因——猜疑——补足：

> 由于人们这种互相疑惧，于是自保之道最合理的就是先发制人，也就是用暴力或狡计来控制一切他所能控制的人，直到他看到没有其他力量足以危害他为止。这并没有超出他的自我保存所要求的限度，一般是允许的。[43]

---

[41]《利维坦》，第13章，中译本93页。
[42] 同上书，第17章，中译本131页。
[43] 同上书，第13章，中译本93页，译文有调整。

战争的第二个原因引出一种预防性的进攻型战争，它运用暴力和狡计，以安全为关键。在某种意义上，猜疑——认为一个人不诚实的意见——来自对有用之善或保存生命必要之物的竞争。每个人将他人视为进攻者，预期这种现实的或想象的攻击来征服潜在的对手。要注意的是，确保他的安全的最好方式不是摧毁他人，而是"控制"他人。然而，仍旧植根于延续存在的欲望的支配欲望不可能满足于一场胜利。这个欲望一旦开始，就必须不断扩展，直到（得益于被支配者的）我们自身力量的增长使我们躲过危险，亦即不再碰到障碍。原则上，存在一个界限；事实上，这个界限就是随着人前进而外扩的视野：总是会有障碍，总是会有危险，它来自于我们的敌人、仆人和朋友。今天对我施以援手的人可能明天就转而对付我。因此我必须一直增长自己对"一切所能控制的人"的力量。这不是疯狂，而是必要，至少动机是属于必要的自我保存；如果这是必要的，那么就被允许，人们有相应的自由。

在另一种意义上，猜疑揭示了竞争的真相，因为如果竞争首先是关于一个对保存生命直接有用的事物，它的关键自此属于另一个种类：对他人的力量；而关于力量的竞争引出欲望的战争。诚然，既然问题在于确保其安全，对力量的欲望仍然植根于延续存在的欲望。人们并非一开始就追寻对他人的力量本身，而只是把它作为一个有用的手段或一个工具。不过对支配的追逐本身能带来快乐。这种快乐如此之大，以至于一些人忘记竞争的首要对象是自我保存的必要之物，而"把征服进行得超出了自己的安全所需要的限度之外，以咏味自己在这种征服中的力量为乐"[44]，力

---

[44]《利维坦》，第13章，中译本93页，译文有调整。

量的快乐使支配欲望扩展到整个世界。竞争的场所因此改变，为了力量的快乐，有用的善自此几被遗忘。战争状态是普遍的，因为所有人被引去欲求无法被所有人一起拥有的同一个事物。战争的第三个原因将确保普遍化的战争状态的再生。这第三个原因是荣誉：

> 此外，在没有力量可以使大家全都慑服的地方，人们相处时就不会有快乐存在；相反地，他们还会有很大的不快。因为每一个人都希望共处的人对自己的估价和自己对自己的估价相同。每当他们遇到轻视或估价过低的标记时，自然就会敢于力图尽自己的胆量……加害于人，强使轻视者做更高的估价，并且以诛一儆百的方式从其他人方面得到同样的结果。[45]

荣誉是这种力量的快乐，它成功将关系性空间转化为冲突的空间。首先是主观效果，荣誉成为一场无论其目标为何的战争的特定原因，这种战争保证了战争状态的持久。只有我们的力量被其余人承认，荣誉才有实在性，否则它就是虚妄。所以人们力图通过名望之战获得这种承认。统治欲由此受到对承认的欲望的影响。但这种欲望是矛盾的，因为它同时是对承认的拒绝：一个人欲求被另一个人承认，另一方亦然；但双方都不承认他们彼此对优越的欲望具有相似性。他们由于没有意识到这一点，便在使他们确认不平等的运动中装出平等的样子。这个矛盾渗透个体，动摇其存在——后者自此在对死亡的恐惧和对荣誉的欲望之间分裂。

---

[45]《利维坦》，第13章，中译本94页，译文有调整。

但荣誉使人遗忘恐惧，它让人们为了鸡毛蒜皮的小事将自己的生命置于险境。由此，荣誉将不理性引入人类延续存在的欲望中，让这个存在者"由于……一言一笑，一点意见上的分歧，以及任何其他藐视的标记"[46]而冒险。并非战争自身不理性，它反而是理性的，只要它植根于延续存在的欲望，例如当它把自我保存的必要之善作为目标，或当它为了保护自我而采取攻势。相反，当我们追寻胜利是为了它带来的快乐，也就是为了荣誉，战争就变得不理性。

可见，战争状态的理论不属于任何由伊拉斯谟、马基雅维利或格劳秀斯所代表的传统。既不是福音主义，也不是发动并赢得战争的兵略方法，也没有区分正义战争和非正义战争的可能性。面对出现的新概念，道德没有力量，兵略变得虚妄，正义和不正义的区分无效：

> 这种人人相互为战的战争状态，还会产生一种结果，那便是不可能有任何事情是不正义的。对与错以及正义与不正义的观念在这儿都不能存在。没有共同力量[common power]的地方就没有法律，而没有法律的地方就无所谓不正义。暴力与狡计在战争中是两种主要的美德。[47]

但如果暴力和狡计只导致苦难和死亡，如果正义和不正义超出了战争，那么如何走出战争状态？提出这个问题，便是探寻从冲突的空间到政治空间这第三重转化（T3）的可能性条件。不过，

---

[46]《利维坦》，第13章，中译本94页，译文有调整。
[47] 同上书，中译本96页，译文有调整。

无论霍布斯在战争法权的问题上与格劳秀斯相隔多远的距离，正是在格劳秀斯发展出的法权问题 [problématique juridique] [48] 方面，霍布斯找到了某一回答的诸条件，但他把它们完全从其伦理背景中抽出。从作为欲求力量的存在者的人到作为法权存在者的人，这一转变将由二者的基础保证：作为语言存在者的人。

---

[48] 关于这一点，参考 A. Matheron, "Spinoza et la problématique juridique de Grotius", in *Philosophie*, n°4, 1984, pp. 65-89, repris in *Anthropologie et politique au XVII° siècle*, *op. cit.*, pp. 81-101。

第五章 语言存在者，权利和法律：单向性与相互性

为了思考人作为确证其权利的存在者和作为确证其力量的存在者之间的关系，必须避过两处暗礁：按单纯的并置或单纯的等同来思考这个关系。在第一种情况下，自然权利问题就会显得是人际激情生活之展开的异物；在第二种情况下，就无法解释政治的法权奠基不可归约的特点。

首先，如果说不存在单纯的并置，这是因对力量的欲望和自然权利有同一个起源。这个共同起源有两点：延续存在的欲望和语言。正如延续存在的欲望转化为对力量的欲望，它同样直接参与到自然权利的规定中："故而这是**自然权利**：每个人能以他所拥有的一切力量保存他的生命及肢体。"[1] 对力量的欲望在根源上植于延续存在的欲望，因此是合乎理性的，这一合理性 [rationnalité] 是自然权利："一个人为了保存他的身体和肢体免于死亡和痛苦而无所不为，这并不违反理性。而不违理性者，人们称之为**权利** [jus] 或使用我们的自然力量与能力的无可指责的自由。"[2] 正当理性 [recta ratio] 的参与指出了自然权利的第二个起源：语言。正当理性是一

---

[1] 《法律要义》，第 1 部分第 14 章第 6 节，71 页，强调为作者所加；《论公民》，拉丁文全集第 2 卷，第 1 章第 7 节，163—164 页；《利维坦》，第 14 章，中译本 97 页。

[2] 《法律要义》，第 1 部分第 14 章第 6 节，71 页。

种不含矛盾的推理行为。一个确证自身权利的存在者，便是一个能够给自己的举止以理由以及相应地能够发现可能出现的或然矛盾的存在者。对权利的确证要求区分合理者和不合理者的能力，这表明，一方面，如果不是滥用术语的扩展，对无生命物甚至动物都没有谈论自然权利之处；另一方面，自然权利将同语言相连的理解能力作为其起源。权利、法律和契约的全部理论都是由一种关于语言能力和语言运用的理论支撑，没有后者的话，既不可能定义力量的使用的合理性，又不可能分辨矛盾和考量自然法的要求，也不可能放弃某项权利——即允诺。但我们将看到，霍布斯没有停留在单纯的原理，对语言行为的考察参与到了契约的定义、契约对象的规定和契约有效条件的界定中。由此，植根于延续存在的欲望和（语言使其成为可能的）经验领域的扩展，人们能够明白自然权利不仅仅是与对力量的欲望相并置的。

但也不能就此认为二者等同：与斯宾诺莎相对，在霍布斯处，权利在其定义或本质上没有归于力量。正如马特洪[3]已指出的，权利不属于力量，而是属于和它有别的自由："著作家们一般称之为**自然权利**[*jus naturale*]的，就是每一个人按照自己所愿意的方式运用自己的力量[puissance]以保全自己的本性的自由。"[4]实际上，自然自由是我们力量运用的外部障碍的缺席。而力量的运用不等同于已用力量的量，因为外部障碍"往往会使人们失去一部分做自己所要做的事情的力量，但却不能妨碍按照自己的判断和理性所指出的方式运用剩下的力量"[5]。故而，运用我们拥有

---

[3] 参考 A. Matheron, "'Le droit du plus fort', Hobbes contre Spinoza", in *Revue Philosophique*, Paris, PUF, n°2, avril-mai 1985, pp. 149-176。
[4] 《利维坦》，第 14 章，中译本 97 页，译文有调整。
[5] 同上。

的力量的自由，并不根据我们力量的增减而变化。通过一开始就以自由定义自然权利，霍布斯完成了一项决定性的行为——他充分意识到并担负起这一点：通过将权利作为个体的能力，即作为主体性权利，终结了一个从奥康的威廉到格劳秀斯[6]的传统。自然权利由此是个体对自身、其行动及其拥有的事物所有的权利：这是一种[某某]**的权利**[droit de]，它没有赋予**对任何事物的权利**[droit à]，因此并不以某种对他人的义务为基础或相关者。自然权利不包含任何相互性原理。但如果自然权利是按照自己所愿意的方式运用自己力量的自由，这一自由为每个人所有，独立于所有对他人权利的考虑，这并不意味着我们有做任何事的权利，或至少，这意味着我们有做**除了**可能威胁我们生命的保存之外的任何事的权利。自然权利以延续存在的欲望为基础，如果它也为那些将我们的存在置于险境的行为辩护，显然就会自相矛盾。运用我们力量的自由，只有在它仍为合理——也就是说只有当它限制在那些根据关系性背景直接或间接有助于我们保全存在的行为——的情况下，方为自然权利。不过，合理性在这里纯粹是个体性的：关于危险、关于为了保护自己免于危险而必须动用的手段的必要性，每个人对自己而言是唯一的法官：

> 因为如果我自己是关于我所冒的危险的法官，这有违理性的话，那么合乎理性的是另一个人担任法官。但让另一个人担任与我相关之事的法官所依据的同一个理由，也能让我成为与他相关之事的法官。因此，我有理由就他的判断做出

---

[6] 参考 Michel Villey, *La formation de la pensée juridique moderne*, *op. cit.*, pp. 638-704。

判断，无论这是否是为了我的利益。[7]

这一论证无可辩驳：自然权利只诉诸"我"的领域。每个人对自己而言是自身权利的法官，每个人因此将有"用他自己的判断和理性认为最适合的手段去做任何事情"[8]的自由。自此，全部问题便是：当人们在冲突的空间中确定了自然权利的位置时，它变成了什么。而构成这一空间的特征的，是对他人企图以及对能用于我们自身防卫的东西的确定性的缺失。随之而来的是，我们的理性使我们认为对保存我们的存在有用的所有行为或事物，都将属于我们自然权利的领域。在冲突的空间中，自然权利延伸到整个世界：不仅是对事物的权利，还有对其他人的身体与生命的权利。在且只在战争状态中，自然权利变成对每一事物的权利 [*jus in omnia*, right to everything]。对每一事物的权利只是冲突的空间中的自然权利 [*jus naturale*]。[9] 其实，如果自然权利在其定

---

〔7〕《法律要义》，第 1 部分第 14 章第 8 节，72 页；《论公民》，拉丁文全集第 2 卷，第 1 章第 9 节，169 页。
〔8〕《利维坦》，第 14 章，中译本 97 页。
〔9〕不能将自然权利完全等同于对一切事物的权利。自然权利只有在战争状态的背景下扩大，才变成对一切事物的权利。这一区分很重要，因为它可以解释国家中的公民没有失去全部自然权利。在国家中，国家法限制自然法，而非取消自然法。在一些段落中，霍布斯似乎将自然权利等同于对一切事物的权利，例如："因此，国家法既没有改变也没有限制自然法，而只是对自然权利如此。甚至颁布国家法的目的就是限制自然权利，也就是对一切事物的权利，其维持不与任何和平相容的权利。" [*Imo, legum civilium ferendarum finis erat restrictio juris naturalis, sive juris omnium in omnia, quo stante pax nulla esse potuit.*] （拉丁文版《利维坦》，拉丁文全集第 3 卷，第 25 章，198 页，法译本 285—286 页）不过这一段也表明，如果国家法对自然权利有限制，自然权利也是以一种受限的形式存在，甚或它可能表示自然权利在自然状态的背景下所采用的形式——对一切事物的权利，因为不与和平相容而受限于国家法。换言之，在政治状态的背景下，自然权利有一种特定形式，它在这种形式中不再等同于对一切事物的权利。

义本身是为了保存我们的存在而对力量的合理运用,与此相反,对一切事物的权利就变得不合理,因为它采取的形式是使战争状态合法化:"因此,当每一个人对每一事物的这种自然权利继续存在时,任何人不论如何强悍或聪明,都不可能获得保障,以完全活完大自然通常允许人们生活的时间。"〔10〕对每一事物的权利不但没有保证我们存在的保存,反而将其置于险境。对一切事物的权利是矛盾的,霍布斯明确说出了这一点:"那些欲求生活在自由的以及一人对一切事物拥有权利的状态中的人自相矛盾。"〔11〕所以自然权利根据定义与力量区分开,相反地,对每一事物的权利则归结为它:"自此,人们可以正当地推出,自然状态中不可抗拒的力量 [might] 就是权利。"〔12〕在冲突的空间中,权利和事实的区分被废除:每个确证其对一切事物拥有权利的人,最终将通过力的检验解决纠纷。对一切事物的权利通向一条与其单向性有关的死胡同;但因为这个权利是一种合理演绎的产物,所以理性能够看出这一矛盾,并试图通过用法 [lex]——它要求某种相互性——来限制权利 [jus] 的方式予以克服。

若严格理解主体性权利的意涵,就不会将它与法混淆。首先,自然法 [lex naturalis] 是一种理性的规定,它像自然权利一样植根于延续存在的欲望,但与自然权利相反的是,它不是自由而是义务:"**权利**在于做或者不做的自由,而**法**则决定并约束人们采取其中之一。所以法与权利的区别就像义务与自由的区别一样,两

---

〔10〕《利维坦》,第 14 章,中译本 98 页。
〔11〕《法律要义》,第 1 部分第 14 章第 12 节,73 页。参考《论公民》,拉丁文全集第 2 卷,第 1 章第 13 节,166 页。
〔12〕《法律要义》,第 1 部分第 14 章第 13 节,74 页。参考《论公民》,拉丁文全集第 2 卷,第 1 章第 14 节,167 页。

者在同一事物中是不相一致的。"[13]自然法因此既不依赖国家的同意，也不依赖人类的同意，它的力量只在于导向此处的理性的力量：超越对每一事物的权利［*jus in omnia*］的内在矛盾的必要性。自然法由它的合理性来定义，这一方面意味着它只对拥有理性的存在者才有意义，另一方面意味着它并非个体的内在构成——如果没有这一点就永远不可能违反它。理性要求限制权利，以阻止权利自相矛盾。因此，自然法包含一类行为，它们有别于那些属于自然权利的行为：

> 法［*lex, law*］和权利［*jus, right*］这两个词经常混淆，但难再有两个含义更加相反的词了。因为权利是法留给我们的自由，法是我们凭以相互同意缩减彼此自由的那些限制。因此，法和权利的差别不亚于限制和自由的差别。[14]

留待确定的是，义务（或理性施加的对自由的限制）的性质和内容是什么。如果自然法在于克服一种矛盾的合理必要性，那么除了道德特征以外，它还有一种逻辑特征，在这种情况下义务的性质就成为问题。什么使理论理性到实践理性的过渡成为可能？要注意的是，首先，二者之间没有康德日后做出的区分。对霍布斯而言，理论理性被延续存在的欲望驱动时就变为实践理性，而反过来，实践理性没有将法呈现为一个规定某种定言的或无条件的命令的先天事实。实践规定其实一直以关系性背景为条件。但问题由此发生了转移：理性的规定是一种明智规则还是一种道

---

[13]《利维坦》，第 14 章，中译本 97 页，译文有调整。
[14]《法律要义》，第 2 部分第 10 章第 5 节，186 页。

德义务？事实上，这里并非是二选一，两种解读没有呈现出任何不相容。一切取决于人们所处的视角：如果人们只是停留在个体理性的内在必要性这一层面，实践原理就是一种关于什么有利于我们的保存的明智的合理结论；如果人们在一种宇宙的整体性视角的层面考量实践原理，那么自然宗教和启示宗教告诉我们其永恒与普遍以圣言为基础。在第二种情况下，实践规定具有道德法的地位，其内容却没有因此改变。生成性演绎层面和体系层面，这两个层面的解读贯穿了霍布斯的伦理及政治作品。

什么是道德法的内容？这一内容是要求对权利的限制，以使自由的共存变得可能，也就是相互性。正如在与自我关系的内在中，欲望向关系打开，此处，理性同样在自身演绎的单向性中发现了相互性的要求。而这种相互性的前提是，通过我与他人的某种互换性［commutativité］战胜相异性的极端化。由此，唯一的内容——所有具体自然法只是其详细说明——是一条互换性规则：**"一个人把自己想象为处在他打交道的一方的位置，反之亦然。"**[15] 这即是要转换关系的两端：改变天平每一边的重量。相互性的要求是自由之间相一致的要求，是和平的条件。选择因此是在单向性与相互性之间，在战争与和平之间。然而，如此表述的选项可能显得与和平的利益不相称，因为简而言之，这是在死亡和生命之间选择。但当人们对自然法条文不是抽象［in abstracto］考虑——它要求做有助于保全我们存在的事、禁止做置其于险境的事，而是在冲突性空间的关系性背景下具体［in concreto］考虑，这种不相称就会大幅缩小。实际上，如果应用于战争状态的自然权利变为对每一事物的权利［jus in omnia］，那在相互性

---

［15］《法律要义》，第1部分第17章第9节，92页。

的有效性不仅取决于我也取决于他人这一情况下，自然法［lex naturalis］的应用就完全成为问题。这就是为什么相互性要求的内容必须适应冲突性空间的背景：

> 因此，理性和高于所有具体法律的自然法，普遍地制定如下法律：只要这些具体法律没有使我们屈从于某种不适——当我们对某些人遵守法律，而这些法律在他们那里则被忽视，这种不适可能出现在我们的判断中——就遵守它们。[16]

只有当他人对待我就像我对待他一样时，相互性才能生效。否则不但不会有相互性，遵守自然法也会变得不合理，因为这会使我变成他人的猎物。不过，在冲突的空间中每个人都由自己的理性统治，且没有做出判断的第三方，每个人在其中既是法官又是关系的参与方。这就意味着，由每个人自己决定对待他人时是否遵守自然法。而且，铭刻于自然法的义务受限于意图或欲望，而非一直受限于这种对于他人意图的应用。甚而，当没有足够的保证给这一应用以外在法庭［in foro externo］的有效性时，应用自身也内在化，它会在内心法庭［in foro interno］或在良心［in conscientia］中找到其意义。由此可知，自然法很容易甚至太容易遵守，但这种容易的代价是无效性。既然只有国家的存在才能够为相互性的生效提供法律的和实践的保证，我们似乎面临一个循环。能够走出这个循环的，就是相互性在成为一种道德要求之前，

---

［16］《法律要义》，第17章第10节，92—93页。参考《论公民》，拉丁文全集第2卷，第3章第27节，194—195页；《利维坦》第15章，中译本120—121页。

就被每个处于暴死的持久且相互的风险中的人感受到。苦难的存在和死亡不可抗拒的迫近，给内部的道德义务以实践原理的价值。每个人自此面临一对比之前的更加复杂的选择，因为它根据侵蚀关系性背景的不确定性定义了自然权利和自然法之间的关系：

> 每一个人只要有获得和平的希望时，就应当力求和平；在不能得到和平时，他就可以寻求并利用战争的一切有利条件和助力。[17]

正是同样的理性以普遍规则的形式呈现以下这对选择：要求寻求和平的第一且根本的自然法（规则的第一部分），和扩大为对一切事物的权利的自然权利（规则的第二部分）。保证我们存在的保全给我们的演绎以合理性，这同样的关切根据背景而为两个选项中的每一方辩护：遵守自然法［lex naturalis］是合理的，当且仅当**有获得和平的希望**；对每一事物的权利［jus in omnia］是合理的，当且仅当**没有获得和平的希望**。如果人们改变了任一选项的背景性质，自然法［lex naturalis］或对每一事物的权利的应用就会变得矛盾。对他人企图的不确定性奠定了选择的合理性。为了走出这种不确定性并确保他人的意图，必须既给出我们性情［disposition］倾向于相互性的标记，又试图使他人身上产生同类的性情。这些性情、好品行与道德德性构成具体的自然法的内容。但在谈到这之前，至关重要的是强调选择处在对每一事物的权利（即**扩大的**自然权利，而不是无背景的、一般意义上的自然权利）和自然法之间。提供相互性及和平之条件的第二自然法证明的就

---

[17]《利维坦》，第15章，中译本98页。

是这一点:

> 在别人也愿意这样做的条件下,当一个人为了和平与自卫的目的认为必要时,会自愿放弃这种对一切事物的权利 [to lay down this right to all things; a jure suo in omnia ... decedere];而在对他所满足的对他人的自由,与他允许别人对自己所拥有的自由相当。[18]

人们还能说得比这更清楚么?要求和平的第一自然法与对每一事物的权利不相容,这就是为什么,指出为了得到和平而要实现的条件的第二条法,会要求人们放弃对每一事物的权利,而不是一般意义上的自然权利。自然法不是要求人们放弃整个自然权利,相反,它预设的是维持这一权利。不是要完全放弃或让渡我们的自由,而只是放弃或让渡必定导致战争状态的自由的这种扩展,后者使我们的自由或权利变得与他人的自由或权利不相容。为了使相互性成为可能,就必须通过他们的相互限制来保证自由间的相容。而这种相互限制的前提,是我承认他人有保存和我同样多的自由或权利的可能性。相互性只有通过法权承认才能产生。国家的建立,其功能就是在事实和权利上保证这种自由间的相容。届时,全部问题会是确定公民在政治大厦中保存的自由和自然权利的内容。为了承担其功能,国家应当被建立,故而首先应当考察放弃权利所意味的法权关系的地位,以随后由此进到奠基行为。

是什么定义了法权关系——其最普遍的类型在于放弃 [to lay

---

[18]《利维坦》,第 15 章,中译本 98 页,译文有调整。参考《法律要义》,第 1 部分第 15 章第 2 节,15 页;《论公民》,拉丁文全集第 2 卷,第 2 章第 3 节,170 页。

down, to abandon；decedere, deponere］一个人所拥有的权利？其形态、意涵和有效条件分别是什么？对于这些问题，《法律要义》（第15章）、《论公民》（第2章）和《利维坦》（第14章）以近乎一样的方式做出了回答。放弃权利这一法权关系（R）使X和Y两端（二者为自然人，即拥有权利的个体）彼此面对面地约束。这一关系所处的背景，一方面能够确定该关系建立前X和Y所拥有的权利，另一方面能够确定该关系对第三方W的价值。根据人们所处的是冲突的空间或政治空间，背景明显不同，但因为政治机构尚不存在，且另要有设想建立它的法权手段，我们唯一能够动用的背景就是冲突的空间，这不会阻止我们模拟如果政治机构存在将会发生的事。而在战争状态中，X、Y和W拥有对一切的权利。通过关系（R），X对Y放弃了自己对某物的权利，但这个关系并不能因此给Y以任何新的权利。这是说关系（R）没有效果吗？绝非如此，因为它意味着X失去了他曾有的使用或享用该物的权利，而相应地，Y看到他对该物行使自己权利的障碍——这可由X的权利构成——消失了。换言之，关系（R）完全是消极的：对X而言，它在于不再使自己的权利与Y的权利相对立，或不抵抗Y的权利的行使。然而，关系（R）所意味的不抵抗并不涉及第三方W：他完全可以使自己的权利与Y的权利相对立。这就是为什么，对于一般背景，Y行使权利的障碍只是减少。由此可以写作：关系（R）= 放弃权利 = 不抵抗 = 减少障碍。

根据Y确定或不确定，关系（R）包括两种形态：在第二种情况下，对X而言，关系（R）在于为了任一Y放弃［to renounce, renunciare］对某物的权利。这种形态几乎不能保留，因为它完全就等于事实性放弃。相反，第一种形态是根本，因为它得以在X和Y之间确定一种特定的约束。根据这第一种形态，对 X 而言，关系（R）在于将他对某物的权利转让［to transfer, transferre］给一个确定的 Y（一个或多个自然人）：如此一来，X 对 Y 负有义务。当然，必须确定这种联系有效的内容和条件。目前简单来说，在它的内容层面，转让权利的关系（Rt）只是关系（R）的一种形态，义务对 X 来说在于不抵抗精准到某个 Y 行使权利。根据转让是否相互，从此约束住我们的关系（Rt）自身包括两个次级形态。转让如果不是相互的，就是赠与，如果它是相互的，就是一个契约。根据权利的转让是否与行为的履行或权利所在之物的交付同时发生，契约的种类可以再分。如果同时发生，在权利转让时契约便得履行（例如现钱交易），X 和 Y 因而不再是面对面的。如果不是同时发生，契约就是一个期约或信约［pact or covenant, pactum］，它总是意味着一个允诺，或者是从没有立即履行的一方看，或者是从订约双方看，如果他们彼此商定推迟行为的履行。

关系（Rt）及其形态由此确定，应该对其构成性规定的特征加以说明：首先，关系（Rt）始终需要一种意愿性行为，权利的转让方 X 和接收方 Y 都是如此。如果缺少转让意志或接受意志，就没有关系（Rt）。其次，由此得出意志必须展示给一个能够理解它并反过来展示其同意或拒绝的存在者。这就是为什么，无论关系（Rt）的形态如何，它都联系着一种充分标记［sufficient sign; signum idoneum］的理论：

> 单纯的放弃或转让权利的方式，是以某种意愿的且充分的标记对接受者宣布或表明就此放弃或转让或是已经放弃了或转让了该项权利。这种标记有时光是言词、有时光是行为，

而最常见的情形则是既有言词又有行为。[19]

一个充分的标记是一个意愿性的且无歧义的标记。第一个特征意味着，法权关系只能在两个拥有语言能力并能将其付诸语言行为的存在者之间建立。尽管语言不是权利转让的唯一标记，但人们总是预设了它。一个法权存在者是一个说的存在者。使用除语言外的其他标记的可能性——有时甚至是必要性——的最常见的功能是减少语言标记的可能歧义。法权关系以归属于某种对话空间为基础和限制。假定说的存在者 X 想与 Y 建立一个关系（Rt），如果 Y 不具备语言能力，或如果 Y 自己没有做出语言行为，就不能建成这个关系。这样一来，建立一个法权关系的限制可以是本质的或偶然的。当一个存在者自然上不具备语言能力、无法和我们进入一个共同语言的空间时（这是动物的情况），或当一个存在者超越对话空间时（这是上帝的情况，除了超自然的启示外，上帝没有宣布接受或拒绝一个信约），这个限制是本质的。宣誓不是一种法权行为。当存在者机缘性地无法宣布其接受或拒绝时（例如因其缺席），这个限制是偶然的。在本质限制和偶然限制之间，人们发现孩子的情况：根据他们即将掌握语言这一点，孩子是法权存在者；他们因而有一种潜在的法权能力，而他们只是**被视作**运用了这种能力。拥有法权能力的存在者们的等级，由此正和他们登入对话空间的可能性有关。留待确定的，是形成关系（Rt）的不同形态的语言行为是什么：

---

〔19〕《利维坦》，第 14 章，中译本 99 页，译文有调整。参考《法律要义》，第 1 部分第 15 章第 3 节，75—76 页；《论公民》，拉丁文全集第 2 卷，第 2 章第 7 节，172 页。

契约的标记有些是**明确的**，有些是**推测的**。明确的标记是所说的言辞具有其本意的理解。这些言词有些是属于**现在时**的，有些是属于**过去时**的，如**我给与**、**我允许**、**我已给与**、**我已允许**、**我愿意将此物归与你**等。还有些则是属于**将来时**的，如**我将给与**、**我将允许**等。这些将来时的语词称为**允诺**。

推测的标记有时是语言的结果，有时是沉默的结果；有时是行为的结果，有时是不行为的结果。一般说来，任何契约的推测标记法就是足以充分说明立约者的意愿的任何事物。[20]

推测标记的效力不亚于明确标记，二者都属于充分标记一类；但一方面，前者完全能有一个语言上的替代物，另一方面，当话语本身不足以构成明确标记时，它们一般被用来掩盖语言上的可能不足。这就是为什么能给订约者意志的非语言标记赋予一种语言行为的形式。从非语言到语言的过渡将有一种解释的功能。如果人们留心考察权利转让的明确标记，便会看到它们全部是必须满足以下两个条件的话语：当下说出，和明确表示出订约或赠与的意志。这两个条件通过如下说法得到满足：“**我给与**”或"**我给与并将于明天交付**"，与此相反，"**我将在明天把它给与你**"这个说法，无论当下说出了什么，有的只是一个单纯允诺的价值，而允诺没有创造法律义务，因为它明白表示出我还没有赠与。然而，霍布斯将两种地位非常不同的说法放在同一个意义或意志宣告的范畴中，一方是"**我同意**"，另一方是"**我已同意**"。前者自

---

[20]《利维坦》，第14章，中译本101页，译文有调整。

己便已经完成一个行为，后者只是描述一个过去的行为。[21]因此在霍布斯提供的事例中，需要区分出哪些是标记或描述一个行为，哪些是做出一个行为。我们将会看到，社会信约的陈述属于第二个范畴。

　　第三，关系（Rt）还要规定哪些权利可以作为转让的对象，哪些则不可以。为此，就要回到意愿性行为的定义本身。意愿性行为出自对可做之事的权衡，对意愿性行为的唯一限制就是不可能。什么是我们不能愿意，故而不能成为权利转让的对象的？这个问题便是问哪些是一个自然人不可让渡的权利。为了回答这个问题，便应考察那些使一个行为成为意愿性行为的原因。建立关系（Rt）的意愿性行为，其原因或动机总是某种对自我的善：

　　　　像这样放弃权利、转让权利的动机与目的，无非是保障一个人使他的生命得到安全；并且保障他拥有既能保全生命，而又不对生命感觉厌倦的手段。[22]

因此，任何人都不可能将他自己的恶作为其意志的对象，因为意愿的对象就会是对意愿的原因的否定，意志就会自相矛盾。如果这个矛盾有时在事实上发生，并非是作为赠与者或订约者的

---

[21] 人们可以从奥斯丁提供的分析（J. L. Austin, *Quand dire, c'est faire*, Paris, seuil, 1970）开始来做这一区分。对奥斯丁而言，诸如"我同意"或"我给与"之类的话语是显性施行话语。之所以说施行，是因为它们既是话语又是行动；之所以说显性，是因为它们明确表示它们做了某件事。我们在此并不涉及奥斯丁相关分析的细节，一方面是关于施行话语和记述话语之间的最初区分，另一方面是关于言语行为的一般理论——最初区分在其中生效。我们只是指出霍布斯处的施行话语分析仍属于符号理论，以致未能充分发掘它们相对于仅具意义的话语的独特性。
[22]《利维坦》，第14章，中译本100页，译文有调整。

意志的结果，而是作为某种错误或无知的结果，而人们不能将法权关系建立在错误或无知上。一个使我们的安全或美好生活陷入险境的赠与、契约或信约本身就是不可能的，而表达它的言词完全无效："有些权利不论凭什么言词或其他标记都不能认为人家已经捐弃或转让。"[23] 由此，X 不可能将自己抵抗暴力的权利转让给 Y，一个人不能规定："**除非我做某某事，否则你来杀我的时候我不抵抗你。**"这就是受到某种不可能或荒谬之事的约束。相反，人们总是能说"**除非我做某某事，否则杀我**"，这句话虽非无效，但是空洞：他人在自然状态中始终有权利杀死我，我没有受到任何约束。同样地，不能转让我们对保存自身的直接手段所拥有的权利，例如，从一处到另一处的自由通行的权利，使用诸如水、空气、火、住所等某些事物的权利。这些权利是绝对不可让渡的，不仅在自然状态中如此，在政治状态中亦然："这是大家都承认的一条真理。只要看看囚犯判罪后虽已服法，但解赴刑场或送进监狱时还是要用武装人员，就可以知道。"[24] 但这不是全部，因为对自我的善并不能简化为生存，而是指为了活得好的所有必要之物。由此，人们不能转让不控告自己的权利，以及不控告那些对其判刑后我们会陷入痛苦的人：父亲、妻子或施恩者。这些权利也是绝对不可让渡的。人的不可让渡的自然权利这一领域从一开始就排除在社会信约之外，构成一个对于无论什么权力而言都始终合法的抵抗领域。因此，社会信约必须保证某种政治权力的存在，并且使不可让渡的自然权利领域免受质疑。

第四，留待确定的是意愿性行为对可让渡的权利的效果。这

---

[23]《利维坦》，第 14 章，中译本 100 页，译文有调整。
[24] 同上书，中译本 106 页。

个效果是一种义务，X 受到这个义务的约束而不能抵抗 Y。义务只对 Y 生效，哪怕伤害落在 W 身上。阻止他人行使他的权利，就是做出一个无权利 [sine jure] 的行为，比如当一个人没有遵守诺言时。既然这个行为等于自愿否认一个人自己已做的行为，那么做出一个无权利的行为，就是使其意志自相矛盾。不论关系（Rt）的形态如何，义务始终是完全消极的：它不约束去做什么，而是约束不去做什么。人们已经看到，在关系（Rt）中加入社会信约——为了建立国家，它必须产生一种去做的积极义务——将会是多么困难。这些便是关系（Rt）的构成性特征，自此要规定的是在冲突空间（其中的人际关系被相互恐惧支配）的背景下这个关系生效的条件。

恐惧可从两个视角考虑：原理上，它没有取消关系（Rt）；事实上，它一直使其无效。从原理视角看，恐惧像希望一样是进入权衡的激情，因此它既绝不会与意愿性行为观念相矛盾，也不会与义务观念相矛盾："在单纯的自然状态下，因恐怖而订立的契约是有约束力的。比方说，当我约许向敌人付出赎金或劳务以赎生命时，我就受到这种信约的约束。"[25] 这是否意味着，卢梭拒斥从事实推出权利的理论是对的呢？"假如强盗在森林的角落里劫住了我，不仅是由于强力 [force] 我必得把钱包交出来，而且如果我能藏起钱包来，我在良心上不是也要不得不把它交出来吗？"[26] 如果霍布斯止步于此，那么这个反对就是决定性的，但他恰恰补充道：一方面，这样的信约在政治状态中无效，另一方面，在自然状态中它是有效的，"除非……出现了引起恐惧的新的正当理

---

[25]《利维坦》，第 14 章，中译本 105 页。
[26] 卢梭，《社会契约论》，第 1 卷第 3 章，中译本 10 页。

由而重新开战"[27]。不过，在自然状态中，引起恐惧的新理由并非例外，而是常规。因此，与强盗的信约在事实上始终是无效的：我总会有相当的理由对强盗可能用赎金做的事感到恐惧。越过这个有限的例子，正是这同一种持久的相互恐惧使所有的信约无效，其中"双方都不立即履行，而是互相信赖，那么在单纯的自然状态下（也就是在每一个人对每一个人的战争状态下）只要出现任何合理的怀疑，这契约就成为无效"。[28] 率先履行，完全是将自己交给敌人。尽管霍布斯似乎将一方已做出其行为的信约作为例外，人们看不出为什么某种引起恐惧的新理由——每个个体都是其显现的唯一法官——不会使另一方的允诺无效，哪怕他已经获得了好处。换言之，包含一项允诺并基于信任的整个关系（Rt）是没有价值的。由此可知，作为义务对应物而提出的正义概念，在冲突的空间中无法有效。因此便有悖论："正义的性质在于遵守有效的信约，而信约的有效性则要在足以强制人们守约的政治权力建立以后才会开始。"[29] 能否建立起这种具备某种权利和强力、唯一能够为确保社会信约有效性提供足够保证的政治权力？

但在考察社会信约的独特性之前，我们注意到具体的自然法已经指出了改变关系性空间、从而将他人置于相互性并创造奠基行为诸条件的方法。这些方法分为两类。第一类包括的是那些旨在激起他人对和平的倾向或性情的自然法。这一类包括正义，感恩，顺应，恕宥，在报复中考虑未来，没有轻视，承认平等或者说没有傲慢。这些德性导向相互性，因为它们使我们对他人随和，亦即合群 [sociable]，与此相对的是疯子，他仍是难打交道

---

[27]《利维坦》，第 14 章，中译本 105 页。
[28] 同上书，中译本 103 页。
[29] 同上书，第 15 章，中译本 109 页，译文有调整。

的存在，因为他不理解和平对自我保存而言是必要的。第二类则规定与第三方关系改变——从潜在的对手变成和平解决纠纷的原则——的诸条件。这一类包括那些促使我们选择第三方作为裁判的规定，以及那些必须尊敬处在裁判之位的第三方的规定，尤其是涉及人们的公道。从冲突的空间转化为某种相互承认的共同体的空间，正发生在从作为对手的第三方到作为裁判的第三方这一过程中。

但是，自然法所要求的性情不足以建立一个共同体，或至少，这将是一个天使的共同体，而非人的共同体："因为我们如果可以假定一大群人无需有共同的力量［puissance］使大家畏服就能同意遵守正义和其他自然法，那么我们便大可以假定在全体人类中也能出现同样的情形；这时就根本既不会有，也无需有任何世俗政府［civil government］或国家了，因为这时无需服从就能取得和平。"[30] 而我们离这个乌托邦很远：在关于偏心、傲慢和复仇的激情生活的动力面前，道德性情没有分量。由此，道德和政治学维持着一种双重关系：当道德作为每个个体的理性的内部要求而被感受到时，它领先于政治学，在有效性的视角下它跟随后者。道德和政治学的这种双重关系——通过自然法和国家法的双重关系再现——至关重要，因为它一方面表明，国家的首要功能是落实相互性；另一方面表明，国家理性在法律上必须由与个体理性处相同的规定管理，但它又不等同于个体理性。在法律上对国家理性有一种推定：对公民理性而言，它并非不可理解。

---

[30]《利维坦》，第17章，中译本129—130页，译文有调整。

第六章　语言存在者和原初奠基行为：国家

完成从冲突的空间到一个政治共同体的空间的第三重转化（T3）的，是一个奠基行为，其性质完全由所要解决的问题决定。这个行为从根源上缔造了国家和人民、主权和公民身份；法权和政治力量的地位、臣民权利和自由的内容，这两个方面都取决于这个行为的内容和有效性。如果说霍布斯从《法律要义》和《论公民》起就已经思考这个行为的一般原理和生效形态，与此相反，在《利维坦》中[1]它的内容将会通过引入一种新的授权理论而得到完全改写，而这个新理论旨在克服那些侵蚀了由前两部著作提供的社会信约版本的困难和矛盾。在这一方面，我们会注意到霍布斯的演化与斯宾诺莎截然对立。后者在《政治论》中以降低社会信约固有的法权维度——他在《神学政治论》尚且承认这一维度——为己任，与此相反，霍布斯改写了自己的社会信约学说，以试图确保它未曾有过的一致性。[2]

在这三部主要的政治著作中，所要解决的问题以近乎相同的

---

[1] 在这一点上，我们只是偶尔参考《论人》第15章"论人造人格"[*De Homine fictitio*]中有关政治人格理论的几页。

[2] 关于社会信约的这一内部改动，参考拙文"Personne civile et représentation politique chez Hobbes", in *Archives de Philosophie*, Tome 48, Cahier 2, Paris, Beauchesne, 1985, pp. 287-310。

方式提出：找到一种保证来确保自然法所规定的相互性有效，这种相互性是保存我们存在的条件。[3] 保证必须是双重的：它必须保证内部和平与外部防卫。但这种双重保证既不能通过单纯的自然协调［concord］获得，也不能通过多个意志对一个或一些行动的唯一同意［consent］获得，上述事实已经表明，政治共同体既不能归结为一个单纯的需要共同体，也不能归结为一个单纯的军事共同体。诚然，如果忽略了经济和军事维度，国家就无法承担其职责，但这不意味着政治共同体就归约为如此。政治共同体将对安全的双重关切包含进一种法权统一性中，这个统一性满足并超越了这个关切。国家在其内部结构中包括一种法权维度，后者一开始就使所有对政治学从经济或力学角度的单向解读失效。解决办法的一般原理在于统一：

> 统一……是将多个意志包含进一个人或人数最多一方的意志，亦即包含进一个人或一个**委员会**的意志；因为委员会就是一个由人们组成的权衡关于全体的共同事务的大会。[4]

> 这样实现的统一称为城邦［civitas］或政治社会［societas civilis］，也称为政治人格［persona civilis］。因为正如全体的意志是一个，它也被当作一个单一的人格［una persona］。[5]

> 这就不仅是同意或协调，而是全体真正统一于唯一人格

---

[3] 参考《法律要义》，第1部分第19章第1节，99—100页；《论公民》，第5章第1节，209—210页；《利维坦》，第17章，中译本128页。
[4] 《法律要义》，第1部分第19章第6节，103页。
[5] 《论公民》，拉丁文全集第2卷，第5章第9节，214页。

之中。[6]

从一种处于冲突中的人们的杂多到一个政治共同体,这个转化要通过一个单一政治人格的奠基完成,这个人格具有一个是所有人意志的意志,"为了确保和平与共同防卫而能够使用每个人的力[force]和能力"[7]。从杂多的角度看,每个人是一个具有某种(受自身意志统摄的)力量和权利的自然人格。政治人格的统一体的建立必须使这个人格拥有某种(受某种单一政治意志统摄的)力量和权利。由此得见原初奠基行为必须满足的条件:1. 凭其地位,统一诸自然人格——他们组成人群——的力量和权利变得可以设想;2. 在其生效形态中,无须预设应从其中产生的统一体;3. 通过其内容,解释系于政治人格的权利和力量;4. 其单一意志应是全体的意志;5. 不会使人的不可让渡的权利遭受质疑,否则无效;6. 自己保证自身的有效性。前两个条件是关于行为的地位和生效形态,对此《法律要义》、《论公民》和《利维坦》以近乎相同的方式做出了回答,相反,《利维坦》中对后四个条件的回答将被彻底重新审视。我们首先将考察前两个条件,以随后依次处理《法律要义》和《论公民》关于后四个条件的回答,以及《利维坦》的授权理论所做的改写。

每一个要满足的条件必须克服一个困难。关于奠基行为的地位,相应困难可以总结为一个问题:对于自然人格的杂多,如何将其力量或能力统一?困难首先在于事实上的不可能性:"一个人不可能现实地将他自己的力[strength]转让给另一个人,而对

---

[6]《利维坦》,第 17 章,中译本 131 页。
[7]《论公民》,拉丁文全集第 2 卷,第 5 章第 9 节,214 页。

此他人也不可能接受。"[8]这种不可能是对我们全部的力量或自然能力而言,亦即正是对所要统一的力量或能力而言,因为一个拥有强制力量的政治权力存在的前提是它"为了确保和平与共同防卫而能够使用每个人的力和能力"。事实上转让个体力量的不可能,决定了建立国家的行为无法回避的法权特征:"转让他的力量和力,就是放弃他抵抗那个被转让之人的权利。"[9]尽管《利维坦》通过将它理解作一个授权行为——这远远不同于转让对事物的权利——而改变了行为的内容,但行为的地位被始终一致地认作一个法权行为:

>建立这样一种……共同力量……只有一条道路:把大家所有的力量和力付托给某一个人或一个能通过多数的意见把大家的意志化为一个意志的多人组成的大会。这就等于是说,指定一个人或一个由多人组成的大会来代表他们的人格。[10]

国家的政治人格把一个法权行为作为其起源,这个人格只有一种法权存在。这个人格的统一来自于建立它的行为,因此不能将它与一个个体的自然统一混淆。这就表明君主和委员会——它由人数限定的团体或完成建立行为的全体构成——都能作为一个政治人格。故而在法权上,国家可以是君主制、贵族制或民主制。在法权上,并没有表明主权应该只属于一个人。不论在什么政制中都应找到的绝对权力——政治权利和政治力量——正是系于这样的主权。

---

[8]《法律要义》,第1部分第19章第10节,104页。参考《论公民》,第5章第11节,215页。
[9]《法律要义》,第1部分第19章第10节,104页。
[10]《利维坦》,第17章,中译本131页,译文有调整。

霍布斯所提出的有利于君主制的论证，最常见的是事实性论证，在于这种政制相较于其余两种的相对便利。便利仅仅是相对的，因为君主制自身存在一些困难，尤其是关于权力的继承：

> 这三种国家的差别不在于权力的不同，而在于取得和平与人民安全（按约建立国家的目的）的便利或能力互有差别。[11]

所有对国家绝对权力——其内容尚须考察——的限制或划分，不是在质疑某种政制，而是在质疑一般意义上的主权观念。问题将是奠基行为是否成功解释了主权的力量以及不可让渡的权利。目前只需我们明确，使多个意志包含进一个意志的法权行为，不能理解为一个对于意志的意愿的模式 [le mode d'un vouloir du vouloir]："虽然一个人的意志——它不是意愿性的，而是意愿性行动的开端——不受权衡和信约的约束；但当一个人同意使其意志服从另一个人的命令时，那么对那个他同意服从的人，他有义务放弃自己的力量和手段。"[12] 奠基行为不在于去意愿政治意志 [vouloir le vouloir politique]。我们知道，意志是权衡中相继诸激情的最后一个，故而意愿就是停止权衡。社会信约将包括一种意志的服从："每个人都把自己的意志和判断服从于这个人或大会的意志和判断。"[13] 只有考察服从行为的内容，我们才会知道主权意志是否仍能被视为全体意志。

第二个要满足的条件是关于行为的生效形态，这也带回一个困难：要在不预设某种统一体的条件下将它建立。

---

[11]《利维坦》，第 19 章，中译本 144 页，译文有调整。
[12]《法律要义》，第 1 部分第 19 章第 7 节，103—104 页。
[13]《利维坦》，第 17 章，中译本 131 页，译文有调整。

每个和自己邻人订约的公民说：**我把我的权利转让给这个人，条件是你也把你的权利转让给他**。通过这种方式，每个人为了自己的利益而使用自身之力的权利被全部转让给一个为了共同利益的人或委员会。[14]

大家人人相互订立信约而形成的，其方式就好像是人人都向每一个其他的人说：**我授权这个人或这个大会，并放弃我管理自己的权利，把它授与这人或这个大会，但条件是你也放弃自己的权利给他，并以同样的方式授权他的一切行为**。这一点办到之后，像这样统一在一个人格之中的一群人就称为**国家**［*commonwealth*］，在拉丁文中称为**城邦**［*civitas*］。[15]

将构成《利维坦》中奠基行为全部内容的授权概念放在一边，这两个文本有类似的形式性结构，即包括三个阶段。第一个描述了行为的形态，第二个描述了使其生效的话语，第三个描述了它所产生的效果。在形态方面，社会信约必须在不预设人群有统一体的条件下，将一群个体转化为一个单一人格。人群实际上是众多自然人的堆聚，这些自然人并没有构成一个拥有自身意志的统一体或全体："因为在每个人权利分明的地方，人群对任何东西都没有权利；当个别的人说'这是我的，这是你的，这是他的'，并在他们中分了所有东西，人群无法对任何东西说'这是我的'。"[16] 由此，当构成人群的个体做出一个行动或要求某物时，这个行动

---

[14]《论公民》，拉丁全集第 2 卷，第 6 章第 20 节，234 页。
[15]《利维坦》，第 17 章，中译本 131—132 页，译文有调整。
[16]《法律要义》，第 2 部分第 2 章第 11 节。参考《论公民》，拉丁全集第 2 卷，第 6 章第 1 节，216—218 页。

或要求不能像归于一个存在者那样归于人群,而是由和组成人群的自然人数量相等的行动和要求构成。能够掩盖人群必然具有的复合［composite］特征的,是人民一词的歧义。因为,人民一词有时表示凭居住地而区分开的特定数量的人,有时表示一个集体性存在:一方面,存在某种不相协调的人群,另一方面,存在一个政治人格,它具有一种将每个人的意志包含在内的意志。因此,奠基行为的诸种形态如下:它们能使某个人群的每个个体的意志出现,且绝不使杂多本身作为某种统一性或全体性出现。

因为人们既无法想象人群和自身或自身的一部分——即一个人或一些人——订立契约来使自身成为主权者,也无法想象被视作某种聚集的人群能够具有它之前不曾拥有的东西。[17]

此处是对卢梭的预先批评,因为他将社会契约视作每个人面向全体的一种承诺［engagement］,并在社会契约中预设了应该出自这个契约的公意:"**我们每个人都以其自身及其全部的力量共同置于公意的最高指导之下,并且我们在共同体中接纳每一个成员作为全体之不可分割的一部分。**"[18] 如果社会信约不能预设一个尚未产生的全体,那就要认为它是由众多个体性信约——每个个别的人在其中都面向每一个他人而受到约束——而构成的。出于此需要,《法律要义》得出民主制是国家的最初形式这一结论:

因此,既然民主主权不是由任何人群的信约(它假定统

---

［17］《法律要义》,第 2 部分第 2 章第 2 节,119 页。
［18］卢梭,《社会契约论》,第 1 卷第 6 章,中译本 20 页。

一体和主权已经形成）所授与，它便由每个个体的个别信约所授与：这就是说，每一个人和每一个其他人，考虑到并为了自身和平与防卫的好处，达成一项信约，遵守并服从他们全体中的多数，或部分人中的多数（这些人在他们所乐意的某时某地集会），所做出的决定或命令；其中的主权大会被希腊人称为 Demos（*id est*，也就是"人民"），由此产生了民主制。[19]

根据某种内在必然性，从民主制派生出贵族制和君主制：民主制的事实运行使它趋向变成某种贵族制或某种演说家式的君主制。以致民主制如果在法权上像其余政制一样建立了一种主权，那么它的事实运行带给它的地位是一个不太可行的国家。因此事实上，相较于把民主制看作一个正式的国家，更应把它看作按约建立的国家奠基的环节。在《法律要义》中这个环节保留着一种历史阶段的特点，在《利维坦》中变成一个逻辑环节：

> 当**一群**人确实达成协议，并且**每一个人都与每一个其他人订立信约**，不论大多数人把**代表**全体的人格的**权利**授与任何**个人或一群人组成的大会**（即使之成为其**代表者**）时，**赞成和反对**的每一个人都将以同一方式对这人或这一大会为了在自己之间过和平生活并防御外人的目的所作为的一切行为和裁断**授权**，就像是自己的行为和裁断一样。这时**国家**就可以说**按约建立**了。[20]

---

[19]《法律要义》，第 2 部分第 2 章第 2 节，119 页。
[20]《利维坦》，第 18 章，中译本 133 页，译文有调整。

按约建立的国家，其奠基因此包括：每一个人和每一个其他人达成协议（第一个环节），和指定第三方——一个人或一个团体——承担主权的多数表决（第二个环节）。这丝毫不意味着某种双重契约理论：没有主权，任何政治联合或集体都不能存在。在《利维坦》中，一个集体人格若无代表者就不能存在，国家的集体人格若无主权代表者就不能存在。鉴于民主制环节的功能，便能理解以力取得的国家会造成一个问题——这类国家对该环节提出质疑。然而我们要注意到，如果以力取得的国家是通过强力[force]获得，这不能免去分毫奠基性法权行为——这个行为或是对国家本身的，或是我们对某个已有国家的整合的——的要求。没有法权行为，就不会有通过某种义务和与主权者相连的臣民，而会是一个主人所战胜的奴隶。以力取得的国家的独特性仅仅在于，人们对于哪个人或哪些人将是他们的主权者，对于主权的形式，都没有选择。以力取得的国家的奠基性法权行为可以有两种形态：

> 以力取得的国家就是主权以强力得来的国家。所谓以强力得来就是人们单独地或许多人一起在多数意见下，由于恐惧死亡或监禁而对握有其生命与自由的个人或大会的一切行为授权。[21]

以力取得的国家因此在某种意义上是近似的按约建立的国家，只是在这类国家中，民主制环节被截去，多数表决或个体性信约没有决定主权的形式。按约建立和以力取得都假定了一个法权行

---

[21]《利维坦》，第20章，中译本153页，译文有调整。

为，不论它们在形态上如何不同，都派生出同样的主权权利，在这个意义上，按约建立和以力取得相互勾连。[22]

《论公民》和《利维坦》文本中的第二个阶段，由使奠基行为生效的话语构成："**我转让……条件是你……**"，"**我授权……条件是你……**"。如果遵循两种话语的语言学地位，它们就是显性施行[23]，但每次施行都是有条件的。某个**我**对某个**你**说：彼此都是能够用他们的话来做出某个行为的存在者，但这个行为的成功依旧取决于相互性。相互性是必要的，只是对话语内容或归根结底对行为本身的考察，将会告诉我们它是否充分。不过我们现在要注意到，由话语实现的施行是一个悖论，因为这一话语从未由人在人类历史上某个可确定的时刻说出；而且，当人处于能使人们走出自然状态的情况中时，话语并不必在实际上说出。通过推断，只是在场或安静的事实就能作为接受信约或行为完成的标记："大家人人相互订立信约而形成的，其方式就**好像**是人人都向每一个其他的人说。""**好像**"改变了话语的特点，它指的与其说是实际上说出的话，不如说是对一个被看作已经获得承认和做出的行为的解释，它隐隐地支撑着整个政治大厦。因此关键不是某种神秘的语言行为，而是对一个象征行为——我们都被认为已经承认并做出了这个行为，且它自己便能解释奠基和我们对国家的归属——的理性解释。霍布斯赋予政治哲学的任务，准确言之在于展示奠基行为的要求，并给它以话语的透明——这一话语在理论上能推出国家的结构与运行，在实践上能在政治义务的基础方面启发公民。对帕斯卡尔来说，为使政治大厦屹立不倒，国家

---

[22] 按约建立的国家和以力取得的国家两个理论的这一勾连所展现的困难，并未因此就被否定。
[23] 援引奥斯丁的语言，参考本书第413页注[21]。

的奠基行为是一个必须始终隐藏的真理:"绝不能使[人民]感受到篡位的真相,它本来是毫无道理地建立起来的,但却已经变得合乎理性。我们一定要使人把它看成是真的、永恒的,并且把它的开端隐藏起来,如果我们并不想要它很快就宣告结束的话。"〔24〕与他相对,对霍布斯来说社会信约的解释就是国家长久的条件。

《论公民》和《利维坦》文中的第三个阶段规定了奠基行为产生的效果:"通过这种方式,每个人为了自己的利益而使用其力量的权利被全部转让给一个为了共同利益的人或委员会。""这一点办到之后,像这样统一在一个人格之中的一群人就称为**国家**[république, common-wealth],在拉丁文中称为**城邦**[civitas]。"〔25〕奠基实现了一个近乎瞬时的转化:通过建立主权者,每个个体同时改变了自己与他人的关系和自己的身份。以主权者为中介,人群变成一个拥有某种政治权利和力量的法律人格,构成政治人格的个体变成公民或臣民。人们从利益和意志的对立转入一个共同的利益和意志。只有当国家是共同的政治意志[common-will]时,它才是共同的财富或财产[common-wealth]。〔26〕

通过考察奠基行为的内容,全部问题自此就是这个行为是否

---

〔24〕 帕斯卡尔,《思想录》,中译本 139 页(Pensée, op. cit., fr. 60, pp. 507B-508A)。
〔25〕 人们会注意到在卢梭处,国家可以说也是在信约达成的时刻诞生的:"只是一瞬间,这一结合行为就产生了一个道德的与集体的共同体,以代替每个订约者的个人;组成共同体的成员数目就等于大会中所有的票数,而共同体就以这同一个行为获得了它的统一性、它的公共的**大我**、它的生命和它的意志。这一由全体个人的结合所形成的公共人格,以前称为**城邦**,现在则称为**共和国或政治体**。"见《社会契约论》,第 1 卷第 6 章,中译本 21 页。
〔26〕 参考 Raymond Polin, Hobbes, Dieu et les hommes, Paris, PUF, 1981, pp. 75-96。

确实满足四个补充条件，没有这四个条件，意志和财产的政治共同体将依旧为空。让我们回想一下这四个条件：1. 解释系于政治人格的权利和力量；2. 其单一意志应是全体的意志；3. 不会使人的不可让渡的权利遭受质疑，否则无效；4. 自己保证自身的有效性。从奠基行为的内容这一视角看，《法律要义》《论公民》不能和《利维坦》置于同一层面；所以，我们将依次考察它们提出的解决方法，以指出侵蚀前两部著作中社会信约概念的内部矛盾，是如何被《利维坦》的授权理论克服的。

在其陈述中，社会信约的第一个版本直接使用了权利转让理论所用的概念："**我把我的权利转让给这个人，条件是你也把你的权利转让给他。**"关键不在用词方面的问题，因为《法律要义》和《论公民》并没有用一种不同于权利转让的法权结构来思考社会信约。权利转让是相互的：每一次，两个个体均彼此面对面地保证将自己的权利转让给第三方（一个人或一个委员会）。将权利转让学说应用到社会信约，必须解释一种双重义务：1. 一种相互的义务，所有个体彼此约束；2. 一种对转让给了他权利的那个人或委员会的义务。正是这种双重义务需要去解释存在"一个单一人格，根据众人的诸期约，这个人格的意志必须被视作全体意志，而且它为了确保和平与共同防卫能够使用每个人的力和能力"[27]。不过，将权利转让理论应用于社会信约而造成的主要问题在于，在转让对事物的权利和转让对人格、行动的权利之间，这个理论没有对二者做出任何区别。问题由此便是这种应用是否有效确保了它建立政治义务的职责。

我们知道，对于我们将自身权利转让给的那一方，当其行使

---

[27]《论公民》，拉丁文全集第2卷，第5章第9节，214页。

已经拥有的权利时，我们权利的转让约束我们不能阻碍［他］；因此关键在于社会信约约束我们不去抵抗什么。将权利转让应用于我们所占有的事物，这似乎没有造成太多问题。其实，不存在任何占有会绝对到剥夺主权者使用它的权利。社会信约将主权者作为区分"我的"和"你的"——也就是财产——的源头，因此没有绝对的"我的"和"你的"。仍在这一层面，有一些事物，我们对它们的权利是不可能转让的，例如对水、空气、住所等的使用。不过，一旦从转让对我们所拥有的事物的权利转入转让对我们的行动和人格的权利，问题就变得更加严重。国家的奠基确实要求主权者拥有使用我们的力和能力的权利，且不能使个体不可让渡的权利受到质疑，否则无效。这就是为什么《法律要义》在个体不抵抗主权者的权力上带入某种保留：

> 正如前一部分第 15 章第 3 节所说，对于自己已经把强制权力转让给的那一方，每个人对这一方的抵抗权利的转让构成了这种强制权力。[28]因此随之而来的是，不论在什么国家中，任何人都没有权利抵抗他已把这种强制权力——或（正如人们习惯称的）正义之剑——所授与的那一方；**假定不抵抗是可能的话**。[29]

我们用以将权利转让给国家的是哪些行为？主权者对我们的人格拥有哪些权利？换言之，我们不去抵抗权力的领域是什么？臣民所负的义务是哪些？为了解释这些，《论公民》引入一

---

[28]我们在这里将 power of coercion 译为"强制权力"[pouvoir de contrainte] 而非"强制力量"[puissance de contrainte]，因为这个力量显然与一种强制权利相连。
[29]《法律要义》，第 2 部分第 1 章第 7 节，111 页，强调为作者所加。

种一般意义上的抵抗权和自卫权之间的区分。实际上，所有人对某个人或委员会的服从，"当他们中的每一个由于和每一个其他人的期约，而负有不抵抗自己所服从的这个人或委员会的意志这项义务；也就是说不拒绝后者使用自己的手段和力来对抗任意他人（因为一个人始终保有保卫自己对抗暴力的权利），这称作**统一体**［*union*］"。[30] 因此，通过把不抵抗义务限制在用我们的行动对抗他人的情况，以及把用我们的行动对抗自身的情况排除出不抵抗义务，《论公民》的臣服信约试图调和个体不可让渡的权利和不抵抗义务，而后者意味着转让自身权利给国家。但这样只是转移了困难，因为由此受到限制的臣民的不抵抗义务仍然是完全消极的：受约束不抵抗不是受约束去做某事。如果不抵抗确实表示不对主权者的权利设置障碍，人们看不出不抵抗义务以何种名义能够建立一种做事的积极义务。臣服信约因而没有授与任何使人有义务去行动的权利。正是这一点造成《法律要义》相应文本的所有含混之处——霍布斯将一种臣民的不抵抗义务和主权者的权利对应，但他同时主张臣民有一种服从的积极义务：

> 能够凭借自身的权利（它并非派生自任何他人的当前权利）、根据其心意而制定或废除法律的人或大会，拥有绝对主权。因为，既然他们制定的法律被视作正当，国家的成员——法律是为他们而制定——负有服从它们的义务，因此不能抵抗它们的执行；这种不抵抗使颁布法律的权力成为绝对权力。[31]

---

[30]《论公民》，拉丁文全集第 2 卷，第 5 章第 7 节，213—214 页。
[31]《法律要义》，第 2 部分第 1 章第 19 节，117 页。

不抵抗某种法律的应用和完成这项法律要求之事,这二者之间有一条无法填平的鸿沟。政治权力超出了权利转让所给的范围。不抵抗义务无法与做事的积极义务等同,在《论公民》中这个困难似乎被霍布斯承认——由于无法将行动的义务直接建基于社会信约,他将这种义务间接建基于以下事实:没有服从,命令的权利就会是虚妄。实际上说"**我给与你命令你所想之事的权利**"是一回事,而说"**我会做所有你将命令之事**"〔32〕是另一回事。行动的义务绝非直接对应于命令的权利,而是来补足欠缺之处的。但自此,建立国家或政治人格的信约在达成它的时候难道不是无效的吗?因为国家的职责如何能够解释一种没有铭刻在臣服信约(这个信约产生了这种义务)中的积极义务?《利维坦》如此陈述这个后果:"因为在**我们的服从**这一行为中,同时包含着我们的**义务**和我们的**自由**;因之,它们便必须根据这样的论点来加以推断。任何人所担负的义务都是由他自己的行为产生的,因为所有的人都同样地是生而自由的。"〔33〕霍布斯在紧接着这段文本后引入国家的职责或目的,这不是为了建立一种仍旧外在于社会信约的臣民的政治义务,而是为了衡量其外延。从《论公民》到《利维坦》,有的不仅仅是细微的差别:从政治义务的一种间接但有问题的奠基,过渡到一种产生自信约的行为的奠基;但对此就要从原理本身来重新思考奠基行为的法权内容。

按《法律要义》和《论公民》中的权利转让来理解的社会信约,由此被证实无法建立霍布斯在这些作品中赋予给国家的权利。主权者的权利无限超出了臣民受约束的不抵抗信约。由此产生的

336

---

〔32〕《论公民》,拉丁文全集第 2 卷,第 6 章第 13 节,226 页。
〔33〕《利维坦》,第 21 章,中译本 168 页。

是，具有一种单一意志——它是全体意志——的政治人格无法发挥作用。人们已经看到，对于《法律要义》和《论公民》的摇摇欲坠的大厦，《利维坦》要进行什么样的重建。但还必须走得更远，因为法权理论的这个缺乏在事实角度引起另一个缺乏，也就是力量的缺乏。由于未能创造义务，权利转让将不会转让给主权者任何新的力量。换言之，绝对权力（包括权利和力量）——被描述为人们能够授与的最大权力，以及一个人或委员会能够取得的最大权力——是绝对空洞的，因为它基于臣民的被动性。由此，不独主权者的权利，它的力量也不能由社会信约建立。政治人格和绝对权力这两个概念只是和一个无法解释它们的社会信约并置而已。

如果我们顺着权利转让的理论走到尽头，我们既不会得到政治人格，也不会得到绝对权力。实际上，对于主权者像自然状态中的个体一般拥有的对一切事物的权利，社会信约没有增加任何东西，对于其自然力量它也没有增加任何东西。主权者的人格由此归约为其自然人格（根据其为一个人或一个委员会而是个体的或杂多的）。如此设想的社会期约能否走出战争状态？这是我们可以怀疑的。因为对一切事物的权利以战争为条件，主权者如何反能保有它的这一权利？政治和平的条件难道会是主权者停留在与其臣民之间的战争状态？由此成为可能的绝不是一种单一意志——它是全体意志，形成社会的统一体——的奠基，而会是一种对臣民而言完全陌生的，甚至极端过时的意志的奠基，因为只有在战争状态的扩大了的自然权利中，它才能找到自身行为合法性的基础。

社会信约的首要法权-政治理论的两个主要困难，一方面在于将对人格、行动的权利的转让归约为对事物的权利的转让，另一方面在于政治人格概念[34]始终无法发挥作用。《利维坦》的授权理论正是试图给这两点带来一个新的回答。首先,授权理论是一个法律理论,它旨在定义建立一种人造人格的方式,政治人格只是这种人格的一个具体情况,而国家又是政治人格的一个具体情况。[35]因此对霍布斯来说,关键在于形成一种如下的法律结构:它能够赋予对人格、行为的权利的转让以内容,这一内容并非归约为对事物的权利的转让。授权的法律关系或是说对行动的权利的转让,为了避免混淆我们将把它命名为关系(A),这一关系必须专门和对一切事物的权利的转让的关系(Rt)区分开。让我们准确言之,建立一个人造的、政治的、主权的人格的社会信约,将由授权关系(A)的一种特殊形态构成。

由此,权利转让的关系(Rt)——通过它我们失去了在转让事物前拥有的对事物的全部权利(《利维坦》第14章维持了这一

---

[34] 关于霍布斯处政治人格概念的使用的历史起源,参考 R. Polin, *Philosophie et politique chez Thomas Hobbes*, Paris, Vrin, seconde édition augmentée, 1977, pp. 221-250; Simone Goyard-Fabre, "Le concept de *Persona civilis* dans la philosophie politique et juridique de Hobbes", in *Cahiers de philosophie politique et juridique de l'Université de Caen*, n° 3, 1983, pp. 46-71, 和 *Le Droit et la Loi dans la philosophie de Thomas Hobbes*, Paris, Klincksieck, 1975。关于授权理论,参考 D. P. Gauthier, *The Logic of Leviathan*, Oxford, Clarendon Press, 1969, pp. 120-177。
[35] 在《法律要义》中(第2部分第8章第7节,174页),霍布斯认为自己第一个把**国家**[common wealth]看作**法律上的人格**[person in law]。在《论公民》(拉丁文全集第2卷,第5章第10节,214页)中,霍布斯认为政治人格概念指国家,也指国家允其建成团体的公民协会:"尽管所有的**城邦**[civitas]是一个**政治人格**[persona civilis],但反过来,并非所有的**政治人格**[persona civilis]都是一个**城邦**[civitas]。"属于政治人格的是商人公司和其他集体。这些是政治人格,但不是城邦或国家,原因有二:1.因为公司或行会的成员并不在所有事情上服从政治人格的意志。2.因为这些成员在其他法官面前能够控告团体。这就是为什么这些团体从属于国家。而在《法律要义》和《论公民》中只以评注名义出现的内容,将在《利维坦》中得到充分发展,人们在其中发现一种公民团体[systemata civium]的完备理论。

理论）——必须加上一种授权理论，后者旨在解释一种对自然人及其行为的权利（这个权利没有消除这些人对自己的全部权利）的构成。只有在这一条件下，我们在考察《法律要义》和《论公民》的社会信约理论时已碰到的困难才有可能克服，那一理论给予国家过多又过少的权利。过多，是因为转让我们对自己和自己行为的权利——关系（Rt）——就是失去对自我的全部权利，就像人们通过赠与或卖而失去对某物的全部权利。过少，是因为对自我的权利的转让只在于不抵抗，后者不意味着任何臣民的积极义务。**完全的让渡和让渡的无力：这是关系（Rt）应用于社会信约的悖论**。相反，在《利维坦》中，包含在社会信约中的授权——关系（A）——不再是完全失去权利，通过后者，臣民可以说成为主权者的不可把握的事物；而是主权权利的创造，它没有取消个体的全部权利，以致政治意志可以被认作全体意志。**没有完全让渡的无限授权，人的不可让渡的权利未受质疑的积极义务：这就是将关系（A）应用于社会信约而形成的国家的法权结构。**

在某种意义上，这个社会信约是关于授权的法律关系（A）的一种具体情况，通过这种关系建立一个人造的、政治的、主权的人格，但在另一种意义上，这个信约是所有其余形式的法律信约的基础，因为那些信约只有在国家中才会发生。因此必须要有社会信约的自我奠基，它必须自己创造自身有效和生效的条件。换言之，奠基行为必须既不能在权利上，也不能在事实上遭受质疑。也正是对这个自我奠基的问题，授权理论必须提出一个解决方法。正如我们已说过的，国家是一个主权政治人格。我们的考察将有三个环节：1. 人格理论，2. 政治人格理论，3. 主权理论。

人格理论，霍布斯在《利维坦》第 16 章提出，它提供了两个概念：代表［représentation］[36]和授权［autorisation］（我们用这个词来解释"权威"［authority, authoritas］）。第一个被用于人格概念的定义，第二个负责解释构成一个人造人格的法权行为。让我们从定义开始：

> 所谓人格，要不是**其言语或行动被认为发自本身**的，便是**其言语和行动被认为代表着别人的，或以实际或虚拟的方式归之于它的任何其他事物的言语和行动的人**。

> ［言语和行动］被认为发自其本身的就称为**自然人格**［*Naturall Person*］，被认为代表他人的言语与行动时就是**虚拟人格**或**人造人格**［*Feigned or Artificiall person*］。[37]

一般意义的人格概念表示个体与其行动或言语之间的关系。当这些行动或言语是那个行动或说的个体所为时，我们打交道的是一个自我约束的自然人格。相反，当有两个个体，其中一个代替另一个——也就是以他的名义——行动和说话，前者就是代表者，后者就是被代表者。代表者因而是一个人造人格。代表因此有两个方面，即行动和扮演角色。据霍布斯所言，代表在人格概念定义中的这两个方面植根于人格一词的语义起源，它指的是在舞台上模仿某人的演员的化装、外表还有面具。人格概念因而有一种戏剧上的意义，后者将转为法律用语："后来这词从舞台用语

339

---

[36] 包含在代表性人格［*persona repraesentativa*］理论中的代表［représentation］概念和我们在第一部分中研究过的心灵表象［représentation］概念，在此二者之间我们没有建立任何种类的类比。
[37]《利维坦》，第 16 章，中译本 122 页，译文有调整。

转而变成法庭和剧院中的任何行动与言论的代表。所以在舞台上和普通谈话中，**人格**的意义便和**演员**的意义相同。"人们能够补充道，霍布斯本人让代表从法院转到国家。然而，《利维坦》的拉丁文版和英文版似乎在代表的地位上存在分歧。因为在英文版中，代表既出现在自然人格的定义中，也出现在人造人格的定义中："**代表**就是**扮演**或**代表**他自己或其他人。代表某人就是承当他的人格 [to beare his Person] 或以他的名义行事。"[38]在自然人格的情况下，个体扮演自己，以自己的名义行事：他同时是代表者与被代表者。在人造人格的情况下，个体扮演另一个，以其名义行事：代表者和被代表者之间便有区别。与此相反，拉丁文版清楚区分了属己的自然人格 [persona propria sive naturalis] 和人造人格，只有后者被称作代表性人格 [persona repraesentativa]。而我们要考察的是一个始终为代表性的人造人格的建立方式，在此意义上，上述分歧对我们来说并不根本。

　　人造人格的建立方式要求引入授权概念。实际上，代表者/被代表者这一对概念的建立要求引入另一对概念：代理人/授权人 [acteur/auteur, actor/author]。授权人和代理人之间的关系所负责解释的是建立了被代表者和代表者之间关系的法权行为。我们已经看到，一个人造人格是一个代表者，其言行被归于某个被代表者。这种归属是法权上的，它假定代表者拥有以被代表者的名义说话和行动的权利；这个权利包括什么？代表者是如何获得它的？

　　　　有些人造人格的言行**为被代表者所拥有**[*]，于是他便称

---

[38]《利维坦》，第 16 章，中译本 123 页。
　* 此处法文和《利维坦》原文有出入，原文不是被承认 [reconnues pour les siennes]，而是 owned by those whom they represent。——译者注

为**代理人**，承认他的言行的人就是**授权人**。在这种情形下，代理人是根据授权而行动的 [*the Actor acteth by Authority*]。这种授权者，在货物与财产方面称为**所有者**（拉丁语为 *dominus*，希腊语为 *kurios*）。指行为方面的情形时就称为授权人。正像占有权称为所有权一样，做出任何行动的权利就称为**授权** [*Authority*]。因此，根据授权始终是指做出任何行为的权利，**根据授权行事** [*done by Authority*] 便是根据具有这种权利的人的委托或准许行事。[39]

代表者或代理人从授权人处获得以被代表者的名义说话行动的权利。但代表者/被代表者并非始终能与代理人/授权人互换。实际上，代表者始终是代理人，与此相反，被代表者并非始终是授权人。由此能够解释真实归属和虚拟归属之间的区分。若被代表者是授权人，亦即一个拥有授权或将代表者/代理人的行为认作自己的这种法律能力的个体或团体，将代表者的行为归于被代表者就是真实归属。若被代表者不是或不能是授权人，归属就是虚拟的；一些个体（孩子）尚不拥有授权一个代表者/代理人（监护人、管理人）行动的当前能力，一些个体（癫狂者）不再拥有这一能力，除了这两种情况，还有现实事物（教堂、医院）或甚至虚拟事物（偶像）——它们有代表者/代理人（主管、公职人员）。根据国家这种情况，当归属是虚拟的时，授权人是所有者或一般而言的权利拥有者。

霍布斯命名为授权的这种承认，其法律内容是什么？为了确定这个内容，霍布斯将所有者（掌握对某物或财富的权利）和授

---

[39]《利维坦》，第 16 章，中译本 123 页，译文有调整。

权人（掌握对自身及自己行动的权利）相对照。但这个对照的目的，绝非将授权人对代理人的授权关系（A）归约为现在的所有者和未来的所有者之间的对某物权利的转让关系（Rt）。因为，代理人通过某种委托或准许而从授权人处取得以后者名义行动或说话的权威，如果这种权威属于单纯的权利转让的关系（Rt），授权人就会失去对这些言行的全部权利，就像所有者通过卖或赠与而失去对某物的全部权利。这样也就不会看到授权人如何还能将代理人的言行认作自己的。为了维持授权人和代理人之间的关系，授权人在授权代理人的行动时，必不能失去他对这些行动的权利。代理人的行动不能被授权人认作自己的，除非做出这些行动是根据某种仍是他的，因而他始终保留的权利。

让我们再看所有者和授权人之间的对照：所有者和授权人拥有一种权利，一个是对某物，另一个是对他自身及其行动。所有者能够把他的权利转让——关系（Rt）——给另一个，他由此失去对该物的全部权利，它从此不再是他的了。与此相反，授权人能够给某个代理人的行动授权——关系（A），而不会失去对这些行动的全部权利，他仍将这些行为认作自己的。在社会信约问题上，由关系（A）代替关系（Rt）而导致的巨大差异已能得到确定。《法律要义》和《论公民》是根据权利转让的关系（Rt）来思考社会期约。我们已经看到这样我们将会处于怎样的死胡同：1. 个体被剥夺了对自身及其行动的所有权利，主权者的意志对他们来说是完全异己的；2. 而这种权利的完全失去由于把人们简化至被动，便不能解释系于国家的政治人格的权利的建立。由此可知，为了使政治人格概念具有意义，为了使主权者的意志能够被看作全体臣民的意志，必须设想一个法权行为，它建立了主权者的权利，且没有剥夺臣民对自身的全部权利。在《利维坦》中，授权关系（A）能够解决这个问题：通过授与代理人一种（可称之为）使用权，一种以授权人权利的名义行动的权利，信约——授权人（个体由此变成臣民）凭它给代理人（个体或委员会由此变成主权者）的行动授权——使授权人的权利依旧存在。将另一个人的行动认作自己的，这是给他做出那些约束我们的行动的权威或权利。通过授权的代理人获得一种权利：将授权人的权利用于种类有限或无限的行为（只有在社会信约的情况中，行为的种类会是无限的）。将关系（A）应用于社会期约，便能理解授权信约没有取消个体原先有的对自身及其行动的权利，反而是建基于其上。故而这一应用能够设想政治人格的公共权利及意志，对臣民而言它们并非异己。但为了使这一应用完整，必须解释政治人格（国家是其中一个具体情况）的概念。

342

政治人格是人造人格的一个具体情况，通过这个人格，个体的杂多——其中每个都具有法权能力——转化为一个以一个代表者为中介而统一的整体。而这个转化假定，杂多的个体通过给某个代表者/代理人那些种类（有限或无限）的行为授权，就使自己得到了代表。这一方面意味着，在政治人格的情况下，代表者/被代表者能够和代理人/授权人互换，另一方面意味着，政治人格概念不仅应用于国家。第 22 章发展出公民团体［*systemata civium*］的一般理论。当其成员由一个代表者统一时，便是一个正规的公民团体。正规团体由此区别于人们为了某种共同利益或同类事务的简单聚集，比如在市场中或在某场演出时那样。以一个单一的代表性人格［*one Person Representative*］为中介而统一起来的团体，可以是政治的或私人的；只有在第一种情况下才有政治人格。一个政治的、正规的公民团体，可以是从属的或是绝对且独立的。它在如下情况是从属的：一方面，被代表者/授权人给代表者/代理人的授权限制在种类有限的行为；另一方面，为了合法存在，团体服从于国家法并根据某种来自国家的宪章（规定其目标、时间和活动地点）而建立。最后，国家自身是一种公民政治团体，它通过一个代表性人格做中介而统一，但这一次团体是绝对并独立的，亦即主权者。

> 一群人经本群中每一个人个别地同意，由一个人或一个人格 [*one man, or one Person*] 代表时，就成了**单一人格** [*One Person*]；因为这人格之所以成为**单一** [*that maketh the Person One*]，是由于代表者的**统一性** [*the Unity of the Representer*] 而不是被代表者的**统一性** [*the Unity of the Represented*]。承当这一人格 [*that beareth the Person*] 而且是唯一人格的是代表者，在一群人中，**统一性** [*Unity*] 没法作其他理解。[40]

这段艰涩的文本是根本性的，因为它包含着从人群到单一法律人格这个转化的关键，这表明它也包含着——正如蒂科所强调的[41]——社会期约理论的关键。主要困难在于人格概念的多

---

[40]《利维坦》，第16章，中译本125页。
[41] 参考蒂科在其《利维坦》法译本168页脚注62的暗示。
译者按，以下为该注内容：
尽管霍布斯提供相关定义，但对人格 [*person, persona*] 一词的使用仍然有些费解。对于"自然人格" [*Naturall Person*]（拉丁文中称为 *Persona Propria, sive Naturalis*）来说，在原则上没有困难：这就是受其言行约束的负责主体，我们在这里看到"人格"一词最常见的一个意义。但在第16章中，霍布斯只是为提醒起见才提到这个常用意义：这一章主要处理的是虚拟或人造人格 [*Feigned* or *Artificiall* person]、代表性人格 [*Persona Repraesentativa*]——困难便由它开始。首先是因为，这第二个概念引入的区分，没有准确对应于英国法学家自15世纪以来在自然人格和人造人格之间所做的区分。对他们来说，前者是作为权利和义务的主体的个体，后者是一个建成的集体或团体，法律从中认出使这个集体或团体成为法律个体的权利和义务。因此，要讨论的术语对应于我们在"物理人格"和"道德人格"之间所做的区分。（转下页）

（接上页）而霍布斯并不这样理解，因为对他而言，"人造人格"是这样的个体或团体——它或是代表另一个个体，或是代表其他一些个体，或是代表一个无生命物，或是代表上帝，或者甚至是代表一个只靠大众轻信才存在的虚拟实存（比如一个异教的神）。但仔细看霍布斯对人造人格或代表概念的使用，人们碰到的不再是复杂，而是一种真正的不确定。因为：

（1）正如霍布斯已宣告的，"人格"一词是指代表者："人格便是代理人。"代理人可以是一个个体或一个集体（只要在这个集体中存在任何情况下都得出**一个**意志的法律规定）。这里，人格是戏剧意义上的演员，以及霍布斯所使用的、更一般意义上的代理人，也就是委托的执行人。然而应当指出，如果说拉丁文文本足够规范地使用这个意义上的 *persona*，英文文本明显犹豫是否要对 *person* 作同样使用。

（2）根据一种比前例更加典雅的用法，*persona* 一词指戏剧意义上的"角色"，因而是一个（或多个）个体的功能——它被委派或可被委派给另一个个体（或一个代表团体）。霍布斯通常使用 *"alicujus personam gerere"* 正是在这个意义上——"扮演某人的角色""履行某人的职能""充当某人""承当某人的人格"。拉丁文文本经常使用这一表达，但在一些情况下，英文偏向用 *to personate*；然而相应的英文表达 *to bear (e) the Person of*，在每当代表者（代表团体）是一个人群人格的受托人并行使其权利时，便会出现。对这一用法，人们可以再联系到英语中 *"in the person of"* 这一表达，对《利维坦》而言它并不陌生，并以较为郑重的方式表示"以……的名义"的意思：人们用它来表示某个个体（或团体）合法地替换了另一个或另一些个体（或团体）来行使他们的权利、履行他们的义务。按这样理解的人格 [*person*] 既不是被代表者也不是代表者，既不是委托人也不是受委托人，这本质上是某个从一方**传**到另一方的事物，是某种"被委托的职能"（我们认为这个词从不用于独立于这个委托行为而考虑的委托人）。所论事物的这种本质上流动的特征，在定义这个事物的概念有时具有运动特征的方面作用很大。

（3）最后也是最重要的，当被代表者已经没有人格时，有一个受权的代表者或代言人，这一事实本身能够授予被代表者一种"人格"。大概当在拉丁文文本中说到无生命物、无法律能力者、偶像能有一个 *persona* 时，应该理解为"一个代表者"，而不是"一个人格"：然而，人们不能肯定第一种含义在任何程度上不会染上第二种；无论如何，当被代表者是一群由代表者的人格统一，并统一在代表者的人格中的人时，这显然是说他们自此变成一个人格。拉丁文文本在此处仍然含混，"Etiam plurium hominum fit una Persona"，但英文文本则非如此，"A multitude of men, are made One Person, when they are by one man, or one Person, Represented"。如果第二次出现的 *person* 是指"代表者"，第一次就是指人群在其成员给自己一个代表者的行为中所获得的人格。这其实是霍布斯思想中的一个关键点，只有当每个个体共同感到权利委派给同一个代表者时，团体的"一个"人格才得显现，"it is the Unity of the Representer, not the Unity, of the Represented, that maketh the Person One"；拉丁文文本为"Non enim Repraesentati, sed Repraesentantis Unitas est, quae Personam facit esse Unam"。虽然霍布斯在这条困难的路径上显得难以完全控制其思想，但这条路径并非不可能包含他社会期约理论的关键。

义性，它表示：1. 被代表的人群："一群人……成了单一人格"［*A Multitude of men are made One Person*］；2. 代表者："由一个人或一个人格代表"［*when they are by one man, or one Person, Represented*］；3. 代表者和被代表者的关系，代表者在这里被说成**承当人格**："承当这一人格而且是唯一人格的是代表者［*and it is the Representer that beareth the Person, and but one Person*］。"因此人格概念似乎包含一种近乎无法克服的含混之处，除非有可能解释这个多义性。而在这处文本中还有第四种含义，它往往未经察觉而被放过，且它或许包含着解决方法。在这第四种含义上，人格既不专指代表者，也不专指被代表者，而是二者构成的法律存在者的统一性："因为这人格之所以成为一，是由于代表者的统一性而不是被代表者的统一性。"［*For it is the Unity of the Representer, not the Unity of the Represented, that maketh the Person One.*］它要澄清的，是代表关系如何使被代表者和代表者成为单一人格，而人格概念从后者出发，据其内在融贯而非含混，就能产生自身的多义性——代表者、被代表者和它们保持的关系。

为了设想人格的这种法权统一性，这种每逢人格一词出现就在我们的文本中强调的统一性，必须对被代表者和代表者之间的关系予以注意，这一关系与构成上述任一方的个体数目无关。人们可以在两点上提出一个规则：1. **当被代表者和代表者之间的关系是单一的时，存在单一人格**；2. **关系的统一性不依赖于构成被代表者或代表者的个体的数目**。让我们看规则的第一点：当一个被代表者/授权人授权一个代表者/代理人以他的名义去说出或做出种类确定（且有限或无限）的言语或行动时，代表关系是单一的。与此相反，当同样的被代表者/授权人授权不同的代表者/代理人以他的名义去说出或做出不同种类（这些种类故而必然是有限的)的言语或行动时,代表关系是多重的。[42]当代表关系是单一的时,可以说就行为的受权种类而言,被代表者/授权人和代表者/代理人在法权上共同构成一个单一人格:代表者/代理人的言行被看作被代表者/授权人的言行,反之,被代表者/授权人自身通过代表者/代理人说话和行动。一方通过另一方行动,另一方为了一方行动。因此,就行为的受权种类来说,代表者/代理人和被代表者/授权人在法权上构成同一个人格。从关系的单一性出发,我们便理解了人格概念能够产生自身的多义性:既然被代表者和代表者是同一个人格,就既能说代表者是这个人格,也能说被代表者是这个人格,还能说代表者承当被代表者的人格。

规则的第二点:建立人格统一性的关系的统一性,并不取决于构成被代表者或代表者的个体的数目。如果我们假定,在被代表者/授权人(由个体的杂多构成)和代表者/代理人(它由一个或多个个体构成)之间有单一的代表关系,在每种情况下,我们就会有一个就行为的受权种类而言的单一人格。让我们首先考察第一种情况:个体的杂多与一个代表者(它是一个个体)之间有单一的代表关系。关系的单一性意味着,作为被代表者/授权人的杂多个体中的每一个,授权作为代表者/代理人的个体去说出或做出同类的言语或行动。重要的在于,由此得到授权的是**相同的**(有限或无限的)行为种类。因而,作为代表者/代理人的个体

---

[42] 这种多重代表关系是对上帝而言的,根据霍布斯所言,上帝和摩西、耶稣及圣灵维持着一种三重关系。每个代表关系构成一个不同的人格:上帝/摩西=一个人格;上帝/耶稣=第二个人格;上帝/圣灵=第三个人格(参考《利维坦》,第16章,中译本125页;第42章,中译本394—395页。《答布拉姆霍尔主教〈捕捉利维坦〉》,英文全集第4卷,310—311页)。这一解决方法的原理应归功于马特洪先生。

所做的行为，就是以每个作为被代表者／授权人的个体的名义而做的行为。这种情况发生在其代表者／代理人是一个个体的从属性公民团体中，或在其代表者／代理人同样是一个个体的主权公民团体中：即君主制国家。如果我们记得君主制国家的例证，既然主权者的全部行为是由每个臣民同等授权，就会有一个单一人格。自此，人们也可以说主权者是这种单一人格；或者说，杂多个体中的每一个将主权者的全部行为认作自己的，他们通过同一种代表／授权关系变成一个单一人格；或者说主权者承当了国家的人格。现在让我们考察第二种情况：杂多个体被一个由多个个体构成的代表者所代表。这种情况发生在其代表者／代理人是一个委员会的从属性公民团体，或者发生在贵族制国家。代表的法权关系在贵族制国家这里也是单一的，因为每一个臣民对主权委员会的全部行为同等授权。因此就有一个单一人格，它像先前一样能够指代表者、被代表者或二者之间的关系。然而，当代表者／代理人由多个个体构成时，要考虑一个补充性条件，即代表者／代理人能够通过单一的多数意见来得到表达：

> 如果代表者是许多人组成的，那就必须把多数人的意见当作全体的意见。……这样就成了代表者唯一的意见。由偶数组成的代表者，特别是在人数不多时，操相反意见的人往往会相等，因之意见也就往往会提不出来，也无法采取行动。[43]

我们现在能够回到我们的文本来一步步理解。"一群人经本

---

[43]《利维坦》，第16章，中译本126页。

群中每一个人个别地同意、由一个人或一个人格代表时,就成了**单一人格**":1. 作为被代表者的一群人只有通过代表者的人格统一性的**效果**,才能变成一个人格。当霍布斯说代表者必须是"一个人或一个人格"时,不应理解为它因为是一个人而是一个人格,我们实际上知道,即使代表者由许多人构成(例如委员会的情况),代表者也可以是一个单一人格。2. 代表者的人格统一性本身是霍布斯在英文版中所谓"同意"(拉丁文版为"授权")的**效果**,它是人群中每个单独个体对代表者的授权,使后者以其名义说话或做出同类行为。由此可以说,文本逐渐倒退回 [更原初的] 条件:第一个效果以第二个效果为其条件。代表者的人格统一性回溯性地表示被代表者的人格统一性。而代表者的这种人格的统一性本身建基于人群中每个个体授权的行为种类的同一性。被代表者的回溯统一性将分散的人群转化为一个正规的从属性公民团体或主权公民团体。通过代表者的中介而取得法权统一性的人群,转化为一个人格。换言之,透过代表者/代理人的行为,是作为被代表者/授权人的诸个体中的每一个被认为在行动;代表者/代理人的行为自此可被视为作为被代表者/授权人的诸个体的一个集体性行为,作为被代表者/授权人的诸个体也由此变成一个人格。由此便可理解我们文本中的下列语句:"因为这人格之所以成为**单一**,是由于代表者的**统一性**而不是被代表者的**统一性**。"人格指的是代表者和被代表者二者的法律存在者的统一性;可以说代表者承担或承当被代表者的人格:"承当这一人格而且是唯一人格的是代表者。"霍布斯以如下断言为该段作结:"在一群人中,**统一性**没法作其他理解。"这就是理论的目标——提供思考从杂多个体到单一人格的统一性这一转化的法权手段,这种人格具有一种单一意志,也是全体意志,而这既不需预设上述统一性在人群中已被给予，也不需通过统一体的设立而废除人群。

　　代表/授权理论应用于社会信约，便能从人群中每一个个体所做出的奠基行为的同一性出发，设想代表者/代理人的统一性，而这个代表者/代理人反过来授与人群以统一性——人群凭此变成一个政治体或一个主权政治人格，即主权代表者/代理人做中介并承当的政治人格。这就是为什么代表者/代理人这个中介一旦消失，政治共同体的统一性便瓦解。在政治共同体中，政治和主权人格的法权统一性与个体自然上的人群共存。具有单一意志的政治人格概念，自此可以发挥作用：政治人格是一个由代表者承当和做中介的集体性存在者的统一性，这个集体性存在者的单一意志自身由代表者的意志承当和做中介——主权者的言行就会是整个政治体的言行。这样一来，社会信约能够同时建立主权和公民身份，国家和人民。主权者远非是政治社会的异己之物，而变成其统一性的保障。

347　　留待考察的是授权式社会信约的独特形态，它建立的不仅是一个政治人格的统一性，而且是一个主权政治人格的统一性。这个考察着手处理的问题是授权信约的有效性条件：要表明的是，建立国家的信约自己保证其自身的有效性，反过来，国家的存在授与其余信约它们的有效性，这些信约既有从属性公民团体起源的授权信约，也有私人之间的商业契约。

　　授权人凭以授权代理人以其名义行动或说话的信约，是一种准许或委托。自此，由代理人据其取得的授权而和第三方达成的整个信约，对授权人造成约束，就好像他自己做了这件事一样。当代理人的行为属于通过准许或委托而授权的行为种类时，它就为授权人创造了一项义务，超出者则不然。代理人违背或超出授权人给他的授权而和第三方达成的整个信约，就不对授权人造成约束:"因为任何人本人不是授权人时,就不会对所订信约负有义务。"[44] 由此会出现两种可能:或者信约将会无效,或者信约将约束代理人——其在与第三方的信约中担任授权人。一般规则便是当"授权是明确的,那么信约便对授权者而不对代理人发生约束力,如果授权是假托的,便只能约束代理者,因为除开他本人以外并没有其他授权人"。[45]

可以认为有两种可能的委托:1. 覆盖种类有限的行为的委托;2. 覆盖种类无限的行为的委托。但有限委托的情况下,授权人对代理人的行动负有义务,而代理人也受制于委托条款,因为如果他超过界限,便只有自己对其行为负责。而在自然状态中,这种有限委托无法具备有效性,因为没有法官来判定委托条款是否得到了遵守。有限委托如果出现,也仅仅停留在言辞上:代理人*始终能肯定他已经根据授权人给他的权威而行动,而授权人始终能予以否认。这就是为什么所有有限的授权信约都假定存在一个不容置疑的法官,也就是国家。但国家自身必须来自于一个授权信约。因此,建立主权政治人格的前提,是一种自己建立其有效性的委托,换言之是一个不能被质疑的委托。

而只有无限委托能够满足这个条件。在社会信约中,个体彼此同意为作为代表者/代理人的人或大会的所有行为授权;人人都向每一个其他的人说:"**我授权于他的一切行为并对之负责。**"[46] 在社会信约的完整陈述中,授权的无限特征也很明确:

---

[44]《利维坦》,第16章,中译本123页,译文有调整。
[45] 同上书,中译本124页。
[46] 同上书,第21章,中译本169页。
　*　此处原文作"授权人",疑有误,似应为"代理人"。——译者注

"我授权这个人或这个大会，并放弃我管理自己的权利，把它授与这人或这个集体，但条件是你也把自己的权利拿出来授与他，并以同样的方式授权他的一切行为。"[47] 通过这个信约，任何一个授权人都不可能质疑代表者／代理人的任何一个行为。二者之间不可能引起任何争议，代表者／代理人的任何行动都不能被视为无效。被代表者／授权人将受制于代表者／代理人意志的所有行为。脱离所有可能的质疑，无限授权的社会信约自己建立其有效性。这个信约因而是完全独特的，因为它设立了一个不容置疑的最高法官。正是从社会信约的内在要求中，派生出了力量和不可让渡的权利——它们建立了系于主权之本质的绝对权力。我们注意到这种主权属于政治人格的集体性存在者；但由于这个存在者的统一性要求一个代表者／代理人做中介，这个代表者／代理人会被说成是承当国家的权利和力量。由此可知《论公民》中一句话——霍布斯在那里似乎预感到那个直至在《利维坦》中才阐明的内容——的含义："在所有的国家中都是**人民**统治，因为甚至在**君主制国家**中也是**人民**命令；因为，**人民通过一个人**的意志而表达意愿。"[48]

首先，代表者／代理人所承当的主权的权利，不再归约为对一切事物的权利，这一权利主权者作为个体在战争状态中[49]已

---

[47]《利维坦》，第 17 章，中译本 131 页，译文有调整。
[48]《论公民》，拉丁文全集第 2 卷，第 12 章第 8 节，291 页。
[49] 然而为了解释存在问题的惩罚权，霍布斯重新引入了主权代表者在自然状态中拥有的对一切事物的权利："但我原先也曾说明，在建立国家以前，每一个人对每一事物都具有权利［a right to every thing］，并有权做他认为对保存自己有必要的任何事情；为了这一点，他可以征服、伤害或杀死任何人。这就是每一个国家所实行的惩罚权的基础。臣民并没有将这一权利赋予主权者；只是由于他们放弃了自己的这种权利之后，就强化了主权者，根据他认为适合于保存全体臣民的方式来运用自己的这一权利。所以这一权利（转下页）

经拥有，在《法律要义》和《论公民》中它使主权者仿佛在政治社会之外。政治权利的独特性由奠基性的无限委托确保。这意味着，这些权利系于国家的政治人格，主权者掌握这些权利是由于他承当了这一政治人格，绝非是由于他承当其自然人格："具有主权的人或大会都代表着两重人格，用更普通的话来说便是具有双重身份，一重是自然的身份，另一重是政治的身份。由于君主不但具有国家的人格，而且具有自然人的人格。"[50]此外，作为正规、独立、绝对的公民团体的国家，不再是一个无力的团体［corps inerte］，臣民在其中由于只受不抵抗义务的约束而保持被动。通过奠基行为，主权代表者/代理人的意志是国家或整个政治体的行为。因此对臣民的意志而言，主权意志不再是异己之物，而是整个集体的意志。通过无限委托，每一个作为被代表者/授权人的公民都提出了主权意愿［le vouloir souverain］，并受到它的约束。由此，主权意愿以做事的积极义务形式回到公民。

"从按约建立的形式中派生出主权者全部的权力和权利，同时派生出所有公民的义务。"[51]这种按约建立的形式，一方面包括使

（接上页）并不是赋予他，而是留给了他，并且只留下给他一个人。同时除开自然法对他所设下的限制以外，留给他的这一权利就像在单纯的自然状态和人人相互为战的状况下一样完整。"（《利维坦》，第 28 章，中译本 241—242 页，译文有调整）这里上演了霍布斯体系的核心困难，在《利维坦》第 18 章，惩罚权是直接从个体对主权的授权中推出的："此外，企图废黜主权者的人，由于这种企图而被他斩杀或惩办时，他也是**自己所受惩办的授权者，因为按约建立国家后，他就是主权者所做的一切事情的授权人**。"（中译本 134 页，强调为作者所加）这一困难重大，因为它质疑了在惩罚权（它由主权者执行，因为后者承当国家的人格，亦即根据它在按约建立时取得的无限授权）和针对敌人的敌意行为（主权者可在其自然人格中行使它，故而是根据他在自然状态中拥有的对一切事物的权利）之间所做的根本区分。罪犯是仍为公民，还是变成了国家的敌人？对这个问题的回答取决于惩罚权的基础。

[50]《利维坦》，第 23 章，中译本 186 页。
[51] 拉丁文版《利维坦》，拉丁文全集第 3 卷，第 18 章，132 页，法译本 179 页。

其成为有益于一个第三方的信约的形态,另一方面包括了授权行为的法律内容。从信约的形态中,人们可以推出:1.公民不能改变统治的形式,2.他们不能废黜主权者,3.他们不能反对主权者的制度。从行为的法律内容中,人们可以推出:4.公民不能指控主权者不义,5.他们不能公正地惩罚或处死主权者。以上便是作为授权人/公民的臣民的义务。这个信约旨在建立公共和平,从其陈述可直接推出主权者权利的范围和不可让渡的特征:1.判断学说是否与公共和平相容的权利,2.颁布国家法的权利,3.司法权,4.宣战媾和的权利和指挥军队的权利,5.甄选公职人员的权利,6.赏罚的权利,7.颁赐荣誉头衔的权利。这些权利不可让渡且不可分离,因为放弃其中一个都会导致其余失去力量,以及主权的失去:

> 以上所说的就是构成主权之本质 [the Essence of Sovereignty] 的权利,同时也是识别主权存在于哪一个人或哪一群人的大会手中的标志,因为这些都是不可让渡和不可分割的权利。[52]

主权权利的独特性和臣民的义务由此得到确保,社会信约自此能够解释系于主权的力量和力,它们不再归约为主权者作为自然状态下的个体所拥有的单纯力量。正是授权直接解释了公共力量的构成:"因为根据国家中每一个人授权,他就能运用付托给他的力量和力,通过其威慑来塑造 [to forme] 全体的意志,对内谋求和平,对外互相帮助抗御外敌。"[53] 这个公共力量等于臣民

---

[52]《利维坦》,第18章,中译本139页,译文有调整。
[53] 同上书,第17章,中译本132页,译文有调整。

力量的总和，这就是为什么"主权君主的权力虽然比每一个臣民单独说来大 [singulis majores]，但比全体臣民总合起来的权力小 [universis minores] 的说法"〔54〕始终没有根据。其实，如果总合指的是作为一个人格的诸臣民，这个人格正是由主权者承当。公共权利及力量所定义的这个权力，"人们能想象得到使它多大，它就有多大。……不论是谁，要是认为主权权力 [le pouvoir souverain] 过大，想要设法使它减小，他就必须服从一个能限制主权的权力，也就必须服从一个比主权更大的权力"。〔55〕但是，从这个绝对权力的起源、行使及目的的角度看，它却并不是无条件的。

从其起源的角度看，授权的奠基行为尽管无限，却正如人们已经看到的，并不包括臣民权利的完全失去。这就是为什么按约建立没有消除他们的全部自然自由：

> 现在让我们来看看真正的臣民自由的具体情况；也就是说，让我们看看究竟有哪些事情虽然主权者命令，但却可以拒绝不做而不为不义。关于这一点，我们要考虑的是，当我们建立一个国家时，究竟让出了哪些权利。换句话说：当我们一无例外地承认我们拥戴为主权者的那一个人或那一个大会的一切行为时，自己究竟放弃了哪些自由。〔56〕

通过无限授权，主权者的意志以义务的形式回到臣民：臣民由此受制于其意志的行为，也就是国家法。不服从法律，就会是通过否定一个人自己提出的主张而做出一个自相矛盾的行为。主

---

〔54〕《利维坦》，第18章，中译本140页。
〔55〕同上书，第20章，中译本161页。
〔56〕同上书，第21章，中译本168页，译文有调整。

权者的力量通过强迫能使国家法生效,正是在这个条件下它塑造了全体意志。在这个领域,臣民的自由取决于法律的沉默:"在主权者未以条令规定的地方,臣民都有自由根据自己的判断采取或不采取行动。因此,这种自由便因时因地而有大有小,要看主权者认为怎样最有利而定。"〔57〕国家法限制而非取消的自由,就是每个人的(扩大了的)自然权利,它通过这个限制变得能与他人的权利相容:"自然权利——人们的自然自由则可以由国家法加以剥夺或限制,甚至可以说,制定法律的目的就是要限制这种自由,否则就不可能有任何和平存在。"〔58〕进而言之,存在着不可能限制的权利。在一些情况下,臣民有拒绝做主权者可能命令他们做的事的自由。初看起来,这种拒绝的自由的存在可能像是悖论。但只要人们考察这些命令——它们未对臣民构成义务——的内容,悖论就消失了。这些命令实际上对应的是人在自然状态和政治社会中都不能意愿的事,换言之,对应的是他在任何情况下都不能作为其授权人的事。授权,就是将另一个人的言行认作自己的,但人不能把我们不可能意愿的事认作自己的:每个人因此保存有人的不可让渡的完整权利。但这些每个公民保存的对自身的权利之所以避开了授权,不是因为它们限制后者,而是因为它们建立了后者。每个人给主权者的无限授权,其首要原因是他延续存在的欲望:服从那些违背了这个授权原因的命令,既在事实上不可能,又在权利上自相矛盾。我们看到,社会信约允许我们设想一种不剥夺臣民全部权利的主权的权利的建立。

从其行使的角度看,主权者的绝对权力由两个调节性原理统

---

〔57〕《利维坦》,第21章,中译本171页。
〔58〕同上书,第26章,中译本208页,译文有调整。

治。第一个由自然法构成。自然法实际上和国家法——它直接依赖主权者的意志——保持着一种双重关系：在生效方面，自然法是国家法的一部分。

> 因为自然法就是公道、正义、感恩以及根据它们所产生的其他道德德性，正像我在第15章末所说的，这一切在单纯的自然状态下都不是正式的法律，而只是使人们倾向于和平与服从的品质。国家一旦成立之后，它们就成了实际的法律，在这以前则不是；因为这时它们成了国家的命令，于是也就成了国家法。〔59〕

主权者拥有的强制力量只能使构成自然法的相互性原则生效。这是否便是说，自然法在变成国家法时就倒在主权者——它对自然法所负有的义务和对国家法一般寥寥——的意志之下？自然法完全进入了一个彻底取决于主权意志的正当性领域？根据主权者只对上帝负有的某种义务，自然法使它负有义务，这个回答显然不够，因为这个回答对国家内在正当性没有影响。自然法和国家法之间的第二个关系是否能给我们超越这一不足的手段？

> 反过来说，国家法也是自然指令的一个组成部分。因为正义（也就是说履行信约并将每一个人自己的东西给予他自己）是自然法的指令，而国家的每一个臣民又都订立了信约要服从国家法。〔60〕

---

〔59〕《利维坦》，第26章，中译本207页，译文有调整。
〔60〕同上书，中译本208页，译文有调整。

如果国家法使自然法生效，后者就是对政治正当性诸指令负有义务的来源，因为它是遵守信约这一义务的起源。但这里的义务仍是臣民的义务，而我们的问题是关于国家的内在正当性，在其中主权者就是原理。换言之，能否设想一种和自然法相悖的实定正当性？对这个问题的回答必为否定："国家法既没有改变也没有限制自然法，而只是对自然权利如此。"[61]国家法虽然随国家而不同，却由一个共同原理统治：国家法不能与自然法相悖。诚然，主权者始终能够使其违背自然法，尤其是违背涉及人们的公道的自然法。但它所犯的不义不仅是对上帝的不义，还在更深远的意义上是一种对政治制度的内在矛盾，因为主权者自己质疑了那些负责政治和平的原理："国家法无法使得那违反神法或自然法的成为**合乎法权的**[the civil law cannot make that to be done jure, which is against the law divine, or of nature]。"[62]

第二个调节性原理从自然法中推出："高于主权者的法律的，是人民的幸福[salus populi]。"[63]这个原理覆盖了主权者的全部职责或责任，主宰着一种必须确保国家长久的统治技艺："但这儿所谓的**安全**还不单纯是指保全性命，而且也包括每个人通过合法的劳动、在不危害国家的条件下可以获得的生活上的一切其他的满足。"[64]统治技艺是关于以人民利益为目的的普遍法则：1. 预防叛乱的关于主权的权利基础的官方教导；2. 良法的制定，"良法就是**为人民的利益所需而又清晰明确的法律**"[65]；3. 人民的现世利

---

[61] 拉丁文版《利维坦》，拉丁文全集第3卷，第26章，198页，法译本285—286页。
[62] 《法律要义》，第2部分第10章第5节，186页。
[63] 同上书，第9章第1节，178页。
[64] 《利维坦》，第30章，中译本260页。
[65] 同上书，中译本270页。

益，包括生活的舒适、内部和平与防卫别国。统治技艺的这些法则并不只是属于主权者的关怀，也是并尤其是属于恰当理解下的它的利益："因为主权者的利益和人民的利益是不能分开的。臣民弱的主权者也弱，而主权者缺乏根据自己的意志统治臣民的权力时，臣民便是软弱的。"[66] 主权者的力量存在于臣民力量的总和：对主权者而言，削弱其臣民就是削弱自己。诚然，统治技艺的这些法则没有取消政治生活中的所有不便和不适。但人类生活从未幸免于此，无论如何，它们和国家解体导致的那些不适无法等量齐观。存在坏主权者，也就是不知道或不遵守那些主宰政治术的规则的主权者。权力滥用，给臣民树立恶例，涉及人们时不遵守公道自然法，在分配税负时不遵守正义自然法，这些都是国家致弱和解体的原因。如果人们认为社会信约的实现一劳永逸、不可逆转，然而这其实是远远不够的，"没有十分能干的建筑师的帮助"，人们"所砌成的建筑物就不可能不是摇摇晃晃的；这种建筑物在他们自己那一时代就很难支持，而将来则一定会倒下来打在他们子孙的头上"。[67]

从其目的的角度看，政治权力也包括一个条件。国家本身不是目的，它的目的是构成国家的个体的和平及安全。政治人格是一个人造人格，具有一个人造灵魂和一个人造意志：一旦国家不再能履行其职责，它对个体产生的约束便不再存在。臣民既没有把自己赠给主权者，也没有把自己卖给主权者，这就是为什么他们的服从始终取决于国家对他们的个体性存在所带来的保证：

---

[66]《利维坦》，第30章，中译本271页，译文有调整。
[67] 同上书，第29章，中译本249—250页。

臣民对于主权者的义务应理解为只存在于主权者能用以保卫他们的权力持续存在的时期。因为在没有其他人能保卫自己时，人们自然上有的自卫权利是不能根据信约放弃的。主权是国家的灵魂，灵魂一旦与身躯脱离后，肢体就不再从灵魂方面接受任何运动了。[68]

在其起源、行使和目的的规定下，政治权力绝不可归约为恣意的任性。代表及授权理论的后果重大：公共空间在霍布斯处是一个法权空间。《利维坦》建立一种国家的法权结构，这在《法律要义》和《论公民》中并没有对应物。它围绕以下几组概念组织起来：授权人／代理人，代表者／被代表者，授权／权威使国家成为全然不同于冷酷怪物的事物。通过奠基行为，主权者变成国家的内在法权基础和统一性的拱顶石。

实际上，主权者的建立将一个真正的颠倒引入到授权人／代理人、代表者／被代表者的关系中，引入到授权概念中。一旦建立了政治人格，可以说主权者自己变成了主要的政治授权人。这一颠倒，霍布斯在关于国家法的讨论中明确表述道："法律便必须不但要公布，而且要有授权者和权威的［of the Author, and Authority］充分证明。每一个国家的授权人［The Author］或立法者应当是显而易见的，因为主权者是通过每一个人的同意建立的，每一个人都认为完全是众所周知的。"[69]主权者从由社会信约授权的代理人，变为授与法律某种权威的授权人。诚然，权威［autorité］概念在这里发生了转换，因为它不再指给某个个体的委

---

[68]《利维坦》，第21章，中译本172页，译文有调整。
[69] 同上书，第26章，中译本212页。

托或准许,而是一种属性——这种属性系于主权,并由主权授与作为命令的国家法,[70]"证明所包含的不过是法的证据与记录,而不是**法的权威,这种权威只存在于主权者的命令之中**"[71]。

但也有一种权威或授权,在委托或准许的最初意义上,由主权者交给某些臣民。主权者由此授权某些臣民履行公共职能:"政务大臣是主权者(不论是君主还是大会)用于任何事务并在该事务中有权代表[with Authority to represent]国家人格的人。"[72]组成政务大臣的是负责全面或特殊政务、军事统辖、司法、教导和对外国的代表职责的臣民。他们都以主权者的名义行动:"从主权者方面取得权威[that have Authority frome the Soveraign]以执行已做出的判决……也全都是政务大臣。因为他们根据这种权威

---

[70] 参考蒂科在其《利维坦》法译本 292 页脚注 68 的评注。

【译者按,以下为该注内容】英文文本为"The difficulty consisteth in the evidence of the Authority derived from him"。大概意思清楚,但霍布斯 authority 概念的复杂性使得无法有完全令人满意的翻译方式。理论上,这里的问题不在于"授权"(它应该理解为命令或者准许)——因为法律的颁布,某些公职人员或公民被主权者授与了它:通过法律,这些人取得一种在第三方看来能够行使的权威。准确言之,authority 既是授权的行为(主权者的活动),又是受权的事实(受委托的公民的品质)。这种理论图形支持一种双重偏斜:1. 在这里,注意力便离开能够依仗法律的人们(或者是执行者,或者是"拥有权利"者),以投向法律本身;"受权的"正是法律本身(尽管理论上它只是"授权"的传输工具)。2. 这种法律的"权威"[authority]实际上与法语意义上的权威[autorité]非常接近。因为,尽管在根据该系统的文本中,主权者的权威只是来自建立国家者的授权,但它实际上在很多地方被看作起点[terminus a quo]而非终点[terminus ad quem];它不再是一种和委任者的关系(意味着某种低下),而是一种地位、一种高位。自此,对法律提出的问题就是保证这种主权者的"权威"很好地传给作为法律而给出的命令。但代表的两个系统仍然相混,以致这个句子既表示主权者是法律及其涵盖行为的**授权人**,也表示法律具有主权**权威**的特征。

[71]《利维坦》,第 26 章,中译本 213 页,强调为作者所加。

[72] 同上书,第 23 章,中译本 186 页,译文有调整。

［*Authority*］所做出的每一种行为都是国家的行为。"[73]正如授权中有颠倒，代表中也有颠倒。如此一来，下属的法官"在裁判席上所代表的是主权者的人格，他们的判决就是主权者的判决"。[74]自此，主权者是授权人和被代表者，臣民是国家的代理人和代表者。国家的所有内部公共机构都围绕这一颠倒相互勾连。在私人领域方面，所有转让对事物的权利的信约（交易）以及私人授权信约，在不违背国家法的条件下是有效的，在其有效性自此由政治权利和力量保障的条件下生效。

这样一来，奠基行为建立了人类世界的一种法权-政治结构。相互性在臣民之间生效，但这种相互性是以臣民和主权者之间的非相互性为条件。通过主权代表者/代理人的中介，在国家中展开了一种政治共同体的空间，它是一个利益的共同体、一个意志的共同体。通过最高法官的建立，自然状态的冲突性空间转化为某种政治和平的空间，纠纷在其中由法律了结。但政治从未能以确定或不可逆转的方式保证这个权利与和平的政治空间。政治和平将始终受到威胁：在外部是无法超越的国际战争状态，在内部是蓄意否定国家权威的叛乱者——这种人不理解或不愿理解，正是在和平而非战争中，延续存在的欲望才得以实现。

---

[73]《利维坦》，第23章，中译本190页。
[74] 同上书，中译本188页。

结论：思辨结构

本书试图重新思考由霍布斯所开启的伦理－政治问题的展开，而其出发点是对形而上学的再聚焦，因为它揭示了伦理－政治问题的内在思辨结构。而经过本书的论述，此刻我们不再能够将这位英国哲学家的主要著作的各个部分看作是没有联系的，或者相反，将其看作是一个纯粹的演绎系统。前者实际上是在否认霍布斯著作的形而上学意涵，并且将影响了两个多世纪哲学思想的伦理与政治原则看作是单纯的公设或者对于当时社会的纯粹经验判断的产物。诚然，就像任何另外一种哲学一样，霍布斯的哲学并非不蕴含着原则性立场，并且也有其具体的社会背景，但这些理由都不足以使我们不去面对真正的困难并由此任由我们所试图解释的作品被逐渐边缘化。另一方面，如果我们只专注于谈论一种纯粹的演绎系统，在这一系统中伦理学和政治学能够从关于运动物体的理论中演绎出来，我们实际上又是将这种伦理学与政治学当作了一个纯粹比喻性的系统。为了避免这两种危险，我们必须重新将霍布斯的全部作品纳入考量，不是为了重复它，而是为了重新思考它，或者说是为了得出那个贯穿其中的主导了其展开的思辨结构。

这一思辨结构揭示出，**分离的形而上学**与**政治的奠基**不过是同一个问题的两个方面。分离的形而上学关涉人与世界之关系的新定义，它涵盖了从感觉理论到对语言推理的高层次论述的所有内容。在感觉理论的层面上霍布斯主要完成了对事物与表象的前谓述的分离。当然，事物仍然是感觉表象的外在现实原因，但表象不再是事物本身及其真实性质与规定的显现。从感觉开始，人与事物的世界分离了，他不再能在这一世界中找到其居所。表象作为一种现象不再是对世界的原初的、不可还原的呈现：表象不再是对存在的表象，而是我们自身与事物之间的一个屏障。世界的毁灭的假设造成了表象与事物的这一前谓述的分离，即一个第一哲学的开创性时刻——它将第一原则的位置赋予作为表象形式的空间和时间。从这一前谓述的分离出发，谓述性的话语不再能够找到并且谈论已经隐遁的事物的存在或本质。而且，意指和命题的理论也导向了对存在论语言的批判。谓述模式在对存在的阐释之外获得了自己的独立性，这使其将诸范畴转换为了一种单纯的名称层级，并将对于存在的认识转换为了对于作为的认识。世界由此成为了被倒转的表象之镜的背面，而当我们要试图理解它时，谓述与存在的分离就为在语言中展开的认识赋予了一种难以被逾越的假设性和条件性的特征。在这样的背景下，当物理的唯物主义被扩展到了生理学上时，它就不过是一种认识论立场，在这种立场中，支撑或基底被作为物质而为我们所认识仅仅是因为这与我们表象与言语的条件有关。由此，在分离的形而上学中，与因毁灭假设而失去的世界的任何调和都是不可能的。

不过，虽然分离的形而上学使得表象与意指的世界脱离了其在存在结构之中的根基，并且由此建构了作为运动中的物质的新的实在概念，但它却也使得政治问题的转变成为可能：此时，政治问题变成了国家的原初的与非历史性的奠基问题。这一奠基问题的独特性在于，政治既不处于事物世界的地理空间中，也不处于沉淀了人类的历史感的时间中；如果反之，我们就需要将地理位置、种群历史、风俗和体制等的多样性纳入考量。从构成了个体经验场域的表象与情感空间出发，伦理－政治系统得以在法权共同体的空间中展开其各个发展环节，而法权共同体空间只能作为公民空间而存在，这即是说它以国家的奠基为前提。激情理论、主体权利的系统化以及这一奠基行为的构成性规定即社会契约，都在这一新语境中找到了其位置。首先，简单激情理论——简单激情即欲望的不同样态——描述了个体激情生活的场域，这一场域通过复杂激情理论能够容纳个体与他者的关系。而由于个体存在以及其与他者的关系性存在的最根本规定性都是由语言所赋予的，因此这一关系性经验的场域也就是由语言及其所蕴含的根本矛盾所构成以及维系的；经由人际间的激情生活的特殊的动态关系，这一场域也就转变为了战争状态的冲突空间，自我保存的欲望也就成为了对于权势的无止境欲望，其对象也拓展到了整个世界之上。但由于这一欲望是普遍的，它也就只能引向痛苦与死亡。被拓展为对所有事物的权利的自然权利与规定了和平的自然法之间的对立所表达的也就是每个个体视角的单方面性与对一种交互性的要求之间的冲突。由此，社会契约作为一种原初的奠基行为也就将其法理－政治结构施加在了其结构已不复扎根于存在秩序中的属人世界上。

参考文献

关于各种一般性的背景文献可参见如下文献列表：

1. 霍布斯的作品列表可见 H. Macdonald 及 M. Hargreaves, *Thomas Hobbes, a Bibliography*, London, The Bibliographical Society, 1952。

2. 各时期霍布斯研究的文献列表可见 A. Garcia, *Thomas Hobbes: Bilbiographie international de 1620 à 1986*, Caen, Bibliothèque de Philosophie politique et juridique, 1986；Ch. Hinnant, A. Pacchi, W. Sachsteder, F. Tönnies, B. Willms 等人的作品中也包含了关于先前研究的讨论。

3. 关于霍布斯的生平，见 J. Aubrey, *Brief Lives of Contemporaries*, A. Clark, 2 vols, Oxford, 1898；这本传记集中的霍布斯部分曾被 R. Polin 译成法语并附在其编辑的《论公民》的同时代法语译本中：*De Cive*, Paris, Sirey, 1981, pp. 3-25；G. C. Robertson, Hobbes, Edinburgh-London, 1910；F. Tricaud, "Eclaircissements sur les six premières biographies de Hobbes", in *Archives de Philosophie*, 48:2, 1985, pp. 277-286。

4. 关于如何获取霍布斯已出版及未编辑作品，见 F. Tricaud, "Quelques éléments sur la question de l'accès aux textes dans les études hobbiennes", in *Revue international de philosophie*, 129, 1979,

pp. 393-414。

5. 关于霍布斯的通信，可见 Tricaud 的第二篇文章以及 J. Jacquot 和 H. W. Jones 在他们编辑的 *Critique du 'De Mundo' de Thomas White* 的导论部分结尾所提供的文献列表（p. 102）。

由作者及 J. Bernhardt 所酝酿的首期"Bulletin Hobbes"将在 *Archives de philosophie*, 51:2, 1988 中出版。它涉及了近十年来的霍布斯研究，并且由众多国际学者共同完成。

§1 霍布斯的作品

Oeuvres complètes : –*Thomae Hobbes Opera philosophica quae latine scripsit*, (abr. *O.L.*) 5 vol.;
–*The English Works of Thomas Hobbes*, (abr. *E.W.*) 11 vol., édition W. Molesworth, Londres, 1839-1845, réimpression, Aalen, 1966.

Une édition critique des œuvres complètes de Hobbes est en cours. Sont publiés à ce jour, par H. WARRENDER, le texte latin et la traduction anglaise du *De Cive*, Oxford, Clarendon Press, Oxford, 1983.

1.1 霍布斯有关形而上学的作品

Les textes regroupés dans ce registre constituent les étapes successives de la rédaction du *De Corpore;* ils attestent que la dimension métaphysique de la pensée de Hobbes n'est pas un produit tardif qui n'aurait eu d'existence qu'une fois que le système éthico-politique fut achevé. Pour plus de précision sur les manuscrits, cf. l'introduction de J. Jacquot et H.W. Jones à leur édition de la *Critique du 'De Mundo'*, pp. 71-97.

1638-1639 : Notes de Herbert of Cherbury sur une première ébauche du *De Corpore* qu'on intitule conventionnellement *De Principiis*, National Library of Wales, Aberystwyth, MS 5297. D'abord édité par M. Rossi dans *Alle Fonti del Deismo e del Materialismo Moderno*, Florence, 1942, pp. 104-119; et réédité par J. Jacquot et H.W. Jones en Appendice II de la *Critique du 'De Mundo'*, pp. 449-460.

1641 : *Objectiones ad Cartesii Meditationes*, pour ce texte nous nous référons à la fois à l'édition Molesworth (*O.L.* V, pp. 249-274) et à l'édition des *Oeuvres de Decartes* (A.T., IX-1, pp. 133-152).

1643 (vers) : *Critique du 'De Mundo' de Thomas White*, Paris, Bibliothèque Nationale, Fonds latin 6566 A. Edité par J. Jacquot et H.W. Jones, Paris, Vrin-CNRS, 1973, pp. 105-438.

1644-1645 : *Logica Ex T.H. et Philosophia prima Ex T.H.*, Chatsworth MS A 10. Manuscrit autographe. Publié par J. Jacquot et H.W. Jones en Appendice III de la *Critique du 'De Mundo'*, pp. 461-513.

1645-1646 (vers) : Notes de Cavendish sur une ébauche (différente du manucrit A 10) du *De Corpore*, British Museum, Harleian MS 6083, f°s 71-74 et 194-211. Les variantes qui distinguent ce manuscrit du manuscrit autographe A 10 sont reprises dans l'Appendice III (cité ci-dessus) de la *Critique du 'De Mundo'*.

1655 : *De Corpore (O.L. I)*, une traduction anglaise revue par Hobbes paraît en 1656 (*E.W.* I).

1.2 霍布斯的科学作品

1630 : *A Short Tract on first principles*, British Museum, Harl. MS 6796, f°s 297-308. Publié par F. Tönnies en Appendice I dans son édition des *Elements of Law*, pp.193-210. Il s'agit d'un état ancien de la pensée de Hobbes. Une édition critique accompagnée d'une traduction et d'un commentaire par J. Bernhardt est en voie de publication.

1640 : *Tractatus Opticus I (O.L.* V, pp. 217-248), publié en 1644 par Mersenne dans ses *Cogitata physico-mathematica*, Livre VII de l'Optique.

1640-1641 : Correspondance avec Descartes sur *La Dioptrique* par l'intermédiaire de Mersenne (*O.L.* V, pp. 277-307). Cette correspondance figure également dans la *Correspondance du P. Marin Mersenne, Religieux Minime*, vol. X, Paris, CNRS 1967, et dans les *Oeuvres de Descartes*, A.T., III.

1644: Extraits de la préface de la "Ballistica" dans les *Cogitata physico-mathematica* de Mersenne, (*O.L.*V, pp. 309-318).

1644-1645: *Tractatus Opticus II*, British Museum, Harl. MS 6796, f°s 193-266. Des extraits en sont donnés par Tönnies en Appendice II des *Elements of Law*, pp. 211-226. Edition intégrale par F. Alessio, in *Rivista critica di storia della filosofia*, XVIII, n°2, 1963, pp. 147-228.

1646 : *A Minute or First Draught of the Optiques, in two parts. The first of illumination, the second of vision*, British Museum, Harl. MS 3360. Seules la dédicace et les conclusions figurent dans l'édition Molesworth (*E.W.* VII, pp. 467-471). La seconde partie de ce traité sera traduite en latin et placée dans les chapitres II à IX du *De Homine*. Dans l'épître dédicatoire du *De Corpore* (*O.L.* I, s.p.) Hobbes indique que la traduction de l'anglais en latin date de 1649. Une édition critique de ce manuscrit est en préparation sous la direction de J. Bernhardt.

1656 : *Six Lessons to the professors of the mathematics* (*E.W.* VII, pp. 181-356).

1657 : *Stigmai, or marks of the absurd geometry...* (*E.W.* VII, pp. 357-400).
1660 : *Examinatio et emendatio mathematicae hodiernae* (*O.L.* IV, pp. 1-232). Ce texte a sans doute eu une influence importante sur Spinoza.
1661 : *Dialogus physicus de natura aeris* (*O.L.* IV, pp. 231-296).
1662 : *Problemata physica* (*O.L.* IV, 297-384), texte traduit et publié en anglais en 1682 sous le titre *Seven philosophical problems* (*E.W.* VII, pp. 3-68).
1666 : *De Principiis et ratiocinatione geometrarum* (*O.L.* IV, pp. 385-484).
1669 : *Quadratura circuli, cubatio sphaerae, duplicatio cubi* (*O.L.* IV, pp. 485-522).
1671 : *Rosetum geometricum* (*O.L.* V, pp. 1-88).
1671 : *Three papers presented to the Royal Society against Dr. Wallis* (*E.W.* VII, pp. 429-441).
1672 : *Lux mathematica* (*O.L.* V, pp. 89-150).
1674 : *Principia et problemata aliquot geometrica...* (*O.L.*, V, pp. 151-214).
1678 : *Decameron physiologicum* (*E.W.* VII, pp. 69-177).

1.3 霍布斯的政治学作品

1640 : *The Elements of Law natural and politic,* circulèrent en manuscrit et furent publiés pour la première fois en 1650 sous la forme de deux traités : *Human nature* (*E.W.* IV, pp. 1-76) et *De Corpore politico* (*E.W.* IV, pp. 77-228). F. Tönnies en a donné en 1889 une édition d'après des manuscrits originaux où ne figure pas la division en deux traités, seconde édition avec une introduction de M.M. Goldsmith, Londres, Frank Cass, 1969; nous nous référons à cette dernière édition. L. ROUX a donné une traduction des *Elements of Law,* sous le titre de *Eléments du droit naturel et politique,* Lyon, 1977.

1642 : *De Cive,* seconde édition, Amsterdam, 1647, est enrichie d'une préface et de notes particulièrement importantes (*O.L.* II, pp. 135-432). La traduction anglaise revue par Hobbes lui-même paraît en 1651 sous le titre *Philosophical rudiments concerning government and society* (*E.W.* II, pp. 1-319).

1651 : *Leviathan* (*E.W.* III), la traduction latine commencée par Stubbe est reprise et achevée par Hobbes, elle fut publiée en 1668 (*O.L.* III). Le texte latin comporte de nombreuses variantes par rapport au texte anglais. Pour le texte anglais nous nous référons à l'édition C.B. Macpherson, Pelican classics, Penguin Books, 1968; pour le texte latin à l'édition Molesworth. La traduction de F. Tricaud (Paris, Sirey, 1971), à laquelle nous renvoyons également, comporte en notes la traduction des variantes du texte latin.

1658 : *De Homine* (*O.L.* II, pp. 1-132), pour ce texte nous nous référons à l'édition Molesworth; traduction P.M. Maurin, Paris, Blanchard, 1976.

1.4 与布拉姆霍尔主教讨论的作品

1646 : *Of Liberty and necessity* (*E.W.* IV, pp. 229-278), fut publié sans l'accord de Hobbes en 1654.

1656 : *The questions concerning liberty, necessity and chance* (*E.W.* V, pp. 1-455).

1668 : *An Answer to a book published by Dr. Bramhall, late Bishop of Derry, called the 'Catching of the Leviathan'* (*E.W.* IV, pp. 279-384), publication posthume en 1682.

1.5 霍布斯关于历史的作品

1660 : *Historia Ecclesiastica carmine elegiaco concinnata* (*O.L.* V, pp. 341-408), publication posthume en 1688.

1660-1668 : *Behemoth, or the long Parliament* (*E.W.* VI, pp. 161-418), publication posthme en 1680. Une édition plus soignée a été donnée de ce texte par F. Tönnies, Londres, 1889, rééditée avec une introduction de M.M. Goldsmith, Londres, Frank Cass, 1969, nous utilisons cette dernière édition.

1666 : *A Dialogue between a philosopher and a student of the common laws of England* (*E.W.* VI, pp. 1-160), publication posthume en 1681. Nouvelle édition avec une introduction de J. Cropsey, Chicago, University of Chicago Press, 1971.

1666 : *An historical narration concerning heresy, and the punishment thereof* (*E.W.* IV, pp. 385-408), publication posthume en 1680.

1.6 翻译及其他

1627 : *De mirabilibus pecci* (*O.L.* V, pp. 319-340) publié vers 1636.

1629 : Traduction de la *Guerre du Péloponnèse* de Thucydide (*E.W.* VIII et IX).

1637 : Rédaction d'abrégés de la *Rhétorique* d'Aristote (*E.W.* VI, pp. 419-536).

1650 : *Answer of Mr. Hobbes to Sir William Davenant's preface before 'Gondibert'* (*E.W.* IV, pp. 441-458).

1673-1676 : Traduction de *l'Iliade* et de *l'Odyssée* (*E.W.* X).

§2 其他原著类作品

ABÉLARD (P.), *Philosophische Schriften*, ed. B. Geyer, "Beiträge zur Geschichte der Philosophie des Mittelalters", XXI, Münster in W., 1919-1927.

– *Dialectica*, ed L.M. De Rijk, Assen, 1956.

– *Oeuvres choisies*, textes présentés et traduits par M. de Gandillac, Paris, 1945.

ALTHUSIUS (J.), *Politica methodice digesta*, ed. C.J. Friedrich, New York, Arno Press, 1979.

ARISTOTE, *La métaphysique*, introduction, traduction, notes et index par J. Tricot, 2 vol., Paris, Vrin, 1970

—*Organon*, traduction nouvelle et notes par J. Tricot, 6 ouvrages en 5 vol., Paris, Vrin 1950-1971.

—*Physique*, texte établi et traduit par H. Carteron, 2 vol., Paris, Belles Lettres, 1966 et 1969.

—*De la génération et de la corruption*, traduction nouvelle et notes par J. Tricot, Paris, Vrin, 1971.

—*Ethique à Nicomaque*, introduction, traduction, notes et index par J. Tricot, Paris, Vrin, 1967.

—*La politique*, introduction, traduction notes et index par J. Tricot, Paris, Vrin, 1970.

—*Rhétorique*, Texte établi et traduit par M. Dufour, 3 vol. (trad. M. Dufour et A. Wartelle pour le troisième volume), Paris, Belles Lettres, 1967-1973.

ARNAULD (A.), *Des vraies et des fausses idées*, Paris, Fayard, 1986.

ARNAULD et LANCELOT, *Grammaire générale et raisonnée*, Paris, Republication Paulet, 1969.

ARNAULD et NICOLE, *La logique ou l'art de penser*, ed. P. Clair et F. Girbal, Paris, Vrin, 1981.

AUGUSTIN (Saint), *Les confessions*, traduction par J. Trabucco, Paris, garnier, 1964.

—*Le Magistère Chrétien*, Bibliothèque augustinienne, vol. 11, introduction, traduction et notes de G. Combes et J. Farges, Paris, 1949.

—*La Trinité*, Bibl. aug., vol. 15 et 16, introduction E. Hendrikx, traduction et notes pour le vol. 15 de M. Mellet et Th. Camelot, et pour le vol. 16 traduction de P. Agaesse, notes en collaboration avec J. Moingt, Paris, 1955.

BACON (F.), *Oeuvres philosophiques, morales et politiques*, traduction par J.A.C. Buchon, Paris, 1842.

—*La Nouvelle Atlantide*, traduction et commentaire par M. Le Doeuff et M. Llasera, Paris, Payot, 1983.

BERKELEY (G.), *Philosophical Works*, ed. M.R. Ayers, Londres, 1980.

—*Oeuvres I*, Traductions publiées sous la direction de G. Brykman, Paris, PUF, 1985.

—*Principes de la connaissance humaine*, édition bilingue, traduction A. Leroy, Paris, Aubier-Montaigne, 1969.

—*Trois dialogues entre Hylas et Philonous*, traduction A. Leroy, Paris, Aubier-Montaigne, 1970.

—*De l'obéissance passive*, traduction D. Deleule, Paris, Vrin, 1983.

—*Alciphron*, traduction J. Pucelle, Paris, Aubier-Montaigne, 1952.

BODIN (J.), *Les six livres de la République*, deuxième réimpression de l'édition de Paris 1583, Aalen, 1977.

—*La méthode de l'histoire*, traduction de P. Mesnard, Paris, Belles Lettres, 1941.

—*Exposé du Droit Universel*, traduction par L. Jerphagnon, commentaire par S. Goyard-Fabre, notes par R.M. Rampelberg, Paris, PUF, 1985.

BOÈCE, *Commentarii in Librum Aristotelis Peri Hermeneias*, ed. C. Meiser, 2 vol., Leipzig, 1877 et 1880.

BOSSUET, *Politique tirée des propres paroles de l'Ecriture Sainte*, édition critique J. Le Brun, Genève, Droz, 1967.

—*Politique de Bossuet*, présentée par J. Truchet, Paris, A. Colin, 1966.

BOTERO (G.), *Raison et gouvernement d'Estat*, Paris, 1599.

BOVELLES (Charles de), *Le livre du sage*, texte et traduction par P. Magnard, précédé d'un essai "L'homme délivré de son ombre", Paris, Vrin, 1982.

—*Le livre du néant*, texte et traduction par P. Magnard, précédé d'un essai "L'Etoile Matutine", Paris, Vrin, 1983.

—*L'art des opposés*, texte et traduction par P. Magnard, précédé d'un essai "Soleil Noir", Paris, Vrin, 1984.

BOYLE (R.), *The Works of the honourable Robert Boyle*, 5 vol., Londres, 1744.

BRUNO (G.), *La cena de le ceneri -Le banquet des cendres*, extraits traduits par E. Namer, Paris, Gauthier-Villars, 1965.

—*Cause, principe et unité*, traduction E. Namer, Paris, Editions d'aujourd'hui, 1982.

—*Des fureurs héroïques*, traduction P.H. Michel, Paris, Belles Lettres, 1954.

BURIDAN (Jean), *Compendium totius Logicae*, édition de Venise 1499, réimpression, Frankfurt / Main, 1965.

—*Sophismata*, ed. T.K. Scott, Stuttgart-Bad Cannstatt, 1977.

—*Tractatus de Consequentiis*, ed. H. Hubien, Louvain-Paris, 1976.

BURLAMAQUI (J.J), *Eléments du droit naturel*, édition de Lausanne 1783, réimpression, Paris, Vrin, 1981.

—*Principes du droit politique*, 2 vol., édition d'Amsterdam, 1751, réimpression, Caen, Bibliothèque de Philosophie politique et juridique, 1984.

BURTHOGGE (R.), *Organum vetus et novum, or a Discourse of Reason and Truth wherein the Natural Logick Common to Mankind is briefly and plainly described*, Londres, 1678.

—*An Essay upon Reason and the Nature of Spirits*, Londres, 1694.

CALVIN, *Institution de la religion chrétienne*, texte établi et présenté par J. Pannier, deuxième édition, 4 vol., Paris, Belles Lettres, 1961.

CAMPANELLA (T.), *La cité du soleil*, traduction A. Tripet, Genève, Droz, 1972.

CHARRON, *De la sagesse*, Paris Fayard, 1986.

CICÉRON, *De la République* et *Des lois*, traduction Ch. Appuhn, Paris, Garnier, 1965.

—*De l'orateur*, texte établi et traduit par E. Courbaud, 3 vol. (le troisième volume est traduit en collaboration avec H. Bornecque), Paris, Belles lettres, 1966-1971.

CLARKE (S.), *Oeuvres*, traduction par A. Jacques, Paris, 1847.

COMTE (A), *Physique sociale* (Cours de philosophie positive, leçons 46-60), ed. J.P. Enthoven, Paris, Hermann, 1975.

COPERNIC (N.), *Des révolutions des orbes célestes*, texte, traduction et notes par A. Koyré, Paris, Félix Alcan, 1934.

CORDEMOY (Gérauld de), *Oeuvres philosophiques*, édition critique présentée par P. Clair et F. Girbal, Paris, PUF, 1968.

DESCARTES (R.), *Oeuvres*, ed. C. Adam et P. Tannery, nouvelle présentation, Paris, CNRS-Vrin, 1964-1974.

—*Règles utiles et claires pour la direction de l'esprit en la recherche de la vérité*, traduction selon le lexique cartésien et annotations conceptuelles par J.L. Marion, avec des notes mathématiques de P. Costabel, La Haye, 1977.

DUPLEIX (Scipion), *La logique ou l'art de discourir et de raisonner*, Paris, Fayard, 1984.

EPICURE, *Lettres et Maximes*, introduction, texte, traduction et notes de M. Conche, Paris, Editions de Mégare, 1977.

ERASME, *La philosophie chrétienne (L'éloge de la folie –L'essai sur le libre arbitre – Le cicéronien –La réfutation de Clichtove)* introduction, traduction et notes par P. Mesnard, Paris, Vrin, 1970.

—*Enchiridion Militis Christiani*, introduction et traduction par A.J. Festugière, Paris, Vrin, 1971.

—*Cinq Banquets*, texte et traduction sous le direction de J. Chomarat et D. Ménager, Paris, Vrin, 1981.

—*Liberté et unité dans l'Eglise*, introduction, présentation des textes et bibliographie par J.M. De Bujanda, traduction et notes de R. Galibois en collaboration avec P. Collinge, Centre d'Etudes de la Renaissance de l'Université de Sherbrooke, 1971.

—*Guerre et Paix*, choix de textes, introduction et commentaires par J.C. Margolin, Paris, Aubier-Montaigne, 1973.

—*Erasme de Rotterdam et Thomas more, Correspondance*, traduction G. Mac'hadour et R. Galibois, Centre d'Etudes de la Renaissance de l'Université de Sherbrooke, 1985.

FÉNELON, *Oeuvres philosophiques*, Paris, 1843.
—*Ecrits et lettres politiques*, publiés sur des manuscrits autographes par Ch. Urbain, Paris, 1920.
FICHTE (J.G.), *Essais philosophiques choisis* (1794-1795), traduction L. Ferry et A. Renaut, Paris, Vrin, 1984.
—*Fondement du droit naturel selon les principes de la doctrine de la science*, traduction A. Renaut, Paris, PUF, 1984.
—*Le système de l'éthique selon les principes de la doctrine de la science*, traduction P. Naulin, Paris, PUF, 1986.
FILMER (R.), *Patriarcha, and Other Political Works*, ed. P. Laslett, Oxford, 1949.
GAIUS, *Institutes*, texte établi et traduit par J. Reinach, Paris, Belles Lettres, 1979.
GALILÉE, *Le message céleste*, texte établi, traduit et présenté par E. Namer, Paris, Gauthier-Villars, 1964.
—*Discours concernant deux sciences nouvelles*, présentation, traduction et notes par M. Clavelin, Paris, A. Colin, 1970.
—*Dialogues et Lettres choisies*, traduction P.H. Michel, Paris, Hermann, 1966.
GASSENDI (P.), *Exercitationes Paradoxicae Adversus Aristoteleos* (Livre I et II), texte établi et traduit par B. Rochot, Paris, Vrin, 1959.
—*Disquisitio Metaphysica*, texte établi, traduit et annoté par B. Rochot, Paris, Vrin, 1962.
—*Institutio Logica*, 1658, édition critique de H. Jones, Assen, 1981.
GEULINCX (A.), *Opera philosophica*, ed. J.P.N Land, 3 vol., réimpression, Frommann-Holzboog, Stuttgart -Bad Cannstatt, 1965-1968.
GRACIÁN (B.), *La pointe ou l'art du génie*, traduction intégrale par M. Gendreau-Massaloux et P. Laurens, préface de M. Fumaroli, Lausanne, L'Age d'Homme, 1983.
—*L'homme universel*, traduction J. Courbeville, Paris, Plasma,1980.
—*L'homme de cour*, traduction par Amelot de la Houssaie, Paris, Champ libre, 1980.
—*Le Politique Dom Ferdinand le catholique*, traduction J. de Courbeville, Paris, Editions Gérard Lebovici, 1984.
—*Le Héros*, traduction par J. de Courbeville, Paris, Champ libre, 1973.
GRÉGOIRE DE RIMINI, *Super Primum et Secundum Sententiarum*, Venise, 1522, réimpression, Padenborn, 1955.
GROTIUS (H.), *Le droit de la guerre et de la paix*, traduction J. Barbeyrac, 2 vol., édition d'Amsterdam 1724, réimpression, Caen, Bibliothèque de Philosophie politique et juridique, 1984.
HARVEY (W.), *La circulation du sang*, traduction Ch. Richet, Paris, Masson, 1879.

HEGEL, *Ecrits politiques*, textes traduits par M. Jacob et P. Quillet, Paris, Champ libre, 1977.

—*Des manières de traiter scientifiquement du droit naturel*, traduction et notes par B. Bourgeois, Paris, Vrin, 1972.

—*Système de la vie éthique*, traduit et présenté par J. Taminiaux, Paris, Payot, 1976.

—*Première philosophie de l'esprit* (Iéna, 1803-1804), traduction et présentation par G. Planty-Bonjour, PUF, 1969.

—*La philosophie de l'esprit de la Realphilosophie* (1805), Traduction par G. Planty-Bonjour, Paris, PUF, 1982; le même texte a été également traduit par J. Taminiaux dans *Naissance de la philosophie hégélienne de l'Etat* (Paris, Payot, 1984) avec une introduction substantielle qui fait une large place à la comparaison de Hegel avec Hobbes.

—*La phénoménologie de l'Esprit*, traduction J. Hyppolite, Paris, Aubier-Montaigne.

—*Principes de la philosophie du droit*, traduction R. Derathé en collaboration avec J. P. Frick, Paris, Vrin, 1982.

—*Leçons sur l'histoire de la philosophie*, T. VI, traduction P. Garniron, Paris Vrin, 1985.

HOOKER (R.), *Of the Laws of Ecclesiastical Polity*, ed. C. Morris, 2 vol, Londres, Everyman's Library, 1969.

HUME (D.), *Traité de la nature Humaine*, traduction par A. Leroy, 2 vol., Paris, Aubier-Montaigne, 1973.

— *Essays moral, political and literary*, édition de E.F. Miller, indianapolis, 1985.

—*Enquête sur les principes de la morale*, traduction par A. Leroy, Paris, Aubier-Montaigne, 1947.

—*Essais politiques*, republiés par R. Polin, Paris, Vrin, 1972.

—*Dialogues sur la religion naturelle*, traduction de M. David, Paris, Vrin, 1973.

—*L'histoire naturelle de la religion*, traduction M. Malherbe, seconde édition corrigée, Paris, Vrin, 1980.

KANT, *Logique*, traduction L. Guillermit, Paris, Vrin, 1982.

—*Critique de la raison pure*, traduction de J. Barni, revue, modifiée et corrigée par A. J.-L. Delamarre et F. Marty.

—*Premiers principes métaphysiques de la science de la nature*, traduction J. Gibelin, Paris, Vrin, 1971.

—*Critique de la raison pratique*, traduction F. Picavet, Paris, PUF, 1966.

—*Anthropologie du point de vue pragmatique*, traduction M. Foucault, Paris, Vrin, 1970.

―*Métaphysique des moeurs*, première partie *Doctrine du droit*, traduction A. Philonenko, Paris, Vrin, 1971; deuxième partie *Doctrine de la vertu*, même traducteur, Paris, Vrin, 1980.

―*Théorie et pratique*, traduction L. Guillermit, Paris, Vrin, 1980.

―*Projet de paix perpétuelle*, traduction J. Gibelin, Paris, Vrin, 1975.

KEPLER, *Paralipomènes à Vitellion*, traduction C. Chevalley, préface de R. Taton et P. Costabel, Paris, Vrin, 1980.

LA BOÉTIE (Etienne de), *Discours de la servitude volontaire*, texte établi par P. Léonard, présentation M. Abensour et M. Gauchet, avec des études de P. Clastres et C. Lefort.

LA RAMÉE (Pierre de), *Grammaire* (1562 et 1572) et *Dialectique* (1555), réimpression, Slatkine, 1972.

LA ROCHEFOUCAULD, *Maximes*, édition de J. Truchet, Paris, Garnier, 1967.

LEIBNIZ, *Die philosophischen Schriften*, édition Gerhardt, 7 vol., Hildesheim, Olms, 1965-1978.

―*Sämtliche Schriften und Briefe*, herausgegeben von der preussischen Akademie der Wissenschaften, VI, *Philosophische Schriften*, I.

―*Opuscules et fragments inédits*, édition L. Couturat, Hildesheim, Olms, 1966.

―*Nouvelles lettres et opuscules inédits*, édition A. Foucher de Careil, Paris, 1857.

―*Textes inédits*, d'après les manuscrits de la bibliothèque provinciale de Hanovre, publiés et annotés par G. Grua, 2 vol., Paris, PUF, 1948.

―*Correspondance Leibniz-Clarke*, présentée d'après les manuscrits originaux des bibliothèques de Hanovre et de Londres par A. Robinet, Paris, PUF, 1957.

―*Principes de la nature et de la grâce fondés en raison*, et *Principes de la philosophie ou Monadologie*, publiés intégralement d'après les manuscrits de Hanovre, Vienne, Paris, et présentés d'après des lettres inédites par A. Robinet, troisième édition, Paris, PUF, 1986.

―*Opuscules philosophiques choisis*, traduction P. Schrecker, Paris, Vrin, 1969.

―*Oeuvres choisies*, par L. Prenant, Paris, Garnier.

LOCKE (J.), *An Essay concerning Human Understanding*, édition par P.H. Nidditch, Oxford, Clarendon Press, 1975.

―*Examen de la 'vision en Dieu' de Malebranche*, traduction J. Pucelle, Paris, Vrin, 1978.

―*Two treatises of Government*, édition W.S. Carpenter, Londres, Everyman's Library, 1978; traduction du *Deuxième traité*, B. Gilson, Paris, Vrin 1967.

–*Le Magistrat civil*, texte établi et traduit par R. Fréreux, Caen, Bibliothèque de Philosophie politique et juridique, 1984.

LUTHER (M.), *Du serf arbitre, Oeuvres*, vol. 5, Genève, Labor et Fides, 1958.

–*Luther et l'autorité civile*, édition bilingue, textes traduits par J. Lefebvre, Paris, Aubier-Montaigne, 1973.

MACHIAVEL, *Oeuvres complètes*, édition établie et annotée par E. Barincou, Paris, Gallimard, 1952.

MALEBRANCHE, *Oeuvres complètes*, édition dirigée par A. Robinet, 20 vol., 1958-1967.

MARSILE DE PADOUE, *Le défenseur de la paix*, traduction J. Quillet, Paris, Vrin, 1968.

MERSENNE (le P. Marin), *Correspondance du P. Marin Mersenne Religieux Minime*, 14 vol. parus, 1945-1980.

MONTAIGNE, *Essais*, édition P. Villey, 2 vol., Paris, PUF, 1978.

MONTESQUIEU, *Oeuvres complètes*, Paris, Seuil, 1964.

MORE (Henry), *An Antidote against Atheism*, livres I et II, in *The Cambridge Platonists*, édité par C.A. Patrides, Cambridge, CUP, 1980. Ce volume contient également des texte de B. Whichcote, R. Cudworth, J. Smith.

MORE (Thomas), *L'utopie*, Paris, Editions Sociales, 1978.

NICOLAS DE CUES, *De la docte Ignorance*, traduction L. Moulinier, Paris, Editions de la Maisnie, 1979.

NICOLE (P.), *Essais de Morale*, 14 vol. Paris, Desprez, 1783.

OCKHAM (Guillaume d'), *Opera Philosophica*, 7 vol., *Opera Theologica*, 10 vol. parus, The Franciscan Institute, St. Bonaventure, 1967-1984.

–*Summa Logicae*, ed. Boehner, 2 fasc., The Franciscan Institute, St. Bonaventure, 1951-1954, édition incomplète.

–*Commentaire sur le livre des prédicables de Porphyre*, traduction R. Galibois, Centre d'Etudes de la Renaissance de l'Université de Sherbrooke, 1978.

–*Opera politica*, édition J.G. Sikes, R.F. Bennet, H.S. Offler, Manchester, 1940-1956.

PASCAL, *Oeuvres complètes*, édition L. Lafuma, Paris, Seuil, 1963.

PIERRE D'ESPAGNE, *Tractatus*, called afterwards *Summulæ logicales*, ed. L.M. De Rijk, Assen, 1972.

PLATON, *Oeuvres complètes*, traduction et notes par L. Robin avec la collaboration de M.J. Moreau, 2 vol., Paris, Gallimard, 1950.

PORPHYRE, *Isagoge*, Traduction et notes par J. Tricot, Paris, Vrin, 1981.

PUFENDORF, *Le droit de la nature et des gens*, traduction Barbeyrac, 2 vol., Bâle, 1732, réimpression, Caen, Bibliothèque de Philosophie politique et juridique, 1987.

—*Les Devoirs de l'homme et du citoyen*, traduction Barbeyrac, 2 vol., Londres, 1741, réimpression, Caen, Bibliothèque de Philosophie politique et juridique, 1984.

ROUSSEAU (J.J.), *Oeuvres complètes*, publiées sous la direction de B. Gagnebin et M. Raymond, 4 vol. parus, Paris, Gallimard, 1959-1969.

—*Essai sur l'origine des langues*, introduction et notes par A. Kremer-Marietti, Aubier-Montaigne, 1974.

SANCHEZ (Francisco), *Il n'est science de rien*, texte établi et traduit par A. Comparot, Paris, Klincksieck, 1984.

SPINOZA, *Oeuvres*, traduction par Ch. Appuhn, 4 vol., Paris, Flammarion, 1964-1966.

—*Ethique*, texte et traduction Ch. Appuhn, Paris, Vrin, 1977.

—*Traité de la réforme de l'entendement*, texte, traduction, notes, par A. Koyré, Paris Vrin, 1979.

SUAREZ (Francisco), *De Legibus*, Lyon, 1613.

THOMAS D'AQUIN (Saint), *Somme théologique*, édition coordonnée par A. Raulin, traduction A.M. Roguet, 4 vol., Paris, Cerf, 1984-1986.

—*L'Etre et l'essence*, texte et traduction par C. Capelle, Paris, Vrin, 1971.

—*De Magistro*, préface J. Chatillon, introduction, traduction, notes par B. Jollès, Paris, Vrin, 1983.

—*Du gouvernement Royal*, traduction C. Roguet en collaboration avec l'Abbé Poupon, Paris, 1926.

VICO (G.), *La Science Nouvelle*, (sans nom de traducteur) Paris, 1844.

—*Origine de la poésie et du droit*, traduction C. Henri et A. Henry, introduction J.L. Schefer, Paris, 1983.

—*Oeuvres choisies*, par J. Chaix-Ruy, Paris, PUF, 1946.

VITORIA (F.), *Leçons sur le pouvoir politique*, introduction, traduction et notes par M. Barbier, Paris Vrin, 1980.

—*Leçons sur les Indiens et sur le droit de la guerre*, Genève, Droz, 1966.

§3 霍布斯研究作品

AARON (R.I.), "A possible Early Draft of Hobbes' *De Corpore*", in *Mind*, n° 54, 1945, pp. 342-356.

BARNOUW (J.), "Bacon and Hobbes : the conception of experience in the scientific revolution", in *Science, Technology & Humanities*, Vol. II, n° 1, 1979, pp. 92-110.

BERNHARDT (J.), "Hobbes et le mouvement de la lumière", in *Revue d'Histoire des Sciences*, T. XXX, n° 1, 1977, pp. 3-24.

—"Image et raisonnement chez Hobbes. Note sur un essai d'empirisme rationnel au XVII° siècle", in *Revue des Sciences Philosophiques et Théologiques*, T. LXVII, n° 4, 1983, pp. 564-572.

—"Polémique de Hobbes contre la *Dioptrique* de Descartes dans le *Tractatus Opticus II* (1644)", in *Revue Internationale de Philosophie*, n° 129, 1979, pp. 432-442.

—"Genèse et limites du matérialisme de Hobbes", in *Raison Présente*, n° 47, 1978, pp. 41-61.

—"Sur le passage de F. Bacon à Th. Hobbes", in *Etudes Philosophiques*, n° 4, 1985, pp. 449-455.

—"Intelligibilité et réalité chez Hobbes et Spinoza", in *Revue Philosophique*, n° 2,1985, pp. 115-133.

—"Nominalisme et mécanisme chez Hobbes", in *Archives de Philosophie*, T. 48, n° 2, 1985, pp. 235-249.

—"Savoir universel, Nature et Paix civile: sur l'unité de la pensée de Hobbes", *Cahiers de Littérature du XVII° siècle*, Publications de l'Université de Toulouse-Le Mirail, 1987, pp. 135-149.

— *Naissance de Th. Hobbes à la pensée moderne, le Short Tract on First Principles*, texte, traduction et commentaire, à paraître aux PUF.

BERTMAN (M.A.), "Equality in Hobbes, with reference to Aristotle", in *Review of Politics*, vol. 38, n° 4, 1976, pp. 534-544.

BOSS (G.), *La mort du Léviathan. Hobbes, Rawls et notre situation politique*, Zürich, Editions du Grand Midi, 1984.

BOWLE (J.), *Hobbes and his Critics : a study in seventeenth century constitutionalism*, Londres, Jonathan Cape, 1951.

BRANDT (F.), *Thomas Hobbes' mechanical conception of nature*, Londres, 1928.

BROCKDORFF (C. von), *Die Urform der "Computatio sive Logica"*, Kiel, 1934.

CARRIVE (P.), "Béhémoth et Léviathan", in *Cahiers de Philosophie politique et juridique de l'Université de Caen*, n° 3, 1983, pp. 9-48.

CHANTEUR (J.), "Le rapport de l'économique et du politique chez Hobbes et ses implications philosophiques", in *Revue Internationale des Sciences Sociales*, n° 49, 1980, pp.161-173.

DEMÉ (N.), "La table des catégories chez Hobbes", in *Archives de Philosophie*, 1985, T. 48, n°2, pp. 251-275.

GAUTHIER (D.P.), *The logic of Leviathan, the Moral and Political Theory of Thomas Hobbes*, Oxford, Clarendon Press, 1969.

GOLDSMITH (M.M.), *Hobbes's Science of Politics*, New York, CUP, 1966.

GOYARD-FABRE (S.), *Le droit et la loi dans la philosophie de Hobbes*, Paris, Klincksieck, 1975.

—"Le concept de *persona civilis* dans la philosophie politique de Hobbes", in *Cahiers de Philosophie politique et juridique de l'Université de Caen*, n° 3, 1983, pp. 49-71.

—"Les effets juridiques de la politique mécaniste de Hobbes", in *Revue Philosophique*, n°2, 1981, pp. 189-211;

—*Montesquieu adversaire de Hobbes*, Paris, Archives des Lettres Modernes, n° 192, 1980.

HOOD (F.C.), *The divine Politics of Thomas Hobbes*, Oxford, Clarendon Press, 1964.

HUNGERLAND (I.C.) et VICK (G.R.), "Hobbes's theory of signification", in *Journal of the history of philosophy*, n° 11, 1973, pp. 459-482.

JACQUOT (J.), "Un amateur de science ami de Hobbes et de Descartes, Sir Charles Cavendish", in *Thalès*, n°6, 1949-1950, pp. 81-88.

JAUME (L.), *Hobbes et l'Etat représentatif moderne*, Paris, PUF, 1986.

JOHNSTON (D.), *The Rhetoric of Leviathan*, Princeton, PUP, 1986.

KAVKA (G.S.), *Hobbesian Moral and Political Theory*, Princeton, PUP, 1986.

KODALLE (K.M.), *Thomas Hobbes, Logik der Herrschaft und Vernunft des Friedens*, München, 1972.

LAIRD (J.), *Hobbes*, New York, Russell & Russell, 1968.

LYON (G.), *La philosophie de Hobbes*, Paris, Felix Alcan, 1893.

MAC NEILLY (F.S.), *The Anatomy of Leviathan*, Londres, 1968.

MACPHERSON (C.B.), *La théorie politique de l'individualisme possessif de Hobbes à Locke*, traduction M. Fuchs, Paris, Gallimard, 1971.

MALHERBE (M.), "La science de l'homme dans la philosophie de Hobbes". in *Revue Internationale de Philosophie*, n° 129, 1979, pp. 531-551.

—*Thomas Hobbes, ou l'oeuvre de la raison*, Paris, Vrin 1984.

MANENT (P.), *Naissances de la politique moderne*, Paris, Payot, 1977.

MATHERON (A.), "Le droit du plus fort, Hobbes contre Spinoza", in *Revue Philosophique*, n°2, 1985.

MINTZ (S.I.), *The hunting of Leviathan*, Cambridge, CUP, 1970.

OAKESHOTT (M.), *Hobbes, on civil association*, Oxford, Basil Blackwell, 1975.

PACCHI (A.), *Convenzione e ipotesi nella formazione della filosofia naturale di Thomas Hobbes*, Florence, 1965.

PETERS (R.), *Hobbes*, Londres, 1967.

PITKIN (H.F.), *The concept of representation*, Berkeley-Los Angeles-London, UCP, 1972.

POLIN (R.), *Politique et philosophie chez Thomas Hobbes*, seconde édition, Paris, Vrin, 1977.

—*Hobbes, Dieu et les hommes*, Paris PUF, 1981.

RANGEON (F.), *Hobbes, Etat et droit*, Paris, J.E. Hallier-Albin Michel, 1982.
RAPHAEL (D.D.), *Hobbes. Morals and Politics*, Londres, G. Allen & Unwin, 1977.
ROBERTSON (G.C.), *Hobbes*, Edimbourg-Londres, W. Blackwood & Sons, 1910.
ROBINET (A.), "Pensée et langage chez Hobbes. Physique de la parole et *Translatio*", in *Revue Internationale de Philosophie*, n° 129, 1979, pp. 452-483.
ROUX (L.), *Thomas Hobbes. Penseur entre deux mondes*, Publication de l'Université de Saint Etienne, 1981.
RUDOLPH (R.A.), *Thomas Hobbes and the political philosophy of scepticism*, New York, CUP, 1975.
SCHMITT (C.), *Der Leviathan in der Staatslehre des Thomas Hobbes*, Hambourg, 1938.
SCHUHMANN (K.), "Thomas Hobbes und Francesco Patrizi", *Archiv für Geschichte der Philosophie*, n° 68, 1986.
SPRAGENS (T.A.), *The politics of motion. The world of Thomas Hobbes*, Londres, Croom Helm, 1973.
STRAUSS (Leo), *The political philosophy of Hobbes, its basis and its genesis*, Chicago, UCP, 1963.

—"On the spirit of Hobbes's political philosophy", in *Revue Internationale de Philosophie*, n° 4, 1950, pp. 405-431.

STRONG (E.W.), *Procedures and Metaphysics, a Study in the philosophy of mathematical-physical science in the XVI and XVIIth centuries*, Berkeley, 1936.
TAYLOR (A.E.), "The Ethical doctrine of Hobbes", in *Philosophy*, n° 13, 1938, pp. 406-424.
TINLAND (F.), "Formes et effets de la représentation dans le *Léviathan*", in *Revue Européenne des Sciences Sociales*, n° 49, 1980, pp. 41-65.
TÖNNIES (F.), "Contribution à l'histoire de la pensée de Hobbes" (lettres inédites), in *Archives de Philosophie*, vol. 12, n° 2, 1936.

—*Hobbes, Leben und Lehre*, Stuttgart, Frommann, 1896.

—*Studien zur Philosophie und Gesellschaftslehre im 17. Jahrhundert*, Stuttgart-Bad Cannstatt, Frommann-Holzboog, 1975.

TRICAUD (F.), "La question de l'égalité dans le *Léviathan*", in *Revue Européenne des Sciences Sociales*, n° 49, 1980, pp. 33-40.

—"*Homo homini deus, Homo homini lupus* : recherche des sources de deux formules de Hobbes", in *Hobbes-Forschungen*, 1969, pp. 61-70.

—"An investigation concerning the usage of the words *Person* and *Persona* in the political treatises of Hobbes", in *Thomas Hobbes. His view of man*, Amsterdam, 1979, pp. 82-98.

—"Réflexions sur les rapports de la force et de la justice dans l'anthropologie de Hobbes", in *Annales de l'Université Jean Moulin (Lyon)*, 1978, pp. 145-158.

TRIOMPHE (M.), "Hobbes sophiste?", in *Revue Européenne des Sciences Sociales*, n° 49, 1980, pp. 33-40.

VIOLA (F.), *Behemoth o Leviathan?, Diritto e obbligo nel pensiero di Hobbes*, Milan, 1979.

WARRENDER (H.), *The political philosophy of Hobbes : his theory of obligation*, Oxford, Clarendon Press, 1957.

WATKINS (J.W.N.), *Hobbes's System of Ideas : a Study in the Political Signifiance of Philosophical Theories*, Londres, Hutchinson University Library, 1965.

WILLMS (B), *Die Antwort des Leviathan. Thomas Hobbes' politische Theorie*, Berlin, 1970.

ZARKA (Y.Ch.), "Vision et désir chez Hobbes", in *Recherches sur le XVII° siècle*, n° 8, Paris, CNRS, 1986, pp. 127-142.

—"Espace et représentation dans le *De Corpore* de Hobbes" in *Recherches sur le XVII° siècle*, n° 7, Paris, CNRS, 1984, pp. 159-180.

—"Empirisme, nominalisme et matérialisme chez Hobbes", in *Archives de Philosophie*, T. 48, n° 2, 1985, pp. 177-233.

—"Personne civile et représentation politique chez Hobbes", in *Archives de Philosophie*, T. 48, n° 2, 1985, pp. 287-310.

—"L'origine du concept d'état de nature et son enjeu dans la philosophie politique de Hobbes", in *Revue de l'Enseignement Philosophique*, n°3, 1982.

—"La sémiologie de la guerre chez Hobbes", in *Cahiers de Philosophie politique et juridique de l'université de Caen*, n° 10, 1986, pp. 127-146.

—"Histoire et développement chez Hobbes", in *Entre Forme et Histoire*, sous la direction de O. Bloch et B. Balan, Paris, Klincksieck (à paraître).

—"Actes de paroie et pacte social chez Hobbes", in *Cahiers de Philosophie politique de l'Université de Reims*, (à paraître).

—"Hobbes", in *Dictionnaire des Philosophes*, Paris, PUF, 1984, T.I, pp. 1228-1236.

—"La matière et le signe, Hobbes lecteur de la *Dioptrique* de Descartes", à paraître dans les actes du colloque Descartes du CNRS, de juin 1987.

—"Aspects sémantiques, syntaxiques et pragmatiques de la théorie du langage chez Hobbes", à paraître dans les actes du colloque de Nantes, de juin 1987.

§4 对与霍布斯同时代和后代作者的历史及批判研究 （以及其他相关文本）

AARON (R.I.), *John Locke*, Oxford, Clarendon Press, 1973.

ALQUIÉ (F.), *La découverte métaphysique de l'homme chez Descartes*, deuxième édition, Paris, PUF, 1966.

ARQUILLIÈRE (H.X.), *L'augustinisme politique, essai sur la formation des théories politiques du moyen-âge*, deuxième édition, Paris, Vrin, 1972.

ASHWORTH (E.J.), *Language and Logic in the Post-Medieval Period*, Dordrecht-Boston, 1974.

—"The Doctrine of Supposition in the Sixteenth and Seventeenth Centuries", in *Archiv für Geschichte der Philosophie*, n° 51, 1969, pp. 260-285.

AUBENQUE (P.), *Le problème de l'être chez Aristote*, Paris, PUF, 1972.

—*La prudence chez Aristote*, Paris, PUF, 1963.

AUSTIN (J.L.), *Quand dire, c'est faire*, traduction G. Lane, Paris, Seuil, 1970.

BAUDRY (L.), *Lexique Philosophique de Guillaume d'Ockham*, Paris, Lethielleux, 1958.

—*Guillaume d'Occam, sa vie, ses oeuvres, ses idées sociales et politiques*, T. 1: *L'homme et les oeuvres*, Paris, Vrin, 1950.

BELAVAL (Y.), *Leibniz critique de Descartes*, Paris, Gallimard, 1960.

BÉRUBÉ (C), *La connaissance de l'individuel au moyen-âge*, Montréal-Paris, PUM-PUF, 1964.

BEYSSADE (J.M.), *La Philosophie Première de Descartes*, Paris, Flammarion, 1979.

BIARD (J.), *L'émergence du signe au XIII° et au XIV° siècles*, Thèse de Doctorat d'Etat soutenue à l'Université Paris 1-Sorbonne en 1985.

—"La signification d'objets imaginaires dans quelques textes anglais du XIV° siècle (Guillaume Heytesbury, Henry Hopton)", in *The Rise of British Logic*, O. Lewry (ed.), Toronto, Pontifical Institute of Mediaeval Studies, 1985, pp. 265-283.

BLOCH (E.), *Droit naturel et dignité humaine*, traduction D. Authier et J. Lacoste, Paris, Payot, 1976.

BLOCH (O.R.), *La Philosophie de Gassendi, Nominalisme, Matérialisme et Métaphysique*, La Haye, Martinus Nijhoff, 1971.

—"Sur les premières apparitions du mot *matérialiste*" in *Raison Présente*, n° 47, 1978, pp. 3-16.

BOEHNER, *Medieval Logic*, Manchester, 1952.
BORDES (J.), *'Politeia' dans la pensée grecque jusqu'à Aristote*, Paris, Belles Lettres, 1982.
BOURGEOIS (B.), *Le Droit Naturel de Hegel, Commentaire*, Paris, Vrin, 1986.
BRÉHIER (E.), *La philosophie du moyen-âge*, Paris, Albin Michel, 1937.
BRUYÈRE (N.), *Méthode et dialectique dans l'oeuvre de La Ramée*, Paris, Vrin, 1984.
BRYKMAN (G.), *Berkeley, Philosophie et Apologétique*, 2 vol., Paris, Vrin, 1984.
CANGUILHEM (G), *La formation du concept de réflexe au XVII° et au XVIII° siècles*, seconde édition, Paris, Vrin, 1977.
CARRIVE (P.), "La pensée politique de Filmer", in *Cahiers de Philosophie politique et juridique de l'Université de Caen*, n° 5, 1984, pp. 61-84.
CASSIRER (E.), *Individu et Cosmos dans la Philosophie de la Renaissance*, Paris, Minuit, 1983.
CHANTEUR (J.), *Platon, le désir et la cité*, Paris, Sirey, 1980.
COMPAROT (A.), *Augustinisme et aristotélisme de Sebon à Montaigne*, Paris, Cerf, 1984.
COURTINE (J.F.), "Le projet suarézien de la métaphysique", in *Archives de Philosophie*, tome 42, n°2, 1979, pp. 235-274
COUTURAT (L.), *La Logique de Leibniz*, Hildesheim, Olms, 1969.
CROMBIE (A.C.), *Histoire des sciences de Saint Augustin à Galilée (400-1650)*, 2 vol., traduction J. D'Hermies, Paris, PUF, 1959.
DAVIS (J.C.), *Utopia & the Ideal Society, a Study of English Utopian Writing, 1516-1700*, Cambridge, CUP, 1983.
DERATHÉ (R.), *Jean-Jacques Rousseau et la science politique de son temps*, Paris, Vrin, 1970.
DERMENGHEM (E), *Thomas Morus et les utopistes de la renaissance*, Paris, Plon, 1927.
D'HONDT (J.), *Hegel, Philosophe de l'Histoire Vivante*, Paris, PUF, 1966.
DUCHESNEAU (F.), *L'empirisme de Locke*, La Haye, Martinus Nijhoff, 1973.
DUNN (J.), *The political thought of John Locke*, Cambridge, CUP, 1982.
GAUTHIER (R.A.), *Magnanimité, l'idéal de la grandeur dans la philosophie païenne et dans la théologie chrétienne*, Paris, Vrin, 1951.
FOUCAULT (M.), *Les mots et les choses*, Paris, Gallimard, 1966.
GILBERT (N.W.), *Renaissance concepts of method*, New York, 1960.
GILSON (E.), *L'être et l'essence*, Paris, Vrin, 1981.
  —*L'esprit de la philosophie médiévale*, Paris, Vrin, 1983.
  —*Introduction à l'étude de Saint Augustin*, Paris, Vrin, 1982
  —*Le Thomisme*, Paris, Vrin, 1979.
  —*Saint Thomas moraliste*, Paris, Vrin, 1981.

–*Humanisme et renaissance*, Paris, Vrin, 1983.

–*Pourquoi Saint Thomas a critiqué Saint Augustin*, suivi de *Avicenne et le point de départ de Duns Scot*, Paris, Vrin, 1981.

–*Jean Duns Scot, introduction à ses positions fondamentales*, Paris, Vrin, 1952.

GOLDSCHMIDT (V.), *La doctrine d'Epicure et le droit*, Paris, Vrin, 1977.

–*Anthropologie et Politique. Les principes du système de Rousseau*, Paris, Vrin, 1977.

GOUHIER (H.), *Cartésianisme et augustinisme au XVII° siècle*, Paris, Vrin 1978.

GOYARD-FABRE (S.), *John Locke et la raison raisonnable*, Paris, Vrin, 1986.

GRUA (G.), *Jurisprudence universelle et Théodicée selon Leibniz*, Paris, PUF, 1953.

–*La justice humaine selon Leibniz*, Paris, PUF, 1956.

GUELLUY (R.), *Philosophie et Théologie chez Guillaume d'Ockham*, Louvain-Paris, Nauwelaerts-Vrin, 1947.

GUENANCIA (P.), *Descartes et l'ordre politique*, Paris, PUF, 1983.

GUEROULT (M.), *Berkeley, quatre études sur la perception et sur Dieu*, Paris, Aubier Montaigne, 1956.

–*Descartes selon l'ordre des raisons*, 2 vol, Paris, Aubier Montaigne, 1968.

–*Malebranche*, 3 vol., Paris, Aubier Montaigne, 1955-1959.

–*Spinoza I* et *Spinoza II*, Paris, Aubier Montaigne, 1968 et 1974.

–*Leibniz, Dynamique et Métaphysique*, Paris, Aubier Mointaigne, 1967.

–"Métaphysique et physique de la force chez Descartes et Malebranche", in *Revue de Métaphysique et de Morale*, n° 1, 1954, pp. 1-37, et n° 2, 1954, 113-134.

HABERMAS (J.), *Théorie et pratique*, traduction G. Raulet, Paris, Payot, 1975.

HAGGENMACHER (P.), *Grotius et la doctrine de la guerre juste*, Paris, PUF, 1983.

HAMELIN (O.), *Le système d'Aristote*, Paris, Vrin, 1985.

HAYDN (H.), *The Counter-Renaissance*, New York, 1950.

HEIDEGGER (M.), *Chemins qui ne mènent nulle part*, traduction W. Brokmeier, Paris, Gallimard, 1962.

–*Question I*, traduction H. Corbin, R. Munier (et al.), Paris, Gallimard, 1968.

–*Question II*, traduction K. Axelos, J. Beaufret (et al.), Paris, Gallimard, 1968.

–*Essais et Conférences*, traduction A. Préau, Paris, Gallimard, 1958.

–*Le principe de raison*, traduction A. Préau, Paris, Gallimard, 1952.

–*Qu'est-ce qu'une chose?*, traduction J. Reboul et J. Taminiaux, Paris, Gallimard, 1971.

–*Traité des catégories et de la signification chez Duns Scot*, traduction F. Gaboriau, Paris, Gallimard, 1970.

–*Les problèmes fondamentaux de la phénoménologie*, traduction J.F. Courtine, Paris, Gallimard, 1985.

HILL (C.), *Le monde à l'envers, les idées radicales au cours de la révolution anglaise*, traduction S. Chambon et R. Ertel, Paris, Payot, 1977.

JARDINE (L.), *Francis Bacon, Discovery and the Art of Discourse*, Cambridge, CUP, 1974.

JOLIVET (J.), *Arts du langage et théologie chez Abélard*, Paris, Vrin, seconde édition, Paris, Vrin, 1982.

–*Abélard, ou la philosophie dans le langage*, Paris, Seghers, 1969.

–"Abélard et Guillaume d'Ockham lecteurs de Porphyre", in *Cahiers de la Revue de Théologie et de Philosophie*, n° 6, 1981, pp. 31-54.

JOLY (H.), *Le renversement platonicien, Logos, Epistémè, Polis*, seconde édition, Paris, Vrin, 1985.

JONES (R.F.), *Ancients and Moderns, a Study of the Rise of the Scientific Movement in Seventeenth-Century England*, New York, Dover, 1982.

KALUKA (Z.) et VIGNAUX (P.) (eds.), *Preuves et Raisons à l'Université de Paris. Logique, Ontologie et Théologie au XIV° siècle*, Paris, Vrin, 1984.

KANTOROWICZ (E.H.), *The King's Two Bodies, a Study in Mediaeval Political Theology*, Princeton, PUP, 1957.

KOYRÉ (A.), *La révolution scientifique*, Paris, Hermann, 1974.

–*Etudes Galiléennes*, Paris, Hermann, 1966.

–*Etudes d'histoire de la pensée scientifique*, Paris, Gallimard, 1973.

KREMER-MARIETTI (A.), *L'anthropologie positiviste d'Auguste Comte*, Lille, Atelier de reproduction des thèses, 1980.

LAFOND (J.), *La Rochefoucauld, augustinisme et littérature*, Paris, Klincksieck, 1977.

LAGARDE (G. de), *La naissance de l'esprit laïque au déclin du moyen-âge*, 5 vol., Louvain-Paris, Nauwelaerts, 1956-1963.

LARGEAULT (J.), *Enquête sur le nominalisme*, Louvain-Paris, Nauwelaerts, 1971.

LAURENT (P.), *Pufendorf et la loi naturelle*, Paris, Vrin, 1982.

LEFF (G.), *William of Ockham, The Metamorphosis of Scholastic Discourse*, Manchester, 1975.

LEFORT (C.), *La travail de l'oeuvre, Machiavel*, Paris, Gallimard, 1972.

LENOBLE (R.), *Mersenne ou la naissance du mécanisme*, deuxième édition, Paris, Vrin, 1971.

LUTAUD (O.), *Des révolutions d'Angleterre à la révolution française, le tyrannicide*, La Haye, Martinus Nijhoff, 1973.

MAGNARD (P.), *Nature et Histoire dans l'apologétique de Pascal*, Paris, Belles Lettres, 1975.

—"Le roi et le tyran", in *Cahiers de Philosophie politique et juridique de l'Université de Caen*, n° 6, 1984, pp. 113-126.

—"Prédicables et prédicaments chez Charles de Bovelles", in *Recherches sur le XVII° siècle*, Paris, CNRS, n° 8, 1986, pp. 47-61.

MANSION (A.), *Introduction à la physique aristotélicienne*, Louvain-Paris, 1945.

MARENBON (J.), *Early Medieval Philosophy (480-1150)*, Londres, 1983.

MARIN (L.), *La critique du discours. Sur la 'logique de Port-Royal' et les 'Pensées' de Pascal*, Paris, Minuit, 1975.

—*Le portrait du roi*, Paris, Minuit, 1981.

MARION (J.L.), *Sur l'ontologie grise de Descartes*, Paris, Vrin, seconde édition, 1981.

-*Sur la théologie blanche de Descartes*, Paris, PUF, 1981.

MATHERON (A), *Individu et Communauté chez Spinoza*, Paris, Minuit, 1969.

-*Anthropologie et politique au XVII° siècle (études sur Spinoza)*, Paris, Vrin 1986.

MEINECKE (F.), *L'idée de la Raison d'Etat dans l'Histoire des Temps Modernes*, traduction M. Chevallier, Genève, Droz, 1973.

MESNARD (P.), *L'essor de la philosophie politique au XVI° siècle*, Paris, Vrin 1977.

MICHAUD-QUANTIN (P.), *Universitas, expressions du mouvement communautaire dans le moyen-âge latin*, Paris, Vrin, 1970.

-*Etudes sur le vocabulaire philosophique du moyen-âge*, Edizioni dell'Ateneo, Rome, 1970.

MURALT (A. de), *La méthaphysique du phénomène. Les origines médiévales et l'élaboration de la pensée phénoménologique*, Paris, Vrin, 1985.

—*Comment dire l'être?, l'invention du discours métaphysique chez Aristote*, Paris, Vrin, 1985.

—"Structure de la philosophie politique moderne. D'Occam à Rousseau", in *Cahier de la Revue de Théologie et de Philosophie*, n° 2, 1978, pp. 3-84.

—"La connaissance intuitive du néant et l'évidence du 'je pense'. Le rôle de l'argument *de potentia absoluta dei* dans la théorie occamienne de la connaissance. Introduction, traduction et commentaire du Prologue des Sentences de Guillaume d'Occam", in *Studia Philosophica*, vol. XXXVI, 1976, pp. 107-158.

NUCHELMANS (G.), *Late-Scholastic and Humanist Theories of the Proposition*, Amsterdam-Oxford-New York, 1980

—*Judgment and Proposition from Descartes to Kant*, Amsterdam-Oxford-New York, 1983.

PAQUÉ (R), *Le statut parisien des nominalistes*, Paris, PUF, 1985.

PARIENTE (J.C.), *L'analyse du langage à Port-Royal*, Paris, Minuit, 1985.

PASSERIN D'ENTRÈVES (A.), *La notion d'Etat*, traduction J.R. Weiland, Paris, Sirey, 1969.

PHILONENKO (A.), *Théorie et pratique dans la pensée morale et politique de Kant et Fichte en 1793*, Paris, Vrin, 1976.

QUILLET (J.), *La philosophie politique de Marsile de Padoue*, Paris, Vrin, 1970.

RANDALL (J.H.), *The School of Padua and the Emergence of Modern Science*, Editrice Antenore, Padova, 1961.

RIJK (L.M. de), *Logica modernorum. A Contribution to the History of Early Terminist Logic*, Assen, 1967.

-*La logique au moyen-âge*, E.J. Brill, Leiden, 1985.

RISSE (W.), *Die Logik der Neuzeit, I, 1500-1640*, Stuttgart-Bad Cannstatt, 1964.

-*Die Logik der Neuzeit, II, 1640-1780*, Stuttgart-Bad Cannstatt, 1970.

ROBINET (A.), *Système et existence dans l'oeuvre de Malebranche*, Paris, Vrin, 1965.

—*Malebranche de l'Académie des Sciences, l'oeuvre scientifique*, Paris, Vrin, 1970.

—*Malebranche et Leibniz, relations personnelles*, Paris, Vrin, 1955.

—*Le défi cybernétique : l'automate et la pensée*, Paris, Gallimard, 1973.

—*Le langage à l'âge classique*, Paris, Klincksieck, 1978.

—"Les fondements métaphysiques des travaux historiques de Leibniz", *Studia Leibnitiana, Zeitschrift für Geschichte der Philosophie und der Wissenschaften*, Wiesbaden, Franz Steiner Verlag.

RODIER (G.), *Aristote, Traité de l'âme, commentaire*, Paris, Vrin, 1985.

ROMEYER DHERBEY (G.), *Les choses mêmes, la pensée du réel chez Aristote*, Lausanne, l'Age d'Homme, 1983.

ROSIER (I.), *La Grammaire spéculative des modistes*, Lille, PUL, 1983.

RUSSELL (B.), *La philosophie de Leibniz*, traduction P. et R. Ray, Paris-Londres-New York, Gordon & Breach, 1970.

STRAUSS (L.), *Pensées sur Machiavel*, traduction M.P. Edmond et Th. Stern, Paris, Payot, 1982.

—*De la tyrannie*, traduction H. Kern, Paris, Gallimard, 1954.

—*Droit naturel et Histoire*, traduction M. Nathan et E. Dampierre, Paris, Plon, 1954.

TOCANNE (B.), *L'idée de nature en France dans la seconde moitié du XVII° siècle*, Paris, Klincksieck, 1978.

TULLY (J.), *A Discourse on Property, John Locke and his adversaries*, Cambridge, CUP, 1982.

VEALL (D.), *The popular movement for Law Reform 1640-1660*, Oxford, Clarendon Press, 1970.

VÉDRINE (H.), *La conception de la nature chez Giordano Bruno*, Paris, Vrin, 1967.

VIGNAUX (P.), *la justification et la prédestination au XIV° siècle*, Paris, Leroux, 1934.

—*De Saint Anselme à Luther*, Paris, Vrin, 1976.

—*Nominalisme au XIV° siècle*, Paris, Vrin, 1981.

—"Nominalisme" in *Dictionnaire de Théologie Catholique*, Tome XI, première partie, Paris, 1931, col. 713-784.

VILLEY (M.), *La formation de la pensée juridique moderne*, Paris, Montchrétien, quatrième édition, 1975.

-*Leçons d'histoire de philosophie du droit*, Paris, Dalloz, 1962.

-*Seize essais de Philosophie du droit*, Paris, Dalloz, 1969.

ZARKA (Y. Ch.), "Signe, supposition et dénomination. Figure du nominalisme au XVII° siècle", in *Signes, concepts et systèmes*, (collectif) à paraître dans la *Revue des Sciences Philosophiques et Théologiques*.

—"Locke" in *Dictionnaire des philosophes*, T. II, Paris, PUF, 1984, pp. 1612-1620.

人名索引

（索引标注的数字为原书页码，即本书边码）

Abélard 阿伯拉尔 93，94，121-122
Agricola（R.）阿格里科拉 169
Aristote 亚里士多德 11-21，31-32，34-35，63，67，76，85-86，91，105-106，120，125，133，136-138，145，149，158，169-170，194，206，213，227-228，241-243，251，281，303
Arnauld（A.）阿尔诺 110-111
Ashworth（E.J.）阿什沃斯 122
Aubenque（P.）奥邦客 18
Augustin（Saint）奥古斯丁 169

Bacon（F.）培根 132-133，154，183，244
Baudry（L.）鲍德利 46-47，134
Berkeley 贝克莱 55-57，61，63，99
Bernhardt（J.）伯恩哈特 8
Beyssade（J.-M.）贝萨德 141
Biard（J.）彼尔德 80
Bloch（O.R.）O.R. 布洛赫 8，98，117
Bodin（J.）博丹 11，244-248
Boèce 波埃修 79
Boyle（R.）波义耳 185
Bramhall 布拉霍 195，212
Brandt（F.）勃兰特 61
Bruyère（N.）布吕耶 169
Brykman（G.）布里克曼 57

Buridan（J.）布里丹 90，107-108，122，134
Cavendish（Ch.）卡文迪许 36
Charpentier 夏庞蒂埃 169
Corpanic 哥白尼 12
Crombie（A.C.）克隆比 169

Derathé（R）德拉忒 226
Descartes 笛卡尔 21，23-24，36-44，49，52-54，57，60，74，79，80，96，100，128，130，139-147，149，154，156，168，171-172，206-207，215-217，220，263
D'Hondt（J.）德洪特 7

Epicure 伊壁鸠鲁 196，207
Erasme 伊拉斯谟 309
Euclide 欧几里得 173

Fichte 费希特 360

Galien（C.）盖伦 169
Galilée 伽利略 12，205
Gassendi 伽森狄 12，22，64，97-98，106，117-118，125-126，137-138，147，207，216

Gauthier（D.P.）D. P. 高蒂耶　225，337
Goyard-Fabre（S.）戈雅－法伯　8
Gracián（B.）葛拉西安　273
Grégoire de Rimini 里米尼的格里高利　121
Grotius（H.）格劳秀斯　226，276，280，309，311
Guelluy（R.）盖吕　46
Gueroult（M.）葛鼐　37，157，159，208

Hamelin（O.）哈姆林　15
Harvey（W.）哈维　12，217
Heidegger 海德格尔　42，104，113-114，198，202
Herbert de Cherbury 舍伯雷的赫伯特　36，183
Hume（D.）休谟　77

Jardine（L.）贾丁　169
Jolivet（J.）约里维　97，122

Kant 康德　61-62，64，130，152-153
Kantorowicz（E.H.）坎托诺维茨　226
Kepler 开普勒　12

Lafond（J.）拉丰　274
Lancelot 兰斯洛　110-111
La Ramée（P. de）拉拉梅的皮埃尔　169
Largeault（J.）拉尔若　93，137
La Rochefoucauld 拉罗什福科　273-274
Leff（G.）莱夫　46
Leibniz 莱布尼茨　21，28，49，57，64，126，168，196-198，202-203，205，207-212，219-220
Locke 洛克　56，121，129，137-138，185，215-216，225，250，281

Machiavel 马基雅维利　243-247，309
Macpherson（C.B.）麦克弗森　224
Magnard（P.）马纳　7，172，301
Malebranche 马勒伯朗士　49，56-57，63
Malherbe（M.）马勒伯　8，88
Marin（J.-L.）马洪　301
Matheron（A.）马特洪　7，256，267-268，284，277-278，309，311，344
Méchoulan（H.）梅叔兰　8
Mersenne（le P. Marin）梅森　12，207，217
Mesnard（P.）梅纳　243-245，247
Michaud-Quantin（P.）米肖－昆廷　226
Mintz 明兹　190
More（Th.）托马斯·莫尔　244
Moreau（J.）莫鲁　32
Muralt（A. de）缪哈　35，48-49，51

Nicolas d'Autrecourt 奥特库的尼古拉　169
Nicole（P.）尼可　110-111，138

Ockham（G.）奥康　11，21-22，38，46-55，57，76-80，86-90，93，95，97，101-102，107-109，115，118，134-137，153，169，200-201，229，311

Pacchi（A.）帕奇　37，185
Paqué（R.）帕克　38，107
Pascal 帕斯卡尔　168，172，270，289，301-302，332
Platon 柏拉图　11，15，120，166，169，244
Polin（R.）波林　333，337
Porphyre 波斐利　93，95，97，122，136-137
Pufendorf 普芬多夫　226-227，249-250，281

Randall 朗道尔　169
Robinet（A.）霍比内　7, 78, 85, 201
Rodier（G.）霍迪耶　16
Romeyer Dherbey（G.）霍梅耶·德尔贝　32, 241
Rousseau（J.-J.）卢梭　226-227, 278, 281-282, 284, 286, 290, 293, 323, 330, 332

Spinoza 斯宾诺莎　37, 49, 57, 79-81, 157, 159, 161, 168, 196, 213, 220, 256, 267-268, 277-278, 284, 309, 311, 325
Spragens（T. A.）斯普雷根斯　224
Strauss（L.）施特劳斯　225, 227, 273
Suarez（F.）苏亚雷斯　11

Taminiaux（J.）塔米尼奥　42
Thomas d'Aquin（Saint）托马斯·阿奎那　274
Tricaud（F.）蒂科　8, 295, 343

Vico（G.）维科　166
Vignaux（P.）维纽　46, 49, 93
Villey（M.）维莱　229, 311

Warrender（H.）沃伦德　225
Watkins（J.W.N.）沃特金斯　224
White（Th.）怀特　12, 14, 21, 60, 128, 148, 212

Zabarella（J.）扎巴莱拉　169